AF224828

ATTENTAT DU 13 SEPTEMBRE 1841.

ARRÊT

DU JEUDI 18 NOVEMBRE 1841.

ACTE

D'ACCUSATION.

COUR DES PAIRS.

ATTENTAT DU 13 SEPTEMBRE 1841.

ARRÊT

DU JEUDI 18 NOVEMBRE 1841.

ACTE D'ACCUSATION.

COUR DES PAIRS.

ATTENTAT DU 13 SEPTEMBRE 1841.

ARRÊT

DU JEUDI 18 NOVEMBRE 1841.

ACTE D'ACCUSATION.

PARIS.
IMPRIMERIE ROYALE.

1841.

COUR DES PAIRS.

ATTENTAT DU 13 SEPTEMBRE 1841.

ARRÊT

DU JEUDI 18 NOVEMBRE 1841.

COUR DES PAIRS.

ATTENTAT DU 13 SEPTEMBRE 1841.

ARRÊT

DU JEUDI 18 NOVEMBRE 1841

La Cour des Pairs :

Ouï, dans les séances des 15 et 16 de ce mois, M. le comte de Bastard en son rapport de l'instruction ordonnée par l'arrêt du 21 septembre dernier;

Ouï, dans la séance du 16, le Procureur général du Roi en ses réquisitions, lesquelles, par lui déposées sur le bureau de la Cour, signées de lui, sont ainsi conçues :

RÉQUISITOIRE.

« Le Procureur général du Roi près la Cour des Pairs,
« Vu les pièces de la procédure instruite contre les
« nommés :

Quenisset dit *Papart (François)*,
Boucheron (Jean-Marie),

1.

Colombier (Jean-Baptiste),
Brazier dit *Just (Just-Édouard),*
Petit dit *Auguste (Auguste),*
Jarrasse dit *Jean-Marie (Jean-Marie),*
Launois dit *Chasseur (Pierre-Paul),*
Dupoty (Auguste-Michel),
Prioul (Auguste-Marie),
Boggio dit *Martin (Antoine),*
Mallet (Napoléon-François),
Martin (Jean-Baptiste-Charles),
Fougeray (Alexis),
Bouzer (Charles-Henri),
Considère (Claude-François-Xavier),
Bazin dit *Napoléon (Napoléon),*
Dufour. . . . . (Absent);

« Attendu qu'il résulte de l'instruction que, le 13 sep-
« tembre 1841, un attentat a été commis contre la vie de
« LL. AA. RR. Mgr le Duc d'Orléans, Mgr le Duc de Nemours
« et Mgr le Duc d'Aumale ;

« Qu'il résulte encore de l'instruction qu'avant l'attentat il
« avait été formé un complot ayant pour but , soit de dé-
« truire, soit de changer le Gouvernement, soit d'exciter les
« citoyens ou habitants à s'armer contre l'autorité royale ;

« Attendu que ces crimes sont connexes, et qu'à raison de
« la nature, de la gravité des faits et de toutes les circons-
« tances qui s'y rattachent, ils rentrent dans la compétence
« de la Cour des Pairs ;

« Attendu qu'il existe charges suffisantes,

« 1° Contre :

Quenisset dit *Papart,*

« De s'être rendu coupable de l'attentat du 13 septembre,
« en tirant un coup de feu sur la personne de LL. AA. RR.
« Mgr le Duc d'Orléans, Mgr le Duc de Nemours et Mgr le Duc
« d'Aumale;

« Contre :

> *Boucheron,*
> *Colombier,*
> *Brazier* dit *Just,*
> *Petit* dit *Auguste,*
> *Jarrasse* dit *Jean-Marie,*
> *Launois* dit *Chasseur,*
> *Boggio* dit *Martin,*
> *Mallet,*
> *Dufour,*

« De s'être rendus complices de l'attentat du 13 sep-
« tembre, soit en y provoquant par menaces, machinations
« ou artifices coupables, soit en donnant des instructions
« pour le commettre, soit en procurant des armes ou tout
« autre moyen pour servir au crime, sachant qu'ils devaient
« y servir, soit en aidant ou assistant l'auteur de l'attentat
« dans les faits qui l'ont préparé ou facilité;

« 2° Contre :

> *Quenisset* dit *Papart,*
> *Boucheron,*
> *Colombier,*
> *Brazier* dit *Just,*
> *Petit* dit *Auguste,*
> *Jarrasse* dit *Jean-Marie,*
> *Launois* dit *Chasseur,*
> *Dupoty,*

Boggio dit *Martin,*
Prioul,
Mallet,
Martin,
Fougeray,
Bouzer,
Considère,
Bazin dit *Napoléon,*
Dufour,

« d'avoir, soit comme auteurs, soit comme complices, pris
« part au complot ci-dessus énoncé, ayant pour but, soit de
« détruire ou de changer le Gouvernement, soit d'exciter les
« citoyens ou habitants à s'armer contre l'autorité royale;

« Vu l'article 28 de la Charte constitutionnelle, les arti-
« cles 86, 87, 88, 89, 59 et 60 du Code pénal, 227 du
« Code d'instruction criminelle;

« REQUIERT qu'il plaise à la Cour :

« Se déclarer compétente, décerner ordonnance de prise
« de corps contre les nommés :

Quenisset dit *Papart,*
Boucheron,
Colombier,
Brazier dit *Just,*
Petit dit *Auguste,*
Jarrasse dit *Jean-Marie,*
Launois dit *Chasseur,*
Dupoty,
Boggio dit *Martin,*
Mallet,

Prioul,
Martin,
Fougeray,
Bouzer,
Considère,
Bazin,
    et *Dufour;*

« Ordonner leur mise en accusation et les renvoyer de-
« vant la Cour pour y être jugés conformément à la loi.

« Fait au parquet de la Cour des Pairs, le 16 novembre
« 1841.

« *Signé* : HÉBERT. »

Après qu'il a été donné lecture, par le greffier en chef
et son adjoint, des pièces de la procédure ;

Et après en avoir délibéré, hors la présence du Procureur général, dans la séance d'hier et dans celle de ce jour ;

En ce qui touche la question de compétence :

Attendu qu'il appartient à la Cour d'apprécier si les faits
qui lui sont été déférés par l'ordonnance du Roi, du
13 eptembre dernier, rentrent dans la classe des attentats prévus et définis par les art. 86, 87 et suivants du
Code pénal, et dont l'art. 28 de la Charte constitutionnelle
attribue la connaissance à la Chambre des Pairs ;

Attendu qu'il résulte de l'instruction à laquelle il a été
procédé que, le 13 septembre dernier, il a été commis un
attentat contre la vie de LL. AA. RR. les Ducs d'Orléans,
de Nemours et d'Aumale ;

Qu'il résulte de la même instruction qu'avant cet attentat il avait été formé un complot ayant pour but, soit de détruire, ou de changer le Gouvernement, soit d'exciter les citoyens ou habitants à s'armer contre l'autorité royale, soit d'exciter la guerre civile en armant ou en portant les citoyens ou habitants à s'armer les uns contre les autres;

Attendu que ces crimes sont connexes, et qu'à raison, soit de la part qu'y auraient prise des associations illicites, soit de la nature des moyens par lesquels l'attaque aurait été préparée, soit enfin du but publiquement avoué de changer la constitution de l'État et l'organisation même de la société par la violence et la guerre civile, ces crimes présentent, au plus haut degré, les caractères de gravité qui doivent déterminer la Cour à en retenir la connaissance;

En ce qui concerne :

Quenisset dit *Papart* (*François*);

Attendu que de l'instruction résultent contre lui charges suffisantes de s'être rendu coupable, le 13 septembre dernier, d'attentat à la vie de LL. AA. RR. les Ducs d'Orléans, de Nemours et d'Aumale, membres de la famille royale;

En ce qui concerne :

Boucheron (*Jean-Marie*),
Colombier (*Jean-Baptiste*),
Brazier dit *Just* (*Just-Édouard*),
Petit dit *Auguste* (*Auguste*),
Jarrasse dit *Jean-Marie* (*Jean-Marie*),
Launois dit *Chasseur* (*Pierre-Paul*),
Boggio dit *Martin* (*Antoine*),
Mallet (*Napoléon-François*),
Dufour (absent),

Attendu que de l'instruction résultent contre eux charges suffisantes de s'être rendus complices de l'attentat ci-dessus qualifié, soit en y provoquant par menaces, machinations ou artifices coupables, soit en donnant des instructions pour le commettre, soit en procurant des armes ou tout autre moyen pour servir au crime, sachant qu'ils devaient y servir, soit en aidant ou assistant avec connaissance l'auteur de l'attentat, dans les faits qui l'ont préparé ou facilité;

En ce qui concerne :

Quenisset dit *Papart* (*François*),
Boucheron (*Jean-Marie*),
Colombier (*Jean-Baptiste*),
Brazier dit *Just* (*Just-Édouard*),
Petit dit *Auguste* (*Auguste*),
Jarrasse dit *Jean-Marie* (*Jean-Marie*),
Launois dit *Chasseur* (*Pierre-Paul*),
Dupoty (*Auguste-Michel*),
Boggio dit *Martin* (*Antoine*),
Prioul (*Auguste-Marie*),
Mallet (*Napoléon-François*),
Martin (*Jean-Baptiste-Charles*),
Fougeray (*Alexis*),
Bouzer (*Charles-Henri*),
Considère (*Claude-François-Xavier*),
Bazin dit *Napoléon* (*Napoléon*),
Dufour (absent);

Attendu que de l'instruction résultent contre eux charges suffisantes d'avoir, soit comme auteurs, soit comme complices, pris part au complot ci-dessus qualifié, et ayant pour but, soit de détruire ou de changer le Gouverne-.

ment, soit d'exciter les citoyens ou habitants à s'armer contre l'autorité royale, soit d'exciter la guerre civile en armant ou en portant les citoyens ou habitants à s'armer les uns contre les autres;

Crimes prévus par les articles 86, 87, 88, 89, 91, 59 et 60 du Code pénal, et qui présentent les caractères de connexité définis par l'article 227 du Code d'instruction criminelle, ainsi conçu :

Article 227 du Code d'instruction criminelle :

« Les délits sont connexes, soit lorsqu'ils ont été commis
« en même temps par plusieurs personnes réunies, soit lors-
« qu'ils ont été commis par différentes personnes, même
« en différents temps et en divers lieux, mais par suite d'un
« concert formé à l'avance entre elles, soit lorsque les cou-
« pables ont commis les uns pour se procurer les moyens
« de commettre les autres, pour en faciliter, pour en con-
« sommer l'exécution, ou pour en assurer l'impunité. »

Se déclare compétente;

Ordonne la mise en accusation de :

> *Quenisset* dit *Papart,*
> *Boucheron,*
> *Colombier,*
> *Brazier* dit *Just,*
> *Petit* dit *Auguste,*
> *Jarrasse* dit *Jean-Marie,*
> *Launois* dit *Chasseur,*
> *Dupoty,*
> *Prioul,*
> *Boggio* dit *Martin,*

Mallet,
Martin,
Fougeray,
Bouzer,
Considère,
Bazin dit *Napoléon,*
Dufour,

ORDONNE en conséquence que les dits :

Quenisset dit *Papart* (*François*), âgé de 27 ans, scieur de long, né à Selles (Haute-Saône), demeurant à Paris, rue Popincourt, n° 58; taille de 1 mètre 72 centimètres, cheveux et sourcils châtain clair, front grand, yeux gris, nez moyen, bouche moyenne, menton rond, visage plein;

Boucheron (*Jean-Marie*), âgé de 36 ans, scieur de long, né à Roullée (Sarthe), demeurant à Paris, rue de Lappe, n° 2; taille de 1 mètre 72 centimètres, cheveux et sourcils châtains, front ordinaire, yeux gris, nez gros, bouche grande, menton rond, visage ovale;

Colombier (*Jean-Baptiste*), âgé de 43 ans, marchand de vin, né à Saint-Julien-de-Toursac (Cantal), demeurant à Paris, rue Traversière-Saint-Antoine, n° 21; taille de 1 mètre 62 centimètres, cheveux et sourcils bruns, front ordinaire, yeux gris roux, nez court, bouche grande, menton rond, visage rond;

Brazier dit *Just* (*Just-Édouard*), âgé de 28 ans, menuisier, né à Amiens (Somme), demeurant à Paris, rue Traversière-Saint-Antoine, n° 60; taille de 1 mètre 68 centimètres, cheveux et sourcils châtains, front découvert, yeux gris bleu, nez moyen, bouche petite, menton rond, visage ovale,

Petit dit *Auguste* (*Auguste*), âgé de 31 ans, ébéniste, né à Verdun (Meuse), demeurant à Paris, rue du Faubourg-Saint-Antoine, passage de la Bonne-Graine, n° 14; taille de 1 mètre 74 centimètres, cheveux et sourcils châtain foncé, front ordinaire, yeux bleus, nez moyen, bouche moyenne, menton rond, visage ovale;

Jarrasse dit *Jean-Marie* (*Jean-Marie*), âgé de 33 ans, ébéniste, né à Paris, y demeurant, rue du Faubourg-Saint-Antoine, n° 202; taille de 1 mètre 69 centimètres, cheveux et sourcils blonds, front large, yeux gris, nez moyen, bouche moyenne, menton rond, visage ovale;

Launois dit *Chasseur* (*Pierre-Paul*) âgé de 33 ans, monteur en cuivre, né à Liége (Belgique), demeurant à Paris, rue Traversière Saint-Antoine, n° 21; taille de 1 mètre 68 centimètres, cheveux et sourcils bruns, front ordinaire, yeux bruns, nez gros, bouche moyenne, menton rond, visage ovale;

Dupoty (*Auguste-Michel*), âgé de 44 ans, rédacteur en chef et gérant du *Journal du Peuple*, né à Versailles (Seine-et-Oise), demeurant à Paris, rue de Bussy, n°ˢ 12-14; taille de 1 mètre 67 centimètres, cheveux et sourcils châtain blond, front haut, yeux roux, nez moyen, bouche moyenne, menton rond, visage plein;

Prioul (*Auguste-Marie*), âgé de 26 ans, ouvrier en fauteuils, né à Saint-Malo (Ille-et-Vilaine), demeurant à Paris, rue du Faubourg-Saint-Antoine, n° 121; taille de 1 mètre 75 centimètres, cheveux et sourcils bruns, front bas, yeux bleus, nez grand, bouche moyenne, menton rond, visage ovale, teint ordinaire, marqué de petite vérole;

Boggio dit *Martin* (*Antoine*), âgé de 32 ans, serrurier, né à Aurillac (Cantal), demeurant à Paris, rue du Faubourg-Saint-Antoine, n° 172 ; taille de 1 mètre 65 centimètres, cheveux et sourcils châtain foncé, front haut, yeux gris, nez moyen, bouche moyenne, menton rond, visage rond ;

Mallet (Napoléon-François), âgé de 37 ans, cordonnier, né à Épineau-les-Voves (Yonne), demeurant à Paris, rue de Charonne, n° 25 ; taille de 1 mètre 70 centimètres, cheveux et sourcils châtain foncé, front grand, yeux bruns, nez fort et droit, bouche moyenne, menton rond, visage long ;

Martin (Jean-Baptiste-Charles), âgé de 25 ans, ébéniste, né à Saint-Sauveur-Landelin (Manche), demeurant à Paris, rue de Charonne, n° 25 ; taille de 1 mètre 74 centimètres, cheveux et sourcils châtains, front large, yeux gris roux, nez large, bouche grande, menton saillant, visage ovale, teint ordinaire, moustaches blond roux ;

Fougeray (Alexis), âgé de 24 ans, ébéniste, né au Mans (Sarthe), demeurant à Paris, rue de Charonne, n° 25 ; taille de 1 mètre 74 centimètres, cheveux et sourcils noirs, front bas, yeux gris brun, nez fort, bouche moyenne, menton ovale, visage ovale ;

Bouzer (Charles-Henri), âgé de 34 ans, ébéniste, né à Montbéliard (Doubs), demeurant à Paris, rue Saint-Honoré, n° 278 ; taille de 1 mètre 62 centimètres, cheveux et sourcils châtain foncé, front bas, yeux gris, nez petit, bouche petite, menton large, visage ovale ;

Considère (Claude-François-Xavier), âgé de 34 ans, marchand de vin et employé chez MM. Laffite et compagnie, né à Montbazon (Haute-Saône), demeurant à Montmartre, rue du Vieux-Chemin, n° 8; taille de 1 mètre 75 centimètres, cheveux et sourcils châtain foncé, front large et bas, yeux bleus, nez large, bouche moyenne, menton rond, visage ovale;

Bazin dit *Napoléon* (*Napoléon*), âgé de 29 ans, garçon de cuisine, né à Gumery (Aube), demeurant à Paris, rue Saint-Denis, n° 21, taille de 1 mètre 70 centimètres, cheveux et sourcils châtain blond, front grand, yeux gris brun, nez gros, bouche moyenne, menton rond, visage ovale;

Dufour . . . . (absent);

Seront pris au corps et conduits dans telle maison d'arrêt que le Président de la Cour désignera pour servir de maison de justice près d'elle;

ORDONNE que le présent arrêt, ainsi que l'acte d'accusation dressé en conséquence, seront, à la diligence du Procureur général du Roi, notifiés à chacun des accusés;

ORDONNE que les débats s'ouvriront au jour qui sera ultérieurement indiqué par le Président de la Cour, et dont il sera donné connaissance, au moins dix jours à l'avance, à chacun des accusés;

ORDONNE que le présent arrêt sera exécuté à la diligence du Procureur général du Roi.

Fait et délibéré à Paris, le jeudi 18 novembre 1841, en la chambre du conseil, où siégeaient:

M. le Comte PORTALIS, Président,

Et MM.

Le Maréchal Duc DE REGGIO, le Marquis DE JAUCOURT, le Duc DE CASTRIES, le Comte COMPANS, le Marquis DE LOU-

(19)

vois, le Comte Molé, le Comte Ricard, le Baron Séguier,
le Comte de Noé, le Duc de Massa, le Duc Decazes, le
Comte d'Argout, le Comte Claparède, le Comte de Hou-
detot, le Baron Mounier, le Comte Mollien, le Comte de
Pontécoulant, le Marquis de Saint-Simon, le Vice-Amiral
Comte Verhuell, le Marquis d'Aramon, le Comte de Ger-
miny, le Comte de Bastard, le Comte Siméon, le Comte de
Saint-Priest, le Comte de Tascher, le Maréchal Comte
Molitor, le Comte Dejean, le Comte de Richebourg, le
Comte de Montalivet, le Comte Cholet, le Comte Boissy-
d'Anglas, le Comte Lanjuinais, le Vicomte de Ségur-La-
moignon, le Duc d'Istrie, le Marquis de Barthélemy, le
Comte de Bondy, le Baron Davillier, le Comte Gilbert
de Voisins, le Comte d'Anthouard, le Comte de Caffarelli, le
Vice-Amiral Comte Jacob, le Comte Pajol, le Comte Roguet, le
Baron Girod (de l'Ain), Aubernon, Besson, le Président Boyer,
le Vicomte de Caux, Cousin, Gautier, le Comte Heudelet,
le Vice-Amiral Baron Roussin, le Baron Thénard, le Comte
de Ham, le Vice-Amiral Jurien-Lagravière, le Comte Bérenger, le Baron Berthezène, le Comte de Colbert, le
Comte de la Grange, Félix Faure, le Comte Daru, le
Comte Baudrand, le Baron Neigre, le Comte de Beaumont,
le Baron de Reinach, Barthe, le Comte d'Astorg, de Cam-
bacérès, le Vicomte de Chabot, le Baron Feutrier, le Baron Fréteau de Pény, le Marquis de la Moussaye, le
Vicomte Pernety, de Ricard, le Comte de la Riboisière, le
Marquis de Rochambeau, le Comte de Saint-Aignan, le Vicomte Siméon, le Maréchal Comte Valée, le Comte de Ram-
buteau, le Marquis d'Audiffret, le Comte de Monthion,
le Marquis de Belbeuf, le Baron Darriule, le Baron
Delort, le Baron Dupin, le Comte Durosnel, le Marquis
d'Escayrac de Lauture, le Vicomte d'Abancourt, Kératry,

le Vice-Amiral HALGAN, MÉRILHOU, le Comte DE MOSBOURG, ODIER, PATURLE, le Baron PELET, le Baron PELET DE LA LOZÈRE, PÉRIER, le Baron PETIT, le Vicomte DE PRÉVAL, le Baron DE SCHONEN, le Vicomte DE VILLIERS DU TERRAGE, le Vice-Amiral WILLAUMEZ, le Baron DE GÉRANDO, le Baron DE SAINT-DIDIER, le Vice-Amiral DE ROSAMEL, MAILLARD, le Duc DE LA FORGE, le Comte SCHRAMM, AUBERT, le Marquis DE BOISSY, le Vicomte BORRELLI, le Vicomte CAVAIGNAC, CORDIER, DESPANS-CUBIÈRES, ÉTIENNE, LEBRUN, PERSIL, DE VANDEUL, ROSSI, BÉRENGER (de la Drôme).

Lesquels ont signé avec le Greffier en chef.

Pour copie certifiée conforme :

Le Greffier en chef de la Cour des Pairs ,

E. CAUCHY.

COUR DES PAIRS.

ATTENTAT DU 13 SEPTEMBRE 1841.

ACTE
D'ACCUSATION.

COUR DES PAIRS.

ATTENTAT DU 13 SEPTEMBRE 1841.

ACTE D'ACCUSATION.

Le Procureur général du Roi près la Cour des Pairs

Expose que, par arrêt du 18 novembre 1841, la Cour a ordonné la mise en accusation

Des nommés :

1. Quenisset dit Papart (François), âgé de 27 ans, scieur de long, né à Selles (Haute-Saône), demeurant à Paris, rue Popincourt, n° 58;

2. Boucheron (Jean-Marie), âgé de 36 ans, scieur de long, né à Roullé (Sarthe), demeurant à Paris, rue de Lappe, n° 2;

3. Colombier (Jean-Baptiste), âgé de 43 ans, marchand de vin, né à Saint-Julien-de-Toursac (Cantal), demeurant à Paris, rue Traversière-Saint-Antoine, n° 21;

4. Brazier dit Just (Just-Édouard), âgé de 28 ans, menuisier, né à Amiens (Somme), demeurant à Paris, rue Traversière-Saint-Antoine, n° 60;

5. Petit dit Auguste (Auguste), âgé de 31 ans, ébéniste, né à Verdun

3.

(Meuse), demeurant à Paris, rue du Faubourg-Saint-Antoine, passage de la Bonne-Graine, n° 14;

6. JARRASSE dit JEAN-MARIE (Jean-Marie), âgé de 33 ans, ébéniste, né à Paris, y demeurant, rue du Faubourg-Saint-Antoine, n° 202;

7. LAUNOIS dit CHASSEUR (Pierre-Paul), âgé de 33 ans, monteur en cuivre, né à Liége (Belgique), demeurant à Paris, rue Traversière-Saint-Antoine, n° 21;

8. DUPOTY (Auguste-Michel), âgé de 44 ans, rédacteur en chef et gérant du *Journal du Peuple*, né à Versailles (Seine-et-Oise), demeurant à Paris, rue de Bussy, n°ˢ 12-14;

9. PRIOUL (Auguste-Marie), âgé de 26 ans, ouvrier en fauteuils, né à Saint-Malo (Ille-et-Vilaine), demeurant à Paris, rue du Faubourg-Saint-Antoine, n° 121;

10. BOGGIO dit MARTIN (Antoine), âgé de 32 ans, serrurier, né à Aurillac (Cantal), demeurant à Paris, rue du Faubourg-Saint-Antoine, n° 172;

11. MALLET (Napoléon-François), âgé de 37 ans, cordonnier, né à Épinat-les-Voves (Yonne), demeurant à Paris, rue de Charonne, n° 25;

12. MARTIN (Jean-Baptiste-Charles), âgé de 25 ans, ébéniste, né à Saint-Sauveur-Landelin (Manche), demeurant à Paris, rue de Charonne, n° 25;

13. FOUGERAY (Alexis), âgé de 24 ans, ébéniste, né au Mans (Sarthe), demeurant à Paris, rue de Charonne, n° 25;

14. BOUZER (Charles-Henri), âgé de 34 ans, ébéniste, né à Montbéliard (Doubs), demeurant à Paris, rue Saint-Honoré, n° 278;

15. CONSIDÈRE (Claude-François-Xavier), âgé de 34 ans, marchand de vin et employé chez MM. Laffitte et compagnie, né à Montbazon (Haute-Saône), demeurant à Montmartre, rue du Vieux-Chemin, n° 8;

16. BAZIN dit NAPOLÉON (Napoléon), âgé de 29 ans, garçon de cuisine, né à Gumery (Aube), demeurant à Paris, rue Saint-Denis, n° 21;

17. DUFOUR, absent.

Le Procureur général du Roi près la Cour des Pairs déclare que de l'instruction et des pièces de la procédure résultent les faits suivants :

S. A. R. Mgr le Duc d'Aumale venait de traverser presque toute la France à la tête du régiment qu'il commande, et partout il avait recueilli sur son passage les témoignages de la plus vive sympathie : partout avaient éclaté de généreuses émotions à la vue de ce drapeau où le feu de l'ennemi avait, tant de fois, marqué sa trace ! de ces soldats qui revenaient des champs de bataille où ils avaient dignement soutenu l'honneur de nos armes, et du jeune chef qui s'était associé, avec une si brillante ardeur, à leurs périls et à leur gloire ! LL. AA. RR. MM^grs. les Ducs d'Orléans et de Nemours s'étaient portés à la rencontre de leur frère et des braves qu'ils avaient eux-mêmes éprouvés dans les travaux de leurs campagnes d'Afrique.

Le 13 septembre dernier, le 17e régiment d'infanterie légère, marchant sous la conduite des trois Princes, arrivait à Paris par la route qui aboutit à la barrière de Charenton ; il devait se diriger, par les boulevards extérieurs, vers la barrière du Trône, où l'attendait un nombreux état-major, et par laquelle devait avoir lieu son entrée dans la capitale. La population se pressait sur le chemin qu'il devait parcourir, et se montrait animée des sentiments que réveillent toujours parmi nous l'appareil d'une pompe militaire et les souvenirs de beaux faits d'armes, rendus en quelque sorte vivants par la présence des hommes qui les ont accomplis. A la tête de ces représentants de nos légions d'Afrique, on saluait par de vives acclamations les Princes toujours dévoués à la patrie, toujours empressés de prendre leur part dans les fatigues et dans les dangers qu'il faut affronter pour son service.

Lorsque le cortége, après s'être formé à la barrière du Trône, s'avança dans l'intérieur de Paris, il marchait dans l'ordre suivant : Un peloton de cuirassiers ; le lieutenant général commandant la place de Paris et les officiers de tous grades et de toutes armes qui s'étaient réunis pour se porter au-devant des Princes ; les sapeurs, les tambours et la musique du 17ᵉ régiment d'infanterie légère ; les trois Princes, accompagnés de MM. les lieutenants généraux Pajol et Schneider, et suivis de plusieurs officiers ; le régiment, marchant en colonne et par sections.

Les Princes s'avançaient à peu près sur une même ligne, Mgr le Duc d'Aumale au milieu, ayant à sa droite Mgr le Duc d'Orléans, à sa gauche Mgr le Duc de Nemours. M. le lieutenant général Pajol était à la droite de Mgr le Duc d'Orléans, et M. le lieutenant général Schneider à la gauche de Mgr le Duc de Nemours. M. Levaillant, lieutenant-colonel du 17ᵉ, se tenait à la gauche et un peu en arrière de M. le lieutenant général Schneider.

On était parvenu dans la rue du Faubourg Saint-Antoine, à la hauteur de la rue Traversière, lorsqu'une détonation se fit entendre. Un coup de feu venait d'être tiré sur les Princes !

Pour la première fois, les fils du Roi avaient vu leurs jours menacés par les lâches fureurs qui s'étaient si souvent armées contre la vie de leur auguste père, et ils avaient été, comme lui, protégés par la Providence contre le pistolet de l'assassin, dirigé sur eux presqu'à bout portant. Le coup, portant trop bas, atteignit le cheval du général Schneider et celui du lieutenant-colonel Levaillant : une balle a été trouvée dans la blessure que l'un de ces chevaux avait reçue, et le rapport du vétérinaire qui a extrait cette balle constate *qu'elle était dirigée sur les Princes, et que ce n'est que par un bonheur providentiel qu'ils n'ont pas été atteints; que, si elle avait été dirigée 25 centimètres plus haut, elle aurait passé au-dessus de la tête du cheval de M. Levaillant et au-dessus du garrot de celui de M. le général Schneider, et aurait été frapper directement les Princes.*

Cette criminelle tentative, qui venait si tristement troubler une journée consacrée à une manifestation toute nationale, révolta les plus nobles instincts, les sentiments les plus généreux du pays.

L'indignation qu'elle excita fut unanime dans la foule des citoyens comme dans les rangs des soldats : elle fit explosion avec une violence si prompte, si spontanée, si menaçante, que l'autorité du commandement suffit à peine pour enchaîner la colère des carabiniers du 17ᵉ, et que l'assassin fut immédiatement saisi par les citoyens qui l'entouraient. Ce fut un ouvrier qui se jeta le premier sur lui, et qui contribua, avec les agents de la force publique qui survinrent immédiatement, à dompter sa résistance désespérée.

Avant de commettre cet odieux attentat, celui qui allait s'en rendre coupable s'était fait remarquer par l'exaltation furieuse avec laquelle il poussait les vociférations les plus séditieuses. On l'avait vu se saisir de son pistolet, ajuster rapidement, et lâcher le coup. Quand il luttait contre ceux qui s'étaient emparés de sa personne, il avait jeté ce cri : *À moi, les amis!* indiquant ainsi qu'il comptait sur un secours qui lui manqua; et, quand il se vit au pouvoir de la garde municipale, il invoquait la mort, en disant qu'il la préférait à l'esclavage, et confessait son crime en exprimant le regret odieux de n'avoir pas réussi.

On le conduisit au corps de garde de la place de la

Bastille, et il y fut immédiatement fouillé : on ne trouva
sur lui qu'un carnet en papier blanc et une petite baguette
en jonc, ayant environ 3o centimètres de longueur, noircie à l'une de ses extrémités par la poudre, et paraissant
avoir servi à bourrer un pistolet. Interrogé bientôt, il déclara se nommer *Nicolas Papart,* et nia qu'il fût l'auteur de
l'attentat ; il prétendit que cette baguette de jonc, qu'on venait de trouver dans sa poche, n'était pas à lui, qu'il était
victime d'une erreur, et qu'on s'était trompé quand on
avait cru, en le saisissant, arrêter l'assassin. Deux pistolets, dont l'un était encore chargé, et dont l'autre venait évidemment de faire feu, avaient été trouvés sur le lieu du
crime : on y avait aussi ramassé une sorte de sac renfermant une somme de 12 fr. 75 cent. en menue monnaie,
un serre-tête en basin blanc, un mouchoir de couleur et
quelques autres objets. Le prétendu *Papart* soutint que ni
les armes, ni l'argent, ni aucun des effets saisis n'avaient
jamais été en sa possession.

Mais il était évident que ce système de défense ne pouvait pas prévaloir en présence des dépositions formelles et
précises des nombreux témoins qui avaient remarqué
l'assassin avant le crime, qui l'avaient vu au moment où il
le commettait, qui l'avaient saisi en flagrant délit, qui
avaient enfin recueilli l'aveu échappé à sa conscience dans
le premier moment de son arrestation, quand toute tentative de dénégation devait paraître impossible. L'individu
arrêté commença par avouer que le nom de *Papart* n'é-
tait pas le sien, quoique ce nom fût le seul qu'il eût porté
depuis plusieurs années : il s'appelait *François Quenisset,*
vivait à Paris du métier de scieur de long, et y demeurait rue Popincourt, n° 58, avec une fille *Leplâtre,* de
laquelle il avait eu un enfant, alors âgé de deux mois.

Il fit connaître qu'il avait servi dans le 15ᵉ régiment d'infanterie légère; que, s'étant rendu coupable d'insubordination envers un caporal et de rébellion envers la garde, il avait été condamné, en 1835, à cinq ans de fers; que cette peine avait été commuée, par un bienfait de la clémence royale, en celle de trois ans de travaux publics; et que, s'étant évadé, en 1837, des ateliers de Belle-Croix, il se trouvait tout à la fois et sous le coup du châtiment qu'il n'avait pas entièrement subi, et sous la menace de poursuites pour fait de désertion. C'était cette situation qui l'avait mis dans la nécessité de se cacher sous un faux nom, et elle s'opposait à ce qu'il pût épouser la mère de son enfant. D'ailleurs, et sous le nom de *Quenisset* comme sous celui de *Papart,* il protestait toujours qu'il n'était pas l'auteur de l'attentat qui lui était imputé.

Mais il ne devait pas tarder à changer de langage: dès le surlendemain de son crime et de son arrestation, il se montra disposé à parler avec plus de franchise, et il avoua d'abord que c'était lui qui avait tiré le coup de pistolet; il prétendit en même temps qu'il n'avait pas eu l'intention de menacer la vie d'un Prince qu'il ne connaissait pas, et que l'agression dont il s'était rendu coupable avait été dirigée contre l'état-major. Il ajouta dans ses premières réponses, et dès les premiers mots de son interrogatoire, que beaucoup d'autres étaient disposés comme lui à faire feu sur le cortége qui passait, et que l'attentat était le résultat d'un complot par lequel il avait été *retenu* et forcé de faire ce qu'il avait fait. Ainsi il révélait tout d'abord et la participation d'un certain nombre de conjurés à une attaque dont le but détestable et l'intérêt odieux devenaient alors plus faciles à expliquer, et l'existence d'une conspiration antérieure dans les liens de laquelle il s'était trouvé enchaîné, et dont il était devenu le coupable instrument.

La vérité de ces deux assertions sera plus tard complétement démontrée; mais dès à présent il importe de faire remarquer qu'elles se présentaient avec un bien grand caractère de vraisemblance. Si l'on suppose que *Quenisset* ait seul conçu la pensée d'un crime qu'il aura seul exécuté, par quel motif pourra-t-on admettre que ce crime ait été déterminé? Dans quelle espérance aura-t-il été médité et consommé? A quelles haines, plus aveugles encore qu'elles ne seraient atroces, faudra-t-il attribuer ce coup de pistolet, qui, en frappant par un affreux malheur l'un des Princes de la Famille Royale, ne pouvait amener aucun de ces résultats que rêve le fanatisme politique quand il s'arme pour l'assassinat? Mais si *Quenisset* n'est pas un criminel isolé; s'il est entouré sur le lieu même du crime par de nombreux complices; si l'attentat, quelque coupable qu'il soit, auquel on l'a dévoué n'est que le signal d'un autre attentat; si son bras, enfin, a été armé par une faction qui se tient prête à profiter des événements et compte sur les hasards que peut amener une collision sanglante, ne reconnaît-on pas à l'instant l'une des combinaisons habituelles de la sédition, l'une de ces embuscades où elle s'imagine qu'il lui sera permis de faire tomber l'ordre public?

D'un autre côté, dans la vie antérieure de *Quenisset*, on ne rencontre rien qui le présente comme livré à des passions politiques ardentes et exaltées. Il est issu d'une famille honnête, dans le département des Vosges, où son père a longtemps exercé les fonctions de garde forestier. Il s'est engagé de bonne heure; et, soit pendant qu'il était au service, soit depuis qu'il est rentré dans la vie civile, aucun fait, aucun témoignage ne vient le signaler comme en proie à ces sombres animosités, à ces haines profondes, à ces idées dominantes, absolues, dont le fanatique se nourrit dans la solitude, et qui l'entraînent par

degrés à un grand crime. Aussi l'un de ses complices disait-il de lui, quelques heures après son arrestation : « c'est
un homme sans conviction et qui dira tout ». Mais c'est en
même temps un homme violent et emporté, qui, comme
soldat, avait encouru, ainsi qu'on l'a déjà rapporté, une
peine sévère pour insubordination et pour voie de fait;
qui depuis, et par suite d'une rixe dont les conséquences
n'avaient point été sans gravité, a été condamné à un em-
prisonnement correctionnel. La situation précaire où le
plaçait sa désertion, l'obligation qui lui était imposée de se
cacher sous un faux nom, l'impossibilité où il se trouvait
de contracter un mariage qui était dans ses vœux, la
crainte que l'arrestation dont il était incessamment menacé
ne vînt priver sa fille et celle qu'il appelait sa femme de
leurs plus indispensables ressources, l'espoir qu'il avait récemment conçu et récemment perdu de s'affranchir légalement du service militaire auquel il s'était dérobé ; tout
cela avait aigri son âme, et l'avait disposé à accepter la
pensée d'un bouleversement politique comme un moyen
d'échapper aux embarras et aux incertitudes de sa position
personnelle. Il se trouvait donc ainsi plus accessible aux
séductions et aux entraînements des partis ; et sa fougue
brutale, sa facilité à se porter aux extrémités violentes, devaient en faire, entre les mains des agents de la révolte,
un instrument des plus dangereux.

On peut donc dire que la nature même du crime et le
caractère du coupable s'accordaient pour appuyer les allé-
gations de complicité dans les faits d'exécution et de complot préexistant qui ont accompagné, dans la bouche de
Quenisset, l'aveu qu'il ne refusait plus à la justice. Quelques
circonstances déjà connues venaient d'ailleurs, dès le début
de l'instruction, confirmer la sincérité de ces déclarations.

4.

Dans la matinée du 13 septembre, à neuf heures du matin, un officier d'ordonnance sortait, en uniforme et à cheval, de la rue Traversière et montait le faubourg Saint-Antoine. Un homme se détacha d'un groupe assez considérable qui s'était formé au coin de la rue Traversière, en face des magasins qui ont pour enseigne *le Vampire,* précisément à l'endroit où plus tard fut tiré le coup de pistolet: cet homme s'approcha de l'officier, lui demanda si le régiment passerait par le faubourg, et ajouta d'un ton qui exprimait la menace : *C'est que nous lui en préparons une de fête !* Puis il se perdit dans le groupe d'où il était sorti.

Immédiatement après que le coup de pistolet eut été tiré dans cette même place, un témoin entendit crier aux armes dans la rue Traversière; et à peine quelques instants s'étaient-ils écoulés, que dans cette même rue un individu s'introduisait dans l'atelier d'un menuisier, et s'y débarrassait d'un carnet et d'un paquet de cartouches; enfin on n'a point oublié qu'au moment de son arrestation, *Quenisset* criait : *A moi les amis!* et qu'avant de commettre l'attentat, lorsqu'il voyait déjà s'approcher l'état-major sur lequel il allait faire feu, il se faisait remarquer par l'énergie désordonnée avec laquelle il poussait de coupables clameurs. Ces cris séditieux prouvent peut-être, plus clairement encore que l'appel d'un secours, la présence autour de *Quenisset* d'individus qu'il savait être ses complices : car on ne comprendrait pas que l'homme qui a seul médité et qui va exécuter seul un grand crime, se dénonçât en quelque sorte d'avance, au milieu de la foule, par son attitude, par ses gestes, par ses paroles. Mais ce n'est plus là une témérité qui doive paraître impossible, si le coupable n'est point isolé, s'il croit pouvoir compter sur ceux qui l'environnent, si ces vociférations deviennent comme un cri de guerre, par lequel se rallient et s'animent ceux qui vont affronter un péril commun.

Ces premiers indices ne devaient pas être négligés ; peut-être ont-ils perdu cependant une partie de leur intérêt depuis les révélations si formelles et si précises qui sont venues jeter une si vive lumière sur la pensée et sur les moyens, sur le but et sur les auteurs de l'attentat du 13 septembre.

Malgré les sentiments de repentir que la réflexion avait amenés, malgré la situation désespérée où le plongeait une inculpation contre laquelle toute dénégation était devenue impossible, malgré l'aveu qu'il avait fait de sa culpabilité et les premières indications qu'il avait données, *Quenisset* hésitait d'abord à entrer dans plus de détails, et surtout à faire connaître des noms : il craignait pour son enfant, pour celle qu'il appelait sa femme, les menaces de vengeances sanglantes par lesquelles ceux qui s'associent pour le crime s'efforcent de cimenter leur coupable alliance. Ce fut seulement quand on l'eut rassuré sur le sort de cette femme, de cet enfant, pour lesquels il témoigne la plus vive tendresse; quand on lui eut promis qu'aucun danger ne pourrait les atteindre; ce fut seulement alors qu'avec une émotion profonde, et en versant des larmes abondantes, il raconta de quelle manière il avait été amené à commettre l'odieux attentat qui lui était imputé. Depuis il a subi, dans le cours de la procédure, de nombreux interrogatoires; il a été confronté avec la plupart des accusés; il a eu de fréquentes occasions pour certifier, expliquer, compléter ses premières révélations. Sans multiplier ici des détails inutiles, il importe de fixer, dans un résumé rapide, les résultats que présentent, dans leur ensemble, ces diverses déclarations.

C'est à l'époque de la détention qu'il subit en 1840, pour des coups portés dans une rixe, que *Quenisset* fait remonter ses premiers rapports avec les républicains. Dans la maison des Madelonnettes d'abord, et ensuite dans celle de Sainte-Pélagie, il se trouva en relations avec les nommés *Mathieu, Tarlet, Boyer, Prioul,* alors détenus pour faits politiques. *Mathieu,* dont les opinions et les pratiques subversives sont notoires, prit intérêt à son affaire, lui procura un défenseur, et s'assura ainsi des droits à sa reconnaissance. Tous *l'entretenaient,* suivant son expression, *de leurs doctrines républicaines,* et le *pétrissaient pour faire de lui un homme d'action.* Ils l'engagèrent à accepter pour leur être utile un emploi d'auxiliaire; ils lui firent confidence des nouvelles qu'ils recevaient du dehors, et qui leur annonçaient un complot prêt à éclater; ils l'amenèrent à partager l'espoir d'une prochaine délivrance, et à se faire une arme, pour les seconder, de l'un des outils employés dans les ateliers de la prison. Quand *Mathieu* quitta la maison de Sainte-Pélagie, il recommanda *Quenisset* à *Prioul,* comme un homme d'action *auquel on pouvait se fier, et pour lequel on pourrait faire de grands sacrifices, parce qu'il pouvait être très-utile.*

Dix mois environ après sa mise en liberté, *Quenisset* rencontra dans le faubourg Saint-Antoine l'accusé *Prioul,* qui était accompagné d'un ouvrier serrurier nommé *Boggio* dit *Martin. Quenisset* ne connaissait pas ce dernier et n'avait pas vu *Prioul* depuis leur détention commune à Sainte-Pélagie. *Prioul* l'aborde, et en lui frappant sur l'épaule lui dit que les affaires vont plus que jamais, que cela chauffe, qu'ils ne se couchent presque pas, qu'ils fabriquent des cartouches. Il lui annonça aussi qu'il le ferait recevoir dans une société, et il ajouta, en le présentant à *Martin. Voilà un bon camarade, un homme sur qui on peut compter.*

Quelques jours après, *Quenisset,* qui travaillait alors dans la rue Moreau, passait, pour se rendre à son ouvrage, dans la rue Traversière; il y rencontra *Boggio* dit *Martin* devant la boutique du nommé *Colombier,* marchand de vin, chez lequel ils entrèrent pour prendre un verre d'eau-de-vie. *Boggio* dit *Martin* lui donna rendez-vous dans ce même lieu pour le lundi suivant, et l'engagea à amener avec lui quelques camarades.

Au jour indiqué, *Quenisset* se rendit chez *Colombier* avec le nommé *Boucheron,* scieur de long comme lui; ils y trou-vèrent réunis un assez grand nombre d'individus, parmi lesquels se distinguaient les nommés *Boggio* dit *Martin, Just Brazier, Auguste Petit, Dufour, Mallet, Jean-Marie Jar-rasse,* et deux personnes que l'on désignait, l'une sous le nom de *Chasseur,* l'autre sous le nom de *Napoléon :* c'étaient les nommés *Launois* et *Bazin.*

Après qu'on eut bu quelques verres de vin, *Auguste Petit* fit fermer la porte de la chambre étroite où l'on était rassemblé, et prononça un discours dans lequel il repré-senta que le gouvernement établi était oppressif et tyran-nique. « Il n'y a, disait-il, que la police et les avocats qui peuvent gagner de l'argent; un roi à qui nous donnons 24 millions; un grand nombre de gens comme lui qui ga-gnent de l'argent à ne rien faire, et nous rendent très-mal-heureux ». Puis, faisant allusion aux troubles qui avaient éclaté dans les départements : « Voyez, ajoutait-il, des paysans qui sont moins éclairés que nous, ont aujourd'hui l'esprit de se rendre révolutionnaires; et nous, qui sommes ouvriers plus ou moins éclairés, nous devons sentir que tous ces tyrans nous oppriment. C'est dans ce but que nous sommes ici réunis. Je vous déclare que mes concitoyens et

moi nous sommes révolutionnaires; non point de ces révolutionnaires qui veulent le mal, mais le bien de tous les
ouvriers; car je vous déclare que nous sommes ici *ouvriers
égalitaires*. »

Auguste Petit expliqua ensuite quel était le but que se
proposaient les ouvriers égalitaires; avant tout, il fallait *faire
échouer* le trône; on établirait ensuite des ateliers nationaux
où l'ouvrage attendrait toujours l'ouvrier, et où, en travaillant moins, celui-ci gagnerait davantage; on instituerait
aussi des écoles mutuelles, où *l'on prendrait autant de soin
de l'enfant du prolétaire comme on prend soin aujourd'hui des
enfants des princes du sang*. L'orateur terminait en s'écriant:
« Pour tout cela, il ne nous manque que la force; renver-
sons le trône, et vous verrez que tout est formé : des lois
sont faites; il n'y a qu'à remplacer, comme qui dirait : *Mort
le roi, vive le roi!* Lequel de vous se refuserait à entrer
dans notre société? »

En rapportant ce discours, *Quenisset* ne peut être sûr
de lui conserver exactement la forme dans laquelle il a été
prononcé, mais il affirme que toutes les paroles qu'il rapporte ont été dites.

Les assistants, qu'on avait fait boire, se laissèrent aisément entraîner à la séduction du bien-être dont on venait
de leur tracer le tableau. A l'interpellation qui terminait
l'apologie de la société des égalitaires, ils répondirent qu'ils
acceptaient l'initiation, et l'on procéda aux réceptions.

Trois hommes, les nommés *Dufour, Napoléon Bazin* et
Auguste Petit, se rendirent dans une chambre située à
l'étage supérieur; *Boggio* dit *Martin* et *Launois* dit *Chasseur*
y firent ensuite monter les récipiendaires, deux à deux.
Quenisset y fut appelé en même temps que *Boucheron*; ce

fut *Launois* dit *Chasseur* qui lui banda les yeux sur le pallier de l'escalier, et qui l'introduisit. Voici en quels termes il rapporte les formes de la réception et le serment qu'on exigea de lui :

« *Napoléon*, faisant la voix sonore, me dit ainsi qu'à *Boucheron* : « Citoyen, que penses-tu du Gouvernement actuel? Penses-tu que nous soyons mal gouvernés? » Je répondis que oui. Il dit : « Tu sais que nous sommes révolutionnaires. Tu vas lever la main et jurer sur ta tête que tu te dépouilleras de tes biens et de ta fortune, et que tu quitteras ta femme et tes enfants, si tu en as, et que tu te trouveras dans la rue au premier cri d'alarme; que tu te battras sans compter le nombre de tes ennemis. Tu jures aussi sur ta tête que tu ne révéleras jamais un mot de ce que tu entends dire. Pour être révolutionnaire comme nous, il faut que tu jures de ne craindre ni la mort ni la prison. Tu le jures? Fais attention à ce que tu dis, il y va de ta tête. » Comme j'avais les yeux bandés, que je ne savais pas ce qu'il pouvait avoir à la main, que ce pouvait être un pistolet ou un poignard, j'ai dit : Je le jure. . . . Avant de me débander les yeux, celui qui faisait le sermon m'a dit que ma femme et mes enfants, si j'en avais, courraient la même peine que moi si je révélais un mot de ce qu'il venait de me dire. »

C'est ainsi que *Quenisset* fut reçu, avec le nommé *Boucheron*, dans la société des ouvriers égalitaires. *Mallet* lui ôta, après le serment prêté, le bandeau que *Launois* avait placé sur ses yeux. Tous l'embrassèrent, en lui disant qu'ils le reconnaissaient comme membre de l'association; et le nommé *Mallet*, qui n'avait point reçu d'abord l'accolade, s'approcha de lui en disant : *Citoyen, tu m'as donc oublié?* et l'embrassa comme les autres

Quenisset, après avoir fait ce récit de l'initiation qui devait lui devenir si fatale, rapporte que, depuis ce moment, il se rendait souvent chez *Colombier*, où se réunissaient habituellement les hommes qui venaient de le faire entrer dans la conspiration qu'ils ourdissaient contre l'ordre social et les institutions qui le protégent. Presque tous les matins, *Quenisset* entrait dans la boutique de ce marchand de vin. On y faisait à haute voix la lecture des journaux : c'était *le National*, *le Populaire*, et *le Journal du Peuple* surtout, qui faisaient les frais de ces prédications quotidiennes par lesquelles on s'étudiait à entretenir et à échauffer le zèle des affidés, comme à se préparer parmi les jeunes ouvriers du faubourg de nouveaux prosélytes. Entre les sociétaires, les conversations avaient toujours pour objet les moyens d'attaquer et de renverser le Gouvernement; on y familiarisait les esprits avec les attentats les plus atroces. Quelquefois, dans ces réunions d'ouvriers, on voyait paraître des hommes dont le costume indiquait une autre condition; ils échangeaient quelques paroles avec les principaux du club, et disparaissaient ensuite, comme s'ils n'étaient venus que pour prendre des renseignements ou donner des instructions.

Dans le cours du mois d'août, il y avait eu, pour un certain jour, chez *Colombier*, une convocation spéciale. Quand on fut réuni, *Colombier* dit qu'il n'y avait rien de nouveau, et on se sépara. *Quenisset* s'en allait avec les autres, mais *Colombier* le retint : *Tu n'es pas de trop, toi,* lui dit-il; *nous avons quelque chose à faire pour aujourd'hui ; on veut nommer des chefs.* Il le conduisit alors chez un marchand de vin qui demeure rue du Faubourg-Saint-Antoine, en face la rue de Charonne, et le fit monter dans une chambre située au premier étage. Ils y trouvèrent réunis *Launois* dit *Chasseur, Mallet, Auguste Petit, Just Brazier,* un jeune homme dont le nom est demeuré inconnu, et qui se présenta comme appartenant à la *septième,* désignation qui n'a pas pu être expliquée, et un individu nommé *Martin,* qui fut indiqué comme demeurant dans le faubourg Saint-Marceau, et qui n'est ni l'un ni l'autre des deux accusés qui portent le nom ou le surnom de *Martin.* Le nommé *Dufour* se fit attendre une demi-heure. Quand il fut arrivé, *Auguste Petit* se chargea d'annoncer l'objet de cette réunion: il s'agissait de relier entre elles *trois fractions également révolutionnaires, les Communistes, les Réformistes* et *les Égalitaires,* qui, en agissant isolément, s'exposeraient à être écrasées l'une après l'autre : il fallait s'entendre pour soutenir avec succès la première lutte qu'on engagerait contre le pouvoir. *Martin,* du faubourg Saint-Marceau, qui a été recherché dans le cours de la procédure, mais sur des indications trop vagues pour qu'il pût l'être avec succès, approuva la pensée de nommer un comité auquel chacune des trois sociétés fournirait deux membres, désignés sous le titre d'*agents révolutionnaires.* Les égalitaires voulurent désigner leurs représentants séance tenante. *Dufour* déchira une feuille dans le carnet de *Quenisset,* et en fit quatre billets sur lesquels il écrivit les initiales des noms de *Just Brazier,* d'*Auguste Petit,* de *Launois* et de *Colombier.* On jeta ces billets dans une casquette ; *Just* en fit le tirage, et le sort amena les noms de *Launois* et d'*Auguste Petit.*

Dans cette même réunion, on s'occupa des moyens de réunir un matériel. On proposa une cotisation de 5o centimes par tête : *Colombier* annonça qu'il existait entre ses mains 6o centimes provenant du quartier Popincourt, et qu'il leur était dû une somme de 76 francs. *Just* l'encouragea à en presser le recouvrement, et *Colombier* répondit : *Il faut bien qu'ils nous les donnent ; ils sont à nous.*

Cette circonstance est la seule dans laquelle *Quenisset,* qui se présente lui-même comme un homme qui ne comp-

tait pas, comme une machine, ait été admis à des conciliabules dans lesquels les chefs des conjurés traitaient,
entre eux, les affaires de la conspiration. Il y a recueilli la
preuve qu'on s'occupait tout à la fois de concentrer les forces
dont la révolte croyait pouvoir disposer, et de préparer un
matériel. Et si l'exiguité des ressources financières apparaît
dans les quelques mots échangés à ce sujet, il n'en résulte
pas moins que certaines cotisations étaient déjà établies, et
qu'on se préoccupait de la nécessité d'en organiser d'autres.

C'était *Colombier* qui avait mené *Quenisset* à cette réunion
en faisant valoir auprès de lui ce témoignage d'une confiance particulière. Chemin faisant, il lui avait révélé le
plan d'attaque qu'on se proposait d'adopter; il lui avait dit :
*Ne sais-tu donc pas qu'ils ne peuvent pas nous échapper? Ils
marchent à leur perte. Un beau matin il ne sera plus question
d'eux à midi : on se rassemblera le soir; on se tiendra prêt dans
la nuit; sur le coup de trois heures on attaquera. Nous avons
la demeure de tous les commissaires de police d'arrondissement,
les maires, les adjoints, beaucoup de colonels logés en ville et
bien des généraux, les ministres; et de tout cela nous en ferons
une Saint-Barthélemy. Ensuite, plus de ministres, plus de commandement; nous nous trouverons tous à la fois aux Tuileries.* C'est ainsi que les travailleurs égalitaires comprennent
les régénérations sociales, et qu'ils s'apprêtent à inaugurer
le règne de la fraternité universelle.

Depuis, ce sanglant programme a été confirmé par *Just
Brazier,* par *Auguste Petit,* par *Mallet,* par *Launois,* par *Martin,*
par tous ceux qui étaient à la tête de la société. Il n'était question que de cela chez *Colombier,* dit *Quenisset;* et ceux que
l'on considérait comme les chefs nous répétaient souvent :
*Vous autres, vous ne saurez jamais le jour que deux heures
auparavant.*

Dans cette même soirée où les agents révolutionnaires

furent désignés, *Quenisset* retournait seul chez lui quand il fut accosté par un individu bien vêtu qui lui dit : *Où vas-tu, citoyen ?* Je n'ai pas l'honneur de vous connaître, répondit *Quenisset. Non,* reprit cet individu, *mais je te connais bien, moi ; tu viens d'avec Colombier : tu n'as pas besoin de craindre, c'est moi qui corresponds directement avec le comité.* Ils entrèrent ensemble dans un cabaret, où la dépense fut payée par l'inconnu, qui, en sortant, rappela à *Quenisset* qu'il risquerait sa vie s'il révélait quelque chose, et lui promit de le revoir bientôt.

Après cette journée où *Colombier* avait paru vouloir resserrer le lien qui attachait *Quenisset* aux conspirateurs, rien de remarquable ne vint signaler pour lui dans ses rapports avec la société dont il faisait partie, la fin du mois d'août et les premiers jours du mois de septembre.

Mais, le 11 septembre, n'ayant pas d'ouvrage, il se rendit dans la matinée chez *Colombier :* celui-ci lui dit qu'il n'y avait rien de nouveau, mais qu'il y en aurait bientôt ; que, le lendemain, il devait aller au carré St-Martin pour nommer des chefs dans ce quartier, qui n'en avait pas et qui était *très-enthousiasmé :* l'organisation, ajoutait *Colombier,* était complète dans le faubourg Saint-Antoine et dans le faubourg St-Marceau ; mais on n'était pas en nombre pour attaquer. *Quenisset* lui avait promis de se rendre avec lui, le lendemain, dans le quartier Saint-Martin ; mais il ne tint pas parole, et resta chez lui pour garder son enfant.

Enfin, le 13 septembre, le jour où le 17ᵉ régiment d'infanterie légère devait faire son entrée dans Paris, *Quenisset* avait été le matin à la Grève, pour tâcher de trouver de l'ouvrage, selon l'habitude des ouvriers de son état : arrivé trop tard, il entra dans un cabaret avec deux scieurs de long, le nommé *Amant* et le nommé *Marin.* Il se dirigea ensuite avec *Marin* vers le faubourg Saint-Antoine, où on lui avait indiqué un maître qui pourrait l'employer. Au coin de la rue Traversière, il rencontra le nommé *Boggio* dit *Martin*, celui qui, sur la recommandation de *Prioul*, l'avait fait recevoir dans la société des Égalitaires. *Boggio* lui dit qu'il était en train de convoquer ses hommes, et l'invita à se rendre chez *Colombier*. *Quenisset* y alla aussitôt, toujours accompagné de *Marin* : là était réunie une douzaine d'individus qui, pour rappeler l'expression même dont se sert *Quenisset, discutaient la chose pour se battre ou pour rester tranquilles;* plusieurs avaient déjà reçu des cartouches. Sur l'ordre de *Dufour*, *Quenisset* alla chercher *Boucheron*, et revint bientôt avec lui. Alors *Dufour* demanda si l'on avait des armes. *Je n'ai que mon compas*, répondit *Quenisset; je n'ai que mon couteau*, dit un autre. *Comment! des armes ?* s'écria Jean-Marie; *n'en avons-nous pas tous? chacun de nous n'a-t-il pas de quoi servir un homme? Le régiment n'a-t-il pas des armes? elles sont à nous. Mes hommes sont déjà postés, et ils m'attendent : l'heure sonne; je ne veux pas me faire brûler la cervelle pour quelques minutes de retard, comme je la brûlerais moi-même à celui qui serait en retard.* Aussitôt *Jean-Marie* sortit *vif comme l'éclair*, et s'éloigna sans répondre aux questions que lui adressait *Quenisset* pour tâcher d'apprendre ce dont il s'agissait.

Quenisset rentra chez *Colombier*, où *Dufour* faisait une distribution de cartouches, n'en donnant que deux à chaque homme, et expliquant qu'il n'en pouvait donner davantage, parce que le magasin était parti. *Quenisset* lui répéta la question à laquelle n'avait pas répondu *Jarrasse;* il lui demanda de quoi il s'agissait, et *Dufour* lui répondit qu'il s'agissait d'une révolution; qu'on se proposait d'arrêter le 1 7ᵉ léger et de le désarmer. *Tu connais tes chefs,* ajouta-t-il; *tu feras ce qu'ils te commanderont. Rappelle-toi ce qu'on t'a dit, et surtout ne tire pas sur un simple soldat.*

Quenisset, *Marin* et *Boucheron* quittèrent à ce moment la boutique de *Colombier*. *Marin* donna à *Quenisset* les deux cartouches qu'il avait reçues, et s'éloigna. *Quenisset* et *Boucheron* se rendirent au chantier où travaillait celui-ci, et où il avait quelques dispositions à prendre. Ils retournaient ensuite, pour se procurer des armes, chez *Colombier*, à qui ils avaient entendu dire qu'il y en avait encore pour quatre hommes, lorsqu'ils rencontrèrent *Just Brazier* et *Auguste Petit*, qui leur demandèrent s'ils étaient prêts. Ils répondirent qu'ils étaient prêts, mais qu'ils n'avaient point d'armes.

C'est alors que *Just Brazier*, laissant *Boucheron* avec *Auguste Petit*, emmena *Quenisset* dans la chambre qu'il occupe rue Traversière, au-dessus d'un marchand de vin : là, il prit dans le tiroir d'une commode deux pistolets, en essaya les pierres, et, reconnaissant, que le feu n'en jaillissait pas, demanda à *Quenisset* une pièce de monnaie pour les raviver. Quand il se fut assuré que les armes ne trahiraient pas la main qui devait s'en servir, il les remit à *Quenisset*, en l'invitant à les charger, et coupa, pour servir de baguette, l'extrémité d'un jonc qui se trouvait dans sa chambre. *Quenisset* chargea les deux pistolets avec deux des cartouches qu'il avait reçues de *Dufour* et de *Marin*: *Just Brazier* lui dit de les emporter, d'en remettre un à *Boucheron*, si *Boucheron* n'avait pas d'armes, et de les garder tous deux, si *Boucheron* était armé : il eut même la précaution de couper une seconde baguette. *Quenisset* se saisit des deux pistolets. *Just Brazier* les lui fit cacher comme il avait caché lui-même ceux qu'il portait sous sa blouse, et qu'il fit tâter à son complice, en lui disant : *Si tu ne te sers pas de tes armes, tu sais que nous en avons d'autres, et qu'on te tiendra ce qu'on t'a promis. Quenisset* ajoute que, dominé par. cette menace et par son serment, il parcourut le faubourg Saint-Antoine et se rendit à la barrière de Charenton, ne retrouvant aucun des conjurés, et redoutant le châtiment que son absence pourrait lui attirer. Enfin il rencontra *Boucheron*, qui, non moins inquiet, non moins exalté que lui, cherchait aussi les groupes connus, auxquels il devait se rallier. *Boucheron* n'avait pas d'armes : *Quenisset* lui remit un de ses deux pistolets. Ils arrivèrent ensemble à la barrière du Trône, et, après avoir reconnu que l'état-major, qui attendait les Princes, s'y trouvait toujours, ils entrèrent dans un cabaret pour déjeuner. Ils revinrent ensuite à la barrière du Trône, et ils y arrivèrent au moment où les Princes et le 17e léger allaient la franchir. Ils descendirent le faubourg Saint-Antoine avec le cortége.

A la hauteur du poste établi à l'entrée de la rue de Montreuil, ils rencontrèrent *Boggio* dit *Martin*, qui ralliait son monde. *Vous n'attaquez donc pas?* lui dit *Quenisset. Va de l'autre côté,* répondit *Boggio; ils sont auprès de la rue Traversière et de la rue Saint-Nicolas : fais attention ; ils sont là.* *Quenisset* se dirige aussitôt vers le point qu'on lui indique. Il traverse le cortége derrière l'état-major de la place, que conduisait M. le lieutenant général *Darriule*. Au coin de la rue Traversière, il trouve *Just Brazier, Auguste Petit, Jean-Marie Jarrasse, Mallet,* et beaucoup d'autres jeunes gens qu'il avait vus le matin recevoir des cartouches. *Boucheron,* qui ne l'a pas quitté, est à sa droite ; *Just Brazier* est à sa gauche. A l'approche des Princes, tous se mettent à crier : *Vive le 17e ! à bas Louis-Philippe! à bas Guizot ! à bas la Famille Royale et les Princes ! Just* lui montre alors la ligne d'officiers qui précède les pelotons du 17e, et lui dit : *C'est là qu'il faut tirer : tire au milieu. Quenisset* saisit son pistolet de la main gauche et fait feu, sans ajuster personne, dans la direction qui lui a été indiquée. Au même moment, *Boucheron*

avait mis la main sur la crosse de son arme; mais il ne s'en
,est pas servi et l'a laissée tomber à ses pieds.

Tels sont les aveux et les révélations de *Quenisset,* tel est
le récit qu'il présente des circonstances qui ont amené,
précédé et accompagné le crime qui lui est imputé. Reçu
à la fin du mois de juillet dans la société des Travailleurs égalitaires, il y a prêté le serment de prendre les armes au premier
signal pour attaquer et combattre le Gouvernement. Il a
accepté cette loi d'obéissance aveugle et cette soumis-
sion absolue de la tête et du bras que la charte des sociétés secrètes impose à leurs adeptes. Quand on lui a
marqué le jour du combat, on l'a trouvé prêt à combattre ;
quand on lui a commandé le feu , il a fait feu. On lui avait
dit qu'il s'agissait de tenter une révolution, d'accomplir le
but pour lequel il s'était engagé à suivre ses chefs et à
leur obéir : il n'a pas cru qu'il lui fût possible de briser le
lien de cette discipline, où le meurtre était ordonné sous
peine de mort, et il n'a pas reculé devant le crime odieux
qui lui a été imposé.

On a dû remarquer qu'en se reconnaissant l'auteur de
ce crime, qu'en confessant avoir tiré le coup de pistolet,
Quenisset cherche à écarter la pensée qu'il ait attenté sciemment à la personne des Princes de la Famille Royale qui
marchaient à la tête du 17ᵉ régiment d'infanterie légère.
Toutefois il a fini par convenir que, dans la matinée du
13 septembre, chez *Colombier,* il avait été dit qu'un Prince
faisait partie du cortége, et qu'on ferait son possible pour
qu'il ne se promenât plus dans Paris. *Quenisset* ajoute même
qu'il fit observer à *Colombier* qu'il ne connaissait pas le
Prince , et que *Colombier* lui répondit : *Tu connais tes chefs,*
cela suffit : tu ne feras feu que d'après leurs ordres. Il n'était
pas possible d'ailleurs que parmi ces hommes préoccupés
de pensées séditieuses, et lecteurs assidus de journaux, on

ignorât que le régiment dont ils attendaient l'entrée dans Paris avait pour colonel l'un des fils du Roi.

Les cris qu'ils mêlèrent aux acclamations de la foule, précisément au moment où LL. AA. RR. approchèrent, suffiraient pour démontrer que la présence des Princes leur était connue : c'était donc contre les fils du Roi qu'une embuscade avait été dressée au coin de la rue Traversière ; et quand *Quenisset* reçut l'ordre de tirer au milieu, c'était certainement contre la vie des Princes, occupant à côté l'un de l'autre le milieu de la ligne, que l'assassinat était dirigé.

L'instruction ne permet point que, sur ce premier caractère si grave et si odieux de l'attentat, il puisse s'élever aucun doute. Comment les assassins auraient-ils ignoré ce que personne n'ignorait ? Et si la seule détonation du coup de pistolet souleva de toutes parts un sentiment d'indignation si énergique et si profond, n'est-ce pas parce qu'on savait bien quelles têtes venaient d'être menacées ?

Mais il ressort avec une évidence aussi complète, des déclarations de *Quenisset*, que cette tentative d'assassinat a été le résultat d'un complot qui avait pour dernier but le renversement du Gouvernement, par la violence et par les armes. Ce complot existait au sein de la société des Travailleurs égalitaires, de cette société dont le règlement avait été saisi en la possession de *Darmès*, le régicide du mois d'octobre 1840, et qui au mois de septembre 1841 a armé pour un autre attentat le bras de *Quenisset*. Les déclarations de cet accusé nous montrent encore que le complot ne se renfermait pas dans cette société exclusivement : ceux qui la dirigeaient avaient senti que ses forces ne suffisaient pas à l'œuvre qu'elle avait entreprise, et on la mettait en rapport avec d'autres sociétés qui tendaient au même but par les mêmes moyens, afin que l'union des efforts augmentât les chances du succès.

Dans l'organisation même de ces sociétés secrètes, qui préparent, sous des noms divers, et les révolutions politiques et les révolutions sociales, le complot se produit avec ses dangers les plus menaçants, avec ses caractères légaux les plus irrécusables. Il est facile d'y montrer, non-seulement la résolution d'agir, qui suffit pour constituer le crime quand elle a été arrêtée et concertée entre plusieurs personnes, mais l'action déjà, et une action incessante, persévérante, progressive, qui les rend de jour en jour plus redoutables. La société des Travailleurs égalitaires, comme la société des Saisons, comme la société des Familles, auxquelles elle succède, a eu pour but, au moment même où elle s'est fondée, une attaque à main armée contre le Gouvernement et contre l'ordre social : la formule des réceptions, telle qu'elle a été ci-dessus rapportée, suffit pour le démontrer de la manière la plus formelle. Chaque fois que cette société s'est affilié un homme, c'est un soldat qu'elle a recruté pour la sédition; et par le serment qu'elle a exigé de lui, elle lui a fait un devoir coupable de prendre les armes, au premier signal, contre les lois et contre leurs défenseurs. Confectionner de la poudre, amasser des armes, se procurer des munitions, préparer en un mot un matériel, c'est là aussi l'objet constant du soin et des efforts de ceux qui président à ces sociétés; et l'on a vu que les Travailleurs égalitaires, comme leurs devanciers, se préoccupaient de cette nécessité. Ainsi, résolution d'une attaque, matériel préparé, combattants assermentés et enrégimentés, voilà ce que présente, comme un péril toujours imminent, la constitution même de ces associations secrètes, la honte et le fléau de l'époque à laquelle nous vivons. On ne parle pas ici des utopies criminelles et insensées dont elles poursuivent la réalisation, de la proscription qu'elles veulent faire subir à tous les sentiments,

6.

à toutes les idées qui ont fait jusqu'ici la dignité et la grandeur de la nature humaine; du néant auquel elles prétendent réduire toutes les institutions sur lesquelles se sont toujours appuyées la prospérité des nations et la sécurité des existences privées.

Sans admettre jamais qu'elles puissent, même pour un moment, s'emparer des glorieuses destinées de la patrie, et tenter sur notre France leurs folles expérimentations, n'est-il pas déjà assez humiliant et assez funeste qu'elles puissent tenir, en quelque sorte, notre civilisation en échec, préparer à la cité de sanglants combats, et contraindre à se défendre par les armes les pouvoirs publics, dont la force morale des lois devrait être, à elle seule, l'inébranlable appui? N'est-il pas surtout profondément déplorable qu'elles deviennent des écoles publiques d'assassinat; que les pensées de régénération dont elles s'alimentent prennent, sans hésitation et sans scrupule, le meurtre et la spoliation pour points de départ, et que, sous l'influence de leurs enseignements, il se trouve tant de mains prêtes à s'armer pour le crime?

Mais ici ce n'est pas seulement dans l'existence même de la société des Travailleurs égalitaires, dans les actes par lesquels elle s'est recrutée, par lesquels elle s'est préparé un matériel, par lesquels elle s'est liguée avec d'autres associations, dans le but de renverser le Gouvernement, que se montrent les caractères du complot. Ils n'apparaissent pas avec moins d'évidence dans la direction imprimée aux sociétés, dans les excitations qui leur sont adressées, dans l'assistance qui leur est sciemment donnée par certains hommes assez prudents, peut-être, pour ne pas se mêler à des consiliabules où leur présence marquerait trop, mais qui, unis avec eux par une pensée, par une résolution commune, marchent dans les mêmes voies, avec plus de secret, mais avec plus de ressources et plus de puissance. On voit encore le complot se produire dans des faits qui, d'un côté, ressortent comme une conséquence immédiate et directe de la résolution d'agir précédemment arrêtée, et qui, d'un autre côté, se rattachent, comme une cause non moins directe et non moins immédiate, à l'attentat commis par *Quenisset;* nous voulons parler du projet d'attaque formé dans la matinée du 13 septembre, des cartouches distribuées, des armes prises pour l'accomplir. Enfin le rassemblement des conjurés réunis par leurs chefs et au nombre de plus de soixante autour de *Quenisset;* les cris par lesquels ces hommes préludaient à l'attentat et le provoquaient; la disposition où ils étaient de mettre à profit pour la révolte les chances de désordre que le succès du crime aurait amenées; l'arme avec laquelle il a été commis, remise aux mains du coupable par l'un des membres les plus influents de l'association; l'ordre de faire feu, l'indication du but émanant de ce même homme : toutes ces circonstances viennent constituer une participation plus complète encore à l'attentat, une complicité plus directe avec son auteur.

Ainsi les révélations de *Quenisset,* considérées en elles-mêmes signalaient à la haute justice de la Cour des Pairs deux ordres de coupables : c'étaient, d'une part, l'auteur et les complices de l'attentat du 13 septembre; c'étaient, de l'autre, tous ceux qui avaient pris part au complot précédemment existant, et qui se rattachait par les liens de la connexité à l'attentat qui était devenu un de ses effets. C'est sous ce double point de vue que l'instruction s'est développée.

Les déclarations de *Quenisset* paraissaient empreintes d'un grand caractère de sincérité. Le regret amer de son crime éclatait dans l'épanchement de ses correspondances privées comme devant les magistrats qui l'interrogeaient. Il montrait à la vérité un vif ressentiment de l'abandon où l'avaient laissé des complices qu'il se croyait le droit d'accuser de perfidie et de lâcheté. Mais, parmi les hommes que ses aveux ont si gravement compromis, il n'en est pas un seul qui puisse alléguer, en dehors des relations établies par le complot et par l'attentat, aucun de ces motifs d'animosité et de haine par lesquels pourrait s'expliquer un mensonge. Il faudrait même admettre, si la société des Égalitaires n'était qu'un jeu de l'imagination de *Quenisset,* que la plupart d'entre eux lui seraient à peu près inconnus. D'un autre côté, il est entré dans des détails tellement circonstanciés, tellement multipliés; il s'est montré dans les confrontations si incisif et si ferme, si énergique et si précis; il a paru se renfermer si exactement dans les limites de ce qu'il savait et de ce qu'il pouvait savoir, que la lecture seule de ses interrogatoires commande la confiance, et qu'on ne pourrait jamais comprendre comment l'imposture serait parvenue à usurper si complétement le caractère et la force de la vérité.

Mais ces déclarations ne devaient pas rester la seule base de l'accusation. Dès l'instant où *Quenisset* était dans le vrai, il devait nécessairement arriver deux choses : que ces déclarations seraient confirmées sur beaucoup de points, et qu'elles ne seraient démenties sur aucun. A ce double caractère, il faudra bien reconnaître leur complète sincérité, encore bien que, par leur nature même, certains faits auront échappé à un contrôle spécial.

Ce qui rattache tout d'abord l'attentat du 13 septembre à un complot antérieur, c'est la réception de *Quenisset* dans la société des Travailleurs égalitaires, dont les membres se réunissaient en assez grand nombre chez le cabaretier *Colombier.*

Quenisset affirme qu'il a été présenté par *Boggio* dit *Mar-*

tin, auquel *Prioul* l'avait recommande comme un bon camarade. Le fait était nié par *Boggio,* qui prétendait ne pas connaître *Prioul,* et par *Prioul,* qui prétendait ne connaître ni *Boggio* ni *Quenisset.*

Il paraît cependant certain que *Prioul* s'est trouvé dans la prison de Sainte-Pélagie en même temps que *Quenisset,* et *Boggio* dit *Martin* n'a pu persister à nier qu'il ait eu des relations avec *Prioul.* La dénégation reconnue fausse de points si essentiels ne vient-elle pas confirmer tout d'abord la déclaration de *Quenisset,* surtout quand il sera plus tard établi, par la déclaration d'un autre accusé, que si *Prioul* ne faisait pas partie de la société des Travailleurs égalitaires, on l'appelait toutes les fois qu'il y avait quelque chose de grave; surtout quand il sera démontré que *Boggio* dit *Martin* était l'un des membres les plus actifs de cette société?

Quant au fait même de la réception, à la forme dans laquelle elle a eu lieu, à l'engagement qu'on a fait contracter aux récipiendaires, à ce serment de combattre au premier signal qu'on leur a fait prêter, toutes les assertions de *Quenisset* sont positivement démontrées par les autres éléments de l'instruction. Les déclarations de *Boucheron,* son coaccusé, et du commissionnaire *Bertrand,* qui ont été reçus tous deux, le même jour que lui; les aveux péniblement arrachés à *Colombier,* les aveux incomplets et marchandés de *Boggio* dit *Martin* et d'*Auguste Petit,* ne peuvent pas laisser subsister le moindre doute à cet égard. Ainsi se trouvent tout à la fois prouvées, abstraction faite des révélations de *Quenisset,* et l'existence de cette société, et les réunions habituelles d'une partie de ses membres chez *Colombier,* et les réceptions dans la chambre de *Launois* dit *Chasseur,* et l'affiliation de l'homme qui est devenu l'auteur de l'attentat du 13 septembre. Il faudra bien aussi que l'on regarde comme prouvés, indépendamment de ces mêmes déclarations, ces lectures à hautes voix de journaux qui, selon l'expression de *Quenisset, devaient nécessairement perdre ceux qui les entendaient;* ces entretiens sur les moyens d'attaquer et de vaincre le Gouvernement; ces propositions atroces d'assassinats à domicile, d'une Saint-Barthélemy de fonctionnaires, que *Boucheron* atteste avec *Quenisset;* cette attente constamment entretenue d'une révolution politique et sociale que les égalitaires devaient préparer, et pour laquelle ils devaient combattre; tous ces détails, enfin, qui montrent de plus en plus dans quel but s'organisait et se développait l'association, et dont la notoriété dans le faubourg Saint-Antoine faisait considérer le cabaret de *Colombier* comme un lieu habituel de rendez-vous pour les républicains et les conspirateurs.

Colombier lui-même a été amené à reconnaître qu'il se réunissait chez lui des personnes malintentionnées, pour tramer des complots contre la sûreté de l'État, et faire ce qu'elles appelaient une révolution. Parmi ceux qui venaient le plus habituellement, il signale le nommé *Dufour,* qui n'a pu être arrêté, et les nommés *Jarrasse, Mallet, Just Brazier, Boggio* dit *Martin;* ce sont ceux qui, si l'on excepte *Jarrasse,* à l'égard duquel il exprime quelque doute, sont désignés par *Quenisset* pour avoir assisté à sa réception et à son serment, avec les nommés *Auguste Petit* et *Napoléon Bazin.* De ces hommes, les uns sont égalitaires, les autres communistes; mais nous les trouvons réunis par l'identité de leurs sentiments et de leurs vœux, par un but unique qu'ils poursuivent de concert, par une ligue coupable où ils réalisent ensemble par leur action ce qu'ils ont ensemble résolu.

C'est ce qui devient plus sensible encore par le conciliabule qui a été tenu chez la veuve *Poilroux,* cabaretière, vers le milieu du mois d'août. *Quenisset* nous y montre quelques hommes assemblés pour lier entre elles, sous la direction d'un même comité, les trois fractions révolutionnaires qu'il a signalées, les égalitaires, les communistes et les réformistes, et on se rappelle que, là, *Launois* dit *Chasseur* et *Auguste Petit* furent désignés par le sort pour être agents révolutionnaires. Sur ce point encore, les déclarations de *Quenisset* ne restent point isolées. *Colombier* se défend d'avoir assisté à la réunion, mais il convient qu'il y était invité. *Boggio* dit *Martin* prétend qu'il a refusé de s'y rendre, sous prétexte qu'il n'avait pas d'argent ; *Auguste Petit* avoue qu'il y était ; il ajoute que la réunion avait pour objet de tenter un rapprochement entre les égalitaires et les communistes ; il soutient seulement qu'il n'a pas été nommé agent révolutionnaire, et qu'on ne s'est pas occupé des moyens de renverser le Gouvernement. Enfin des témoignages établissent qu'il s'est tenu, dans le mois d'août, chez la veuve *Poilroux*, des réunions de jeunes gens qui avaient la précaution de se taire quand on entrait dans la chambre où ils étaient, et de s'en aller les uns après les autres, par deux et par trois, à un quart d'heure d'intervalle. *Quenisset* est reconnu pour avoir fait partie de ces réunions ; *Just Brazier* est signalé comme fréquentant le cabaret de la veuve *Poilroux*, et c'était le nommé *Launois* dit *Chasseur* qui répondait de la dépense. Ces réunions mystérieuses, auxquelles assistaient des hommes qui sont déjà signalés par des circonstances si graves comme se livrant aux menées politiques les plus coupables, et surtout l'aveu d'*Auguste Petit* sur le but du conciliabule indiqué par *Quenisset*, ne viennent-ils pas sur ce point encore confirmer, de la manière la plus éclatante, les déclarations de cet accusé ? Et qui pourrait croire, par exemple, qu'il soit possible que *Quenisset* ait inventé les détails qu'il donne sur les discours qui furent tenus, le tirage au sort qui eut lieu, et le compte que rendit *Colombier* des sommes qu'il avait reçues ou qui étaient dues? Pourrait-on comprendre l'intérêt d'une pareille imposture ?

Ainsi, avant d'arriver aux faits qui ont marqué la journée du 13 septembre, on peut regarder comme démontré que le cabaret de *Colombier* était, pour ainsi dire, le quartier général d'un certain nombre de membres de la société des Travailleurs égalitaires, auxquels se réunissaient des communistes; que parmi eux figuraient en première ligne *Just Brazier, Launois* dit *Chasseur, Jarrasse, Auguste Petit, Dufour, Mallet* et *Boggio* dit *Martin;* qu'ils avaient presque tous assisté à la réception de *Quenisset* et à celle de *Boucheron;* que tous ces hommes étaient liés entre eux par le serment qu'ils avaient fait prêter à leurs recrues; qu'ils préparaient avec ardeur l'exécution des desseins pour lesquels on sait que les sociétés secrètes s'organisent. Parmi eux s'est trouvé, à la réception qui a eu lieu dans la chambre de *Launois,* le nommé *Napoléon Bazin,* que *Quenisset* avait entendu désigner alors sous son prénom de *Napoléon,* et qu'il a depuis si bien reconnu à sa voix pour être l'homme qui avait, d'un ton solennel, débité la formule du serment. *Napoléon Bazin* passe pour être l'un des agents les plus obstinés du parti républicain, l'un des fauteurs les plus ardents des sociétés secrètes : nous le verrons plus tard signalé comme l'un des intermédiaires qui dirigent l'action de ces sociétés, d'après les ordres de ce comité inconnu qui ne doit se révéler qu'au jour du combat. Il a été arrêté le 12 septembre, comme inculpé d'avoir fait partie d'une réunion qui s'était formée dans un cabaret de la rue Saint-Denis, près de la place du Châtelet, et qu'on avait considérée comme n'étant pas étrangère aux rassemblements tumultueux qui s'agitaient alors sur cette place et sur le quai de Gèvres : il ne paraît pas que cette inculpation ait été établie; mais plusieurs de ceux qui avaient été arrêtés en même temps que *Napoléon Bazin* ont été depuis condamnés comme faisant partie d'une association illicite.

Les hommes qui avaient assisté avec lui à la réception de *Quenisset,* où l'on a vu qu'il jouait le principal rôle, ne sont connus par aucun antécédent judiciaire, si ce n'est cependant *Jarrasse,* qui a subi une condamnation à 5 ans de reclusion pour vol. Plusieurs conviennent qu'ils sont républicains, et même que depuis longtemps ils font partie des sociétés secrètes. *Mallet* y avait été affilié par *Quignot,* l'un des chefs de division de l'armée révolutionnaire, qui prit les armes en mai 1839, sous le commandement de *Barbès* et de *Blanqui.* Ce sont presque tous des ouvriers dont l'esprit et le cœur ont été pervertis par ces publications qui leur font regarder leur condition comme une injustice sociale, et le bien-être auquel ils aspirent comme une conquête que ne pourra pas interdire à la révolte un gouvernement démantelé par les attaques des factions. Quand ils voient le pouvoir exposé chaque jour aux accusations les plus propres à exciter contre lui le mépris et la haine, *crossé,* comme dit *Quenisset, de toutes manières,* dénoncé avec violence comme le plus funeste ennemi des intérêts et de la dignité du pays, ils s'imaginent que pour le renverser il ne faut que de l'audace, et après lui la société leur apparaît comme livrée à la puissance du nombre et à la tyrannie de la force. Comment l'autorité publique conserverait-elle sur la multitude son ascendant moral, ou pourrait-elle lui inspirer la crainte dont devraient au moins être frappés ceux qui ne la respectent pas, lorsqu'elle est incessamment poursuivie par la calomnie et par l'outrage; lorsqu'on la voit battue en brèche chaque jour par les ambitions et les colères des partis? Si on lui fait perdre aux yeux des peuples, par l'effet inévitable des insultes auxquelles elle est en butte, non-seulement son caractère de bienfaisante tutelle et de nécessité sociale, mais jusqu'à cette attitude de dignité qui se défend et se protége elle-même, n'est-il pas évident que les passions et les convoitises qui supportent avec impatience le joug des lois s'exalteront dans l'espoir de le briser, et de renverser à leur profit ce que tant d'intérêts divers s'étudient à ébranler?

Telles sont les impulsions auxquelles cèdent ces hommes placés peut-être au-dessous de la sphère où voudraient se maintenir les partis politiques, mais qui leur signifient déjà à quel prix ils pourraient acheter leur redoutable alliance. Les choses en sont venues à ce point que les apôtres des révolutions gouvernementales auraient perdu tout crédit dans l'esprit de leurs auxiliaires naturels, si ces révolutions n'étaient pas présentées comme le prélude nécessaire de ces révolutions sociales qui promettent seules des résultats positifs et appréciables. On sait quelles sont les doctrines que voudraient en définitive appliquer à la société les égalitaires et les communistes.

Dans les jours qui ont précédé le 13 septembre, des rassemblements, qui devenaient de plus en plus bruyants, avaient troublé la tranquillité de Paris. Des prédications communistes avaient été faites parmi les ouvriers qui ont l'habitude de se réunir le soir, après le travail, sur le quai de Gèvres et sur la place du Châtelet. Ces désordres n'ont jamais présenté une bien grande gravité : cependant ils ont continué même après l'attentat du 13 ; le drapeau rouge a été promené dans plusieurs rues, et, pour les faire cesser, il a fallu employer l'intervention de la force publique.

Le 13 septembre, dès le matin, pendant que *Quenisset* se rendait à la Grève et sortait de chez lui, c'est la fille *Leplâtre* qui le déclare, sans armes et sans argent pour en acheter, *Jarrasse* accourait chez *Just Brazier*, le pressait de se lever et l'emmenait avec lui Bientôt *Just Brazier* se

rendait dans la maison où *Mallet* est portier et où demeuraient deux des accusés, les nommés *Martin* et *Fougeray,* dont
l'un, le nommé *Fougeray,* a été gravement compromis dans
l'attentat du 12 mai 1839. Ils les invitaient à venir chez *Colombier,* en leur annonçant qu'il y avait des camarades qui
voulaient aller faire une démonstration à la rencontre du 17ᵉ.
Jarrasse a donné personnellement le même avis à *Mallet,* ou
du moins il l'a conduit chez un marchand de vin où il a
rencontré un homme que tout indique être *Just Brazier,* et
où on a parlé de se rendre chez *Colombier. Auguste Petit*
convient aussi que, dans cette même matinée, il était chez
Colombier, et qu'on y a agité la question de savoir si on
ferait une manifestation contre le Gouvernement. La présence de *Dufour* y est attestée par de nombreux documents.
Boggio dit *Martin* a fini par avouer qu'il s'y trouvait.
Ainsi, dès les premières heures de cette journée où l'on
attendait le 17ᵉ régiment, et qui devait être marquée par
l'attentat, nous voyons se réunir dans le lieu ordinaire de
leurs rendez-vous presque tous ceux qui ont été signalés
comme ayant assisté à la réception de *Boucheron* et de *Quenisset.* Il n'y manque que *Napoléon Bazin,* qui a été arrêté
la veille, et *Launois* dit *Chasseur,* qui, la veille aussi, était
parti pour Saint-Germain-en-Laye, où tenait garnison le
régiment dans lequel il avait servi.

Il s'y est mis en rapport avec quelques-uns de ses anciens camarades; et il est très-remarquable qu'il leur ait
dit que le recensement devait commencer le lendemain
dans Paris, qu'il y aurait peut-être du bruit, et que le régiment serait probablement appelé. Mais l'un de ceux auxquels il s'adressait lui ayant répondu que, quoiqu'il eût
à Paris des parents et des amis, il marcherait s'il le fallait,
et ferait son devoir de soldat du Roi, *Launois* ne répondit
rien, et cette ouverture n'eut pas d'autre suite. Il est de-

meuré incertain à quelle heure précise *Launois* est revenu
à Paris dans la matinée du 13. Il reconnaît cependant lui-
même qu'il avait passé la nuit à Neuilly, et qu'il arrivait
sur la place de la Bastille en même temps que le régiment.

Quoi qu'il en soit de cette circonstance, sur laquelle les
débats pourront jeter plus de lumière, il est certain, indépendamment des révélations faites par *Quenisset*, que les
individus qui sont signalés par *Colombier* lui-même comme
des membres actifs des sociétés secrètes, comme se réunis-
sant souvent chez lui pour s'y entretenir des révolutions et
ourdir des complots contre le Gouvernement, sont assemblés le 13 au matin dans ce même cabaret. Il est certain
encore que leur premier soin est de convoquer leurs camarades; qu'on s'occupe de préparer une démonstration à
l'occasion de l'arrivée du 17ᵉ régiment. Il est certain enfin
que c'est au milieu de cette réunion que va se trouver
Quenisset, sous l'influence de ceux qui l'ont associé à leurs
conspirations, sous les ordres des chefs qui lui ont fait jurer de combattre au premier signal, sans compter le nombre
de ses ennemis.

Dans cette réunion, on ne s'occupa, s'il faut en croire
quelques-uns de ceux qui en ont fait partie, que de se concerter pour une démonstration de mécontentement, qui
devait consister, pour rappeler les expressions du cabaretier *Colombier*, à crier : *à bas l'un ! à bas l'autre !* Cependant
on y a distribué des cartouches, et on y est convenu
qu'on prendrait des armes. Ce n'est pas seulement *Quenisset*
qui le déclare, c'est *Boucheron*, qui a reçu des cartouches;
c'est le nommé *Savelle* dit *Marin*, qui, on se le rappelle, a
été conduit, le 13 septembre, par *Quenisset*, chez *Colombier;* qui a été introduit dans une chambre du fond, où
dix ou douze personnes formaient comme un complot; où

l'un disait : *Je vais aller chercher un tel;* où un autre disait : *Je vais aller chercher mes hommes*; où on lui a remis
enfin deux cartouches, qu'il s'est empressé de *repasser*
à *Quenisset.* C'est aussi *Auguste Petit* qui avoue, en termes
exprès, qu'il a été convenu que chacun s'armerait pour
sa défense, et qu'il a été lui-même chercher chez un
camarade un pistolet, qu'il prétend n'avoir pas chargé.

On voit donc le récit de *Quenisset* se confirmer de point
en point, et les sociétaires se préparer, non pas seulement
pour une manifestation séditieuse, mais pour le combat. Il
n'aura pas échappé que ces hommes, qui sont ainsi réunis
chez *Colombier,* ne sont pas seulement des membres de l'association qui ne disposent que de leurs bras.

Mallet est désigné comme étant l'un des chefs de l'association; *Auguste Petit,* qui convient avoir assisté aux confé-
rences dans lesquelles on tentait un rapprochement entre
les égalitaires et les communistes, et qui haranguait aux réceptions, occupait certainement un rang important. *Jarrasse,*
non-seulement en présence de *Quenisset,* mais en présence
aussi de *Boucheron,* a parlé de ses hommes déjà rassemblés
à la barrière de Charenton, et montrait bien par son langage qu'il était disposé à toute autre chose qu'à leur faire
pousser des cris séditieux. *Just Brazier,* chez qui l'on a
trouvé un médaillon qui porte l'effigie de *Barbès,* et qui,
signalé comme communiste, faisait aussi des réunions où
l'on préparait l'alliance des sociétés, est représenté comme
l'un des chefs les plus influents. Pour établir l'importance
qu'il avait acquise, il suffit de faire connaître une lettre qui
a été trouvée cachée dans la doublure de sa redingote, et
par laquelle on lui mandait de Bruxelles, entre autres
choses, sous la date du 5 septembre « Je n'ai trouvé que
« Bruxelles où je puisse faire quelque chose. Je te dirai que

« le parti va assez bien. J'ai été assez bien reçu parmi eux.
« Si tu peux me faire passer quelque écrit, tu me feras plai-
« sir, car j'en ferai part aux amis.

« Demain, lundi, nous avons une réunion pour réorga-
« niser la société. » Une pareille lettre ne peut certainement
être adressée qu'à un homme qui joue dans les sociétés secrètes un rôle important.

Dufour, qui distribuait les cartouches, et qu'on voit aussi
figurer dans toutes les circonstances graves, et en compagnie de ceux que nous venons de nommer, était nécessairement du même grade. Enfin, le marchand de vin
Colombier n'était pas seulement le confident des trames qui,
de son aveu, s'ourdissaient, à sa connaissance, dans son
domicile; il n'ouvrait pas seulement son domicile à des sociétés dont il savait les projets, et dont il favorisait la pro-
pagande; il était lui-même l'un des agents les plus zélés
de ces sociétés, initié à leurs secrets, employé à leurs
affaires, secondant leur action de tout son pouvoir : c'est
chez lui que les frères absents adressaient leur correspondance; il sait à quelles fractions l'un ou l'autre appartient,
quel est le développement que chaque association a acquis,
sur quel plan on doit agir. A peine s'est-il formé dans le
faubourg une société nouvelle, ou plutôt un nouveau complot, qu'il sait déjà quels sont sa forme, son organisation,
son but, et la Cohorte des bastilles ne lui est pas plus inconnue que la Société des égalitaires et la Société des communistes.

Ainsi ce n'était pas seulement dix ou douze hommes
qui se réunissaient dans le cabaret de *Colombier,* le matin
du 13 septembre, et qui convenaient d'aller pousser au
passage du cortége qu'on attendait des vociférations séditieuses; c'était des chefs de certaines fractions de di-

verses sociétés qui disposaient chacun d'un certain nombre de bras, et qui s'armaient dans la pensée de provoquer
le désordre, d'amener une collision sanglante et de profiter des événements. On disait hautement chez *Colombier*
qu'il s'agissait d'une révolution; *Jarrasse* et *Dufour* ne parlaient de rien moins que de désarmer le régiment; et, le soir,
Auguste Petit disait à un de ses coaccusés, qui lui demandait ce qu'ils pensaient faire : *S'il y avait eu du pêle-mêle,*
nous aurions tiré; nous avions pris nos armes dans l'intention de
nous en servir si le grabuge avait commencé. En faut-il davantage pour faire comprendre toute la pensée de l'attentat du
13 septembre, et montrer dans quelle détestable intention
on a dirigé le pistolet de *Quenisset* vers le but qui lui a été
marqué?

Mais ce pistolet n'était pas encore entre ses mains. Qui
le lui a remis? Il affirme que c'est *Just Brazier*, et il n'est
pas possible d'en douter, malgré les dénégations de celui-ci. On n'a point oublié que *Quenisset* a fait connaître
qu'ayant rencontré *Just Brazier* et *Auguste Petit*, qui lui
avaient demandé s'il avait des armes, *Just Brazier,* sur sa
reponse négative, l'avait emmené chez lui pour lui remettre
des pistolets, et qu'ils avaient alors laissé ensemble *Boucheron*
et *Auguste Petit.* Eh bien, cette dernière circonstance est con-
firmée par *Boucheron,* et, depuis l'attentat, *Auguste-Petit* a dit
au nommé *Fougeray* que *Quenisset* avait été armé par *Bra-*
zier, qui l'avait emmené chez lui pour lui donner ce qu'il
lui fallait. En second lieu, *Quenisset,* que *Just Brazier* prétend ne connaître que pour l'avoir vu passer dans la rue,
a indiqué comment était placée, dans la chambre de celui-ci, la commode dans le tiroir de laquelle les pistolets
étaient placés. Dans son premier interrogatoire, il a dit
que cette commode était entre les deux croisées, et le fait
a été reconnu vrai. Dans le tiroir de ce meuble, où *Que-*

nisset affirme qu'étaient placés les pistolets, et qui exhalait une forte odeur de poudre, il a été saisi du papier propre à faire des cartouches, et dont une partie était déjà taillée pour cet emploi, et un morceau de papier sur lequel était écrite une recette pour confectionner de la poudre. Près de la porte de la chambre, et dans un placard qui ne fermait point à clef, et qui était placé dans le corridor qui y conduit, on a trouvé du salpêtre, du soufre, du charbon en poudre, des mélanges de ces diverses substances; tous objets indiquant des essais pour fabriquer de la poudre. On y a également saisi du papier disposé pour faire des cartouches, semblable à celui qui avait été découvert dans le tiroir de la commode. *Just Brazier* a prétendu que rien de tout cela ne lui appartenait, et a répudié la responsabilité de ce qui se trouvait dans le tiroir même du meuble qui était à son usage. Quand il pousse si loin l'imposture à cet égard, ses dénégations peuvent-elles prévaloir sur les déclarations de *Quenisset,* relativement aux autres points qu'elles embrassent.

Enfin *Colombier* lui-même a su que le pistolet dont il a été fait un emploi si criminel avait été remis à *Quenisset* par *Brazier :* il prétend que ce fait si grave a été rapporté chez lui par des scieurs de long, le 14 septembre, c'est-à-dire le lendemain du jour où *Quenisset* avait été arrêté en flagrant délit, et la veille du jour où cet accusé a déclaré, devant le juge d'instruction qui l'interrogeait, toutes les circonstances du crime. En admettant même que *Colombier* n'ait point dû à des confidences plus intimes la connaissance qu'il avoue avoir acquise de la complicité de *Brazier,* ce rapprochement de dates suffirait pour établir cette complicité d'une manière irréfragable. Car *Quenisset* n'inventait certainement pas, le 15 septembre, dans le secret de la prison, le fait que l'on rapportait la veille dans le cabaret de *Colombier*. C'est ici le lieu d'ajouter que *Quenisset* croit avoir vu, à une époque antérieure, entre les mains de *Colombier*, les deux pistolets qui se trouvaient, le 13 septembre, entre les mains de *Brazier*.

Mais, quoi qu'il en soit à cet égard, au moment de la remise de ces pistolets soigneusement chargés, on était loin encore de l'heure à laquelle le cortége devait arriver; il n'était pas plus de neuf heures ou neuf heures et demie. Après de longues dénégations, *Boucheron* est convenu qu'il avait de nouveau rencontré *Quenisset*, et qu'après avoir reçu de lui l'un des deux pistolets ils avaient déjeuné ensemble près de la barrière du Trône: ils sont rentrés dans Paris, et c'est alors qu'ils ont rencontré *Boggio* dit *Martin* près le poste de la rue de Montreuil, occupé à rallier ses hommes. Sur tous ces détails, les déclarations de *Boucheron* confirment, de la manière la plus expresse, celles de *Quenisset*.

Boggio dit *Martin* avait nié d'abord avoir assisté à la réception de *Quenisset* et faire partie de la société des Travailleurs égalitaires: confronté immédiatement avec *Quenisset* et avec *Boucheron*, il fut bientôt amené à reconnaître qu'il était au moins présent à cette réception. Il se récria aussi très-vivement lorsque, devant lui, *Quenisset* affirma qu'il l'avait rencontré ralliant ses hommes dans le faubourg Saint-Antoine : *Oh! par exemple!...,* répondit-il; *eh bien, qu'est-ce que vous m'avez dit, vous, quand j'étais là?* Quenisset répliqua : *Je vous ai demandé si on attaquait, et vous m'avez dit d'aller au coin de la rue Traversière, où je trouverais les autres. Vous m'avez dit,* reprit Martin, *attaquerons nous? je vous ai répondu que cela ne me regardait pas.*

Ainsi *Martin* ne voulait pas avoir envoyé *Quenisset* au coin de la rue Traversière; mais, en avouant que *Quenisset* lui avait demandé si on attaquait, n'avouait-il pas, à la fois,

8.

et le complot, et la part qu'il y avait prise ? On n'est donc pas surpris de l'entendre répondre un moment après, quand *Quenisset* lui dit qu'il devait avoir des armes, puisqu'il était un chef : *Non, je ne suis pas un chef; c'est plutôt vous, qui alliez, avec M. Colombier et les autres, partout :* graves paroles, et qui sont au nombre de celles que la justice doit recueillir avec le plus de soin, parce qu'elles sont une manifestation plus spontanée de la vérité ! *Boggio* dit *Martin* les prononce comme une récrimination contre *Quenisset*, et elles suffiraient pour révéler tout à la fois, et le rang que tenait dans une association de conspirateurs, avec *Colombier* lui-même, ceux qui se réunissaient habituellement chez lui, et les pratiques, les menées continuelles auxquelles ils se livraient, et le parti qu'ils avaient cru pouvoir tirer de *Quenisset*.

Constatons cependant que cet accusé a dit vrai sur ce point de sa rencontre avec *Boggio* dit *Martin* dans le faubourg Saint-Antoine, comme sur tous les autres, et suivons-le sur le théâtre de l'attentat qu'il va commettre : il y arrive avec *Boucheron,* qui, après de longues hésitations, a fini par avouer qu'il se trouvait à la droite de son complice au moment où celui-ci a tiré le coup de pistolet; il a ajouté que *Just Brazier* était à sa gauche; qu'il croyait bien l'y avoir vu.

Et si maintenant *Quenisset* a seul entendu le mot, seul vu le geste par lequel *Just Brazier* lui a donné l'ordre de tirer et lui a montré le but, n'est-il pas évident qu'il devait en être ainsi, et hésitera-t-on à croire, sur cette dernière circonstance, quelque grave qu'elle soit, celui dont les déclarations ont été trouvées si sincères sur toutes les autres ?

N'est-il pas évident maintenant que l'attentat commis par *Quenisset* n'a pas été le crime d'un seul ? Au moment où il le commet, il avait autour de lui *Boucheron,* qui a laissé tomber le pistolet dont il était aussi armé; *Just Brazier,* qui avait fourni les armes; *Auguste Petit, Mallet, Jarrasse, Co-lombier,* qui avoue lui-même être venu au bout de la rue Traversière pour voir passer le cortége; tous ceux enfin qui, le matin, avaient décidé entre eux que l'occasion était bonne pour l'attaque, ceux qui avaient espéré que le désordre naîtrait du désordre, qu'un combat engagé amènerait une révolution, que le 17e régiment, attaqué corps à corps, pourrait être désarmé dans le faubourg. Tous ils étaient là, pendant qu'à quelque distance *Boggio* achevait de rallier ses hommes, pendant que *Launois* dit *Chasseur,* l'agent ré-volutionnaire élu un mois auparavant, accourait après savoir fait une si singulière démarche auprès des lanciers de Saint-Germain. Tous ils étaient là, et ils étaient armés, non pas pour leur défense, comme le dit l'un d'eux, car per-sonne n'aurait songé à les attaquer, mais pour l'agression qu'ils avaient méditée. C'est certainement un effroyable moyen de produire le désordre que celui qui a été choisi par *Just Brazier,* lorsque, s'emparant de *Quenisset,* il lui a fait tenter sur la personne des Princes de la Famille Royale un odieux assassinat : c'était un mode bien criminel de *manifestation;* c'était donner à la sédition un bien horrible signal; mais enfin c'était exécuter ce qui avait été résolu; c'était engager la lutte dont on s'était décidé à tenter les hasards, et où, dans les espérances extravagantes dont ils se berçaient, une poignée de factieux imaginaient, sans doute, qu'ils entraîneraient la population d'un vaste faubourg. Ils ont pu voir que cette attente était aussi folle que cou-pable. L'explosion de l'indignation publique, le cri una-nime de réprobation qui s'est élevé, les acclamations plus chaleureuses qui ont salué leurs Altesses Royales, la mâle contenance des chefs, l'attitude énergique des soldats, l'ac-tion rapide, et secondée par les citoyens, des gardes munici-paux et des agents de la force publique chargés de maintenir l'ordre, tout a glacé de terreur les conspirateurs, et, réduits à prendre la fuite, ils se sont immédiatement dispersés. Cependant, au moment où *Quenisset* arrêté quittait, dans une voiture de place, le poste de la Bastille, où il avait été conduit, il vit *Jarrasse* qui lui faisait un signe, et, croyant qu'une tentative d'évasion pourrait être secondée, il fit un mouvement pour s'élancer par la portière ; mais il fut retenu par les gardes, et aucun symptôme d'agitation extraordinaire ne fut remarqué autour de l'escorte. Plus tard, dans la même journée, il paraît que deux réunions des sociétaires eurent lieu, l'une chez *Colombier*, l'autre chez un marchand de vin de la pointe Sainte-Eustache, pour aviser aux mesures que pourrait nécessiter l'événement qui avait marqué la journée. On n'a pas su ce qui avait été fait ; mais, dans la soirée, *Auguste Petit* témoignait les plus vives appréhensions. « Nous ne sommes pas blancs, disait-il, celui « qui a fait le coup est reçu dans la Société : c'est un homme « sans conviction, qui dira tout, qui nous vendra. *Mallet*, « *Just* et moi nous ne sommes pas dans de beaux draps ; s'il « parle, nous sommes perdus. »

Tous les accusés compris dans la série de faits qui viennent d'être exposés, si l'on en excepte *Quenisset*, nient à la fois leur participation à un complot qui aurait eu pour but de renverser le Gouvernement et leur complicité dans l'attentat. Les uns avouent qu'ils ont fait partie des sociétés secrètes, les autres n'en conviennent pas ; les uns reconnaissent qu'il avait été résolu, le 13 septembre au matin, de faire une manifestation de mécontentement ; les autres prétendent qu'ils sont restés étrangers à cette résolution ; mais ils repoussent tous la solidarité du complot comme celle de l'attentat. Il ne semble pas qu'ils puissent parvenir à détruire les charges qui s'élèvent contre eux. Les nommés *Boucheron, Colombier, Just Brazier, Auguste Petit, Du-*

four, Mallet, Launoy dit *Chasseur, Jarrasse* et *Boggio* dit *Martin*, devront être, à la fois, considérés et comme adhérents au complot et comme complices de l'attentat. Rien n'annonce que le nommé *Prioul,* compris aussi dans les faits qui ont été ci-dessus rappelés, se soit rendu complice de l'attentat; mais son adhésion au complot ne devra pas paraître douteuse, puisqu'il recrutait pour la société des Égalitaires, et qu'il était appelé à prendre part à ses actes toutes les fois qu'il s'agissait de choses importantes.

Launois dit *Chasseur* est de ceux qui nient avoir jamais fait partie d'aucune société secrète, et, contre l'accusation de complicité de l'attentat, il se retranche dans l'allégation d'un alibi. Mais l'instruction n'a nullement établi qu'il ne fût pas de retour à Paris dans la matinée du 13 septembre: ce qui conduit même à penser qu'il y était arrivé dans la nuit du 12 au 13, c'est qu'en revenant de Saint-Germain il s'est arrêté à Sartrouville, d'où il est parti à plus de onze heures du soir, malgré les efforts qu'on faisait pour le retenir, et en disant qu'il continuait sa route vers Paris.

Quoi qu'il en soit, deux circonstances graves rattachent du moins, comme on l'a vu, *Launois* dit *Chasseur* au complot: ce sont les réceptions de sociétaires qui ont eu lieu dans la chambre qu'il occupait dans la maison de *Colombier,* et sa désignation comme député des Égalitaires au comité, comme agent révolutionnaire, dans l'une des réunions qui ont eu lieu chez la veuve *Poilroux,* dans le cabaret du *Cerceau-d'Or.*

On a vu sur quelles preuves reposait déjà cette double imputation : ne paraîtront-elles pas avoir acquis plus de force, si l'on rappelle les termes d'une lettre écrite par *Launois,* depuis son arrestation, et adressée à une dame *Defossé,* pour être remise au frère de l'accusé? Dans cette lettre, *Launois* invite son frère à aller chez la veuve *Poil-*

roux, pour la prier de dire qu'il ne faisait pas de réunion chez elle, et de ne reconnaître personne, si on la faisait venir au tribunal. « Tu auras soin, ajoute-t-il, de la tirer à l'écart « pour lui communiquer cela, et qu'elle en prévienne sa « demoiselle, ainsi que son garçon. » Il fait faire des re- commandations pareilles à deux personnes qui habitent la même maison que lui, relativement aux réunions qui y ont eu lieu, et termine par ces mots : « N'oublie pas de « dire à toutes ces personnes qu'elles gardent bien le se- « cret, ou sans quoi je suis fini......... Il y a des brigands « qui nous ont tous vendus. »

Une pareille lettre ne doit-elle pas être regardée comme un aveu explicite, surtout si l'on considère que le fait, si- non la nature des réunions, a été positivement établi par plusieurs des témoins dont il redoutait les dépositions?

Launois, qui est, d'ailleurs, signalé par l'un de ses coaccusés comme l'un des principaux chefs des associations secrètes dans le faubourg Saint-Antoine, et dans la chambre duquel *Quenisset* a prêté le serment dont il a, le 13 septembre, réalisé la teneur, sera donc certainement considéré comme l'un des plus coupables auteurs de ce complot permanent qui existe au sein de ces associations, qui est pour l'ordre public une continuelle menace.

La lettre dont on vient de rappeler les termes et de montrer les conséquences n'est pas la seule que *Launois* ait écrite depuis son arrestation, et qui ait été saisie. Il en est une autre qu'il adressait au sieur *Dupoty,* gérant du *Journal du Peuple,* de ce journal qui était, dans le cabaret de *Colombier,* la lecture ordinaire des affiliés qui s'y réu- nissaient. Cette lettre est ainsi conçue :

« Cher citoyen, je m'empresse de vous apprendre que « ce traître de *Papart* nous a tous vendus pour échapper « aux coups de la justice. Je vous prie donc, citoyen, de

« prendre notre défense autant qu'il vous sera possible,
« ainsi que le *National*. Ce monstre a soutenu devant le
« juge d'instruction qu'il avait été reçu dans ma chambre,
« en ma présence : c'est une chose dont je ne me rappelle
« pas. Nous sommes toujours au secret depuis notre arres-
« tation. Adieu, cher citoyen; je vous serre tous la main.
« En attendant un meilleur avenir. Le temps me manque. »

Cette lettre venait d'abord confirmer tous les éléments
de l'instruction qui signalaient *Launois* comme l'un des
complices de *Quenisset*. Après l'avoir lue, on ne pouvait
plus douter de la nature des liens qui unissaient entre eux
les hommes dont cet accusé avait révélé les crimes. Pour
tout dire en un mot, dans sa lettre à *Dupoty*, *Launois* ne
se plaint pas d'une imposture, d'une calomnie, mais d'une
trahison.

Mais cette même lettre appelait aussi sur celui auquel
elle était adressée l'attention sévère de la justice.

Ancien rédacteur en chef du *Vigilant de Seine-et-Oise*,
ancien gérant du *Réformateur*, gérant actuel du *Journal du
Peuple*, *Dupoty* a constamment appartenu à cette fraction
de la presse qui donne pour but à ses efforts le renversement de la constitution du pays. Comme gérant du *Réformateur*, il a subi en 1835 une condamnation à l'emprison-
nement et à l'amende; comme gérant du *Journal du Peuple*,
aucune condamnation n'a été jusqu'ici prononcée contre
lui ; mais il est, en ce moment même, renvoyé devant la
cour d'assises par un arrêt de la chambre d'accusation.

La polémique à laquelle il se livre dans cette dernière
feuille a déjà été caractérisée par l'exposé de faits qui précède, et qui a montré quels en étaient les fruits et quelles
impressions elle produisait. Il importe cependant de relever quelques-unes des publications qui ont été faites dans

ce journal relativement à l'attentat de *Quenisset* et aux faits qui s'y rattachent.

Le 12 septembre, la veille du jour où l'on attendait à Paris le régiment commandé par Mgr le Duc d'Aumale, *Dupoty* adresse, par la voie de son journal, aux *gardes nationaux indépendants,* une provocation formelle à braver les ordres du maréchal commandant la garde nationale, et les peines disciplinaires qui peuvent les menacer, pour *saisir légalement l'occasion de crier, comme ils l'ont fait aux funérailles de* Napoléon : *A bas l'homme de Gand ! A bas les ministres de l'étranger ! A bas les traîtres ! A bas les complices de Dumouriez ! A bas les bastilles !* Ainsi le *Journal du Peuple* veut une démonstration, une manifestation; il formule d'avance les vociférations séditieuses par lesquelles le 17e régiment devra être accueilli; et, le lendemain, les travailleurs égalitaires, à défaut des gardes nationaux, remplissaient le programme qui leur a été donné. Le *Journal du Peuple* crie le premier : *A bas les complices de Dumouriez !* On sait quelle est la signification de ces mots dans le langage des factions; et, le lendemain, des hommes armés, réunis au coin d'une rue, se tenaient prêts à engager une lutte sanglante, et des Princes du sang royal se voyaient menacés par le pistolet d'un assassin !

Le 14 septembre, après l'attentat, on lit dans le *Journal du Peuple,* à la suite du récit du crime :

« Des personnes qui connaissent le maître scieur de long
« chez qui a travaillé *Papart* (c'était alors le nom sous le-
« quel le coupable était connu) sont venues nous informer
« que *Pavart* était un ancien soldat du 17e léger, qui, ayant
« été mis, dans le temps, au cachot par ordre de M. le
« lieutenant-colonel *Levaillant,* avait déjà porté à ce dernier
« un coup de baïonnette dans la cuisse, et avait, malgré

« cela, conservé une profonde rancune. Suivant le même
« renseignement, *Papart* n'aurait point dissimulé cette ran-
« cune, et aurait annoncé devant son patron l'intention où
« il était de tirer une nouvelle vengeance. Suivant cette
« version donc, ce serait contre M. *Levaillant,* et non contre
« le Duc d'Aumale, qu'aurait été dirigé l'attentat d'aujour-
« d'hui. L'instruction commencée éclairera sans doute bien-
« tôt cette affaire, qu'une ordonnance royale, dit ce soir le
« *Messager,* vient de renvoyer à la Cour des Pairs. »

Le *National* du même jour contient une explication à
peu près pareille, mais présentée d'une manière moins
affirmative. C'était un sieur *Naté,* commis chez un marchand
de bois, par lequel *Quenisset* avait été employé pendant
quelques jours, qui, le 13 septembre, dans un cabaret,
avait prétendu tenir de *Quenisset* lui-même le récit qui a
été inséré dans les deux journaux. Deux individus qui
étaient présents, les sieurs *Rigollet* et *Audy,* proposèrent
de communiquer ces détails au *National* et au *Journal du
Peuple.* Ils les exposèrent verbalement à *Dupoty,* et jetèrent
une note écrite dans la boîte du *National. Rigollet* déclare
que, quand il a lu les articles des deux journaux, il a
trouvé qu'il y avait de l'augmentation, quoique le fond fût
le même. Il est remarquable en effet que, selon le récit
même de *Naté,* tel qu'il le présente aujourd'hui, le capitaine contre lequel *Quenisset* aurait conservé une si profonde rancune n'est point nommé, et que le *Journal du
Peuple* n'hésite pas à retrouver cet officier dans la personne
du lieutenant-colonel *Levaillant,* dont le cheval avait été
blessé par la balle de *Quenisset.* Ainsi, non-seulement *Dupoty* accueillait avec un empressement et avec une légèreté
qui, en supposant même la bonne foi, seraient encore ré-
préhensibles, des renseignements qui, en matière si grave,

ne devaient pas être publiés sans avoir été soigneusement vérifiés; mais il ne les transmettait même pas au public tels qu'il les avait reçus.

Quenisset prétend d'ailleurs qu'il n'a pas tenu les propos qu'on lui prête, et que l'officier contre lequel il a pu concevoir des projets de vengeance n'est ni M. *Levaillant* ni aucun autre officier du 17ᵉ léger, dans lequel il n'a jamais servi. Il n'a pu parler que d'un capitaine du 18ᵉ régiment de ligne, qui avait rempli les fonctions de rapporteur dans le procès à la suite duquel il a été condamné à cinq ans de fers ; et il n'a jamais pu dire qu'il eût donné un coup de baïonnette à ce capitaine, ni qu'il eût été, pour ce fait, condamné à mort.

Quoi qu'il en soit, le 16 septembre, *Dupoty* insistait par de nouveaux détails sur la version qu'il avait présentée le 14. *L'action de cet homme,* disait-il, *est la suite d'une vengeance personnelle en dehors de la politique;* et il s'élevait vivement contre les journaux qui *faisaient retentir les grands mots d'attentats et les jérémiades* qui proclamaient ou insinuaient *que cette tentative avait pris naissance dans les associations populaires;* et, après s'être demandé comment il se faisait qu'un coup de pistolet eût le pouvoir de déranger un moment dans leur marche certaines nuances d'opposition : « Allez, s'écriait-il, vous avez beau entonner vos « doléances, le recensement n'en est pas plus légal, le « système du pouvoir n'en sera pas moins humble devant « l'étranger, moins menaçant pour nos libertés à l'intérieur, « avec des bastilles, avec la permanence de ses soixante « mille baïonnettes, avec le bourrelet de fer qui comprime « la tête du pays et la législature. »

C'est bien là le langage digne du journal où on imprimait, le 18 octobre 1840, trois jours après l'attentat du régicide *Darmès :* « Pour nous, ce n'est pas l'acte d'un homme exalté

« qui nous fera détourner un instant les yeux du froid et
« pénible examen de notre situation intérieure et extérieure.
« Oui, le canon qui vient d'abattre à Beyrouth le pavillon
« français, et la hache qui prépare autour de nous la place
« des bastilles, *nous empêchent d'entendre le bruit d'une cara-*
« *bine*. C'est aussi dans cette disposition que nous avons
« trouvé l'esprit public. » On le voit, l'opposition de *Dupoty*
n'est pas de celles qui se laissent jamais *déranger dans leur
marche*. Des paroles semblables à celles que nous venons de
citer n'ont pas besoin de commentaire, et elles feront peut-
être comprendre comment on a pu trouver parmi ses papiers une atroce parodie de l'un des couplets de la *Pari-
sienne :* ces vers sont écrits de sa main. Il a expliqué qu'il
les avait conservés parce qu'ils étaient de ceux que les
détenus politiques chantaient dans les prisons, et qu'on
est toujours bien aise de conserver quelque impression du
milieu dans lequel on a vécu, du temps par lequel on a passé.
Ces vers, a-t-il ajouté, ne sont pas bons assurément, sous
le rapport poétique ; mais, comme expression de sentiments
qui prennent sous les verrous une teinte plus cruelle et
plus haineuse, ils offraient quelque intérêt.

D'autres pièces ont été saisies chez lui, dans la plupart
desquelles éclatent les sentiments les plus hostiles et les
plus violents contre le Gouvernement. Il en a répudié la
responsabilité, et en a expliqué la possession par sa qualité de journaliste, qui l'expose à recevoir nombre d'écrits
anonymes ou signés de gens qu'il ne connaît pas, comme
aussi des articles dont on demande l'insertion, et que le
gérant du journal ne s'approprie que quand il les a publiés. N'est-il pas toutefois permis de penser que certains
écrits ne seraient jamais adressés à une personne que la
notoriété de ses sentiments et de ses opinions ne présen-
terait pas comme disposée à les accueillir ?

Dupoty convient qu'il a assisté au banquet de la Chaussée-du-Maine et au banquet de Châtillon; il convient aussi
qu'il était membre du comité central institué pour la réforme électorale; mais il soutient que jamais il n'a fait partie
d'aucune société secrète, et qu'il doit même y avoir dans
la classe ouvrière comme une sorte de notoriété qu'il n'est
pas affilié à ces associations. Il prétend qu'il ne connaît
pas *Launois,* qu'il n'a jamais eu aucun rapport avec lui, et
que celui-ci n'a pu lui écrire la lettre dont nous avons ci-
dessus rappelé les termes que comme à un journaliste,
pour chercher un appui, et parce qu'il n'a pas compris
quelle limite était imposée en pareille matière à l'action
de la presse. *Launois* affirme de son côté qu'il ne connaît
pas *Dupoty,* et qu'il lui a écrit parce qu'il le savait à la tête
d'un journal qui défendait le prolétaire.

Mais la lettre, dont on n'a pas oublié la teneur, résiste à
cette explication. *Dupoty* lui-même l'a si bien compris, les
conséquences de cette lettre lui ont si clairement apparu,
qu'il a essayé d'abord de la présenter comme lui ayant été
écrite dans le seul but de le compromettre. *Ma première
impression,* a-t-il dit, *c'est que c'est une provocation,* et il n'a
placé qu'en seconde ligne l'hypothèse d'un homme injustement accusé qui voudrait se faire défendre par les journaux. En présence de ce document si grave, il confessait
son embarras, sentant la nécessité d'une réponse et n'en
trouvant pas, reconnaissant à quel degré avait dû être
éveillée la sollicitude de la justice, finissant par invoquer
la plus scrupuleuse information pour expliquer ce qui lui
paraissait à lui-même inexplicable.

Mais quelles lumières nouvelles l'information pouvait-
elle amener ultérieurement sur un point de cette nature,
si celui qui avait écrit la lettre et celui qui devait la recevoir n'avaient, ni l'un ni l'autre, aucune explication à

fournir? La supposition d'une machination tentée par *Launois* pour compromettre *Dupoty* ne pouvait être admise, puisque, dans cette lettre, *Launois* faisait en quelque sorte l'aveu d'une complicité qu'il niait alors et qu'il nie encore devant la justice. Ce qu'il avait écrit ne lui était pas moins préjudiciable qu'à *Dupoty,* et la saisie de la lettre leur était à tous deux également fatale.

Que l'on pèse maintenant les termes de cette missive, et l'on arrivera à cette conviction qu'elle suppose nécessairement qu'il existait des rapports antérieurs entre *Launois* et *Dupoty ;* qu'ils n'étaient pas seulement l'un pour l'autre des individus isolés , mais comme une sorte de raison sociale, dont toute la signification leur était respectivement connue; et enfin que *Dupoty* savait la nature des dangers que pouvaient faire courir les révélations de *Papart* à ceux qui étaient arrêtés avec lui.

Et en effet, si *Dupoty* n'eût pas connu *Launois,* s'il n'eût pas su qu'il appartenait à une société politique, s'il eût ignoré que l'auteur de l'attentat du 13 septembre était membre de cette même société, quelle eût été pour lui la signification de cette lettre? Quels eussent pu être à ses yeux et les individus trahis et le secret livré? Quel sens aurait pu avoir pour lui cette réception indiquée d'une manière si vague dans la chambre d'un inconnu? De quel secours pouvait-il être à des inculpés dont les antécédents, la situation, les rapports lui auraient été inconnus, et desquels il n'aurait rien su que par l'énigme qui lui aurait été posée? Mais, si le nom de *Launois* est connu de *Dupoty,* s'il sait qu'il fait partie de la société des Travailleurs égalitaires, s'il connaît l'organisation, le but, les chefs de cette société; s'il n'ignore pas que l'auteur de l'attentat en est membre, si la position dans l'association de chacun des individus arrêtés n'est pas un mystère pour lui, alors rien n'est plus clair à ses yeux que la missive qu'il reçoit, rien n'est plus utile que l'avis qu'on lui donne, et il suffira de ce peu de mots pour qu'il puisse s'employer dans l'intérêt de ceux qui sont arrêtés, dans l'intérêt de ceux qui ne le sont pas encore.

Il semble donc que la lettre de *Launois* à *Dupoty* rattache invinciblement celui-ci aux trames ourdies dans la société des Égalitaires, au complot dont elle était le foyer. L'homme dont la feuille allait périodiquement alimenter et échauffer les passions des sectaires réunis dans le cabaret de *Colombier;* qui, le 12 septembre, fomentait publiquement le désordre pour le lendemain, quand le désordre déjà s'efforçait depuis plusieurs jours d'envahir les rues et les places publiques; qui, le 14 septembre, s'empressait d'affirmer que l'attentat du 13 n'était qu'un crime privé contre une personne privée; qui, le 16 septembre, s'indignait de voir l'ardeur des partis se refroidir en présence d'un crime et s'efforçait de la ranimer par ses colères et par ses railleries; cet homme n'est pas seulement en rapport avec les conspirateurs par ses écrits, par ses excitations de journal, par ses justifications spontanées; il les connaît personnellement, il en est connu: ils savent qu'ils peuvent recourir à lui, compter sur lui; ils lui parlent comme à un homme qui connaît tous les secrets de leurs relations, de leurs projets. Ils invoquent son secours et son appui. C'est à lui que les conjurés qui obéissaient, le 13 septembre, à ses inspirations, s'empressent d'apprendre qu'ils sont vendus; c'est lui qu'ils pressent d'embrasser leur défense quand la justice a pénétré le mystère de leurs complots. A ces caractères, ne voit-on pas éclater la preuve de la coopération active et énergique que *Dupoty* a donnée au complot d'où l'attentat du 13 septembre est sorti? S'il est vrai, et il est impossible d'en douter, que *Launois* fut un des agents les plus influents et les plus résolus de ce complot; s'il écrit à *Dupoty* comme à un homme qui en connaît le personnel et les ressorts, s'il brave, pour lui apprendre ce qu'il appelle une trahison, les dangers d'une correspondance de prison, on doit nécessairement conclure non-seulement que *Dupoty* est son complice, mais encore qu'il y avait un grand intérêt pour ce qui restait ignoré du complot, de lui apprendre ce qui en avait été révélé.

Ce complot, en effet, ne se renfermait pas dans le cercle des individus qui se réunissaient chez *Colombier,* ni même dans la société des Travailleurs égalitaires, à laquelle la plupart appartenaient. Trois associations conspiratrices et subversives étendaient leurs ravages dans le faubourg Saint-Antoine, celle des Ouvriers égalitaires, celle des Communistes, et celle des Bastilles. Elles étaient, en rapport, avec certains individus qui, sous le nom de Réformistes, travaillent par des moyens identiques au renversement des institutions. Le gouvernement de toutes ces sociétés appartient à des comités inconnus des affiliés, qui se cachent dans l'ombre la plus épaisse, et qui ne doivent se montrer qu'au jour du combat : peut-être même en est-il d'autres qu'on ne verrait qu'au jour de la victoire.

Ainsi, dans cette vaste conspiration ourdie contre l'ordre social, et dont les sociétés secrètes sont les instruments les plus énergiques et les plus dangereux, il existe de nombreux rameaux qui se rattachent tous au même tronc et une action d'ensemble qui résulte de beaucoup d'actions particulières. L'attentat du 13 septembre paraît être principalement sorti du conciliabule qui se tenait chez *Colombier;* on va voir que, dans les temps qui l'ont précédé, aux époques mêmes où, chez *Colombier,* on ne parlait que de révolutions et on méditait des Saint-Barthélemy de fonctionnaires, on agitait ailleurs des plans de même nature et tendant au même but, et que des liens étroits unissaient avec d'autres conspirateurs les conspirateurs de la rue Traversière.

Parmi les individus que *Just Brazier* et *Jarrasse* ont convoqués dans la matinée du 13 septembre, se trouvaient, comme on a déjà eu occasion de le dire, deux ouvriers ébénistes qui demeuraient dans la maison dont *Mallet* est portier : c'étaient les nommés *Fougeray* et *Martin*, à qui la location du logement qu'ils occupaient dans cette maison avait été faite par *Mallet*, qui appartenait aux sociétés secrètes avant la sanglante agression du 12 mai 1839. *Fougeray* avait aussi pris part à cet attentat. Il était de ceux qui avaient pillé le magasin d'armes des frères *Lepage* et qui, après s'être approvisionnés de munitions dans la rue Quincampoix, étaient venus, sous la conduite de *Barbès*, fusiller à l'improviste le poste du Palais de Justice.

Il ne paraît pas que ni *Martin* ni *Fougeray* se soient réunis le 13 septembre aux autres conjurés. *Fougeray* a été travailler rue Saint-Honoré, chez le nommé *Charles Bouzer*, ébéniste ; *Martin* est resté dans le faubourg, après avoir été chez *Colombier* ; mais on peut croire qu'il s'est tenu à l'écart et qu'il ne faisait pas partie du groupe qui entourait *Quenisset*. Toutefois les relations de ces deux hommes avec *Mallet* et avec *Brazier*, leurs habitudes connues dans la maison de *Colombier*, les antécédents de *Fougeray*, motivèrent leur arrestation dès les premiers actes de l'instruction.

Ce fut *Mallet* qui, par suite d'une méprise qu'il commit au moment où on lui représentait un paquet de cartouches, fit connaître que *Martin* et *Fougeray* avaient eu en leur possession un pistolet et des cartouches. *Mallet* avait caché ces objets le lendemain de l'attentat, et sa femme les avait remis depuis à des tiers, qui les avaient jetés dans le canal Saint-Martin, où le pistolet a été depuis retrouvé. Il n'avait pas de pierre et on ne s'en était pas servi depuis longtemps. *Martin* prétend qu'il l'avait acheté trois semaines auparavant, mais il ne peut dire de qui et dans quelle intention; et il donne ainsi lieu de penser qu'en faisant cette acquisition, il accomplissait l'obligation de s'armer, toujours imposée aux membres des sociétés secrètes.

Les cartouches qui n'ont pas été retrouvées dans les eaux du canal appartenaient à *Fougeray :* il avait d'abord prétendu qu'il les avait trouvées ; depuis, il a déclaré qu'il les avait reçues, quelque temps avant l'attentat, du nommé *Charles Bouzer,* chez lequel il travaillait.

Mais bientôt il a fait des aveux beaucoup plus graves, qu'on a déjà eu l'occasion de faire connaître en partie, mais qui doivent être analysés ici dans leur entier, parce que le jour qu'ils jettent sur les divers points de l'accusation en éclaire tous les éléments et fait surtout ressortir la connexité étroite qui les rattache.

La part que *Fougeray* avait prise à l'attentat de 1839 et la détention qu'il avait subie lui avait concilié la confiance des factions, et il travaillait chez un homme qui s'en était aussi montré digne : car c'était sous la conduite de son maître, de *Charles Bouzer,* qu'il avait marché à l'assaut du magasin d'armes des frères *Lepage.* Il était donc, comme il le dit lui-même, en position d'être instruit de ce qui se passait au sein des sociétés. D'ailleurs, il était lié, comme son commensal *Martin,* avec *Mallet,* avec *Just Brazier,* avec *Auguste Petit,* et par les confidences même qu'il avouera avoir reçues, il deviendra certain qu'il était nécessairement leur complice.

On vient de dire que, malgré la convocation que *Just*

était venu apporter le 13 septembre, *Fougeray* n'avait pas
été chez *Colombier,* et s'était rendu chez *Charles Bouzer,* au
lieu habituel de son travail : il y passa la journée. Vers
cinq heures du soir, il vit arriver chez *Bouzer Auguste Petit,*
qui, vers trois ou quatre heures, était encore à la réunion
de la pointe Saint-Eustache, et le nommé *Martin. Auguste*
lui témoigna les craintes que lui inspirait l'arrestation de
Quenisset, et lui fit connaître les dispositions qui avaient
été prises, et le but qu'on se proposait, dans des termes
qui ont été ci-dessus rapportés.

C'est dans ce récit que *Just, Mallet, Dufour, Auguste
Petit* lui-même, sont indiqués comme s'étant, dès le matin,
armés de pistolets, et que *Just Brazier* est signalé par *Auguste Petit* comme ayant armé le bras de *Papart.* Ces détails,
donnés en présence de *Fougeray,* de *Martin* et de *Bouzer,*
suffiraient certainement pour établir leur complicité dans
le complot qui se tramait au sein des sociétés. Au nombre
de leurs principaux chefs, *Fougeray* place *Mallet, Auguste
Petit* et *Launois.* Il ne donne pas le même grade à *Dufour,*
mais il sait qu'il a sous lui une certaine quantité d'hommes.
Il a assisté à l'une des réunions tenues au *Cerceau d'Or,* et
il atteste que les chefs y lisaient les ordres du jour qu'ils
avaient reçus du comité. *Napoléon Bazin,* celui qui présidait à la réception de *Quenisset* et de *Boucheron,* était, d'après
les aveux de *Fougeray,* l'un des principaux membres de la
société : c'était lui qui portait dans le faubourg les ordres
du comité, et il doit être remplacé, depuis sa détention,
par un individu qui est cuisinier comme lui. Un mois environ avant l'attentat, *Fougeray* est allé chez *Martin* avec
Colombier : là se trouvait *Napoléon Bazin, Launois, Auguste
Petit, Mallet* et *Dufour.* En sortant, *Auguste Petit* a demandé à *Napoléon Bazin* quelle garantie il prétendait don-

ner pour la société, et *Napoléon Bazin* lui a répondu : « Vous choisirez, parmi vous, l'homme qui vous inspirera le plus de confiance : je me charge de lui montrer le matériel et de lui faire connaître un membre du comité. »

Il paraît qu'en effet il existait un dépôt d'armes et de munitions. *Martin* en avait parlé à *Fougeray* comme d'une confidence que *Just Brazier* lui avait faite, et c'était parce que *Fougeray* en avait parlé à *Bouzer* que celui-ci lui avait remis, quelques temps après, des cartouches qu'il s'était procurées, et qui, dans sa pensée, devaient être versées dans le dépôt général.

Ces faits et ceux qui vont suivre sont niés par *Bouzer* et par *Napoléon Bazin*; mais ils ne peuvent donner aucun motif à l'imposture dont ils seraient les victimes : on a, d'ailleurs, saisi chez *Bouzer* dix exemplaires d'une brochure intitulée : *Lettres d'un communiste à un réformiste,* et ce sont dix exemplaires de la même lettre; d'où il faut nécessairement conclure que *Bouzer* distribuait cette brochure : on a aussi saisi chez lui sept exemplaires du journal communiste *le Populaire;* et, parmi ces sept exemplaires, il y en avait deux qui portaient la même date, celle du 5 septembre.

Quant à *Napoléon Bazin,* chez lequel on a trouvé une liste de souscriptions en faveur de la femme de l'un des principaux auteurs de l'attentat de mai 1839, on a vu plus haut quel rôle il avait joué dans la réception de *Quenisset;* et, pour attester la position qu'il occupait dans le complot, les déclarations de *Quenisset* et celles de *Fougeray* se prêtent un mutuel appui.

Martin nie aussi les faits qui lui sont imputés; il ne peut cependant disconvenir de l'intimité de ses rapports avec *Mallet, Just Brazier, Auguste Petit;* de sa visite chez

Colombier, ni même de l'appel qu'est venu lui faire *Just Brazier*, le 13 septembre, à six heures du matin. On a trouvé, dans la chambre qu'il occupait en commun avec *Fougeray*, sept numéros du *Journal du Peuple*, et quatre numéros du journal *l'Atelier*.

C'est *Bouzer* qui, en 1839, avait conduit *Fougeray* dans les rangs de l'armée révolutionnaire que *Barbès* avait convoquée; c'est lui qui, en 1841, le conduit chez *Considère*. *Considère* est cabaretier à Montmartre comme *Colombier* est cabaretier dans le faubourg Saint-Antoine. Il a, parmi les anarchistes et les conspirateurs, une triste célébrité. On sait sa condamnation en 1832, sa présence au banquet de Belleville, ses liaisons avec *Valentin Duclos*, maintenant condamné pour fabrication de munitions de guerre, et avec lequel il fut accusé de complicité dans l'attentat du régicide *Darmès*. Tous deux ont été acquittés; mais les rapports de *Considère* avec *Darmès* étaient établis par les débats : il était certain que, depuis le moment où *Darmès* avait résolu son crime jusqu'au moment où il l'avait exécuté, c'était *Considère* qu'il avait cherché à Paris et qu'il avait poursuivi à Montmartre. Il n'a pas été prouvé qu'ils se fussent rencontrés.

Fougeray déclare qu'il est allé trois fois chez *Considère* : la première fois, il y rencontra *Napoléon Bazin*, qui lui dit : *Vous qui êtes du faubourg, si vous connaissez des chefs de notre société, parlez-leur, et dites-leur que j'irai un jour pour les rallier. Fougeray* répondit qu'il connaissait *Mallet*, et qu'il pourrait lui en parler : *Martin* assistait à cette conversation.

La seconde fois que *Fougeray* alla dans le cabaret de *Considère*, il était encore accompagné de *Charles Bouzer* et de l'accusé *Martin* : il y trouva un individu nommé *Blanc* et un autre individu du nom de *Martin,* qui est bottier dans le passage Colbert. On y parla d'un projet qui devait coûter 1,200 francs, sur la nature duquel on se refusait à donner des explications, mais qui paraissait consister à fabriquer, avec de la poudre fulminante, une grande quantité de projectiles. *Considère* disait qu'il n'était pas riche, qu'il avait des dettes, mais qu'il trouverait bien 100 francs pour contribuer à l'exécution de ce projet.

Enfin, à sa troisième visite chez *Considère, Fougeray,* toujours accompagné de *Bouzer,* l'était aussi d'un individu dont il ne sait pas la demeure, et qui lui est connu sous le nom de *Jules Maréchal. Considère* les appela dans un cabinet pratiqué dans son jardin, où il se trouvait avec le nommé *Blanc,* déjà présent lors de la seconde visite, et qui n'a pu être retrouvé dans le cours de l'instruction, et avec un autre individu resté inconnu. Ce dernier et *Blanc* décrivaient leur plan d'attaque; ils disaient *que ce qu'il y aurait de mieux à faire, ce serait d'attaquer les casernes et d'y mettre le feu, d'établir ensuite des communications entre les maisons pour en faire des galeries, dont l'entrée serait défendue aux troupes par des projectiles ou machines fulminantes; qu'ainsi placés et protégés, on pourrait aisément tirer par les fenêtres.*

Ils nous ont donné la chasse, disait *Considère* en employant une expression plus grossière et plus énergique; *mais n'aie pas peur, ce sera à notre tour.*

Tels sont les individus qui se réunissaient chez *Considère,* le langage qu'on y tenait, les projets dans lesquels se complaisaient des passions perverses, des haines irréconciliables; c'était, comme chez *Colombier,* de *révolution* qu'on s'y entretenait, et on y avait aussi des plans d'attaque contre l'ordre public et les lois. Les accusés *Martin, Bouzer,* conviennent qu'ils sont allés chez *Considère,* mais comme chez un autre cabaretier, et qu'ils n'y ont rien entendu de ce que *Fougeray* rapporte. Le bottier *Martin*, qui a été inculpé dans une information judiciaire à la suite du banquet de Châtillon, prétendait d'abord ne pas connaître *Considère*, n'en être pas connu, et qu'il avait eu seulement occasion d'entrer chez lui en allant voir, avec sa femme, son enfant en nourrice à Montmartre; puis il convient qu'il savait que *Considère* avait été traduit devant la Cour des Pairs. Tout en protestant qu'on l'ait entretenu d'aucun projet d'attaque, il ne peut cependant pas préciser qu'on n'ait pas parlé politique; il serait possible qu'on en eût parlé, il n'y a pas fait attention; enfin il a su que *Considère* recevait de mauvaises pratiques, des gens qui ne travaillent pas et qui peuvent compromettre ceux qui vont dans leur société..... Il y a vu des hommes en blouse qui l'effrayaient, qui ne lui inspiraient pas de confiance, et il n'aurait pas aimé se trouver avec eux.

Une pareille déclaration, dans la bouche d'un homme qui, ayant lui-même de fâcheux antécédents, connaissant ceux de *Considère*, avoue qu'il a été chez lui à plusieurs reprises, n'est-elle pas de nature à confirmer ce qui résulte des déclarations de *Fougeray ?* N'achève-t-elle pas de démontrer que le cabaret de *Considère* était un lieu de rendez-vous pour les conspirateurs? Et, quand on y retrouve *Napoléon Bazin*, qui n'a pu affirmer qu'il n'y ait pas été; quand on y voit celui qui présidait, chez *Colombier*, aux réceptions profiter d'une rencontre avec des ouvriers du faubourg pour leur donner des messages adressés aux chefs des sociétés; quand des hommes comme *Bouzer*, comme *Martin*, comme *Fougeray*, qui sont en rapport avec *Auguste Petit, Brazier, Mallet*, chefs égalitaires ou chefs communistes, s'y trouvent réunis à plusieurs reprises, ne devient-il pas évident qu'on y élaborait aussi le complot, qu'on y préparait aussi l'exécution des sinistres projets qui sont le but et qui font l'espoir des associations ? Dans l'instruction, *Considère* a refusé de se disculper.

Tels sont les résultats de l'importante procédure à laquelle a donné lieu l'attentat du 13 septembre. Elle porte, au plus haut degré de certitude, cette vérité, que le crime de *Quenisset* n'est pas le crime d'un fanatique isolé. *Quenisset* était membre de l'une de ces sociétés que le *Journal du Peuple,* dans son numéro du 16 septembre, appelle des associations populaires, et que l'accusation a le droit d'appeler des foyers de complots permanents.

Si, dans un jour de nobles, de généreuses, de patriotiques émotions, cet homme est venu, animé de passions atroces et sanguinaires, tenter un odieux assassinat, c'est parce qu'il se trouvait sous l'inspiration des doctrines qu'on professe dans ces conciliabules, et des journaux incendiaires dont on y reçoit la leçon; c'est parce qu'il avait été armé par un homme qu'il considérait comme son chef; c'est parce qu'il obéissait à un ordre qu'un serment terrible et une plus terrible menace l'obligeait, dans sa pensée, à exécuter; c'est enfin parce qu'il se trouvait entouré d'hommes qui se tenaient prêts à continuer son crime. *Quenisset,* c'est *Auguste Petit* qui l'a dit, est, aux yeux des affiliés, un homme sans conviction, c'est-à-dire un homme qui n'était pas exclusivement dominé par certaines idées, par certaines passions politiques.

11

Il est devenu l'instrument des sociétés secrètes, qui l'ont façonné à leur usage. Et si l'on s'étonnait que quelques ouvriers, réunis dans un cabaret de faubourg, aient pu avoir la pensée de s'armer pour un tel crime, de méditer et d'entreprendre avec les plus misérables ressources le renversement des institutions, de se croire appelés à dominer les destinées de leur patrie, on rappellerait, pour faire comprendre tant d'audace et de si folles espérances, l'existence prouvée de ce vaste complot auquel ils savent qu'ils apartiennent, cette solidarité qui s'établit à leur yeux entre toutes ces associations dont on leur exagère la force, cette opinion absurde et coupable qu'on leur infiltre par tous les pores, que le pouvoir est ennemi des intérêts du peuple et que le peuple supporte impatiemment le pouvoir.

Si les conspirateurs devaient se compter avant d'agir, il n'y aurait jamais de conspiration. Ce qui exalte leur témérité, c'est qu'ils se confient dans les sentiments, dans les intérêts, dans les passions qui les animent, et par lesquels ils espèrent que les autres se laisseront entraîner et dominer comme eux. Est-il donc si surprenant que des hommes sans expérience et sans lumières, dont la vie est confinée dans le cercle des relations coupables où ils se sont jetés, pour lesquels toute la politique se renferme dans les ordres du jour qu'on leur envoie, dans les journaux par lesquels on les égare, dans les brochures composées exprès pour les pervertir et pour les tromper, en soient venus à croire qu'il ne s'agit plus que de donner le signal de la révolte, et que l'armée de la communauté des biens, de l'égalité absolue, va se lever tout entière, nombreuse et disciplinée, pour soutenir le combat et assurer la victoire? Telle était, sans doute, l'espérance des chefs communistes et égalitaires qui, le 13 septembre, avaient rassemblé leurs hommes et se tenaient en armes autour de *Quenisset*. C'est aux sévérités de la justice qu'il appartient de tarir la source de ces coupables espérances. Il faut qu'elle atteigne à la fois et ceux qui les conçoivent et ceux qui les font naître. Il faut qu'elle regarde au delà du fait matériel qui lui est soumis, pour rechercher les causes qui l'ont amené. Lorsqu'il s'agit de ces crimes énormes qui menacent la société tout entière dans ses plus chers intérêts, la loi ne réprime pas seulement l'action et la tentative de l'action, la résolution d'agir devient elle-même un crime, si elle a été arrêtée et concertée entre plusieurs. C'est cette résolution criminelle qu'il importe de surprendre et de punir aussitôt qu'elle s'est manifestée, et avant même que l'exécution en ait été commencée. Les châtiments infligés aux auteurs de ces attentats périodiques qui viennent si souvent consterner et effrayer tous les cœurs sincèrement amis de leur pays, ne suffisent pas à rassurer la société, tant qu'ils n'atteindront pas ceux qui forment les complots, ceux qui les fomentent, ceux qui leur donnent une coupable adhésion et un plus coupable secours. Les complots sont la cause et les attentats sont l'effet. Les complots existent surtout au sein de ces sociétés secrètes où l'on s'arme, où l'on s'enrégimente pour combattre, et qui sont comme une armée toujours prête à l'attaque dans la main des conspirateurs qui les dominent. Si, dans l'instruction à laquelle l'attentat de *Quenisset* a donné lieu, ces vérités ont revêtu tous les caractères de la certitude judiciaire; si quelques-uns des hommes qui prennent part à ces dangereuses machinations ont été clairement signalés, l'arrêt que doit rendre la Cour des Pairs apportera à l'ordre public et à nos institutions les plus fortes garanties que ces grands intérêts aient jamais trouvées dans sa sagesse et dans sa fermeté.

En conséquence,

Sont accusés :

1° *Quenisset* dit *Papart* (*François*),

De s'être rendu coupable, le 13 septembre dernier, d'attentat à la vie de LL. AA. RR. les Ducs d'Orléans, de Nemours et d'Aumale, membres de la famille royale;

2° *Boucheron* (*Jean-Marie*), *Colombier* (*Jean-Baptiste*), *Brazier* dit *Just* (*Just-Édouard*), *Petit* dit *Auguste* (*Auguste*), *Jarrasse* dit *Jean-Marie*, *Launois* dit *Chasseur*, *Boggio* dit *Martin*, *Mallet*, *Dufour;*

De s'être rendus complices de l'attentat ci-dessus qualifié, soit en y provoquant par menaces, machinations ou artifices coupables, soit en donnant des instructions pour le commettre, soit en procurant des armes ou tout autre moyen pour servir au crime, sachant qu'ils devaient y servir, soit en aidant ou assistant avec connaissance l'auteur de l'attentat dans les faits qui l'ont préparé ou facilité;

3° *Quenisset*, dit *Papart*, *Boucheron*, *Colombier*, *Brazier* dit *Just*, *Petit* dit *Auguste*, *Jarrasse* dit *Jean-Marie*, *Launois* dit *Chasseur*, *Dupoty*, *Boggio* dit *Martin*, *Prioul*, *Mallet*, *Martin*, *Fougeray*, *Bouzer*, *Considère*, *Bazin* dit *Napoléon*, *Dufour;*

D'avoir, soit comme auteurs, soit comme complices, pris part au complot ci-dessus qualifié, et ayant pour but, soit de détruire ou de changer le Gouvernement, soit d'exciter les citoyens ou habitants à s'armer contre l'autorité royale, soit d'exciter la guerre civile en armant ou en portant les citoyens ou habitants à s'armer les uns contre les autres,

Crimes prévus par les articles 86, 87, 88, 89, 91, 59 et 60 du Code pénal.

Fait au parquet de la Cour des Pairs, le 26 novembre 1841.

Le Procureur général du Roi,

Signé HÉBERT.

COUR DES PAIRS.

ATTENTAT DU 13 SEPTEMBRE 1841.

PROCÉDURE.

DÉPOSITIONS DES TÉMOINS.

COUR DES PAIRS.

ATTENTAT DU 13 SEPTEMBRE 1841.

PROCÉDURE.

DÉPOSITIONS DE TÉMOINS.

COUR DES PAIRS.

ATTENTAT DU 13 SEPTEMBRE 1841.

PROCÉDURE.

DÉPOSITIONS DE TÉMOINS.

PARIS.
IMPRIMERIE ROYALE.

M DCCC XLI

COUR DES PAIRS.

ATTENTAT DU 13 SEPTEMBRE 1841.

PROCÉDURE.

Ire SÉRIE.

ORDONNANCE DU ROI

QUI DÉFÈRE A LA COUR DES PAIRS LA CONNAISSANCE DE L'ATTENTAT, ET PREMIERS ACTES DE LA PROCÉDURE.

ORDONNANCE du Roi qui défère à la Chambre des Pairs la connaissance de l'Attentat.

LOUIS-PHILIPPE, ROI DES FRANÇAIS, à tous présents et à venir, SALUT:

Sur le rapport de notre Garde des sceaux, Ministre secrétaire d'État au département de la justice et des cultes;

Vu l'article 28 de la Charte constitutionnelle, qui attribue à la Chambre des Pairs la connaissance des crimes de haute trahison et des attentats à la sûreté de l'État;

Vu l'article 86 du Code pénal, qui met au nombre des crimes contre la sûreté de l'État l'attentat contre la vie des membres de la Famille Royale;

Attendu que, dans la journée d'aujourd'hui 13 septembre, un attentat a été commis contre la personne de nos fils les Ducs d'ORLÉANS, de NEMOURS et d'AUMALE,

NOUS AVONS ORDONNÉ ET ORDONNONS ce qui suit :

ART. 1ᵉʳ. La Cour des Pairs est convoquée.

Les Pairs absents de Paris seront tenus de s'y rendre immédiatement, à moins qu'ils ne justifient d'un empêchement légitime.

ART. 2. Cette Cour procédera sans délai au jugement de l'attentat commis aujourd'hui 13 septembre.

ART. 3. Elle se conformera, pour l'instruction, aux formes qui ont été suivies par elle jusqu'à ce jour.

ART. 4. Le sieur *Franck Carré*, notre Procureur général près la Cour royale de Paris, remplira les fonctions de notre Procureur général près la Cour des Pairs.

Il sera assisté du sieur *Boucly*, avocat général près la Cour royale de Paris, faisant les fonctions d'avocat général, et chargé de remplacer le Procureur général en son absence.

ART. 5. Le garde des archives de la Chambre de Pairs et son adjoint rempliront les fonctions de greffiers de notre Cour des Pairs.

ART. 6. Notre Garde des sceaux, Ministre secrétaire d'État au département de la justice et des cultes, est chargé de l'exécution de la présente ordonnance qui sera insérée au Bulletin des lois.

FAIT au palais des Tuileries, le treize septembre mil huit cent quarante et un.

Signé LOUIS-PHILIPPE.

Par le Roi :

Le Garde des Sceaux, Ministre Secrétaire d'État
au département de la Justice et des Cultes,

Signé N. MARTIN (du Nord).

Autre Ordonnance du Roi qui nomme Procureur général de Sa Majesté près la Cour des Pairs M. *Hébert*, Procureur général près la Cour royale de Paris, en remplacement de M. *Franck Carré.*

LOUIS-PHILIPPE, Roi des Français, à tous présents et à venir, salut.

Vu notre ordonnance du 13 septembre 1841, portant convocation de la Cour des Pairs pour juger l'attentat commis sur la personne de nos fils les Ducs d'Orléans, de Nemours et d'Aumale, et nomination de M. *Franck Carré* pour remplir les fonctions de notre procureur général près cette Cour;

Vu notre ordonnance du 12 octobre 1841, qui nomme M. *Franck Carré* premier Président de notre Cour royale de Rouen,

Nous avons ordonné et ordonnons ce qui suit :

Art. 1er. M. *Hébert*, notre Procureur général près la Cour royale de Paris, remplira les fonctions de notre Procureur général près la Cour des Pairs, en remplacement de M. *Franck Carré,*

Art. 2. Notre Garde des sceaux, Ministre secrétaire d'État de la justice et des cultes, est chargé de l'exécution de la présente ordonnance, qui sera insérée au Bulletin des lois.

Fait au palais de Saint-Cloud, le dix-neuf octobre mil huit cent quarante et un.

Signé LOUIS-PHILIPPE.

Par le Roi :

Le Garde des sceaux, Ministre Secrétaire d'État
au département de la justice et des cultes,
Signé N. Martin (du Nord).

Arrêt de la Cour des Pairs portant qu'il sera procédé à l'instruction du procès.

La Cour des Pairs :

Vu l'ordonnance du Roi en date du 13 de ce mois;

Vu l'article 28 de la Charte constitutionnelle;

Ouï le Procureur général du Roi en ses dires et réquisitions, et après en avoir délibéré,

Donne acte audit Procureur général du dépôt, par lui fait sur le bureau de la Cour, d'un réquisitoire renfermant plainte contre l'auteur et les complices de l'attentat commis dans la journée du 13 de ce mois contre la personne de LL. AA. RR. les Ducs d'Orléans, de Némours et d'Aumale ;

Ordonne que par M. le Président de la Cour, et par tels de MM. les Pairs qu'il lui plaira commettre pour l'assister et le remplacer en cas d'empêchement, il sera sur-le-champ procédé à l'instruction du procès, pour, ladite instruction faite et rapportée, être par le Procureur général requis et par la Cour ordonné ce qu'il appartiendra;

Ordonne que, dans le cours de ladite instruction, les fonctions attribuées à la chambre du conseil par l'article 128 du Code d'instruction criminelle seront remplies par M. le Président de la Cour, celui de MM. les Pairs commis pour faire le rapport, et

MM. le baron *de Fréville,*
  de Ricard,
  le marquis *d'Audiffret,*
  le vicomte *Siméon,*
  le maréchal comte *Valée,*
  le baron *Zangiacomi,*
  le comte *de Bondy,*
  Odier,
  de Cambacérés,
  le baron *Feutrier,*
  le baron *Fréteau de Pény,*
  le vice-amiral *Halgan,*

que la Cour commet à cet effet; lesquels se conformeront d'ailleurs, pour le mode de procéder, aux dispositions du Code d'instruction criminelle, et ne pourront délibérer s'ils ne sont au nombre de sept au moins;

Ordonne que les pièces à conviction, ainsi que les procédures et actes d'instruction déjà faits, seront apportés, sans délai, au greffe de la Cour;

Ordonne pareillement que les citations, ou autres actes du ministère d'huissier, seront faits par les huissiers de la Chambre ;

Ordonne que le présent arrêt sera exécuté à la diligence du Procureur général du Roi.

Fait et délibéré en la chambre du conseil, le mardi 21 septembre 1841.

Ordonnance de M. le Chancelier qui commet cinq de MM. les Pairs pour l'assister dans l'instruction.

Nous *Étienne-Denis*, baron *Pasquier*, Chancelier de France, Président de la Cour des Pairs,

Vu l'arrêt de la Cour en date de ce jour,

Commettons pour nous assister et nous remplacer, s'il y a lieu, dans l'instruction ordonnée par ledit arrêt :

MM. le duc *Decazes*,
    le comte *de Bastard*,
    le comte *d'Argout*,
    Persil,
    et *Rossi*.

Fait à Paris, le vingt et un septembre mil huit cent quarante et un.

Le Chancelier de France,

Signé Pasquier.

Autre ordonnance de M. le Chancelier qui commet également M. *Barthe* pour l'assister dans l'instruction.

Nous *Étienne-Denis*, baron *Pasquier*, Chancelier de France, Président de la Cour des Pairs,

Vu l'arrêt de la Cour en date du 21 de ce mois,

Commettons M. *Barthe* pour nous assister et nous remplacer, s'il y a lieu, dans l'instruction ordonnée par ledit arrêt.

Fait à Paris, le vingt-trois septembre mil huit cent quarante et un.

Le Chancelier de France,

Signé Pasquier

ORDONNANCE de M. le Chancelier de France qui délègue MM. *Boul-loche* et *Perrin* juges d'instruction au tribunal civil de la Seine.

Nous *Étienne-Denis*, baron *Pasquier*, Chancelier de France, Président de la Cour des Pairs,

Vu l'arrêt de la Cour en date de ce jour,

Commettons MM. *Boulloche* et *Perrin*, juges d'instruction près le tribunal civil de première instance de la Seine, à l'effet d'interroger les personnes arrêtées ou qui pourront être arrêtées par suite ou à l'occasion de l'attentat commis à Paris, le 13 de ce mois, contre la personne de LL. AA. RR. les Ducs d'ORLÉANS, de NEMOURS et d'AUMALE, de procéder à leur égard à toutes perquisitions, enquêtes, recherches et récolement de pièces à conviction, et à tous autres actes d'instruction; de décerner tous mandats de comparution ou d'amener à ce nécessaires, et d'entendre tous témoins qu'ils jugeront à propos;

Pour le tout nous être rapporté et être statué par nous ce qu'il appartiendra.

Fait à Paris, le vingt et un septembre mil huit cent quarante et un.

Le Chancelier de France,

Signé PASQUIER.

Autre ORDONNANCE de délégation.

Nous, *Etienne-Denis*, baron *Pasquier*, Chancelier de France, Président de la Cour des Pairs,

Vu notre ordonnance en date du 21 septembre dernier, qui commet MM. *Perrin* et *Boulloche* pour nous assister dans l'instruction ordonnée par arrêt de la Cour des Pairs en date dudit jour 21 septembre;

Vu l'ordonnance royale en date du 18 octobre dernier, qui nomme M. *Boulloche* aux fonctions de substitut du procureur général près la cour royale de Paris;

Considérant que ces fonctions sont incompatibles avec celles que nous lui avions déléguées par notre ordonnance susénoncée,

Commettons M. *Jourdain*, juge d'instruction près le tribunal civil de la

Seine, pour faire tous actes d'instruction en remplacement de M. *Boul-loche.*

Fait en notre cabinet, au palais de la Cour des Pairs, le quatre novembre mil huit cent quarante et un.

Le Chancelier de France,
Signé PASQUIER.

IIe SÉRIE.

PROCÈS-VERBAUX ET DÉPOSITIONS

TENDANT

A CONSTATER LES CIRCONSTANCES DE L'ATTENTAT.

---

§ 1er.

PROCÈS-VERBAUX D'ARRESTATION DE QUENISSET ET RAPPORTS
DE LA GARDE MUNICIPALE.

PROCÈS-VERBAL d'arrestation de QUENISSET.

Cejourd'hui, treize septembre mil huit cent quarante et un, à midi quatorze minutes,

Nous soussigné, *Élophe (Charles-François)*, au 2ᵉ escadron de la garde municipale de Paris, caserné rue du Petit-Musc, nᵒ 2, revêtu de nos uniformes, étant de service par ordre de nos chefs, certifions qu'étant placé près de la rue Traversière, faubourg Saint-Antoine, pour le passage de M. le duc D'AUMALE et protéger sa marche, un individu a tiré à cet endroit un coup de pistolet dont la balle m'a frisé la figure, et est allée frapper la tête du cheval du lieutenant-colonel du 17ᵉ léger. Je me suis aussitôt porté vers lui pour lui prêter secours; mais, m'ayant de suite dit qu'il n'avait pas de mal, je me suis précipité sur le coupable, qui était arrêté par des gardes, et auxquels je me joignis pour leur prêter main-forte au besoin.

Cet individu s'écriait : *Je suis le coupable; tuez-moi, et ne me faites pas souffrir !*

Ma buffleterie et mon surtout sont tachés de sang.

De tous ces faits, j'ai rédigé le présent rapport, pour être adressé à mon colonel.

Fait et clos à Paris, lesdits jour, mois et an que dessus, et avons signé.

Signé ÉLOPHE

Autre procès-verbal d'arrestation.

Cejourd'hui 13 septembre 1841, à douze heures quarante minutes de l'après-midi, *heure de l'arrestation.*

Nous soussigné, *Heudier (Pierre-Julien)*, maréchal des logis à cheval de la garde municipale de Paris, 3ᵉ escadron, caserné rue du Petit-Musc, revêtu de notre uniforme, étant de service par ordre de nos chefs, certifions que, faisant partie d'un piquet à pied commandé par M. le lieutenant *Pellissier*, j'ai été commandé par lui pour marcher en tête du 17ᵉ léger, afin d'en écarter ceux qui pourraient se mêler parmi l'état-major. Arrivé au coin de la rue Traversière, et rue du Faubourg-Saint-Antoine, j'ai entendu la détonation d'une arme à feu; ayant tourné la tête à gauche, j'ai aperçu un individu porteur d'un chapeau en paille et d'un bourgeron en toile bleue; il était à environ deux mètres de moi: je me suis aussitôt élancé sur lui, et je l'ai saisi par le col de sa chemise et de son bourgeron. (Il était entre les mains d'un ouvrier au même moment que moi.) Il a été saisi à droite par un sergent de ville (*Signol*, du 8ᵉ), pendant que je le tenais à gauche. La clameur publique l'ayant indiqué comme étant l'auteur de l'attentat, je ne l'ai plus quitté qu'au poste Saint-Antoine, où, sur les ordres de M. le colonel commandant le corps, je l'ai fait déshabiller.

Plusieurs personnes ayant désigné cet individu comme l'auteur de l'attentat, je les ai invitées à me suivre au poste, afin de faire leur déclaration.

Dans cette arrestation, j'ai été parfaitement secondé par les brigadiers *Rivière* et *Sauvage*, des 3ᵉ et 2ᵉ escadrons, ainsi que par les gardes *Fournier* et *Kahl*, et dans un moment très-critique, car la foule, soit par curiosité, ou pour faire évader notre prisonnier, nous serrait de près. Presque aussitôt un brigadier et quelques gardes à pied sont venus se joindre à nous, afin de renforcer l'escorte pendant le trajet (de la rue Traversière au poste Saint-Antoine) jusqu'au poste. Là, cet individu a déclaré se nommer *Papart* (*Jean-Nicolas*), être âgé de vingt-sept ans, domicilié à Paris, rue Popincourt, n° 58, exerçant la profession de scieur de long, né à la Rouillie (Vosges). Dans le trajet, il répétait souvent : «Tuez-moi, tuez-moi; du moins je ne serai pas esclave.» Parmi les personnes qui ont été témoins de l'attentat, trois m'ont fait les déclarations suivantes :

1° Le sieur *Riandé* (*Nicolas*), âgé de 40 ans, ouvrier marbrier, rue des Fossés-Saint-Victor, 19 (celui-là même qui le tenait) a déclaré : «J'ai vu cet homme: il était sur la roue de la charrette qui était au coin des rues Saint-Antoine et Traversière; il a levé sa main droite pour tirer sur les Princes, j'ai abaissé le coup. C'est bien celui qui est là et que j'ai saisi.»

2° Le sieur *Leroy* (*Adrien-Louis*), âgé de 19 ans, ouvrier menuisier, domicilié rue de la Roquette, n° 48, a déclaré : « J'étais près de la voiture où l'individu ici présent était monté, et c'est de là qu'il a tiré un coup de pistolet; j'ai abaissé la main qui tenait le pistolet qui a porté le coup plus bas qu'il n'était dirigé. »

3° Le sieur *Barthez* (*Laurent-Auguste*), 23 ans, ouvrier ébéniste, rue des Fossés-Saint-Antoine, a déclaré : « J'étais près de l'individu ici présent quand il a tiré sur les Princes, et je le reconnais parfaitement. »

J'étais à la gauche de l'état-major du 17ᵉ léger, près d'un capitaine à cheval, et derrière la croupe du cheval de M. le lieutenant-colonel du 17ᵉ léger, dont le cheval s'est abattu sous le coup de feu du nommé *Papart;* je signale comme lui ayant prêté secours, les gardes *Dégardin* (*Noël-François*), *Elophe* (*Charles-François*), du 2ᵉ escadron, et le garde *Craper*, du 3ᵉ escadron; sans l'assistance des brigadier et gardes signalés l'arrestation eût été plus difficile, car déjà on cherchait à me faire échapper notre prisonnier des mains du sieur *Riandé*, mais nous le tenions. »

« Le brigadier *Rivière* (*Jean-Baptiste*) l'a fouillé (l'inculpé), et a trouvé seulement sur lui une *petite baguette en jonc* pouvant servir à bourrer une arme, ainsi qu'un livret non rempli.

De tout quoi j'ai rédigé le présent procès-verbal pour M. le colonel commandant de la garde municipale de Paris, et dont copie sera remise à qui de droit.

Fait et clos à Paris, les jour, heure mois et an que dessus.

Signé HEUDIER.

SIGNALEMENT.

Taille de 1 mètre 615 millimètres, cheveux châtain clair, sourcils blonds, peu de barbe, en collier, blonde et grisonnant, front ordinaire, yeux gris-roux, nez busqué, petit et cicatrisé au milieu, bouche petite, menton petit.

RAPPORT sur les Circonstances de l'attentat, par M. *Sauclières*, lieutenant de la garde municipale.

Paris, 13 Septembre 1841.

Mon Colonel,

J'ai l'honneur de vous rendre compte que, conformément à vos ordres, je me suis rendu cejourd'hui, à onze heures du matin, avec vingt-sept

hommes de la caserne des Tournelles à la barrière du Trône. Après
m'être entendu avec M. *Pellissier*, lieutenant de cavalerie, nous plaçâmes
nos différents postes, depuis la barrière du Trône jusqu'à la place de la
Bastille, conformément à la consigne qui nous avait été donnée. Nous
gardâmes avec nous une douzaine de gardes, afin de faciliter l'entrée au
17ᵉ léger et pour dégager la chaussée autour des Princes. Le 17ᵉ arriva à
la barrière à midi et quelques minutes et entra de suite dans Paris. Ce
régiment a été reçu avec le plus grand enthousiasme. Jusqu'à la hauteur
de la rue Traversière-Saint-Antoine, tout se passa bien; arrivés à la hauteur de cette rue, les Princes furent assaillis d'un coup de feu : ils ne
furent point blessés, grâce au Ciel. Le cheval seul du lieutenant-colonel
du 17ᵉ fut blessé; il m'a paru avoir les yeux traversés par la balle. Je me
précipitai de suite vers la fumée avec le maréchal des logis *Heudier*, du
3ᵉ escadron ; les brigadiers *Sauvage* et *Fournier*, du 2ᵉ escadron, et le brigadier *Hugoneaux*, de la 15ᵉ compagnie. Nous nous emparâmes d'un individu, vêtu d'un bourgeron bleu et porteur d'un mauvais chapeau de paille
à larges bords. Au moment de son arrestation, j'ordonnai à des gardes de
rechercher s'ils trouveraient les armes; ils ne virent rien : puis je lui fis
des reproches sur son infâme conduite. Il me répondit : *C'est moi qui ai
tiré, et je suis fâché de les avoir manqués; et si cela était à refaire, je recommencerais.*

Il fit beaucoup de résistance, et je fus forcé de le faire porter par la
garde jusqu'au poste de la Bastille, où je le mis à la disposition de M. le
procureur du Roi, auquel il a déclaré s'appeler *Papart* (*Jean-Nicolas*),
être âgé de 27 ans, scieur de long, demeurant rue Popincourt, n° 58, et
être né à la Rouillie (Vosges). Après divers interrogatoires des témoins que
j'avais pu réunir, M. le procureur du Roi se transporta au domicile de
Papart et fit perquisition en sa présence. Les habitants de sa maison nous
ont déclaré qu'il était repris de justice. De là nous l'avons conduit à la
Conciergerie, à la disposition de qui de droit.

Pour la perquisition et la conduite à la Conciergerie, M. *Gaud*, lieutenant de cavalerie, avec des gardes à cheval, a escorté le coupable; nos fan-
tassins et nos cavaliers à pied entouraient la voiture, de crainte de surprise.

L'effervescence contre ce misérable était si grande, lors de son arrestation, que j'ai eu la plus grande peine pour contenir la population qui voulait en faire justice sur-le-champ.

Je n'ai qu'à me louer du zèle et de la fermeté que le maréchal des logis
Heudier, du 3ᵉ escadron, les brigadiers *Sauvage* et *Fournier* du 2ᵉ escadron,
et le brigadier *Hugoneaux* de la 15ᵉ compagnie, ont montré dans cette circonstance. Malgré la grande étendue de terrain que j'avais à surveiller, j'ai

été très-content de la manière dont les gardes ont fait leur service sous mes ordres.

Tels sont les événements qui ont eu lieu, et dont j'ai l'honneur de vous donner connaissance.

Je suis avec respect, etc.

Signé SAUCLIÈRE.

NOTA. J'ai appris, après l'arrestation, qu'un cavalier du détachement de M. *Pellissier* avait saisi les pistolets dont s'était servi l'assassin.

Autre RAPPORT.

Rapport de M. *Pellissier*, lieutenant de la garde municipale.

D'après les ordres que j'avais reçus de l'état-major, je me suis rendu, avec mon détachement, à la barrière du Trône, à midi moins un quart.

Jai posté mes hommes de manière à ce qu'ils pussent flanquer le 17ᵉ léger, depuis la barrière du Trône jusqu'à la rue de Reuilly, afin de veiller à la sûreté des Princes.

La tête de la colonne étant arrivée vis-à-vis la rue Traversière, une détonation s'est fait entendre; aussitôt et malgré la foule je me suis porté de ma personne sur ce point, mais déjà l'assassin était entre les mains de la garde municipale. Le maréchal des logis *Heudier*, du 3ᵉ escadron, s'est parfaitement conduit dans cette affaire; il a été un des principaux auteurs de l'arrestation du nommé *Papart* (*J.-Nicolas*). Ce sous-officier a été fort bien secondé par les brigadiers *Rivière*, du 3ᵉ escadron, et *Sauvage*, du 2ᵉ, ainsi que par les gardes *Fournier* et *Kahl*.

Mon détachement, ainsi que celui de M. *Sauclière*, ont été requis pour conduire le prévenu à son domicile, rue Popincourt, n° 58, pour y faire une perquisition, qui n'a eu, du reste, aucun résultat; de là, les détachements à pied ont été renvoyés, et nous avons accompagné le prévenu jusqu'à la Conciergerie, avec un détachement de cavalerie commandé par M. le lieutenant *Gaud*. Quant aux cinq individus qui étaient arrêtés à l'hôpital Saint-Antoine, pour avoir escaladé les murs, M. le commissaire du quartier les a fait mettre en liberté sur-le-champ.

Je joins à mon rapport ceux des maréchaux des logis sous mes ordres.

Certifié par le chef du détachement :

Signé PELLISSIER.

Rapport du maréchal des logis *Herment*. — Déclaration faite par les hommes.

Philippot, garde. — J'ai été le premier à arrêter l'individu qui a tiré sur les Princes.

Kahl, garde. — J'ai été le premier à arrêter l'individu qui a tiré sur les Princes.

Sauvage, brigadier. — Je me trouvais près du lieu d'où le coup de pistolet est parti, et j'ai été un des premiers à arrêter l'individu qni a tiré sur les Princes.

Dégardin, garde. — J'étais près du lieu d'où le coup de feu a été tiré; ma présence étant inutile pour opérer l'arrestation de l'auteur de cc crime, d'autant plus qu'il était bien entouré par la garde municipale, j'ai prêté secours au lieutenant-colonel dont le cheval venait de s'abattre sous lui par suite de la balle qui l'a atteint à la tête.

Herment, maréchal des logis. — Les Princes venaient de passer devant moi, lorsque, quelques secondes après, j'entendis une détonation. Présumant que l'on venait de faire feu sur les Princes, je me précipitai aussitôt vers ce point pour arrêter l'assassin, et là je le vis entouré par plusieurs militaires du corps, parmi lesquels se trouvaient le maréchal des logis *Heudier*, le brigadier *Sauvage* et plusieurs gardes. Mon concours étant inutile pour opérer l'arrestation de cet individu, je m'empressai de le défendre contre l'indignation du peuple qui l'aurait massacré inévitablement.

Paris, le 13 septembre 1841.

Le maréchal des logis,

Signé HERMENT.

Il est à ma connaissance que les pistolets qui ont servi à faire feu sur les Princes, ont été ramassés par le garde *Javel*, et déposés entre les mains de M. le procureur du Roi.

Signé HERMENT.

Rapport du Colonel de la garde municipale à M. le Préfet de police,
sur l'attentat du 13 septembre.

Paris, ce 14 septembre 1841.

Monsieur le Préfet,

J'ai l'honneur de porter à votre connaissance les faits dont j'ai été témoin lors de l'attentat commis hier sur la personne des Princes.

Le 13 septembre, vers midi, le 17ᵉ régiment d'infanterie légère fit son
entrée dans Paris, par la barrière du Trône, au milieu d'une immense
population qui salua de ses acclamations bienveillantes et le 17ᵉ régiment
et son jeune colonel, Mᵍʳ le Duc d'Aumale. Les états-majors de MM. les
lieutenants généraux *Pajol* et *Schneider* étaient à la porte d'entrée, où ils
reçurent le régiment et les Princes; peu après, on se mit en marche, les
états-majors en avant du régiment : ne restèrent près des Princes que
MM. les généraux *Pajol* et *Schneider*.

Arrivés près de la rue Traversière, une forte détonation se fit entendre
vers la tête du régiment, dont j'étais éloigné de quelques pas, m'étant
placé presque à la gauche de l'état-major général; je me retournai vivement, j'aperçus une mêlée dans laquelle figuraient plusieurs de mes gardes;
je m'élançai au galop, et j'arrivai jusqu'à eux : je les vis aux prises avec
un homme qui luttait avec violence. Les gardes me firent connaître que
ce misérable avait tiré un coup de pistolet sur les Princes. Je prescrivis
qu'on me suivît le plus vivement possible, et je me dirigeai, ouvrant la
marche avec mon adjudant-major, le capitaine *Tisserand*, et le colonel *Du-
lac*, par la rue de Lappe pour arriver promptement au poste de la place
Saint-Antoine, en évitant par ce moyen la foule de la rue du Faubourg-
Saint-Antoine. La marche fut pénible, parce que ce forcené, qu'on portait, se débattait avec violence. Entrés au poste, mes gardes me déclarèrent
que ce misérable avait avoué son crime; qu'il avait même dit qu'il re-
grettait d'avoir manqué son coup, et qu'il demandait qu'on le tuât de
suite plutôt que de le faire souffrir en prison.

Je dois le dire, à la louange de la population, tous les assistants parurent consternés, et plusieurs individus crièrent qu'il faudrait le tuer de
suite. Je fis donc déposer cet assassin sur le lit de camp, où je le fis mettre
à nu pour le fouiller. Il me déclara se nommer *Papart*, être âgé de vingt-
sept ans, né dans les Vosges, scieur de long de profession, demeurant
rue Popincourt, n° 58, être marié et père d'un enfant de deux mois. In-

3.

terrogé par moi sur ce qui avait pu le déterminer à commettre l'attentat
dont il venait de se rendre coupable, il a alors nié en être l'auteur. Ses
effets ont été visités avec soin; on n'y a trouvé qu'une espèce de livret en
papier blanc, et une petite baguette en jonc de la grosseur du petit doigt
et de la longueur d'environ 3o centimètres. Cette baguette m'ayant paru
avoir servi à bourrer un pistolet, j'ai demandé à *Papart* à quel usage il
l'employait; il me répondit qu'elle n'était pas à lui, qu'il ne la connaissait
pas. Vainement je lui ai fait remarquer qu'elle sortait de sa poche; il a
persisté à nier qu'elle lui appartînt. Ses mains étaient noires; je lui demandai quelle pouvait en être la cause, il me répondit qu'il avait écrit et
qu'il avait de l'encre aux doigts.

Le commissaire de police étant arrivé, je lui ai laissé le soin de faire
l'instruction. Plusieurs témoins bourgeois, et plusieurs gardes, déclaraient
formellement avoir vu tirer le coup de pistolet par l'accusé.

Les gardes qui ont opéré cette arrestation se sont conduits avec une
vigueur et une énergie dignes d'éloges; un sergent de ville s'est également
montré aussi zélé que vigoureux.

Je suis avec respect, etc.

Le colonel de la garde municipale,
Signé CARRELET.

PROCÈS-VERBAL constatant les blessures faites à deux chevaux par
l'arme à feu dont s'est servi QUENISSET.

L'an mil huit cent quarante et un, le dimanche dix-neuf septembre,
sept heures du matin,

Nous, *Jean-Élisa-Fleurus Noël*, commissaire de police de la ville de
Paris, plus spécialement du quartier des Invalides, dixième arrondissement, officier de police judiciaire, auxiliaire de M. le procureur du Roi
près le tribunal de première instance du département de la Seine.

Vu l'ordonnance rendue le 17 septembre par M. *Perrin*, juge d'instruction dans la procédure commencée contre le nommé *Quenisset* (*François* dit *Papart*); qui commet M. *Barthélemy*, expert vétérinaire, pour la
vérification des blessures occasionnées aux chevaux par le coup de pistolet
tiré par *Quenisset*, le 13 septembre, à l'effet de constater la direction qui
a dû être donnée à la balle, la situation où devait être, relativement aux
chevaux blessés, l'individu qui a tiré le coup de pistolet, et d'extraire la
balle, si elle se trouve dans les blessures;

Vu aussi la commission rogatoire à nous adressée sous la date du 17 sep-

tembre courant, à la suite de ladite ordonnance, laquelle commission rogatoire nous délègue afin d'assister aux opérations requises par ladite ordonnance, et de dresser procès-verbal de la représentation et de l'identité des
chevaux;

Vu en outre l'acte de prestation de serment, par M. *Barthélemy,* devant
le même magistrat, en date du 18 septembre;

Vu enfin la lettre à nous adressée, sous la date du 18 septembre,
par M. le procureur général près la Cour des Pairs,

Lesdites pièces à nous présentées par M. *Barthélemy.*

Informé que les deux chevaux blessés ont été déposés, immédiatement
après l'attentat du 13 septembre, savoir : le cheval appartenant à M. le
lieutenant général *Schneider,* dans les écuries de son hôtel, rue de Lille,
n° 55, et le cheval appartenant à M. le lieutenant-colonel *Levaillant,* dans
l'écurie du sieur *Jacquinot,* maréchal vétérinaire, rue de Cotte, n° 2 *bis,*
faubourg Saint-Antoine,

Nous sommes transporté, assisté de M. *Barthélemy,* expert vétérinaire
commis,

1° Rue de l'Université, n° 83, où nous avons appris que le cheval de
M. le lieutenant général *Schneider* avait été remisé après la blessure du
13 septembre, et qu'il était rue de Lille, n° 55;

2° Rue de Lille, n° 55, dans l'hôtel de M. le lieutenant général *Schneider,*

Où étant, nous avons trouvé M. le lieutenant général *Schneider,* qui nous
a représenté son cheval blessé, sous poil gris-blanc, hongre, taille de
1 mètre 58 centimètres, portant une blessure au milieu du cou, près l'omoplate; ladite blessure consistant en une plaie ronde de la circonférence
d'une balle de calibre, pénétrant du côté gauche au côté droit et paraissant
décrire une ligne presque directe.

M. le lieutenant général *Schneider* nous a exposé qu'au moment de l'attentat les trois Princes se trouvaient à cheval *sur la même ligne, de front, que
le cheval de S. A. R. Mgr. le duc* d'AUMALE, qui était au milieu, était un peu
avant; que son cheval était à la hauteur de celui que montait S. A. R. Mgr
le duc de NEMOURS; que ce cheval était à sa droite; que son genou était à la
hauteur de celui de ce Prince, et que le cheval de M. *Levaillant* était à sa
gauche, auprès de celui de lui exposant, et un peu en arrière; que le coup
de pistolet, dont l'explosion a été considérable, a été tiré à sa gauche, et a
atteint son cheval au cou; que la balle, entrée par le côté gauche, s'était arrêtée à l'autre extrémité, sous le cuir, et avait été extraite le jour même, à
l'aide d'une incision, par M. *Jager (Joseph-Prothée-Louis),* vétérinaire en
premier, du 5ᵉ régiment de cuirassiers, demeurant à la caserne du quai
d'Orsay, qui a continué ses soins audit animal depuis cette époque.

M. le lieutenant général *Schneider* nous a déposé de suite ladite balle en plomb, du calibre de guerre, tachée de sang, offrant d'un côté une coupure de forme oblique, avec déchirure et une légère dépression, pouvant provenir d'un moule à balle, en nous déclarant que cette balle est celle qui a été extraite de ladite plaie et lui a été remise par M. *Jager*.

M. le lieutenant général *Schneider* nous a fait observer que le bord de la bride de son cheval a été endommagé par le passage de ladite balle et nous a représenté et déposé ladite bride, en cuir noir, garnie en cuivre. Nous avons constaté qu'en effet il se trouvait au bord extérieur de cette bride, côté gauche, un trou rond, paraissant évidemment provenir du passage d'une balle.

M. le lieutenant général *Schneider* nous a déposé ladite bride.

M. l'expert-vétérinaire a procédé à l'examen du cheval, de la balle, de la bride, en notre présence et en présence de M. le lieutenant général et de M. *Jager*.

Nous nous sommes transporté ensuite,

3° Rue de Cotte, n° 2 *bis*, faubourg Saint-Antoine, dans l'écurie du sieur *Jacquinot*, maréchal vétérinaire,

Où étant, le sieur *Jacquinot* fils, nous a représenté un cheval entier, sous poil gris moucheté noir, l'oreille droite fendue, de la taille de 1 mètre 48 centimètres, en nous déclarant que ce cheval est celui de M. le lieutenant-colonel *Levaillant*, et qu'il a été déposé en son écurie immédiatement après sa blessure, et qu'il lui a donné ses soins depuis cette époque.

Nous avons reconnu que ce cheval a les yeux crevés, et qu'ils étaient garnis d'un pansement.

M. l'expert-vétérinaire commis, a procédé en notre présence à l'examen des blessures provenant d'une balle, qui paraît être entrée par l'œil gauche et être sortie par l'œil droit.

Et le 20 septembre, à 7 heures du matin, nous nous sommes transporté,

4° Commune de Courbevoie, dans l'appartement de M. le lieutenant-colonel *Levaillant*,

Lequel nous a exposé qu'il se trouvait à la gauche de M. le lieutenant-général *Schneider* et avait l'habitude, par déférence pour le grade, de tenir son cheval un peu en arrière de M. le général, à la distance d'une ou deux têtes de cheval du poitrail du cheval de ce général; que le cheval allant et venant, relevant très-fréquemment la tête, se trouvait plus ou moins avancé, mais toujours à la gauche du général et jamais en avant de la tête du cheval de M. le général *Schneider;* qu'il a entendu à sa gauche une ex-

plosion considérable, qu'il a d'abord présumé provenir d'une boîte d'arti-
fice, comme il en a été tiré souvent sur le passage du Prince ; mais que de
suite son cheval, qui est habitué au bruit des coups de feu, s'est cabré
contre son habitude, qu'il l'a piqué, et que cet animal, en se remettant sur
ses pieds, n'a pas tardé à tomber ; qu'il s'est néanmoins relevé, et qu'en
ce moment S. A. R. Mgr le duc d'AUMALE lui avait appris que cet animal
était blessé, en lui disant : « Prenez garde, colonel, votre cheval est blessé,
« il a les yeux crevés, il ne peut plus se tenir ! » Qu'en effet il a reconnu
que les yeux de son cheval avaient été percés d'outre en outre par une
balle ; que cette balle n'a point été retrouvée dans la plaie ; qu'il ignore si
la même balle a frappé son cheval, puis celui du général, ou s'il y avait
deux balles.

De ce que dessus nous avons rédigé le présent procès-verbal, qui sera
transmis aux fins de droit, à M. le Procureur général près la Cour des Pairs,
avec la balle et la bride sous scellés, lesquelles seront déposées au greffe,
consignant que M. l'expert s'est chargé de déposer lui-même son rapport
avec l'ordonnance et la commission rogatoire.

Fait et clos lesdits jour, mois et an.

Signé NOEL.

PROCÈS-VERBAL d'examen des deux chevaux blessés par le coup de
pistolet tiré par *Quenisset*.

L'an mil huit cent quarante et un, le dix-neuf septembre,

Je soussigné, *Jacques-Nicolas Barthélemy*, médecin vétérinaire, à Paris,
y demeurant, rue de Lille, n° 39, ancien vétérinaire militaire et professeur
à l'école royale d'Alfort, chevalier de la légion d'honneur, expert rapporteur nommé d'office par l'ordonnance ci-jointe, de M. *Sébastien-Pierre
Perrin*, juge d'instruction près le tribunal de première instance du département de la Seine, en date du 17 septembre courant, à l'effet de procéder
à la vérification des blessures occasionnées aux chevaux par le coup de
pistolet tiré par le nommé *Quenisset*, constater la direction qui a dû être
donnée à la balle, la situation où devait être, relativement aux chevaux
blessés, l'individu qui a tiré le coup de pistolet, et d'extraire la balle si elle
se trouve dans la blessure ;

Au désir de cette ordonnance, et après avoir légalement prêté serment
entre les mains de M. *Sébastien-Pierre Perrin*, ainsi qu'il est constaté au
verso de ladite ordonnance, je me suis rendu aujourd'hui, à huit heures
du matin, accompagné de M. *Noël,* commissaire de police du 10° arron-

dissement, délégué à cet effet, d'abord, chez M. le lieutenant général *Schneider*, commandant militaire de la place de Paris, demeurant rue de Lille, n° 55, qui nous a fait voir, dans son écurie, un cheval de selle, hongre, niqueté, hors d'âge, sous poils gris-blanc, traité sur l'avant-main, et de la taille de un mètre cinquante-huit centimètres, ayant une blessure en pleine suppuration de chaque côté des épaules, qu'il nous a déclaré être celui qu'il montait lors de l'attentat du 13 du courant, et il a ajouté ; qu'ayant fait ramener ce cheval dans son écurie, immédiatement après avoir été blessé, il avait fait appeler notre confrère M. *Jager*, vétérinaire en premier du 5ᵉ régiment de cuirassiers, en garnison à Paris, qui avait fait l'extraction de la balle qui était restée dans la blessure, et qu'il continuait de donner ses soins audit cheval.

J'ai fait mander notre confrère *Jager* qui nous a déclaré avoir été appelé peu de temps après l'arrivée dudit cheval ; que cet animal avait une blessure circulaire au milieu de l'épaule gauche ; que cette blessure venait d'être produite évidemment par une balle ; que celle-ci faisait saillie sous la peau de l'épaule du côté opposé d'où il l'avait extraite, ainsi que deux petites esquilles, en faisant une incision à la peau ; il a ajouté que l'ouverture de la blessure faite par la balle n'avait plus actuellement sa forme circulaire primitive, parce qu'il avait été obligé de la dilater pour donner écoulement au pus.

M. le lieutenant-général *Schneider* nous a ensuite représenté la balle extraite de la blessure de son cheval ; elle nous a paru être une balle de munition ; elle présente une coupure profonde en ligne courbe qui avait renversé une partie du plomb sans le détacher du corps de la balle.

M. le lieutenant général *Schneider* nous a aussi montré la bride que portait son cheval, lorsqu'il avait été blessé ; nous avons remarqué que *la rêne gauche* était percée d'un trou irrégulièrement rond, à bords déchirés, sans déperdition de substance, concave du côté externe de la rêne, et convexe du côté qui reposait sur l'encolure du cheval : ce trou, situé à quarante-deux centimètres de distance du mors, coupe la rêne en grande partie, et celle-ci ne tient plus que par son bord supérieur. En examinant ce trou avec attention, il est facile de voir qu'il a été fait par la balle, dont la direction était perpendiculaire sur la rêne.

La balle et la bride ont été déposées entre les mains de M. *Noël*, commissaire de police, déjà nommé.

J'ai ensuite procédé à l'exploration attentive de la blessure dudit cheval, et ce en présence de M. lieutenant général *Schneider* et de MM. *Noël* et *Jager*, tous deux déjà nommés et qualifiés, et j'ai reconnu que l'engorgement inflammatoire qui s'est développé entre les épaules dudit cheval, le mettait dans l'impossibilité de changer de place ; que la balle avait frappé le cheval sur la partie centrale et antérieure de *l'épaule gauche* ; qu'elle avait traversé les *muscles* et les deux *scapulum*, un peu en arrière de la partie centrale de leurs bords antérieurs, en suivant une direction horizontale, et qu'elle s'était arrêtée sous la peau de l'épaule droite, d'où l'avait extraite notre confrère *Jager*.

Il est à remarquer que le trou fait à la peau par la balle n'est pas en face du trou qu'elle a fait au scapulum gauche ; celui-ci est à quatre centimètres, en arrière, mais sur le même plan horizontal, et que le trou qu'elle a fait au scapulum droit est un peu en avant de celui du scapulum gauche, mais également sur le même plan horizontal.

D'après cette disposition, il semblerait que la balle, après avoir traversé la peau, a changé de direction ; qu'elle s'est portée à droite, l'espace de quatre centimètres, qu'elle s'est alors redressée pour suivre une direction parallèle à sa direction primitive, en s'inclinant légèrement à gauche ; mais il est de toute évidence que ces changements de direction qu'aurait pris la balle sans rencontrer aucune partie osseuse ou résistante, ne sont qu'apparents et s'expliquent facilement par la position qu'avaient les épaules du cheval au moment où il a été blessé. Le cheval était en action, il allait au pas, ses scapulum étaient conséquemment portés alternativement en avant et en arrière ; en avant dans le moment de l'extension du membre, et en arrière au moment de sa flexion : il résulte de là que l'on peut affirmer d'une manière positive que le cheval était appuyé sur le pied de devant montoir lorsqu'il a été frappé par la balle, et que son scapulum gauche était porté en avant, tandis que le membre antérieur hors montoir fléchi avait son scapulum porté en arrière.

La balle a donc suivi une ligne droite ; elle a frappé l'animal perpendiculairement à son plan médian, elle a percé la peau, les muscles et les deux scapulum d'aplomb sans éprouver aucune déviation, et elle ne s'est arrêtée sous la peau de l'épaule droite qu'après avoir perdu toute sa force.

Nous nous sommes ensuite transporté rue de Cotte, n° 2 *bis*, où le cheval de M. le lieutenant-colonel *Levaillant*, du 17ᵉ léger, avait été conduit immédiatement, après avoir été blessé dans l'attentat du 13, pour y être soigné par le sieur *Jacquinot*, maréchal. Rendu sur les lieux, nous y avons trouvé le fils dudit sieur *Jacquinot*, qui nous a fait voir, dans une écurie, un cheval entier, propre à la selle, de race arabe, à tous crins, crinière longue, sous poil gris moucheté, le bout de l'oreille droite fendue, la dent du coin inférieur droit perdue, hors d'âge, et de la taille de 1 mètre 48 centimètres, ayant les paupières fermées, fortement engorgées, et laissant sortir entre elles une grande quantité de pus sanguinolent, qu'il nous a dit être celui qui faisait le sujet de notre visite. Il a ajouté que ce cheval avait eu les deux yeux traversés par la balle ; que son père avait extrait deux petites esquilles par l'orbite gauche, immédiatement après l'arrivée du cheval dans son écurie, et qu'il avait coupé quelques filaments qui pendaient entre les paupières du côté droit.

J'ai ensuite procédé à l'examen des blessures dudit cheval, et j'ai reconnu que les deux bulbes des yeux étaient vides, et avaient été traversées par la balle; que celle-ci était entrée par l'œil gauche, sans toucher à la paupière supérieure, mais que la paupière inférieure avait été touchée extérieurement par la balle, dans la partie centrale de son bord; qu'elle y avait déterminé une petite *escarre* ou partie morte qui n'était pas encore détachée du reste de la paupière; qu'elle avait traversé successivement dans son trajet horizontal et direct, 1° *la lame osseuse du frontal* qui sépare l'orbite d'avec les synus frontaux du côté gauche; 2° la partie haute et papiracée *du cornet supérieur* gauche; 3° *la cloison nazale;* 4° la partie haute et papiracée *du cornet supérieur* droit; 5° enfin, *la lame osseuse du frontal* qui sépare l'orbite droite d'avec les synus frontaux, et qu'en traversant la bulbe de l'œil droit, elle était sortie par l'ouverture des paupières, en déchirant, de dedans en dehors, le bord de la partie centrale de la paupière inférieure : cette déchirure présente des espèces de bourgeons charnus irréguliers, saillants en dehors, et qui ne sont que la conséquence de la sortie de la balle.

Des déclarations que nous a faites M. le lieutenant général *Schneider,* il résulte que les trois Princes, les deux lieutenants généraux et le lieutenant-colonel *Levaillant* étaient dans la position respective suivante, au moment où l'attentat a été commis :

M. le lieutenant-colonel *Levaillant* était à la gauche; à sa droite, et un peu en avant, se trouvait M. le lieutenant général *Schneider ;* sur la même ligne, et à droite du lieutenant général *Schneider,* se trouvait le duc de NEMOURS ; à la droite du duc de NEMOURS se trouvait le duc d'AUMALE, qui dépassait la ligne de toute la longueur de la tête et de l'encolure de son cheval; à sa droite, et un peu en arrière, se trouvait le duc d'ORLÉANS ; puis M. le lieutenant général *Pajol,* commandant la 1re division militaire, qui étaient tous deux sur la même ligne que le général *Schneider* et le duc de NEMOURS.

M. le lieutenant-colonel *Levaillant,* que nous avons été voir à son domicile à Courbevoie, pour avoir de lui les renseignements que nous jugions nous être nécessaires pour connaître la position qu'avait son cheval au moment où il a été frappé par la balle, nous a fait la même déclaration que celle faite par M. le lieutenant général *Schneider ;* toutefois avec cette légère modification, qu'au moment où l'attentat avait été commis, la tête de son cheval dépassait le corps de M. le lieutenant général *Schneider ;* que les trois Princes étaient sur une même ligne et dépassaient le général *Schneider* de toute la longueur d'une tête de cheval.

Ces deux déclarations s'accordant sur la question de savoir quelle était la position relative des deux chevaux, lorsqu'ils ont été blessés, il est suffisamment démontré que le cheval de M. le lieutenant-colonel *Levaillant* était à gauche et un peu en arrière de celui de M. le lieutenant général *Schneider*. Il n'est donc pas nécessaire d'admettre qu'il y avait deux balles dans le pistolet que l'auteur de l'attentat a tiré, pour expliquer les blessures des deux chevaux : s'il y avait eu deux balles, dont l'une aurait frappé perpendiculairement le cheval du général *Schneider*, tandis que l'autre, par une direction oblique, aurait atteint celui du lieutenant-colonel *Levaillant*, celle-ci n'aurait pas pu traverser perpendiculairement les yeux de ce cheval; en entrant par l'œil gauche, elle aurait été s'aplatir sur le sphénoïde ou sur le temporal.

De ce que les yeux d'un cheval *placé* sont plus élevés que le milieu de ses épaules, il ne faut pas en conclure qu'une balle, en suivant une direction droite, ne puisse pas traverser les yeux d'un cheval et les épaules d'un autre cheval qui serait placé à côté de lui; car les chevaux qui sont en marche ne tiennent pas constamment la tête immobile, haute et *placée;* ils *encensent* quelquefois en élevant et en abaissant leurs têtes, surtout lorsqu'ils sont fatigués. D'un autre côté, il ne faut pas perdre de vue que le cheval de M. le lieutenant-colonel *Levaillant* avait 10 centimètres de moins en hauteur que celui de M. le lieutenant général *Schneider*.

De tout ce qui précède il résulte évidemment que l'auteur de l'attentat était placé du côté gauche des chevaux qu'il a blessés en tirant son coup de pistolet; que la direction qu'il a donnée à la balle était perpendiculaire à la direction suivie par les chevaux; que la balle était dirigée sur les Princes, et que ce n'est que par un bonheur providentiel qu'ils n'ont pas été atteints; que, si elle avait été dirigée 25 centimètres plus haut, elle aurait passé au-dessus de la tête du cheval de M. *Levaillant* et au-dessus du garrot de celui de M. le général *Schneider*, et aurait été frapper directement les Princes, que la balle a traversé en ligne droite les yeux du cheval de M. le lieutenant-colonel *Levaillant;* qu'elle a ensuite traversé la rêne gauche et les épaules du cheval de M. le lieutenant général *Schneider*, et qu'elle ne s'est arrêtée sous la peau de l'épaule droite qu'après avoir perdu successivement toute sa force; qu'elle n'a pas trouvé assez de résistance en traversant les parois osseuses des cavités orbitaires du premier cheval pour pouvoir s'aplatir, attendu que ces parois n'ont guère qu'un millimètre d'épaisseur dans l'endroit qu'elle a traversé; qu'elle a traversé également, sans altérer sa forme, le scapulum gauche du second cheval, cet os n'ayant que deux millimètres d'épaisseur dans l'endroit percé, et que ce n'est qu'en traversant le scapulum droit près de son bord antérieur, lequel bord est un peu plus épais et plus résistant, qu'elle s'est en partie coupée et refoulée.

4.

En foi de tout ce que dessus et d'autre part j'ai dressé le présent procès-verbal de rapport.

Fait à Paris, les jour, mois et an susdits.

Signé Barthélemy jeune.

Procès-verbal de constatation des lieux où s'est commis l'attentat.

Nous, *Alexandre - Marie - Auguste Tisseuil*, âgé de 46 ans, demeurant à Paris, rue de Provence, n° 15;

Et *Jules-Pierre Bernier de Maligny*, âgé de 32 ans, demeurant également à Paris, rue de Las-Cases, n° 8;

Tous deux capitaines de première classe au corps royal d'état-major, attachés à l'état-major de la première division militaire; commis, par ordonnance de M. *Boulloche*, juge d'instruction au tribunal de la Seine, délégué par M. le Chancelier de France, président de la Cour des Pairs, pour dresser le plan des lieux où a été commis l'attentat du 13 septembre dernier, et assermentés à cet effet;

Après avoir consulté les personnes présentes à l'événement et avec lesquelles il nous a été possible de nous mettre en rapport et nous être transportés à plusieurs reprises sur les lieux; accompagnés des témoins qui ont coopéré à l'arrestation de l'inculpé *Quenisset*, déclarons que de tous les renseignements que nous avons pu recueillir, il résulte ce qui suit :

Le 13 septembre dernier, LL. AA. RR, MM^{grs} les Ducs d'Orléans, de Nemours et d'Aumale entrèrent dans Paris, vers midi, par la barrière du Trône, à la tête du 17e régiment d'infanterie légère. Ils trouvèrent sur la place du Trône un grand nombre de généraux et d'officiers de tous grades, venus au devant d'eux, et qui, revenant avec eux dans Paris, formèrent un cortége, qui se dirigea vers la place de la Bastille, en descendant la rue du faubourg Saint-Antoine, et marchant dans l'ordre suivant :

Un peloton du 5e régiment de cuirassiers, ouvrant la marche;

Le lieutenant général baron *Darriule*, commandant la place de Paris, suivi des officiers généraux supérieurs et autres de toutes armes, qui étaient venus au devant des Princes;

Les sapeurs, les tambours et la musique du 17e régiment d'infanterie légère;

Les Princes, accompagnés des lieutenants généraux comte *Pajol* et *Schneider*, et suivis de quelques officiers, ainsi que de deux ou trois cavaliers d'ordonnance;

Le 17ᵉ régiment d'infanterie légère, marchant en colonne par sections; les sections étaient formées sur deux rangs, et avaient chacune treize files.

Le cortége occupait à peu près toute la largeur de la chaussée, et les trottoirs étaient couverts d'une foule considérable, que les gardes municipaux de service avaient peine à contenir.

Les Princes marchaient ensemble, Mᵍʳ le duc d'AUMALE entre ses deux frères, et les devançant environ de la longueur de l'encolure de son cheval.

A sa droite était Mᵍʳ le duc d'ORLÉANS, ayant à sa droite, et sur la même ligne que lui, le lieutenant général comte *Pajol*, commandant la 1ʳᵉ division militaire;

A sa gauche, était Mᵍʳ le duc de NEMOURS, ayant à sa gauche, et sur la même ligne que lui, le lieutenant général *Schneider*, commandant les troupes réunies autour de Paris;

A gauche du général *Schneider*, mais un peu en arrière de lui, la tête de son cheval arrivant à peu près à hauteur du corps du général, était M. *Levaillant*, lieutenant-colonel du 17ᵉ régiment d'infanterie légère.

Au moment où les Princes arrivaient à hauteur de l'angle de la rue Traversière, une détonation se fit entendre sur leur gauche, et deux balles vinrent frapper le cheval du général *Schneider*, à la base de l'encolure, et celui du lieutenant colonel *Levaillant*, dans l'œil gauche. Cette détonation provenait d'un coup de pistolet tiré par le nommé *Quenisset*, qui était placé sur le trottoir de la rue du Faubourg-Saint-Antoine, à trois mètres environ de l'angle qu'il fait avec le trottoir de la rue Traversière, en face du magasin de nouveautés du Vampire, occupant le rez-de-chaussée de la maison qui fait l'angle des deux rues, et qui porte sur celle du Faubourg-Saint-Antoine, le nº 110. La foule était assez compacte en ce point, à droite et à gauche de *Quenisset*; mais derrière lui, et jusqu'au magasin du Vampire, il y avait un espace complétement vide.

Selon certains témoins, *Quenisset* aurait tiré à l'instant même où les princes arrivaient à sa hauteur; selon le plus grand nombre des autres, il aurait au contraire attendu pour faire feu, qu'ils l'eussent dépassé de un ou de deux mètres. En adoptant cette hypothèse, qui nous paraît la plus probable, il se trouvait alors à *huit* mètres environ de Mᵍʳ le duc d'AUMALE, à six mètres du général *Schneider* et à cinq mètres du lieutenant colonel *Levaillant*.

Aussitôt après avoir fait feu, il voulut fuir en profitant de l'espace libre qui se trouvait derrière lui; mais il ne put faire que deux ou trois pas, et fut arrêté sur le même trottoir, à deux mètres environ de sa première position, et plus près du mur du magasin de nouveautés du Vampire.

A l'instant où *Quenisset* a tiré, il y avait, dans la rue du Faubourg-Saint-Antoine, à deux mètres environ sur sa droite et le long du trottoir, une voiture de blanchisseur, à deux roues, surmontée d'une bache peu élevée en toile grise, et attelée d'un seul cheval, qui était tourné vers le haut du faubourg. A l'entrée de la rue Traversière, il y avait également une voiture tapissière, à deux roues, et attelée d'un seul cheval, et une voiture des environs de Paris, à quatre roues, et de la grandeur d'une voiture Omnibus. Cette dernière était attelée de deux chevaux et n'était pas encore entièrement engagée dans la rue Traversière, mais faisait un peu saillie sur celle du Faubourg-Saint-Antoine. Rien n'indique du reste que *Quenisset* ait cherché à profiter de ces voitures pour se cacher et ajuster avec plus de facilité.

Tels sont les renseignements qui nous ont paru les plus exacts parmi tous ceux que nous avons pu recueillir.

En foi de quoi nous avons dressé le présent procès-verbal et le plan qui y est annexé.

Fait à Paris, le 4 octobre 1841.

Signé A. Tisseuil, B. de Maligny.

Procès-verbal tendant à constater si l'arme à feu tirée par *Quenisset* aurait laissé des traces sur les maisons rue du Faubourg-Saint-Antoine, faisant face à la rue Traversière.

L'an mil huit cent quarante et un, et le vingt-neuf du mois de septembre,

Nous, soussigné *Gazan*, chef d'escadron d'artillerie, en exécution de l'ordonnance rendue hier par M. *Perrin*, juge d'instruction près le tribunal de 1re instance du département de la Seine, délégué par M. le Chancelier Président de la Cour des Pairs, et ainsi conçue :

« Vu la procédure commencée contre le nommé *François Quenisset* et autres inculpés d'attentat sur les Princes de la famille Royale.

« Considérant qu'il importe de vérifier si les maisons situées rue du Faubourg-Saint-Antoine, vis-à-vis la rue Traversière, portent ou non des traces du coup de feu tiré par *Quenisset*,

« Commettons M. *Gazan*, chef d'escadron d'artillerie, à l'effet de procéder à ladite vérification.

« Disons en outre que ledit expert se fera assister pour l'exécution de la présente par M. le commissaire de police du quartier du faubourg Saint-Antoine, que nous déléguons à cet effet. »

Après avoir prêté serment de remplir en honneur et conscience la mission qui nous était confiée, et accompagné de M. *Laumond*, commissaire de police, nous nous sommes transporté dans la rue du Faubourg-Saint-Antoine, et nous avons examiné soigneusement les maisons situées vis-à-vis la rue Traversière et nous avons reconnu qu'elles ne présentent aucune trace de balles lancées par une arme à feu.

Nous avons particulièrement porté notre attention sur la maison n° 113 qui, à gauche et derrière la grille du marchand de vin présente, dans une pierre du bâtiment, un trou de 3 ou 4 centimètres de diamètre et à 4 ou 5 centimètres de profondeur et nous avons constaté que ce trou, dont la direction va en plongeant de l'extérieur à l'intérieur, n'a pu être produit par le choc d'une balle et qu'il a dû être percé, avec intention, pour recevoir un morceau de fer ou de bois propre à servir de support.

En foi de quoi nous avons signé le présent pour servir et valoir ce que de droit.

Fait à Paris, les jour, mois et an que dessus.

Signé GAZAN.

PROCÈS-VERBAL d'examen des pistolets de *Quenisset*, des cartouches déposées par le sieur *Piaget*, et de divers objets saisis aux domiciles des inculpés *Brazier, Martin* et *Mallet*.

L'an mil huit cent quarante et un, le vingt et un du mois d'octobre,

Nous soussignés, *Chevalier*, professeur à l'école de pharmacie, et *Gazan*, chef d'escadron d'artillerie, en exécution de l'ordonnance en date du 19 dudit mois d'octobre, rendue par M. *Boulloche*, juge d'instruction près le tribunal de première instance du département de la Seine, délégué par M. le Chancelier de France, Président de la Cour des Pairs, après avoir prêté serment préalable de faire notre rapport en notre âme et conscience, avons procédé à l'examen des objets mentionnés dans l'ordonnance précitée, et, après avoir constaté que les scellés apposés sur lesdits objets étaient intacts, nous avons reconnu :

1° Que le pistolet ayant fait feu, et désigné comme ayant servi à *Quenisset* pour tirer sur Son Altesse Royale Monseigneur le Duc d'AUMALE, est un pistolet de cavalerie, de modèle irrégulier, dit *pistolet n° 1*, portant une platine fabriquée à la manufacture royale d'armes de Tulle.

2° Que le pistolet chargé, désigné comme ayant été reconnu par *Boucheron*, est un pistolet de cavalerie dit *à la Mandrin*, fabriqué à Maubeuge. Les armes de cette espèce n'ont été employées que momentanément dans la cavalerie française.

La charge contenue dans ledit pistolet consistait en 9 grammes 5 de poudre de guerre dite de *mousqueterie*, et une balle de plomb pesant 26 grammes, ayant $0^m,0163$ de diamètre, c'est-à-dire la balle de service pour l'infanterie. Le papier qui enveloppait la balle et qui servait de bourre conservait encore la forme d'une cartouche; toutefois ce papier, gris, fort, et non collé diffère de celui employé par l'artillerie pour la confection des cartouches du Gouvernement. L'amorce dudit pistolet est encore de la poudre de mousqueterie, et pèse 0 gramme 30. Ce pistolet a été évidemment chargé avec la poudre et la balle d'une cartouche d'infanterie.

3° La balle extraite de la plaie du cheval de M. le général *Schneider* est une balle de service pesant 25 grammes 5, et du diamètre de $0^m,0163$.

4° La balle déposée par le nommé *Lambert* est également une balle de service pesant 25 grammes 4, et du diamètre de $0^m,0163$.

5° La baguette en jonc saisie sur *Quenisset* au moment de son arrestation présentait à l'une de ses extrémités une tache noire dont nous avons laissé une petite trace. Le reste de la tache, enlevé avec un canif, nous a donné les preuves que cette tache contenait de la poudre, si elle n'en était entièrement formée. Des débris projetés sur un charbon allumé ont en effet scintillé comme de la poudre écrasée, et l'analyse chimique faite par l'eau, à l'aide du chlorure de platine, du cuivre et de l'acide sulfurique, nous a démontré la présence du salpêtre et du charbon. Les recherches faites plus tard à l'aide de l'acide hydro-chloro-nitrique nous ont signalé dans le résidu la présence du soufre, élément converti en acide sulfurique par l'acide hydro-chloro-nitrique précité : ce qui prouve que ladite baguette a été en contact avec de la poudre, et nous autorise à croire qu'elle a pu servir à bourrer un pistolet;

6° Le paquet saisi chez *Mallet* contient 40 grammes 5 de poudre de chasse française, ainsi qu'une partie de l'enveloppe dans laquelle elle est débitée par la régie;

7° Le paquet de cartouches déposé par le sieur *Piaget* contient, 1° cinq cartouches d'infanterie, contenant chacune une balle de service de $0^m,0163$ de diamètre et 10 grammes 50 de poudre de mousqueterie; l'enveloppe est un trapèze des dimensions réglementaires, roulé et plié par des gens habitués à ce travail : ces cartouches d'infanterie proviennent certainement des magasins de l'État; 2° quatre cartouches contenant une balle de service de $0^m,0163$ de diamètre et 5 grammes 60 de poudre de mousqueterie chacune; elles sont bien faites comme les précédentes, et sont, suivant toutes les probabilités, des cartouches d'infanterie, modifiées dans un régiment de cavalerie et réduites à la charge du mousqueton.

Ainsi la poudre et les balles de ces neuf cartouches sortent des magasins de l'État, comme la poudre et la balle trouvées dans le pistolet *Boucheron* et la balle déposée par le nommé *Lambert*, aussi bien que celle extraite de la plaie du cheval de M. le général *Schneider*.

8° Le papier gris saisi chez *Just Brazier* diffère de celui trouvé dans le pistolet *Boucheron* par la couleur et par la contexture. Ce papier est en partie coupé en trapèzes et en partie en feuilles pliées. Les plis annoncent que le tout devait être coupé en trapèzes, lesquels étaient probablement destinés à faire des cartouches.

9° Le morceau de charbon et les sept petits paquets saisis chez *Brazier* présentent un ensemble de matières propres à fabriquer de la poudre. Trois paquets contiennent en effet du soufre plus ou moins pulvérisé; trois autres, du salpêtre plus ou moins pur, en morceaux et en poudre; et le septième, du charbon pulvérisé.

10° Enfin, le pistolet retiré du canal Saint-Martin, et reconnu par l'inculpé *Martin* pour avoir été en sa possession; ce pistolet, disons-nous, est un pistolet de cavalerie anglaise, comme le prouvent la baguette, la couronne, et le mot *Tower* sur la platine, et le nom du fabricant *Struewer*, sur le bois du côté opposé à la platine. Cette arme a appartenu au gouvernement anglais.

Nous n'avons trouvé dans le canon qu'une matière extrêmement fétide, et dont l'odeur ressemblait à celle des matières fécales.

Le morceau de bois qui se trouve entre les mâchoires du chien, paraît avoir peu séjourné dans l'eau; mais il est impossible de dire quand il a été mis en place. On met souvent des morceaux de bois semblables entre les mâchoires du chien des armes à feu, pour ne pas dégrader la batterie, quand on n'a pas de pierre.

La vis du chien de ce pistolet n'a reçu aucune réparation; elle a été dégradée, au contraire, et aplatie à coups de marteau: cette circonstance pourrait faire penser que cette vis n'appartenait pas à l'arme, et qu'elle y a été ajustée en remplacement d'une autre vis,

Enfin, quant à la recette saisie chez *Just Brazier*, savoir : *salpêtre, douze onces; soufre, deux onces; charbon, deux onces et demie; eau, deux onces*, il n'est pas douteux qu'elle peut servir à fabriquer de la poudre ; car c'est sensiblement l'ancien dosage employé en France pour la poudre de guerre : ce qui n'a rien d'étonnant, ainsi que nous l'avons fait remarquer plusieurs fois dans des rapports précédents, puisque tous les dosages de la poudre sont bien connus, et se trouvent dans plusieurs ouvrages à la portée de tout le monde.

En foi de quoi nous avons signé le présent rapport, pour servir et valoir ce que de droit.

Fait à Paris, les jour, mois et an que dessus.

Signé A. CHEVALLIER. GAZAN.

§ 2.

DÉCLARATIONS OU DÉPOSITIONS DES TÉMOINS QUI ONT CONCOURU
A L'ARRESTATION DE QUENISSET.

LEROY (*Adrien*), âgé de 18 ans et demi, ouvrier menuisier en fauteuils, demeurant à Paris, rue de la Roquette, n° 48.

(Entendu, le 13 septembre 1841, par M. Laumond, commissaire de police.)

J'étais arrêté sur le trottoir de la rue du Faubourg-Saint-Antoine, au coin de la rue Traversière, devant la boutique d'un boulanger ; à ma droite était l'individu arrêté. Au moment du passage des Princes, il a retiré sa main droite de la poche de son pantalon, il a ajusté d'un pistolet, et, au moment même j'ai arrêté son bras, mais le coup est parti.

Il s'est retourné et m'a donné un coup de poing qui m'a renversé par terre, et, lorsque je me suis relevé, il était déjà arrêté.

C'est bien l'individu qui dit se nommer *Papart*, avec lequel nous avons été confrontés, et que j'ai parfaitement reconnu.

Autre DÉPOSITION du même témoin.

Reçue, le 21 septembre 1841, par M. Boulloche, Juge d'instruction délégué.

Le lundi, 13 de ce mois, ayant voulu voir passer le cortége, je suis allé sur le coin de la rue Traversière. Sur le côté gauche de la rue, en venant de la barrière, stationnait une voiture près de laquelle je me suis placé. Lorsque la colonne s'est avancée, j'ai remarqué un homme près duquel j'étais, et qui, en agitant un grand chapeau de paille, a crié à deux reprises : *A bas le duc D'AUMALE! mort au Prince!* Dans le même instant, lorsque les Princes passaient devant nous, tous les trois sur la même ligne, mais M. le duc d'AUMALE un peu en avant, j'ai vu l'homme qui venait de crier : *à bas le duc D'AUMALE!* retirer de la poche de son pantalon un pistolet qu'il a dirigé sur ce Prince. Je l'ai vivement saisi par le bras, et, au même moment, le coup est parti. L'inculpé s'est retourné et m'a porté un coup de poing qui m'a renversé à terre. C'est alors que le sieur *Riandé* et des gardes municipaux ont arrêté le coupable. J'étais tellement près de l'inculpé, que nous nous touchions. Aussitôt après l'explosion, des individus qui nous entouraient ont crié : *A nous, les amis!* J'en ai remarqué deux ou trois qu'il serait possible que je reconnusse; ils avaient des blouses bleues.

Je ne sais pas si quelqu'un a parlé à l'inculpé; je n'ai rien entendu.

Je suis bien certain et j'affirme avoir entendu l'inculpé crier, ainsi que je l'ai déjà dit : *A bas le duc D'AUMALE! mort au Prince!* Je suis également certain que, lorsqu'on a tiré sur lui, il était un peu en avant de MM. les ducs d'ORLÉANS et de NEMOURS.

Ce n'est point en ma présence que les pistolets ont été ramassés.

J'ai suivi l'inculpé au poste, et je l'ai parfaitement reconnu pour être l'homme que j'avais vu tirer sur le Prince.

Autre DÉPOSITION du même témoin,

Et confrontation avec les inculpés *Quenisset, Boucheron, Brazier* dit *Just, Colombier, Mallet, Launois, Petit, Jarrasse, Martin, Boggio, Prioul, Couturat, Fougeray, Bouzer et Dugas,* devant M. Boulloche, Juge d'instruction délégué, le 1ᵉʳ octobre 1841.

Le témoin ayant déclaré persister dans la déclaration qu'il a faite devant nous, le 21 septembre dernier, lui en ayant fait donner une nouvelle lecture, nous avons fait amener successivement devant nous les inculpés dont les noms suivent, avec invitation au témoin de nous déclarer, sous la foi du serment, s'ils les reconnaît, ou quelques-uns d'entre eux, pour les avoir vus sur le lieu de l'attentat du 13 septembre et y avoir pris une part quelconque.

1° *Quenisset (François)* :

Le témoin a dit : Je reconnais parfaitement cet homme, quoiqu'il soit vêtu autrement qu'il ne l'était le 13 septembre; c'est bien lui qui a tiré sur le Prince, c'est lui qui, lorsque je l'ai saisi par le bras, m'a renversé d'un coup de poing.

Quenisset a répondu : Le témoin ne dit pas la vérité : il est bien possible qu'il me reconnaisse comme il me dit, mais il est faux, tout à fait faux qu'il ait arrêté mon bras, personne ne m'a touché lorsque j'ai tiré, et pour convaincre la justice de ce que je dis, ont peut demander au témoin de quelle main j'ai tiré.

Le témoin *Leroy* répond aussitôt : Vous avez tiré de la main droite.

Non, dit *Quenisset*, j'ai tiré de la main gauche, et la preuve, c'est que placé comme j'étais, je ne pouvais pas tirer de la main droite, et que, d'ailleurs, j'ai été légèrement blessé par mon arme et à l'index de la main gauche.

Le témoin déclare persister dans sa déclaraion.

L'inculpé *Quenisset* demande, et insiste vivement pour qu'il soit mentionné au procès-verbal de confrontation que le témoin a dit que lorsqu'il l'avait vu le 13, au moment de l'attentat, il était vêtu d'une blouse, tandis que la vérité était qu'il n'avait qu'un bourgeron.

2° *Boucheron* (*Jean-Marie*).

Le témoin *Leroy* a dit : Je ne connais pas cet inculpé; je ne l'ai pas vu au moment de l'attentat; toute mon attention s'est portée sur celui qui avait tiré le coup de pistolet.

3° *Brazier* dit *Just.*

Le témoin *Leroy* a dit : Je connais cet inculpé pour l'avoir vu aller et venir dans le faubourg. Je ne sais pas s'il était à côté de *Quenisset* au moment de l'attentat; je ne l'ai pas remarqué. Le lendemain 14, j'étais avec le nommé *Théodore* qui travaillait alors avec moi dans la même boutique, chez le sieur *Rosse*, fabricant de fauteuils, rue de Charenton, n° 75. Je crois que nous avons vu passer un homme qui me paraît être celui ici présent;

Théodore m'a demandé si je le connaissais; sur ma réponse négative, il m'a dit : Méfie-toi de lui. J'ai pensé qu'il me donnait ce conseil parce que, sachant que j'avais arrêté l'auteur de l'attentat, et que j'avais parlé de cet événement, cet homme, que peut-être il avait vu le 13 prendre une part quelconque au crime, pourrait me faire un mauvais parti; toutefois, je n'ai demandé aucune autre explication à *Théodore*.

L'inculpé *Brazier* a répondu : Je ne me rappelle pas avoir passé le 14 rue de Charenton. Je ne connais pas le nommé *Théodore* dont parle le témoin.

4° *Colombier.*

Le témoin *Leroy* a dit : Je ne connais pas cet inculpé; je ne l'ai pas vu le jour de l'attentat.

5° *Mallet.*

Le témoin *Leroy* a dit : Je ne connais pas cet inculpé; je ne l'ai pas remarqué sur le lieu de l'attentat.

6° *Launois,* 7° *Petit (Auguste),* 8° *Jarrasse,* 9° *Martin (Jean-Baptiste-Charles),* 10° *Boggio (Antoine)* dit *Martin,* 11° *Prioul,* 12° *Coutarat,* 13° *Fougeray,* 14° *Bouzer,* 15° *Dagas.*

Lesdits inculpés ci-dessus désignés ayant été successivement amenés et confrontés avec le sieur *Leroy,* ce témoin a déclaré et affirmé qu'il ne les connaissait point, et qu'il n'avait remarqué aucun d'eux sur le lieu de l'attentat.

LEROY (*Jean*), âgé de 43 ans, maréchal des logis à la 13ᶜ compagnie de la garde municipale, caserné rue des Tournelles.

(Entendu, le 16 octobre 1841 par M. Perrin, Juge d'instruction délégué.)

Le 13 septembre dernier, je fus placé en observation au coin de la rue de Charonne, pour faciliter la circulation lors de l'entrée du 17ᵉ régiment. Peu de temps avant que les Princes arrivassent à la rue de Charonne, j'entendis un coup de feu à la hauteur de la rue Traversière; je me dirigeai de ce côté, et je vis *Quenisset* qui était saisi par des bourgeois et des gardes municipaux. Je prêtai main-forte pour le conduire au poste, et, comme il ne voulait pas marcher, je le portai avec l'aide de plusieurs gardes. Lorsqu'il fallut le conduire du poste à son domicile, on le fit monter dans un fiacre avec deux gardes et deux sergents de ville. Je me plaçai auprès de cette voiture avec plusieurs gardes pour éloigner la foule, qui était considérable. Je vis *Quenisset* faire des efforts pour se lancer par la

portière à côté de laquelle je me trouvais; mais à l'instant même on lui
lia les bras. Je n'ai remarqué dans la foule aucune personne qui fît des
signes à *Quenisset* ou qui poussât des cris quelconques; loin de chercher à
le protéger, toutes les personnes qui entouraient la voiture ne témoignaient
que de l'indignation contre lui : il m'eût été impossible au surplus de
distinguer aucune figure dans la foule, parce qu'il y avait trop de monde,
et que d'ailleurs ma vue, comme celle des autres gardes, se portait plus
particulièrement sur la voiture. Je n'ai pas connaissance qu'aucun de mes
camarades ait vu un individu faire signe à *Quenisset* de sauter par la portière, et je pense bien que si l'on eût fait cette remarque, on n'aurait pas
manqué d'arrêter l'individu.

MOURGUYE (*Auguste-Adrien*), âgé de 18 ans, menuisier en fauteuils,
   demeurant à Paris, rue du Faubourg-Saint-Antoine, n° 117.

(Entendu, le 6 octobre 1841, devant M. Boulloche, juge d'instruc'ion délégué.)

Le lundi, 13 du mois dernier, mon maître étant pressé par l'ouvrage,
j'étais resté à l'atelier, que je n'ai quitté que lorsque nous avons entendu
l'explosion d'une arme à feu. Je ne connais ni l'auteur de l'attentat, ni aucun de ses complices.

Un jour, que je crois être le mardi 14, vers six heures du matin, je
passais dans la rue Traversière, et comme beaucoup d'autres, je me suis
arrêté près de la maison du marchand de vin *Colombier* que des agents de
police venaient prendre dans son domicile. J'étais placé à trois ou quatre
pas d'un homme qui, en parlant de l'arrestation de *Colombier,* a dit : Et
moi aussi j'ai été arrêté, parce que je m'étais trouvé à côté de celui qui a
tiré le coup de pistolet; mais comme je n'avais rien fait, j'ai aussitôt été
relâché.

Quelques heures après, j'ai revu ce même homme passer devant notre
boutique; j'ai aussitôt demandé à *Leroy,* s'il l'avait vu à côté de l'auteur de
l'attentat; il m'a répondu qu'il ne le reconnaissait pas. J'ai alors repris : cependant il y était; lui-même le disait ce matin, et il a même dit qu'on
l'avait arrêté et mis presque aussitôt en liberté.

Cette conversation n'a pas eu d'autre suite. *Leroy* est dans l'erreur quand
il prétend que je lui ai dit de se méfier de cet homme. Je n'avais aucun
motif pour tenir ce propos, et je ne l'ai pas tenu.

L'homme que j'ai vu à la porte de *Colombier,* dans les circonstances que
je viens d'indiquer, m'a paru être âgé de 28 à 30 ans; il était en gilet en
manches: il serait possible que je le reconnusse, s'il m'était représenté.

Dans ce moment, étant descendu à la Conciergerie avec le témoin et le greffier, nous avons fait amener devant nous le nommé *Just Brazier*, et avons demandé au sieur *Mourguye* s'il le reconnaissait pour l'individu dont il vient de parler et qu'il aurait fait remarquer à *Leroy*, il a dit :

Non, Monsieur, cet homme n'est pas celui que j'ai vu à la porte de *Colombier*, et qui, quelques heures après, est passé devant ma boutique, et que j'ai fait remarquer à *Leroy;* je ne le reconnais pas.

DUBUT (*Auguste-Jean*), âgé de 24 ans, menuisier ébéniste, demeurant à Paris, passage du Chantier, n° 70.

(Entendu, le 4 octobre 1841, par M. Boulloche, juge d'instruction délégué.)

Je ne connais pas le nommé *Leroy* (*Adrien-Louis*), menuisier en fau-
teuils, dont vous me parlez; nous n'avons point travaillé ensemble, et n'ayant point connaissance des faits relatifs à l'attentat du 13 septembre dernier, ne connaissant pas le nommé *Just Brazier*, l'un des inculpés, il n'est pas possible que je lui aie dit de se méfier de lui. Je ne connais dans mon atelier aucun individu, soit sous le nom de *Théodore*, soit sous celui d'*Auguste*.

Comme quantité d'autres, j'ai été voir passer les Princes lorsqu'ils sont entrés dans Paris à la tête du 17° régiment de ligne; placé sur le trottoir dans la rue du Faubourg-Saint-Antoine, à cinquante pas environ d'où le coup de feu est parti, je n'ai vu ni celui qui avait tiré, ni les individus qui pouvaient être près de lui. Effrayé de cet événement, ayant entendu dire après le coup de feu, qu'on assassinait M. le duc d'AUMALE, je me suis réfugié avec beaucoup d'autres personnes dans la cour de la maison de com-
merce, ayant pour enseigne le Vampire. J'y suis resté peu de temps, j'ai été renversé dans la foule, et je n'ai remarqué aucune des personnes près desquelles je me suis trouvé.

RIANDÉ (*Nicolas*), âgé de 40 ans, ouvrier marbrier, demeurant à
Paris, rue des Fossés-Saint-Victor, n° 19, et travaillant chez M. *Ma-
they*, rue Traversière-Saint-Antoine, n° 48.

(Entendu, le 13 septembre 1841, par M. Laumond, commissaire de police.)

J'étais sur le trottoir du faubourg Saint-Antoine, devant le magasin de nouveautés dit du Vampire, au coin à droite de la rue Traversière, et il n'y avait pas une minute que j'y étais arrivé, que j'ai remarqué l'homme arrêté debout devant moi, qui levait son grand chapeau de paille en criant comme les Princes arrivaient : *Mort au Prince ! A bas le Prince !*

Cela m'a donné une idée; j'ai observé cet homme, et remarqué qu'il couvrait sa main droite avec son chapeau qu'il tenait de la main gauche.

Le Prince passait devant nous; ce particulier a levé son bras, et, sans avoir le temps de bien ajuster, il a tiré et j'ai saisi son bras et j'ai lutté avec lui.

J'ai entendu tomber l'arme par terre.

Je lui ai dit : Brigand! assassin! il m'a fixé; j'ai entendu deux individus crier : *A moi les amis!* De mon côté j'ai crié : *A la garde!*

Autre Déposition du même témoin.

(Reçue, le 21 septembre 1841, par M. Boulloche, Juge d'instruction délégué.)

Je travaillais de mon état de marbrier dans la rue Traversière, n° 48, lorsque, le lundi 13 de ce mois, vers midi, j'ai entendu le bruit des tambours; j'ai quitté précipitamment mon atelier, désireux que j'étais de voir les Princes et le 17° régiment de ligne. Arrivé sur le coin de la rue Traversière, près le magasin du Vampire, j'ai remarqué, au milieu de la foule, un homme qui était monté sur quelque chose, qui proférait des cris que d'abord je n'ai point entendus. M'étant approché, je l'ai vu qui agitait un grand chapeau de paille qu'il tenait de la main gauche : son autre bras était collé contre sa cuisse droite. J'ai alors parfaitement distingué ce qu'il disait, et je suis certain de l'avoir entendu crier à plusieurs reprises : *A bas le Prince! Mort au Prince!* M'étant encore approché, je me suis trouvé tout à fait derrière cet homme. C'est alors que le cortége est passé devant nous; il m'a semblé que Monseigneur le duc d'Aumale était un peu en avant : cinq mètres environ me séparaient de lui. Il nous avait outrepassés de deux ou trois pas au plus, lorsque j'ai vu l'homme dont je viens de parler, qui, en continuant à agiter son chapeau de paille de la main gauche, a précipitamment levé le bras droit, et, dans le même instant, ayant baissé le bras gauche, il a couvert de son grand chapeau de paille ce qu'il tenait à la main droite. Il ne m'était pas possible de voir s'il était ou non porteur d'une arme. Néanmoins, effrayé du mouvement extraordinaire qu'il venait de faire, j'ai voulu le saisir par le bras; mais dans le même instant, un coup de feu est parti. Je me suis aussitôt emparé de cet homme, et lui ai fait faire un demi-tour pour l'avoir en face et pouvoir plus aisément le maintenir. Lorsque je le traitais de brigand et d'assassin, deux hommes que je ne connais pas, et dont j'ai à peine entrevu la figure, ont crié : *A nous, les amis! A nous, les amis!* Un maréchal des logis de la garde municipale est venu à mon secours, les deux hommes dont j'ai parlé ont disparu dans la foule. Dans le trouble que j'ai éprouvé, il ne m'a pas été possible de les remarquer. Je me rappelle seulement qu'ils avaient tous deux des blouses.

Je n'ai pas vu l'inculpé se débarrasser de l'arme dont il venait de faire usage; mais j'ai bien entendu, lorsque je l'ai saisi, qu'il laissait tomber quelque chose à terre. Je n'étais pas présent lorsqu'on a ramassé deux pistolets. Aussitôt l'arrivée de la garde municipale, l'inculpé m'a dit, en me regardant fixement : *Tuez-moi!*

De la place qu'occupait l'inculpé, en ayant eu la précaution de laisser passer un peu M. le Duc d'AUMALE, il a pu l'ajuster de côté.

Deux autres hommes dont je n'ai point encore parlé, et qu'il ne faut pas confondre avec ceux qui, après l'explosion de l'arme, ont voulu me faire lâcher l'inculpé, en criant : *A nous, les amis!* étaient devant celui-ci, et, par un mouvement prompt comme l'éclair, se sont écartés, l'un à droite, l'autre à gauche, lorsque l'inculpé a tendu le bras droit, comme s'ils avaient craint de gêner son mouvement. Je ne les avais cependant point entendu se parler entre eux; mais ils étaient tellement serrés l'un contre l'autre, qu'ils ont pu, soit se dire un mot, ou s'avertir par un coup de genou ou par le pied.

Tous deux étaient aussi vêtus de blouses; je n'ai pas vu leur figure: il ne me serait pas possible de les reconnaître.

A la place que j'occupais dans la rue Traversière pour voir passer le cortége, était une voiture qui était entourée d'un très-grand nombre d'individus; l'inculpé en était, comme moi, à très-peu de distance, à un demi-mètre au plus. La position oblique qu'elle occupait, tout en servant d'abri à ceux qui étaient placés du côté du trottoir, n'empêchait cependant pas qu'on vît passer la colonne et qu'on pût tirer sur le Prince. L'inculpé pouvait d'autant plus aisément parvenir au but qu'il se proposait, qu'il était tout à fait sur le derrière de cette voiture.

Le témoin, après la lecture qui vient de lui être faite de sa déposition, fait remarquer que ce n'est point après le coup qu'il a saisi le bras de l'inculpé, mais auparavant, et lorsqu'il a vu jeter le bras droit sur les Princes.

Autre DÉPOSITION du même témoin,

Et confrontation avec les inculpés *Quenisset, Boucheron, Brazier, Colombier, Mallet, Launois, Petit, Jarrasse, Martin, Boggio, Prioul, Couturat, Fougeray, Bouzer* et *Dugas,* devant M. Boulloche, Juge d'instruction délégué, le 1ᵉʳ octobre 1841.

Le témoin ayant déclaré persister dans la déclaration qu'il a faite devant nous, le 21 septembre dernier, nous avons fait amener devant nous, à la

Conciergerie, les inculpés dont les noms suivent, avec invitation au témoin de nous déclarer, sous la foi du serment, s'il les reconnaît ou quelques-uns d'entre eux, pour les avoir vus sur le lieu de l'attentat du 13 septembre, et y avoir pris une part quelconque.

1° *Quenisset* (*François*).

Le témoin dit : Je reconnais parfaitement cet homme ; c'est bien lui qui a tiré un coup de pistolet sur le Prince. Placé derrière lui, je l'ai aussitôt saisi par derrière ; je l'ai retourné pour l'avoir en face, et aussitôt plusieurs personnes, notamment des gardes municipanx, sont venus à mon secours. Dans ma pensée, il a tiré trop rapidement pour pouvoir ajuster ; s'il avait pris le temps d'ajuster, j'aurais pu l'empêcher de tirer.

Quenisset a répondu : Le témoin dit la vérité lorsqu'il prétend me reconnaître et m'avoir arrêté ; mais je dis, moi, que si j'avais voulu ajuster, il n'aurait pas pu m'en empêcher. J'ai bien eu le temps de parler à *Just* et de l'entendre me dire qu'il fallait tirer au milieu.

2° *Boucheron* (*Jean-Marie*).

Le témoin *Riandé* a dit : Je connais cet homme de vue pour l'avoir souvent rencontré dans le faubourg ; je ne sais pas s'il était ou non à côté de l'auteur de l'attentat. Il y avait dans cet endroit plusieurs personnes vêtues comme lui de blouses ou bourgerons bleus, et je n'en ai remarqué aucune.

3° *Brazier* dit *Just*.

Le témoin *Riandé* a dit : Je ne connais pas cet inculpé. Je ne l'ai vu nulle part ; je ne sais pas s'il était ou non sur le lieu de l'attentat.

4° *Colombier*.

Le témoin *Riandé* a dit : L'homme que vous me présentez est le sieur *Colombier*, marchand de vin, rue Traversière ; je le connais, quoique cependant je ne sois jamais entré dans son cabaret ; je ne sais pas où il était au moment de l'attentat ; je ne l'ai pas remarqué à côté de *Quenisset*, ni dans les environs.

5° *Mallet*.

Le témoin *Riandé* a dit : Je crois bien connaître cet inculpé de vue, mais je ne savais pas son nom. Je ne l'ai pas remarqué sur le lieu de l'attentat. Je ne sais pas s'il y était.

6° *Launois;* 7° *Auguste Petit;* 8° *Jarrasse;* 9° *Martin (Jean-Baptiste-Charles);* 10° *Boggio (Antoine* dit *Martin);* 11° *Prioul;* 12° *Couturat;* 13° *Fougeray;* 14° *Bouzer;* 15° *Dugas.*

Lesdits inculpés ci-dessus désignés ayant été successivement amenés et confrontés avec le sieur *Riandé,* ce témoin a dit qu'il ne connaissait que les nommés *Jarrasse* et *Boggio* dit *Martin;* que depuis longtemps il ignorait ce qu'ils étaient devenus; qu'il ne les avait pas vus sur le lieu de l'attentat, ni aucun des autres inculpés.

SAUVAGE (*Daniel*), âgé de 30 ans, brigadier au 2ᵉ escadron de la garde municipale, caserné aux Célestins.

(Entendu, le 13 septembre 1841, par M. Laumond, Commissaire de police.)

J'étais de service à pied à la hauteur des Princes lorsqu'un coup de feu est parti à ma gauche devant la rue Traversière. J'ai couru avec M. *Heudier,* maréchal des logis de mon arme et un sergent de ville, arrêter un homme que tenaient des bourgeois.

Comme je tenais cet homme, il m'a dit : *Oui, je suis coupable; tuez-moi plutôt que de me livrer à l'esclavage.*

Du reste, en route il a dit : *Tuez-moi, tuez-moi.*

Autre DÉPOSITION du même témoin.

(Reçue, le 21 septembre 1841, par M. Perrin, Juge d'instruction délégué.)

Le 13 de ce mois, je fus commandé pour maintenir le bon ordre dans le faubourg Saint-Antoine pendant le défilé du 17ᵉ régiment léger. Je me trouvais placé à côté du cheval du lieutenant-colonel *Levaillant,* à la hauteur de la rue Traversière, lorsque j'entendis un coup d'arme à feu tiré à deux pas de moi; je vis au même instant le cheval du lieutenant-colonel se cabrer et tomber. Je n'avais pas vu l'individu qui avait tiré le coup, mais je me précipitai sur la fumée et je vis que cet individu était déjà saisi par plusieurs bourgeois qui le signalaient comme auteur du crime.

Je le pris par le col, et j'entendis qu'il disait : *Je suis le coupable; tuez-moi;*

ne me livrez pas à l'esclavage. On le transporta au poste, et dans le trajet il répéta : *Tuez-moi, je suis un malheureux!*

Je n'ai point vu sur les lieux les pistolets qu'on dit avoir été ramassés par un garde. Au moment de l'arrestation, un nommé *Leroy* criait, en parlant de l'individu : *Mes amis, ne le laissons pas aller!* J'ai cru que ce jeune homme était complice de l'assassin, et je le pris par le collet, en le brutalisant; mais on m'expliqua que c'était, au contraire, lui qui le premier avait arrêté l'assassin, et alors je le lâchai.

Je n'ai entendu aucuns cris séditieux, soit avant, soit après l'explosion; on criait, au contraire : *Vive le Roi! vive le Duc d'Aumale!*

HOFFMANN (*Michel*), âgé de 19 ans, garçon boucher chez le sieur *Gelimier,* demeurant à Bercy, rue de Bercy, n° 45.

(Entendu, le 13 septembre 1841, devant M. Clouet, Commissaire de police de la commune de Bercy.)

Aujourd'hui, vers midi, après avoir porté de la viande au camp de Charenton pour le sieur *Gelimier,* mon maître, je m'y trouvais à l'arrivée du 17ᵉ léger. J'ai suivi les Princes de la famille royale pendant tout le trajet du camp de Charenton jusqu'au faubourg Saint-Antoine; parvenu près d'une rue que j'ai entendu nommer depuis Sainte-Marguerite, j'ai aperçu, environ à trois pas de moi, une lueur, puis j'ai entendu une détonation semblable à celle d'un coup de pistolet; aussitôt j'ai aperçu un individu qui se trouvait à ma gauche, un peu en face de moi, prendre la fuite dans la direction d'une rue qui fait face à celle Sainte-Marguerite; aussitôt un cheval monté par un lieutenant-colonel est venu tomber à un pas de moi, blessé. Comme plusieurs individus signalèrent celui que je venais de voir se sauver comme l'auteur de l'attentat qui venait d'être commis contre la personne du jeune colonel, Monseigneur le Duc d'AUMALE, je l'ai poursuivi, et c'est moi qui, le premier, l'ai pris au collet; d'autres personnes l'ont pris par les bras, par les jambes; beaucoup de monde s'est jeté sur lui, et j'ai été forcé de le quitter, car des sergents de ville sont survenus. L'individu dont il s'agit était vêtu d'une blouse bleue; il m'a paru âgé de 26 à 30 ans. Je le reconnaîtrais s'il m'était confronté. Je n'ai pas aperçu de pistolets entre les mains de cet individu; mais la lueur et la fumée partaient de cet individu, d'après la clameur publique. Je ne puis donner aucun autre renseignement, car j'ai suivi la marche des Princes jusqu'aux Tuileries.

Autre DÉPOSITION du même témoin.

(Reçue, le 2 octobre 1841, par M. Boulloche, Juge d'instruction délégué,
et confrontation avec l'inculpé *Qaenisset*.)

Le 13 de ce mois, j'ai porté, par ordre de mon maître, de la viande au
camp près de Bercy ; c'est là que j'ai appris que le fils du Roi allait passer
avec son régiment. Désireux de le voir, j'ai attendu : lorsque la colonne
est partie de la barrière du Trône, je me suis placé à côté du cheval du
lieutenant-colonel, et c'est ainsi que j'ai marché avec la colonne. Arrivé
dans la rue du Faubourg-Saint-Antoine, au coin d'une petite rue dont je
ne sais pas le nom, on a tiré un coup de pistolet tout à côté de moi. Je me
suis aussitôt retourné, et j'ai très-bien vu celui qui venait de faire ce mauvais coup. J'ai voulu me précipiter sur lui, mais j'en ai été empêché par des
gardes municipaux, qui déjà l'avaient empoigné ; ce que voyant, j'ai continué à accompagner le régiment jusqu'à son arrivée aux Tuileries. Comme
j'ai toujours marché, et que je me retournais souvent pour voir les Princes,
je n'ai pu remarquer aucune des personnes qui étaient à côté de l'auteur de
l'attentat.

Je viens de voir l'inculpé qu'on appelle *Qaenisset*, et je l'ai parfaitement
reconnu pour être celui qui a tiré un coup de pistolet sur les Princes.

BIGNON (*Nicolas-Marie*), âgé de 38 ans, commissionnaire médaillé,
demeurant à Paris, rue du Faubourg-Saint-Honoré, n° 2.

(Entendu, le 13 septembre 1841, par M. Laumond, Commissaire de police.)

Étant avec le deuxième peloton de grenadiers du 17e léger, j'ai entendu,
en passant devant la rue Traversière, un homme en chapeau de paille qui
criait : *A bas le Prince!* Je l'ai vu lever son chapeau, qui couvrait sa main
droite, déployer le bras et tirer un coup de pistolet sur les Princes.

J'ai quitté la troupe pour arrêter l'assassin, mais déjà des bourgeois et
des gardes municipaux le tenaient.

Je l'ai suivi jusqu'au poste.

Autre DÉPOSITION du même témoin.

(Reçue, le 21 septembre 1841, par M. Perrin, Juge d'instruction délégué.)

Le jour de l'entrée du 17e régiment, je me suis rendu à la barrière du

Trône, pour le voir défiler; j'ai bu une chopine en l'attendant, et, lorsqu'il arriva, je descendis le faubourg, à côté du second peloton de grenadiers. Je me trouvais à cinq ou six pas en arrière des Princes, du côté de la rue Traversière, lorsque j'aperçus à l'angle de cette rue un homme qui criait : *A bas le Prince!* Il tenait dans sa main gauche un grand chapeau de paille, qu'il élevait en l'air. Je me dis en moi-même qu'il fallait que cet homme fût imbécile ou soûl. Il rabaissa son chapeau, et presque aussitôt il leva les deux bras en l'air; il tenait toujours son chapeau de la main gauche, et il avait dans la main droite un pistolet qu'il déchargea en dessous le chapeau : je ne distinguai pas le pistolet, mais j'ai vu la fumée du coup de feu. Je me précipitai aussitôt sur cet individu, qui, d'un coup de coude, venait de renverser un jeune homme, et qu'un marbrier saisissait déjà par derrière. Je dis à l'assassin que c'était un scélérat; il répondit : *Tuez-moi! ce n'est pas moi.* Le monde voulait le couper en morceaux, et si la garde n'était pas arrivée, il ne l'aurait pas échappé. Il fut de suite emmené au poste. Le fils du Roi a bien agi dans cette circonstance; les larmes m'en tombèrent des yeux; il a dit : *Régiment, par le flanc droit et pas accéléré!* Sans cela les militaires, exaspérés de voir qu'on attentait à la vie de leur chef, auraient pu chercher à le venger, et tout le peuple pouvait être criblé.

Je n'ai vu sur les lieux ni pistolets ni autre chose, parce que je ne me suis occupé que du particulier. Cet homme est le seul qui ait crié contre les Princes; tout le monde sans exception a crié : *Vive le Roi!* ce qui voulait dire : *Vive le Père, vivent les Fils !*

Kahl (*Joseph*), âgé de 26 ans, garde municipal à cheval au 2ᵉ escadron, caserné aux Célestins.

(Entendu, le 13 septembre 1841, devant M. Laumond, Commissaire de police.)

Aussitôt le coup de feu tiré à ma gauche, à deux pas de distance de moi, je me suis retourné et j'ai vu l'arrestation d'un individu sur lequel des bourgeois avaient déjà mis la main. Il avait renversé un jeune homme qui avait voulu l'arrêter, et qui criait : *Voilà le brigand !* A ce mot, j'ai couru sur l'individu désigné comme tel et je l'ai empoigné par les cheveux. Je l'ai maintenu pour qu'il ne se sauvât pas. J'ai remarqué par terre, et à cinq pas environ plus loin que l'endroit où l'inculpé a été arrêté, deux pistolets que je n'ai pu ramasser moi-même, occupé que j'étais à contenir l'individu arrêté.

En un mot, je me flatte d'être le premier homme de la force armée qui ait mis les mains sur l'assassin.

Autre DÉPOSITION du même témoin.

(Reçue, le 21 septembre 1841, par M. Perrin, Juge d'instruction délégué.)

Le jour de l'entrée du 17ᵉ régiment, j'ai été placé en surveillance dans la rue du Faubourg-Saint-Antoine, et lorsque la colonne est arrivée à l'endroit où j'étais, j'ai marché à côté d'elle à dix pas environ derrière les Princes. Quand le cortége est arrivé à la rue Traversière, j'ai entendu la détonation d'une arme à feu à trois ou quatre pas devant moi; je n'étais pas, dans ce moment, aussi éloigné des Princes que lorsque je m'étais mis en marche. Sur le coup de feu, je vis un homme qui cherchait à se sauver; un ouvrier qui avait un tablier de peau, l'empoigna par derrière, en disant : *Voilà le brigand.* — Moi, je fis mon à gauche, et le prenant des deux mains par les cheveux, je l'arrêtai. Je lui dis : *Je te tiens, brigand!* Il fit tant d'efforts, que deux poignées de cheveux me restèrent dans les mains. Cinq ou six gardes étant venus se jeter sur lui, je le leur abandonnai. Je n'ai pas fait attention à ce qu'a dit cet homme. J'ai vu à cinq ou six pas de l'endroit où je l'ai arrêté deux pistolets qui ont été ramassés par mon camarade *Javal.*

Je n'ai pas entendu un seul mauvais cri; on criait : *Vive le Roi! vive le Duc d'Aumale!*

HEUDIER (*Pierre-Julien*), âgé de 42 ans, maréchal des logis au 3ᵉ escadron de la garde municipale, caserné aux Célestins.

(Entendu, le 13 septembre 1841, par M. Laumond, Commissaire de police.)

J'étais derrière le cheval du lieutenant-colonel du 17ᵉ léger, lorsqu'un coup de feu est parti d'un groupe à gauche du faubourg, devant la rue Traversière, et a démonté le susdit lieutenant-colonel. Aussitôt je me suis dirigé vers un homme qui est celui arrêté, et que déjà tenaient des bourgeois. Je l'ai saisi moi-même à la gauche, un sergent de ville à la droite, au moment où il allait se sauver des mains d'un ouvrier marbrier, le sieur *Riandé*, qui le tenait par derrière. Aussitôt le brigadier *Sauvage*, du 2ᵉ escadron de mon arme, ainsi que le garde fourrier du 3ᵉ escadron, m'ont aidé à l'emmener en le portant jusqu'au poste Saint-Antoine.

Rue de Lappe, il a dit : *Tuez-moi, je suis coupable!* du moins le brigadier *Sauvage* me l'a dit. Le bruit m'aura empêché peut-être d'entendre.

En route, le brigadier *Rivière*, de mon arme, a trouvé sur lui une petite baguette de jonc; il me l'a montrée, et c'est celle que je vous représente.

L'homme arrêté est celui à qui vous m'avez déjà représenté.

Autre DÉPOSITION du même témoin.

(Reçue, le 21 septembre 1841, par M. Boulloche, Juge d'instruction délégué.)

Le lundi, 13 de ce mois, lors de l'entrée du 17ᵉ régiment dans Paris, j'ai reçu, ainsi que quelques gardes municipaux tant à pied qu'à cheval, l'ordre de me tenir à peu de distance des Princes et officiers généraux qui marchaient à la tête du régiment. Il nous était recommandé d'empêcher les curieux d'approcher de trop près les Princes et les officiers généraux, ce qui aurait gêné leur marche.

M. le Duc d'AUMALE était à la tête de son régiment. MM. les Ducs d'ORLÉANS et de NEMOURS étaient à ses côtés, mais un peu en arrière; le lieutenant-colonel Levaillant était à la gauche du Duc d'AUMALE, séparé de lui par un autre Prince. La colonne marchait dans cet ordre, lorsque, arrivée sur le coin de la rue Traversière, un coup de feu est parti à ma gauche, derrière une voiture de blanchisseur qui stationnait en cet endroit et qui était placée obliquement; la tête du cheval attelé à cette voiture était dirigée vers le trottoir, et le derrière de la voiture avançait sur la chaussée. Je me suis précipitamment porté sur ce point; je voyais la fumée produite par le coup qui venait d'être tiré. La voiture m'empêchait d'apercevoir l'auteur de l'attentat, et je n'ai pu le joindre qu'après avoir tourné deux fois à gauche de cette voiture. Un ouvrier, dont je ne sais pas le nom, s'était déjà emparé de lui; je l'ai saisi par l'épaule, et, plusieurs de mes camarades étant arrivés presque immédiatement, nous avons pu, malgré sa résistance et les efforts de plusieurs autres individus qui voulaient nous faire lâcher prise, nous emparer de lui.

Dans le nombre des individus qui entouraient l'inculpé, et qui sans doute voulaient le dégager de nos mains, j'ai remarqué un homme qui m'a paru être un ouvrier, blond, la tête nue, n'ayant pas de cravate et vêtu d'une blouse ou d'un bourgeron bleu; la couleur en avait été fort altérée par le lavage : ce même homme avait quelque chose de remarquable au côté gauche de la figure, soit sur le coin de l'œil, soit sur le côté du nez; s'il m'était représenté, il serait possible que je le reconnusse. Son attitude m'a paru tellement extraordinaire, que, si dans ce moment j'avais eu plus de camarades avec moi, je l'aurais fait arrêter.

Dans le trajet de la rue Traversière au poste, l'inculpé a dit à plusieurs reprises : « Tuez-moi! tuez-moi! du moins je ne serai pas esclave. » Je ne lui ai point entendu dire qu'il était coupable.

Je n'ai pas vu d'armes à terre; ce n'est pas moi qui les ai ramassées. Je n'ai entendu parler de cette circonstance qu'à mon arrivée au corps de garde dans lequel j'avais conduit l'inculpé.

Autre Déposition du même témoin.

(Reçue, le 6 octobre 1841, par M. Boulloche, Juge d'instruction délégué, et confrontation avec l'inculpé *Jarrasse*.)

Je persiste dans la déclaration que j'ai faite devant vous le 21 septembre dernier. Ainsi que je l'ai dit alors, je pense que si l'homme dont j'ai parlé, et qui m'a paru avoir quelque chose d'extraordinaire à la figure, m'était représenté, je pourrais le reconnaître.

Dans ce moment, étant descendu à la Conciergerie avec le témoin et le greffier, nous avons fait amener le nommé *Jarrasse*, auquel le signalement donné paraissait pouvoir s'appliquer; le témoin, après l'avoir examiné, a dit :

« Cet homme a bien la même taille, la même barbe, les même cheveux « que celui que j'ai vu et dont j'ai parlé; mais je ne retrouve pas en lui la « même expression, ni le signe que j'ai remarqué, soit de l'œil, soit près du « nez. Je suis certain que ce n'est pas lui. »

Le signalement donné par le témoin paraissant ne devoir s'appliquer à aucun des autres détenus, nous n'avons pas jugé utile de les lui représenter.

PELLISSIER (*Régulus*), âgé de 48 ans, lieutenant de la garde muni-cipale, caserné aux Célestins.

(Entendu, le 21 septembre 1841, devant M. Boulloche, Juge d'instruction délégué.)

Le lundi 13 septembre, j'avais reçu l'ordre de me rendre à la barrière du Trône, avec un détachement de 50 hommes, que j'ai répartis de ma-nière à ce qu'ils pussent flanquer le 17e léger, depuis la barrière du Trône jusqu'à la rue de Reuilly, et d'empêcher, par ce moyen, les obstacles que la colonne pouvait rencontrer dans sa marche. J'avais recommandé au ma-réchal des logis *Heudier* de se tenir toujours à la gauche des Princes.

Quant à moi, je marchais à cinquante pas environ derrière leurs Al-tesses.

Arrivé au coin de la rue Traversière, j'ai entendu une très-forte déto-nation. Je me suis porté en toute hâte sur le côté gauche de la rue; j'y ai trouvé mon maréchal des logis *Heudier*, qui venait d'arrêter, près d'une voi-ture de blanchisseuse, l'homme qui, disait-on, avait tiré sur le Duc d'Au-MALE. J'ai fait conduire l'inculpé au poste de la Bastille; et là, après l'avoir déshabillé, on a trouvé en sa possession la petite baguette de jonc que vous me représentez, et que je reconnais. Aux diverses interpellations qui lui ont été adressées en ma présence, il a toujours répondu qu'il ne savait pas ce qu'on lui disait.

RIVIÈRE (*Jean-Baptiste*), âgé de 38 ans, brigadier au 3ᵉ escadron de la garde municipale, caserné aux Célestins.

(Entendu, le 13 septembre 1841, par M Laumond, Commissaire de police.)

J'étais placé entre le peloton du 17ᵉ léger, derrière les chevaux des Princes, lorsque vers midi, rue du Faubourg-Saint-Antoine, un coup de feu est parti d'un groupe de personnes placées devant le Vampire et une voiture à quatre roues, au coin de la rue Traversière.

Je me dirigeai vers l'endroit d'où partait le feu, et je saisis l'individu arrêté, et que déjà tenaient des bourgeois.

Je le tenais de la main gauche, et de la main droite je le fouillai, et je trouvai dans la poche de son pantalon, du côté droit, une petite baguette de jonc qui est celle que je vous ai déposée, et dont l'un des bouts est noirci de poudre. Je saisis aussi un livret en blanc.

Cet homme disait : *Tuez-moi ! Je suis un malheureux; j'aime mieux mourir que d'être esclave.*

Autre DÉPOSITION du même témoin.

(Reçue, le 21 septembre 1841, par M. Boulloche, Juge d'instruction délégué.)

J'étais de service le lundi 13 de ce mois, lors de l'entrée à Paris du 17ᵉ léger. Je marchais derrière les chevaux des Princes, lorsque, arrivé au coin de la rue Traversière, j'ai entendu la détonation d'une arme à feu; le coup était parti du milieu d'un groupe d'individus placés entre le magasin du Vampire et une voiture qui stationnait à cet endroit. Je me suis aussitôt dirigé de ce côté. Mon maréchal des logis m'avait précédé de quelques pas. L'homme qui venait de tirer était déjà saisi par plusieurs bourgeois. Lorsque nous nous sommes emparés de lui, il a dit : *Je suis un malheureux, tuez-moi; j'aime mieux mourir que d'être esclave.* À l'instant même je l'ai fouillé, et j'ai trouvé dans l'une de ses poches la petite baguette en jonc que vous me représentez, et que je reconnais. Elle était noircie à l'une des extrémités, et j'ai pensé que c'était par de la poudre.

Entièrement occupé de mon prisonnier, je n'ai pas vu ce qui s'est passé autour de moi. Ce n'est point en ma présence que les armes ont été trouvées à terre. L'inculpé n'a fait devant moi aucune espèce d'av

Sauclière (*Louis-Charles-Eugène*), âgé de 40 ans, lieutenant de la garde municipale, 15e compagnie, caserné rue des Tournelles.

(Entendu, le 13 septembre 1841, par M. Laumond, Commissaire de police.)

Le 17e léger arrivait à la hauteur de la rue Traversière, les Princes se trouvant juste vis-à-vis de ladite rue, un coup de feu partit du coin de ladite rue et du faubourg. Placé à côté des Princes, j'ai entendu d'abord le coup; j'ai aperçu la fumée et j'ai vu tomber le lieutenant-colonel du 17e léger dont le cheval venait d'être blessé. Je me suis aussitôt précipité du côté d'où le coup était parti, et je trouvai l'individu arrêté, tenu par des bourgeois, un sous-officier et plusieurs gardes de mon arme. Après lui avoir reproché son action, et qu'il m'eût répondu : *Oui, c'est moi; ce serait à refaire, je recommencerais*, je l'ai entraîné au milieu de l'escorte dans l'intérêt de sa sûreté personnelle; car les habitants, ouvriers et bourgeois, étaient dans une exaltation difficile à décrire et voulaient le tuer.

Chemin faisant, il nous suppliait de le tuer.

Autre déposition du même témoin.

(Reçue, le 21 septembre 1841, par M. Perrin, Juge d'instruction délégué.)

Le lundi 13 de ce mois, je fus commandé vers neuf heures du matin pour me rendre à la barrière du Trône, afin de faciliter l'entrée du 17e régiment léger, et de lui assurer un passage au milieu de la foule. J'arrivai à onze heures du matin à la barrière du Trône, avec 72 hommes sous mes ordres, et je les échelonnai, conformément aux ordres que j'avais reçus, entre la barrière du Trône et la Bastille. Je me tins avec une réserve de 12 hommes à la barrière. Le régiment arriva vers midi; je laissai passer la tête de colonne, et, à l'arrivée des Princes, je me plaçai devant eux avec mes hommes pour repousser la foule qui tendait à refermer le passage; il y avait tant de monde, et la masse était si compacte, qu'un gant, je crois, ne serait pas tombé à terre. Derrière moi se trouvait le Duc d'Aumale, ayant à sa droite le Duc d'Orléans, à côté duquel se trouvait le général *Pajol*, et à sa gauche le Duc de Nemours, à côté duquel était le lieutenant-colonel *Levaillant* qui se tenait en arrière d'une demi-longueur de cheval, en sorte que la tête de son cheval couvrait le flanc gauche de M. le Duc de Nemours.

Le cortége marcha dans l'ordre que je viens d'indiquer, et tout se passa bien jusqu'à la rue Traversière. L'enthousiasme était général; pas un seul cri séditieux ne fut poussé; et, loin de là, l'exaltation en faveur des Princes était vraiment extraordinaire; j'ai vu des hommes du peuple s'approcher d'eux en disant: *Qu'ils sont beaux !* L'un de ces hommes, que je fus obligé de repousser dans les rangs, cria: Vive le Duc de JOINVILLE! Quelqu'un lui dit: Tu te trompes; c'est le Duc d'AUMALE. Il répondit: *C'est égal, ils sont aussi bons les uns que les autres.*

Lorsque le cortége arriva à la hauteur de la rue Traversière, j'aperçus auprès de cette rue une diligence de banlieue qui était nécessairement arrêtée et resserrait le passage; j'étais occupé à refouler le monde en cet endroit, lorsque j'entendis une forte détonation d'arme à feu tirée à ma gauche, et à trois pas de moi environ. Mon premier mouvement a été de regarder les Princes; j'ai vu qu'ils étaient sains et saufs; mais au même instant je vis tomber le cheval du lieutenant-colonel *Levaillant.* Aussitôt je me précipitai avec mes gardes sur l'endroit d'où l'explosion était partie, et où l'on voyait encore la fumée. Notre mouvement ouvrit instantanément la foule, et je vis le nommé *Papart* se débattant contre deux ouvriers qui s'étaient saisis de lui; nous nous emparâmes aussitôt de lui, et, en le prenant au collet, je lui dis: *Misérable! tu n'as pas craint de tirer sur les Princes?* Il répondit: *Oui, c'est moi, et je suis fâché de les avoir manqués.* J'ai dit aux personnes qui m'entouraient: *Vous l'entendez!* Et alors il ajouta: *Ce serait à refaire que je recommencerais.* Il y avait tant d'exaspération contre lui, que le peuple voulait le tuer; je fus obligé de faire mettre sabre à la main pour le protéger contre l'effervescence populaire. Le cri de: *Vive le Roi! Vivent les Princes!* était général. Cet homme ne voulant pas marcher, et opposant la résistance la plus vigoureuse, en appelant la mort à grands cris, je fus obligé de le faire porter. Dans le trajet, il répétait sans cesse: *Tuez-moi, tuez-moi; je ne veux pas vivre esclave!* Au milieu de la rue Louis-Philippe, il demanda à marcher, et on l'a remis sur ses pieds; il marcha ensuite assez tranquillement jusqu'au poste, où, sur l'ordre de mon colonel, il fut fouillé. On retira de sa poche une baguette de jonc de 8 à 10 pouces de longueur. M. le Procureur du Roi arriva, et commença l'instruction: ce magistrat me chargea bientôt de faire conduire *Papart* à son domicile, rue de Popincourt, n° 58. Je le fis placer dans un fiacre, avec des gardes et des sergents de ville, et ce fut en vain qu'il essaya de s'évader par la portière. Dans le trajet, il opposa la plus vigoureuse résistance, et je fus obligé de lui faire lier les mains.

Au moment où je me suis emparé de *Papart,* après l'explosion, j'ai recommandé à mes gardes de rechercher avec soin les armes, et je n'en vis ramasser aucune, parce que je ne m'occupais que de l'arrestation; mais j'ai su plus tard qu'un garde à cheval avait ramassé deux pistolets, une veste, un sac d'argent, etc.

Mon opinion bien arrêtée est que la tête du cheval du lieutenant-colonel *Levaillant* a préservé, non pas le Duc d'AUMALE, qui ne pouvait être que difficilement atteint, mais bien le Duc de NEMOURS. Comme les Princes marchaient de front, et que le coup a été tiré directement sur le flanc gauche, M. le Duc de NEMOURS couvrait ses deux frères.

Le cheval du général *Schneider*, qui était placé en arrière des Princes, a été blessé, et je ne saurais dire comment cela a pu se faire : il y a lieu de croire cependant que la balle a fait un ricochet en frappant sur l'os frontal du cheval du lieutenant-colonel, et qu'elle est passée derrière les Princes.

ÉLOPHE (*Charles-François*), âgé de 26 ans, garde à cheval au 2ᵉ escadron de la garde municipale, caserné aux Célestins.

(Entendu, le 13 septembre 1841, par M. Laumond, Commissaire de police.)

J'étais à la gauche et à la tête du cheval du lieutenant-colonel du 17ᵉ léger, lorsque, arrivé devant la rue Traversière, un coup de feu est parti; une balle a sifflé devant ma figure, et le cheval du lieutenant-colonel du 17ᵉ léger est tombé avec son cavalier; le sang du cheval a éclaboussé ma buffleterie et la manche gauche de mon habit.

Le lieutenant-colonel s'est relevé, a remonté sur son cheval, et sous lui j'ai ramassé un fourreau d'épée d'officier, que je crois être le sien.

J'ai couru au secours des bourgeois et des gardes municipaux pour arrêter l'assassin, que j'ai porté avec eux jusqu'au poste de la Bastille.

Cet homme a dit en route : *Tuez-moi! je suis le coupable.*

Autre DÉPOSITION du même témoin.

(Reçue, le 28 septembre 1841, par M. Bouïloche, Juge d'instruction délégué.)

Lundi, 13 de ce mois, j'étais de service, et commandé de piquet pour empêcher que l'état-major et le 17ᵉ léger ne soient gênés dans leur marche; j'étais à la gauche et à la tête du cheval du lieutenant-colonel Levaillant, lorsqu'arrivé au coin de la rue Traversière-Saint-Antoine, un coup de feu est parti; la balle a sifflé devant ma figure, et est venue frapper la tête du cheval du lieutenant-colonel. M. le Duc d'AUMALE marchait très-peu en avant de MM. les Ducs d'ORLÉANS et de NEMOURS. Dans ma pensée, c'est sur le Duc d'AUMALE qu'on a tiré. L'auteur de cet attentat était sur le trottoir à gauche, à l'extrémité d'une voiture qui stationnait dans cet endroit.

Après m'être assuré que le lieutenant-colonel n'avait point été atteint, je me suis joint à mes camarades pour arrêter le coupable ; il a plusieurs fois répété : *Tuez-moi! tuez-moi! Je suis le coupable; ne me faites pas souffrir.* Je n'ai remarqué aucun des individus qui étaient auprès de l'inculpé au moment de l'attentat.

SIGNOL (*Louis-Joseph*) âgé de 35 ans, sergent de ville, demeurant à Paris, à la Préfecture de police.

(Entendu, le 13 septembre 1841, par M. Laumond, Commissaire de police.)

J'étais de service au coin de la rue Traversière, afin d'empêcher les voitures d'entrer dans la rue du Faubourg-Saint-Antoine. Deux voitures, l'une de blanchisseur et l'autre tapissière, se sont présentées pour monter le faubourg au moment de l'arrivée du 17ᵉ léger; je les ai fait entrer rue Traversière, et, au moment où le cortége passait, je regardais le Duc d'AUMALE. Aussitôt un coup d'arme à feu s'est fait entendre : j'ai vu tomber un cheval, et, m'étant retourné, j'ai vu devant la boutique du *Vampire* un homme en tablier de cuir qui luttait avec un autre homme en bourgeron, et ce dernier s'échappait de ses mains. J'ai crié au secours, j'ai saisi ce dernier par le bras droit; voyant qu'il cherchait à mettre les mains dans ses poches, j'ai encore appelé à mon aide; un maréchal des logis de la garde municipale l'a saisi par le bras gauche; nous nous sommes tiraillés tous ensemble une ou deux minutes, et enfin, comme nous le portions au poste de la Bastille, il a crié plusieurs fois : *C'est moi, tuez-moi!*

Autre DÉPOSITION du même témoin.

(Reçue, le 2 octobre 1841, par M. Perrin, Juge d'instruction délégué.)

Le 13 septembre dernier, j'ai reçu l'ordre de me rendre dans le faubourg Saint-Antoine pour faciliter la circulation, lors de l'entrée du 17ᵉ léger. On m'avait assigné le coin de la rue Traversière, et je devais, d'après ma consigne, faire entrer dans cette rue toutes les voitures que je verrais circuler dans le faubourg. A l'approche du régiment, je fis entrer dans cette rue Traversière les deux seules voitures qui se trouvassent dans mon quartier; l'une était un coucou des environs de Paris, et l'autre une tapissière destinée au transport des meubles. Cette dernière voiture fit un peu de résistance parce que le cocher se disait très-pressé, et, au lieu d'avancer dans la rue Traversière, il s'y plaça obliquement, de manière à ne point gêner la circulation dans le faubourg.

Les sapeurs du 17ᵉ régiment passèrent aussitôt à la tête de la colonne, et les cris de *vive le 17e!* se firent entendre. Voyant que le public se pressait pour apercevoir le Prince de plus près, je refoulai le monde sur le trottoir du magasin du *Vampire;* en ce moment les Princes se trouvaient à la hauteur de la rue Traversière, et l'on criait : *Vive le Prince! vive le 17e!* J'entendis un seul cri de : *A bas le Prince!* et en même temps un coup d'arme à feu partit. Je me retournai pour chercher l'individu qui avait fait cette décharge derrière moi, et à deux pieds de distance tout au plus, car les oreilles m'en sifflaient. Je vis qu'il était déjà saisi par un marbrier; et, comme il cherchait à s'échapper, je l'empoignai par les cheveux : ayant vu qu'il essayait de mettre les mains dans ses poches, et craignant qu'il n'eût d'autres armes que celle dont il s'était servi, et que je n'ai point vue, j'appelai la garde municipale à mon secours, et l'on parvint à le contenir. Le public se mit à crier : *Vive le Roi! vivent les Princes! Mort à l'assassin!* On voulait nous arracher cet homme pour le mettre en pièces, et l'on eut beaucoup de peine à le protéger jusqu'au poste où on le porta. Chemin faisant, il disait : *Je suis donc porté en triomphe.* Il avait dit auparavant : *C'est moi, tuez-moi!* Il a dit aussi, mais je ne me rappelle pas dans quel moment : *C'est moi; je ne m'en repens pas : si c'était à refaire, je le ferais encore.*

Je n'ai remarqué aucun des individus qui se trouvaient auprès de *Quenisset,* soit avant, soit après son arrestation. Je ne l'avais pas même remarqué lui-même ; il me serait impossible de reconnaître personne.

Lorsqu'il s'est agi de conduire *Quenisset* du poste à son domicile pour y faire perquisition, je suis monté dans la voiture avec mon camarade *Camusat* et deux gardes à pied : ayant remarqué que *Quenisset* promenait ses regards sur la foule par la portière, j'ai fait mettre un garde devant la portière ; alors il se débattit et voulut essayer de passer par le carreau, mais j'avais des cordes sur moi et je lui ai attaché de suite les mains. Je n'ai vu personne dans la foule lui faire signe de sauter par la portière ; aucune des personnes qui étaient dans la voiture avec moi n'a pu faire non plus cette remarque, car nous avions tous assez de besogne après lui sans pouvoir nous occuper de ce qui se passait hors de la voiture.

FOURNIER (*Constant*), âgé de 25 ans, garde à cheval au 3e escadron, casérné aux Célestins.

(Entendu, le 21 septembre 1841, par M. Perrin, Juge d'instruction délégué.)

J'étais de service sous les ordres du lieutenant *Sauclière,* lorsque le 17e régiment est entré par le faubourg Saint-Antoine. J'avais été placé en avant des Princes, et je me trouvais à la tête du cheval du lieutenant-colonel *Levaillant.* Ce dernier, qui se trouvait serré par la foule, me fit prendre le côté, et je me plaçais à côté de lui au moment où un coup de feu fut tiré auprès de moi; je ne vis pas dans le premier moment l'homme qui avait tiré ce coup de feu : le cheval du lieutenant-colonel tomba sur ses genoux. Je me précipitai à l'instant sur l'individu, qui était déjà saisi par les bourgeois; mes camarades et moi nous fûmes obligés de le défendre, parce qu'il aurait été tué par les personnes qui se jetaient sur lui. J'ai entendu qu'il disait : *Si c'est moi, tuez-moi, assassinez-moi, faites ce que vous voudrez de moi!* Je n'ai pas vu le pistolet sur le lieu. Cet homme ne voulant pas marcher, on fut obligé de l'emporter.

Je n'ai entendu aucun cri contre les Princes; tout le monde criait : Vive le Roi, vive le Duc d'AumALE!

TISSERAND (*Émile*), âgé de 43 ans, capitaine adjudant-major de la garde municipale, caserné quai de l'Horloge, n° 43.

(Entendu, le 21 septembre 1841, par M. Boulloche, Juge d'instruction délégué.)

Le lundi 13, j'ai reçu ordre d'accompagner, en qualité d'adjudant-major, le colonel de la garde municipale. Nous sommes allés ensemble à la barrière du Trône avec l'état-major général. A l'approche du régiment, l'immense population qui s'était portée à la barrière du Trône a manifesté sa satisfaction par le plus grand enthousiasme. La colonne s'est immédiatement mise en marche. L'état-major général était en avant; Monseigneur le Duc d'AumALE était à la tête de son régiment; à côté de lui étaient des officiers généraux, je ne sais pas lesquels. Je crois que MM. les Ducs d'ORLÉANS et de NEMOURS étaient sur le même plan. Nous marchions, mon colonel et moi, dans l'espace qui existait entre l'état-major et les Princes, à environ vingt pas l'un de l'autre.

Arrivés au coin de la rue Traversière, nous avons entendu une très-forte détonation. Nous étant brusquement retournés, nous avons aperçu, près d'une voiture qui stationnait contre le trottoir de gauche, en venant de la barrière, une mêlée, au milieu de laquelle était une grande confusion. Nous nous y sommes portés en toute hâte : on venait d'arrêter un homme qui avait tiré un coup de pistolet sur les Princes. Il opposait la plus grande résistance, il se débattait de tous les membres. Étant parvenu à dégager la foule, on s'est emparé de lui, et, sur son refus de marcher, on l'a porté jusque dans la rue de Lappe. Arrivé au corps de garde, on a trouvé en sa possession la baguette de jonc que vous me représentez et que je reconnais parfaitement.

Interpellé en ma présence sur l'attentat qui lui était imputé, il n'a opposé que des dénégations. Je sais, mais je n'ai pas entendu ce propos, que

le lieutenant *Sauclière* ayant reproché à l'inculpé le crime dont il venait de
se rendre coupable sur la personne du Duc d'AUMALE, celui-ci a répondu :
Qu'il n'avait qu'un regret, c'était de l'avoir manqué.

Je n'ai pas vu les pistolets; je sais qu'ils ont été ramassés, sur le lieu
même de l'attentat, par le garde municipal *Javal.*

CARRELET (*Gilbert-Alexandre*), âgé de 53 ans, colonel de la garde
    municipale de Paris, demeurant hôtel Lamoignon, quai de
    l'Horloge.

(Entendu, le 21 septembre 1841, par M. Boulloche, Juge d'instruction délégué.)

Le lundi 13 de ce mois, à onze heures du matin, je me suis rendu
chez M. le général *Pajol*, pour aller avec lui et plusieurs autres officiers
généraux au-devant de Monseigneur le Duc d'AUMALE, qui devait entrer
dans Paris à la tête de son régiment, le 17ᵉ d'infanterie légère.

Arrivés à la barrière du Trône à midi moins quelques minutes, nous
n'avons pas tardé à voir arriver le régiment, et aussitôt M. le Duc d'ORLÉANS
s'est approché de l'état-major, a dit aux officiers généraux qui en faisaient
partie d'aller en avant, pour, a dit S. A. R., ne pas couvrir son frère.
Le général *Darriule* s'est en effet porté en avant avec tout l'état-major
général; les lieutenants généraux *Pajol* et *Schneider* sont seuls restés avec
les Princes. Le régiment s'est immédiatement mis en marche dans l'ordre
suivant : l'état-major général en avant; venaient ensuite les sapeurs, les
tambours et la musique du régiment. En tête du régiment, Monseigneur
le Duc d'AUMALE, colonel, ayant à sa droite le général *Pajol*, à sa gauche
M. *Levaillant*, son lieutenant-colonel, et le général *Schneider*. Je crois que
MM. les Ducs d'ORLÉANS et de NEMOURS étaient à la droite et à la gauche
de M. le Duc d'AUMALE, un peu en arrière de sa personne. C'est dans cet
ordre que marchait la colonne en passant à la barrière du Trône. A son
entrée dans Paris, une immense population, qui était réunie sur ce point,
a témoigné le plus grand enthousiasme. De toutes parts, on a entendu
les cris de *Vive le Roi ! vive le Duc d'Aumale ! vivent les Princes ! vive le*
17ᵉ régiment !

C'est au milieu de ces cris que nous continuions notre marche, lorsque,
arrivés sur le coin de la rue Traversière (j'étais alors à vingt pas en avant
du régiment, accompagné de mon adjudant-major et de deux gardes, et
à environ vingt pas en arrière de l'état-major général), nous avons entendu une forte détonation. Je me suis brusquement retourné, et j'ai
aperçu à la gauche de la colonne, et à la hauteur du Prince, une mêlée au
milieu de laquelle j'ai reconnu plusieurs de mes gardes. Je me suis pré-

cipitamment porté sur ce point, et j'y ai vu un homme arrêté par des gardes municipaux et des bourgeois, pour avoir tiré un coup de pistolet sur les Princes. Il se débattait, donnait de tous côtés les coups les plus terribles. J'ai alors ordonné à mes gardes de l'emporter et de me suivre : c'est ce qui a été exécuté.

Ayant fait conduire cet homme au poste Saint-Antoine, il a été entièrement déshabillé : il n'a été trouvé sur lui qu'une petite baguette en jonc, noircie à ses deux extrémités, et qui m'a paru avoir servi à bourrer des pistolets.

Interpellé sur cette possession, il a prétendu que cette baguette ne lui appartenait pas ; il a également soutenu qu'il n'était pas l'auteur de l'attentat qui lui était reproché, et cependant plusieurs de mes gardes l'avaient entendu s'écrier au moment de son arrestation : *C'est moi ; tuez-moi plutôt que de me faire souffrir en prison !* Deux pistolets, et notamment celui dont il venait d'être fait usage, avaient été trouvés à terre et aux pieds de l'inculpé, immédiatement après l'attentat dont il s'était rendu coupable ; et ils avaient été ramassés par un de mes gardes nommé *Javal*.

M. le commissaire de police étant survenu, je lui ai livré l'inculpé.

Au moment du coup de feu tiré par l'inculpé, je n'avais entendu aucun cri d'aucune nature. Je m'étais placé, ainsi que je l'ai indiqué, pour, dans le cas où des malveillants voudraient troubler une aussi belle fête, les bien voir et les faire immédiatement arrêter.

Je reconnais la petite baguette de jonc que vous me représentez ; c'est bien celle qui a été trouvée en la possession de l'inculpé lorsqu'il a été amené au corps de garde, et qui m'a paru avoir servi à bourrer les pistolets. Je consens à signer et parapher l'étiquette apposée.

§ 3.

DÉPOSITIONS DES AUTRES TÉMOINS DE L'ATTENTAT.

Schneider (*Antoine-Gille*), âgé de 62 ans, lieutenant général,
demeurant à Paris, rue de Lille, n° 55.

(Entendu, le 27 septembre 1841, par M. Perrin, Juge d'instruction délégué.)

Le lundi 13 de ce mois, jour de l'entrée du 17ᵉ régiment, je me rendis à la barrière du Trône pour recevoir et escorter les Princes. A leur arrivée, le général *Darriule* fut détaché avec tous les officiers généraux supérieurs pour ouvrir la marche du cortége. M. le général *Pajol* et moi, nous restâmes pour accompagner les Princes : il se plaça à leur droite et moi à leur gauche. M. le Duc d'Aumale était au centre, ayant à sa droite M. le

Duc d'ORLÉANS et à sa gauche M. le Duc de NEMOURS, près duquel je me trouvais. Nous marchâmes ainsi tous cinq sur une seule ligne; mais M. le Duc d'AUMALE était en avant de la longueur de la tête de son cheval. Un peu en arrière de moi, et à ma gauche, marchait M. le lieutenant-colonel *Levaillant,* et la tête de son cheval se trouvait à la hauteur de mon corps. Il est si vrai que j'étais placé comme je viens de le dire, que, pendant toute la marche, mon genou a touché celui de M. le Duc de NEMOURS.

Lorsque le cortége arriva à la hauteur de la rue Traversière, j'entendis à ma gauche et très-près de moi un coup d'arme à feu. Ayant tourné aussitôt la tête, je vis le cheval du lieutenant-colonel se cabrer et se renverser sur son cavalier. Ce cheval avait la tête traversée par le coup de feu. Le lieutenant-colonel n'était point blessé et en monta sur-le-champ un autre. Mon attention se trouvant absorbée entièrement par cet événement, je ne m'occupai de rien autre chose, et ne vis point l'assassin. Je n'entendis non plus aucun des cris qui purent être poussés en ce moment. Après avoir été interrompu pendant deux ou trois minutes, le cortége continua sa marche, et c'est alors seulement que quelqu'un me fit remarquer que mon cheval était blessé. Je vis qu'en effet la balle lui avait traversé la partie supérieure de l'épaule gauche et s'était arrêtée sous la peau du côté opposé. J'ai changé immédiatement de cheval, et j'ai repris ma place dans le cortége, qui a continué sa marche sans aucun autre événement. Plusieurs cris de *Vive le Duc d'Aumale !* se firent entendre, et je dus croire que la masse éprouvait un sentiment de réprobation pour un tel crime. Je dois dire d'ailleurs que je n'ai entendu aucuns cris séditieux.

Mon opinion est que le coup de feu a été tiré perpendiculairement à l'axe de mon cheval, et cela m'a mené à penser qu'il y avait deux balles dans le pistolet; car, sans cela, je ne puis point m'expliquer la blessure du cheval du lieutenant colonel, placé en arrière de moi. Je ne voyais point la tête de ce cheval; et certes, si elle avait été à la hauteur de l'épaule du mien, je l'aurais aperçue.

Il est indubitable pour moi que le coup était dirigé sur le groupe des Princes, et si le meurtrier eût tiré un peu plus haut, il eût très-probablement atteint le Duc d'AUMALE, dont le corps se trouvait à la hauteur de la tête de mon cheval.

Je reconnais ici la balle qui a été extraite du col de mon cheval le lendemain de l'événement; je reconnais aussi la bride que portait ce cheval et dont une des rênes a été traversée par la balle.

Levaillant (*Charles*), âgé de 45 ans, lieutenant-colonel au 17ᶜ régiment d'infanterie légère, caserné à Courbevoie.

(Entendu, le 28 septembre 1841, par M. Perrin, Juge d'instruction délégué.)

Comme lieutenant-colonel du 17ᵉ régiment léger, je me trouvais à sa tête et à la gauche de M. le Duc d'Aumale, lors de son entrée dans Paris. L'état-major de la place nous attendait à la barrière du Trône : là, M. le Duc d'Orléans se plaça à la droite de M. le Duc d'Aumale, et M. le Duc de Nemours à sa gauche ; à la droite du Duc d'Orléans se plaça, je crois, le général *Pajol*, et à la gauche du Duc de Nemours était le général *Schneider*, à la gauche duquel je me plaçai, un peu en arrière, par déférence. M. le Duc d'Aumale dépassait un peu la ligne, en avant de laquelle se trouvaient plusieurs officiers d'état-major.

Le cortége ainsi disposé s'avança dans le faubourg Saint-Antoine, au milieu d'une population nombreuse et parmi laquelle régnait le plus grand enthousiasme. Les cris de *Vive le Roi ! vive le duc d'Aumale ! vivent les Princes ! vive le 17ᵉ régiment !* retentissaient de tous côtés ; à chaque instant on se pressait sur moi en me disant : Nous voulons voir le Prince, et je n'étais occupé qu'à indiquer le Duc d'Aumale. J'avais une peine infinie à gouverner mon cheval, et je craignais continuellement d'écraser quelqu'un. Je venais de dire au général *Schneider* qu'il serait fâcheux de blesser d'aussi braves gens, aussi avides de voir leurs Princes, lorsqu'à la hauteur de la rue Traversière un coup de feu partit à ma gauche, sans que j'eusse aperçu l'individu qui avait tiré ; mon cheval se cabra sur le coup et faillit se renverser sur moi, mais je lui rendis la main, et il s'abattit de suite sur le côté gauche. Un grand nombre de personnes se précipitèrent autour de moi et m'aidèrent à me relever ; c'est alors que je m'aperçus que mon cheval avait les deux yeux crevés. Comme je n'avais aucune blessure, je montai de suite le cheval de mon adjudant-major, et, comme le cortége continuait sa marche, je vis que le cheval du général *Schneider* était blessé aussi.

Je ne puis donner aucun renseignement sur ce qui s'est passé après l'explosion, parce que toute mon attention a été absorbée par ma position personnelle.

On dit qu'il y avait une charrette dans l'endroit d'où le coup est parti et un omnibus à l'entrée de la rue Traversière, mais je n'ai remarqué ni l'une ni l'autre de ces deux voitures.

Le coup de feu a été tiré dans une direction parfaitement horizontale, car la balle est entrée par l'œil gauche et est sortie par l'œil droit de mon cheval : il faut croire que cet animal avait en ce moment la tête à la hauteur de l'épaule de l'autre cheval blessé, ce qui s'explique facilement par les mouvements de tête continuels que fait un cheval fatigué par le mors.

Mon opinion est qu'il n'y avait qu'une seule balle dans le pistolet, mais cependant je ne pourrais pas l'affirmer. D'après la position des cavaliers, le coup a dû être tiré parfaitement dans la direction du Duc d'AUMALE, qui eût été infailliblement atteint si l'assassin eût tiré plus haut.

CHABAUD-LATOUR (baron de) (*François-Henry-Ernest*), âgé de 37 ans, chef de bataillon du génie, officier d'ordonnance de Mgr le Duc d'ORLÉANS.

(Déposition du 1er octobre 1841, devant M. Perrin, Juge d'instruction délégué; et confrontation avec tous les inculpés.)

Le 13 septembre dernier, je sortis de chez moi à huit heures et demie du matin, à cheval et en uniforme, pour aller rejoindre à Charenton Mgr le Duc d'ORLÉANS, qui m'avait donné l'ordre de me trouver sur ce point à neuf heures et demie pour l'accompagner à l'entrée du 17e régiment dans Paris. Je me rendais à la barrière de Bercy par la rue de Charenton, lorsqu'un homme du peuple me dit que le régiment était déjà à la barrière du Trône, et que je n'arriverais pas à temps; je n'attachai pas grande importance à ces paroles, et cependant, dans la crainte que l'heure de l'entrée des Princes n'eût été avancée, je détournai par la rue Traversière, afin de monter à la barrière du Trône par le faubourg Saint-Antoine. A mon passage dans la rue Traversière, je remarquai un mouvement assez considérable, quoiqu'il ne fût pas encore neuf heures, et je ne puis attribuer cela qu'à un sentiment de curiosité excité par la présence d'un officier en uniforme, ce qui pouvait faire présumer que le régiment ne tarderait pas à arriver.

Au moment où je tournais de la rue Traversière dans la rue du Faubourg-Saint-Antoine, un homme se détacha d'un groupe assez considérable qui s'était formé devant le magasin du Vampire et me demanda : *Le régiment passera-t-il par ici?* Le ton de cet homme ne me plut pas; je lui répondis : Le régiment passera par cette barrière ou par une barrière voisine. Cet homme me dit alors en s'éloignant et en jetant ces paroles comme une menace : *C'est que nous lui en préparons une de fête !* Je retournai à l'instant mon cheval de son côté, mais il disparut promptement au milieu du groupe dont il s'était détaché. Plusieurs enfants qui entouraient mon cheval parurent effrayés du ton de cet homme, et l'un d'eux s'écria : *Ah ! mon Dieu ! il est bien méchant!*

Ne pouvant ni rejoindre ni faire arrêter cet homme, et attachant ce pendant de la gravité au propos qu'il avait tenu, je me portai rapidement vers un sergent de ville qui stationnait à une vingtaine de pas de là, à droite de la rue; je lui racontai ce qui venait de se passer, et je lui donnai l'ordre d'en faire son rapport immédiat à qui de droit, en lui disant de recommander qu'on exerçât la surveillance la plus active sur les groupes au milieu desquels cet homme avait disparu. Je continuai rapidement ma route, et je rejoignis le cortége environ une demi-heure après, au moment où il se mettait en route au Port-à-l'Anglais.

Je me rapprochai du Prince royal, et je lui dis que je venais de parcourir les boulevards et les faubourgs, et que tout était parfaitement tranquille; que l'aspect de l'ensemble de la population me paraissait bienveillant et empressé; que cependant je croyais devoir lui faire part d'un incident qui me paraissait avoir de la gravité. Je lui racontai ce qui m'était arrivé au coin de la rue Traversière, en ajoutant que cela me paraissait annoncer quelque essai de trouble.

Je fis également part de cette circonstance à MM. le général *de Marbot*, *de Montguyon* et à M. le duc *d'Elchingen*.

Le cortége se mit en marche, et M. le Duc d'ORLÉANS donna ordre aux officiers de sa maison, dont je faisais partie, de se placer devant la musique du 17ᵉ régiment. Les Princes et les personnes qui avaient l'honneur de les accompagner se trouvaient entre cette musique et le régiment.

Arrivés à la hauteur de la rue Traversière, que je venais de dépasser, j'entendis une forte détonation d'arme à feu, à gauche en arrière de moi; je me portai aussitôt de toute la vitesse de mon cheval vers le groupe des Princes, et je vis un homme que j'ai su depuis se nommer *Qaenisset*, se débattant violemment au milieu d'un groupe de gardes municipaux, qui avaient beaucoup de peine à le contenir. J'examinai avec attention cet homme, pour m'assurer si c'était lui qui m'avait tenu le propos que j'ai rapporté plus haut, et il me fut facile de me convaincre qu'il n'y avait aucun rapport entre eux, ce dont je fis part à l'instant au Prince royal.

Au moment de l'explosion, je n'ai entendu aucun cri ni contre les Princes, ni en leur faveur; mais immédiatement après il y eut empressement unanime et passionné autour des Princes, que tout le peuple cherchait à aborder en criant: *Vive le Roi! vivent les Princes! A bas le misérable!*

Peut-être pourrais-je reconnaître l'individu qui m'a tenu le propos menaçant que j'ai rapporté: cependant j'en doute, parce que je n'ai que très-peu regardé cet homme, qui s'est échappé au moment où il attirait particulièrement mon attention: il m'a paru être de petite taille et avoir le visage maigre et pâle; il était vêtu d'une blouse bleue et coiffé d'une casquette.

À l'instant nous nous sommes transporté, avec le témoin, à la Conciergerie et au dépôt de la Préfecture de police, où étant, nous avons

fait comparaître successivement, à l'effet de les confronter avec led it témoin, tous les inculpés en état d'arrestation.

Le témoin a déclaré n'en reconnaître aucun.

MANTEL, dit l'ARSOUILLE (*Jean-Marie*), âgé de 42 ans, scieur de long,
      demeurant à Paris, rue Sainte-Marguerite, n° 8.

(Entendu, le 26 septembre 1841, par M. Boulloche, Juge d'instruction délégué.)

Je connais *Quenisset* dit *Papart* depuis environ un mois et demi; je n'ai
travaillé avec lui qu'un tiers de jour. Il a quitté le chantier pour aller boire,
et à son retour il m'a cherché une mauvaise querelle, parce que, disait-il,
je ne le payais pas assez vite : sans le secours de commissionnaires qui se
trouvaient là, j'aurais été l'objet de ses violences. A partir de ce moment,
je n'ai pas été envieux de me retrouver avec lui.

Le lundi 13 de ce mois, lorsqu'on a dit que le régiment arrivait, j'ai
aussitôt quitté mon chantier pour le voir; le hasard m'a placé sur le coin
de la rue Traversière, où stationnait une voiture près de *Papart:* j'étais
devant lui environ deux bons pas; plusieurs personnes étaient entre nous.
Je l'ai parfaitement reconnu, mais je ne lui ai pas parlé. Lorsqu'on a crié
vive le 17e de ligne ! il a répété ce même cri, en y ajoutant celui de : *A bas le
Duc d'Aumale!* Je ne sais pas s'il était soûl, mais il paraissait être bien en
colère; il criait comme un fou. Lorsque les Princes sont passés, il a tendu
le bras, et aussitôt il a fait feu sur eux. Je ne sais pas quel est celui qu'il a
ajusté, la fumée de son pistolet m'a abasourdi; le feu de l'amorce m'a même
piqué la figure : je me suis retourné aussitôt pour savoir d'où partait ce
coup; j'ai reconnu que c'était *Papart* qui avait tiré. Déjà des bourgeois
l'avaient saisi, et je l'ai moi-même empoigné par le pantalon.

Uniquement occupé de voir passer les Princes, je n'ai fait aucune espèce
d'attention aux personnes qui étaient auprès de *Papart* avant qu'il ne tirât;
je ne pourrais en reconnaître aucune; je n'ai vu personne lui parler.

Je connais le scieur de long *Boucheron;* je ne sais pas s'il était ou non
près de *Papart;* je ne l'ai pas vu. Deux ou trois heures après l'arrivée du
régiment, je l'ai vu à la porte de son chantier, en face la rue Saint-Nicolas;
il était avec le nommé *Cossard*, demeurant faubourg Saint-Antoine, en face
la rue Saint-Nicolas; ils causaient ensemble, je ne sais pas ce qu'ils disaient.

L'attentat a produit un tel effet sur la foule qui entourait *Papart*, que si
les gardes municipaux n'étaient pas survenus immédiatement, le peuple
l'aurait écharpé. Il y avait tant de monde dans cet endroit, que je n'ai pas
vu les pistolets.

Je ne sais pas si *Papart* et *Boucheron* appartenaient à des sociétés secrètes. Je connais le marchand de vin *Colombier*; mais je n'allais jamais chez lui; je ne connais pas les nommés *Martin, Fougeray, Just, Brazier, Prioul, Couturat, Mallet, Petit;* je n'ai jamais entendu parler d'eux; je ne sais pas s'ils fréquentaient les inculpés *Papart* et *Boucheron.*

Lorsqu'on s'est emparé de l'inculpé *Papart,* je n'ai pas entendu crier: *A moi les amis !* J'étais tellement troublé que je tremblais de tous mes membres.

Autre DÉPOSITION du même témoin.

(Reçue, le 1er octobre 1841 , par M. Boulloche, Juge d'instruction délégué);
Et confrontation avec les inculpés *Quenisset , Boucheron* et *autres.*

Le témoin ayant déclaré persister dans la déclaration qu'il a faite devant nous, le 26 septembre dernier, nous avons fait amener devant nous, à la Conciergerie, les inculpés dont les noms suivent, avec invitation au témoin de nous déclarer, sous la foi du serment, s'il les reconnaît, ou quelques-uns d'entre eux, pour les avoir vus sur le lieu de l'attentat du 13 septembre et y avoir pris une part quelconque.

1° *Quenisset (François).*

Le témoin a dit : Je connaissais *Quenisset* depuis plus ou moins de temps, six semaines environ. Le lundi, 13 septembre, jour de l'attentat, le hasard m'avait placé derrière lui dans la rue du Faubourg-Saint-Antoine, sur le coin de la rue Traversière, ainsi que je l'ai dit : c'est lui qui a tiré un coup de pistolet tout en criant: *Vive le 17°! à bas le Duc d'Aumale !* Je le reconnais parfaitement pour être l'auteur de cet attentat.

Quenisset a répondu: Le témoin ne dit que la vérité quand il déclare me reconnaître pour l'auteur de l'attentat, mais il se trompe lorsqu'il m'attribue le cri : *A bas le Duc d'Aumale !* Je savais bien qu'un Prince devait être à la tête du régiment, mais j'ignorais son nom; ce cri a bien pu être proféré, mais par d'autres que par moi. Il est possible qu'il m'ait entendu crier : *Vive la République !*

Le témoin persiste à soutenir qu'il a entendu l'inculpé *Quenisset* proférer le cri : *A bas le duc d'Aumale !*

L'inculpé *Quenisset* soutient qu'il n'a pas proféré ce cri.

2° *Boucheron (Jean-Marie).*

Le témoin *Mantel* a dit : Je reconnais *Boucheron;* nous étions cama-

rades depuis deux ou trois ans. J'affirme ne pas l'avoir vu à côté de
Quenisset au moment de l'attentat, je ne sais pas s'il y était ou nom : je
l'ai seulement aperçu, quelques heures après, en face la rue Saint-Nicolas,
causant avec son camarade *Lapreau*, sur le seuil de la porte du chantier
dans lequel ils travaillaient tous les deux.

Boucheron a répondu : Il est bien possible que, dans un pareil moment,
mon camarade *Mantel* ne m'ait pas vu puisque je ne l'ai pas vu non plus;
il est vrai que nous nous sommes rencontrés quelques heures après l'attentat, et qu'il m'a dit qu'il avait été piqué à la figure par la poudre du pistolet qu'avait tiré *Quenisset*.

3° *Brazier*, dit *Just*.

Le témoin *Mantel*, après avoir examiné l'inculpé a dit : Je ne connais
pas cet homme, je ne crois pas l'avoir jamais vu, soit avant, soit au moment de l'attentat du 13. Je ne sais pas s'il était ou non à côté de *Quenisset*, je ne l'ai pas remarqué.

4° *Colombier*.

Le témoin *Mantel* a dit : Je connais cet inculpé pour être quelquefois
allé boire chez lui; c'est le nommé *Colombier*. Je ne sais pas s'il a ou
non pris part à l'attentat du 13 septembre : je ne l'ai pas vu du tout
dans cette journée.

5° *Mallet*.

Le témoin *Mantel* a dit : Je ne connais pas l'inculpé *Mallet* que vous
me représentez, je ne l'ai jamais vu nulle part.

6° *Launois;* 7° *Auguste Petit;* 8° *Jarrasse;* 9° *Martin (Jean-Baptiste-Charles);*
10° *Boggio (Antoine dit Martin);* 11° *Prioul;* 12° *Couturat;* 13° *Fougeray;*
14° *Bouzer;* 15° *Dugas.*

Lesdits inculpés, ci-dessus désignés, ayant été successivement amenés et
confrontés avec le sieur *Mantel*, ce témoin a dit : De tous les inculpés je ne
connais que le nommé *Jarrasse*, je n'avais cependant avec lui que de très-
rares relations; je ne l'ai pas vu le 13, non plus que les autres inculpés.

TINARD (*Augustin*), âgé de 42 ans, négociant, demeurant à Paris, rue du Faubourg-Saint-Antoine, n° 110.

(Entendu le 30 septembre 1841, par M. Bouïloche, Juge d'instruction délégué.)

C'est par erreur, sans doute, que j'ai été signalé comme pouvant donner à la justice des renseignements sur l'attentat du 13 septembre présent mois. Dans la soirée du samedi 11, j'étais, selon mon habitude, parti pour ma campagne, et je ne suis revenu que le lundi à huit heures du soir : c'est alors seulement que j'ai appris l'événement ; on m'a dit aussi que le coup de pistolet avait été tiré très-près de mon magasin, et que même l'assassin devait être adossé à la montre qui sert à l'étalage des chales et qui donne sur le coin de la rue Traversière. J'ai environ quarante employés dans mes magasins ; je présume qu'au moment du passage du cortége devant ma porte, ils étaient tous, ou presque tous, montés sur les comptoirs ou aux fenêtres du premier étage. Le sieur *Marcel*, l'un d'eux, était le mieux placé, parce que son rayon donne en face la montre contre laquelle devait être adossé l'auteur de l'attentat ; il pourra, d'ailleurs, vous indiquer ceux de ses camarades qui, comme lui, auraient fait quelques remarques utiles. Je les mets tous à votre disposition.

J'ai appris que le nommé *François*, mon domestique, qui s'était placé sur le seuil de la porte cochère pour voir passer le cortége, avait été, immédiatement après l'explosion, bousculé, ainsi qu'une autre personne qui qui se trouvait à côté de lui, par plusieurs individus qui, malgré eux, sont entrés dans la cour, dont ils ne sont sortis qu'en escaladant le mur à l'aide d'une échelle, et en passant, au moyen de cette escalade, dans la maison voisine, dans laquelle, disait-on, ils avaient été arrêtés.

DÉCLARATION du sieur **MARCEL** (*Pierre-Antoine*), âgé de 32 ans, employé dans la maison de commerce de M. **TINARD** et compagnie, demeurant à Paris, rue du Faubourg-Saint-Antoine, n° 110.

Reçue, le 14 septembre 1841, par M. Gille, Commissaire de police.

L'an mil huit cent quarante et un, le quatorze septembre, nous, *Louis-François Gille*, commissaire de police de la ville de Paris, etc.

Procédant en exécution du réquisitoire de M. le Procureur du Roi, en date du 13 courant, qui nous commet à l'effet de recevoir toutes dépositions pouvant servir à la manifestation de la vérité dans l'affaire relative à l'attentat commis sur la personne de Mgr le Duc d'Aumale,

Nous sommes transporté dans la rue du Faubourg-Saint-Antoine et dans les environs du lieu où a été commis ledit attentat.

Nous avons, par suite des recherches auxquelles nous nous sommes livré, trouvé dans la maison de commerce de M. *Tinard* et compagnie, à l'enseigne du *Vampire*, rue du Faubourg-Saint-Antoine, n^{os} de 110 à 116, le sieur *Marcel (Pierre-Antoine)*, âgé de 32 ans, employé dans ladite maison, qui nous a fait la déposition suivante :

Dix minutes au moins avant l'arrivée du Prince, je remarquais, de l'endroit où j'étais placé (sur le trottoir de gauche de la façade de notre maison, et près de la rue Traversière) un homme vêtu d'une blouse ou d'un bourgeron, qui vociférait des paroles dont je n'ai pu comprendre le sens; je crois qu'il disait : *A bas!* Il agitait en même temps en l'air son chapeau de paille; il était dans un état d'exaltation extraordinaire : il était sur le trottoir, devant le troisième carreau du côté de la rue Traversière; il n'y avait personne derrière lui, quoiqu'il fût presque au bord du trottoir, parce que tout le monde était descendu sur le bord de la chaussée pour être plus près du Prince : je voyais donc entièrement à découvert cet individu. Tout à coup, et aussitôt que le Prince se trouva devant lui, ce même individu, que je reconnaîtrais entre mille, sortit de dessous sa blouse ou bourgeron un pistolet qu'il déchargea sur le Prince, mais qu'il n'atteignit point heureusement, grâce à l'excessive agitation à laquelle il était en proie, car j'ai parfaitement remarqué que son bras et sa main vacillaient. Je me suis précipité de suite en bas du comptoir pour sortir dans la rue, afin d'aider à arrêter cet assassin. Déjà tous les honnêtes gens qui se trouvaient là s'étaient précipités sur lui, et, malgré la résistance qu'il opposa et l'excessive force dont il paraît doué, on était parvenu à s'en emparer.

Je n'oserais point l'affirmer, mais cependant je crois que pendant qu'il couchait le Prince en joue, il s'appuyait sur un individu qui était à sa gauche. Il me serait, je crois, impossible de reconnaître cet individu, qui était à peu près de même taille que lui.

Je pense bien qu'il ne devait point être seul dans cet endroit, et que c'était par suite de mesures prises pour faciliter sa fuite qu'il ne se trouvait personne derrière lui dans un assez grand espace de terrain.

Il serait possible que le second pistolet qui a été trouvé près de lui, lors de son arrestation, eût été porté et tenu caché par une seconde personne qui l'aura abandonné pour se sauver; car il est certain que l'assassin n'avait à la main droite qu'un pistolet, et qu'il tenait son chapeau de paille de l'autre. J'ai entendu dire que quatre ou cinq individus s'étaient sauvés par la cour

de la maison et étaient passés dans les jardins de l'hospice des Orphelins,
en escaladant les murs. C'est là tout ce que je puis dire et que je suis prêt
à affirmer.

Lecture faite au sieur *Marcel* de sa déposition, il y a persisté, et a signé
avec nous.

Signé MARCEL, *le Commissaire de police*, GILLE.

DÉPOSITION du même témoin.

(Reçue, le 30 septembre 1841, par M. Boulloche, Juge d'instruction délégué.)

Le lundi 13 de ce mois, j'étais chez le sieur *Tinard*, mon patron, négociant au magasin du Vampire, maison faisant le coin des rues du Faubourg-Saint-Antoine et Traversière, lorsque, quelques minutes avant l'arrivée des Princes dans cet endroit, je montai sur le comptoir de gauche,
regardant par la montre qui donne sur le faubourg Saint-Antoine. Je n'ai
pas tardé à remarquer un homme qui était sur le trottoir du magasin, à
dix pas de moi environ qui poussait des cris que le bruit m'empêchait
d'entendre ; j'ai cependant distingué celui *à bas ! à bas !* En même temps
il agitait un grand chapeau de paille qu'il tenait de la main droite ; il m'a
paru être dans un état d'exaltation extraordinaire ; je le voyais parfaitement,
et j'étais d'autant mieux à même de remarquer tous ses mouvements,
que, malgré la foule énorme qu'il y avait dans toute la rue, l'espace
entre lui et le magasin, environ trois ou quatre pas, était resté libre.

Lorsque le régiment est passé, MM. les Ducs d'ORLÉANS, de NEMOURS,
d'AUMALE, marchant en tête, M. le Duc d'AUMALE étant à peu près sur
la même ligne, j'ai vu l'homme dont je viens de parler changer son
chapeau de main et prendre de la main droite un pistolet, qu'il a à
l'instant même tiré sur M. le Duc d'AUMALE : il n'a pas dû pouvoir ajuster, il éprouvait alors une trop grande irritation ; à l'instant même on
s'est emparé de lui.

Cet homme m'a déjà été représenté par M. le commissaire de police ;
il avait changé de vêtements, quoique j'aie retrouvé la même taille, la
même tournure, néanmoins je n'ai pas osé affirmé que ce fût le même.

Tandis que, placé comme je le dis sur un des comptoirs du magasin,
derrière et à peu de distance de cet homme, j'ai cru remarquer, lorsqu'il
a tiré, qu'il s'appuyait sur un individu qui était à sa gauche ; je l'ai très-
peu vu ; toute mon attention était portée sur celui qui s'agitait et proférait des cris. Je crois cependant me rappeler que l'homme sur lequel
s'est appuyé l'auteur de l'attentat était vêtu d'une veste ou d'un habit de

drap ; je suis certain qu'il n'avait ni blouse ni bourgeron , et qu'il avait la tête nue.

Je pense qu'il me serait impossible de le reconnaître ; je n'ai remarqué aucun des individus qui étaient devant ou sur les côtés de l'inculpé.

J'ai la conviction intime que c'est à dessein, et peut-être pour faciliter la fuite de l'auteur de l'attentat qu'on avait laissé derrière lui un assez grand espace libre.

Je sais qu'immédiatement après l'attentat, plusieurs individus sont entrés dans la cour de notre maison ; c'est en escaladant les murs qu'ils sont parvenus à s'échapper : il serait possible que le nommé *François*, domestique du sieur *Tinard*, les eût vus ; il n'a cependant pas parlé de cette circonstance.

Tous les employés du magasin ont, comme moi, vu passer les Princes et le régiment, quelques-uns ont vu tirer le coup de pistolet, mais je ne sache pas qu'il y en ait parmi eux qui aient remarqué les individus qui étaient auprès de l'inculpé.

Il serait cependant possible que le sieur *Petilliat*, employé à la draperie, le nommé *François*, domestique, et la portière de la maison, pussent donner à la justice quelques renseignements utiles.

J'ai, comme toutes les personnes de la maison, été tellement troublé et indigné d'une pareille action, que je n'ai songé qu'à sortir du magasin pour joindre mes efforts à ceux des personnes qui luttaient avec le coupable et que je n'ai entendu aucun des cris qui ont pu être proférés immédiatement après l'explosion par les auteurs ou complices de l'attentat.

HERMANN (*Georges*), âgé de 43 ans, ébéniste, demeurant à Paris, rue de Charenton, n° 71.

(Entendu, le 13 septembre 1841, par M. Laumond, Commissaire de police.)

J'étais allé au-devant des Princes et du 17ᵉ léger, et je suivais le cortége derrière l'état-major, en tête du régiment, lorsque arrivé à la hauteur de la rue Traversière, du côté de laquelle j'étais, j'ai entendu un fort coup de feu, et aussitôt le cheval du lieutenant-colonel du 17ᵉ léger s'est abattu avec son cavalier. Je me suis retiré sur la gauche, d'où était naturellement parti le coup de feu, et j'ai vu l'individu arrêté qui se débattait des mains d'un ouvrier marbrier qui le tenait fortement. Successivement d'autres personnes ont prêté main-forte pour arrêter l'homme inculpé d'être l'auteur de la tentative d'assassinat sur le Prince royal.

Autre Déposition du même témoin.

(Et confrontation avec tous les inculpés devant M. Perrin, juge d'instruction délégué,
le 1er octobre 1841.)

Je suis allé au-devant du 17e régiment jusqu'à Charenton, et, lorsqu'il est entré, je l'ai accompagné dans la rue du Faubourg-Saint-Antoine, jusqu'à la rue Traversière, me tenant constamment à côté du cheval du lieutenant-colonel.

Arrivé à la rue Traversière, j'ai voulu y entrer pour retourner chez moi; et au moment où je fendais la foule, j'ai entendu à quelques pas de moi, sur ma droite, le coup de pistolet dont j'ai très-bien vu la fumée sans apercevoir la figure de celui qui avait tiré. On s'est aussitôt précipité sur cet individu, et j'ai mis la main dessus comme les autres; il se débattait courageusement en disant : *Tuez-moi!*

Un homme vêtu d'un sareau me prit alors par l'épaule en me disant : Est-ce que cela vous regarde; laissez faire la police. Vous voulez peut-être avoir une pension. Je lui répondis, en lui faisant voir mes mains, que je n'étais point un paresseux, et que je n'avais pas besoin de pension. Après cela ne voulant pas avoir de querelle avec cet individu, parce qu'on a bientôt fait d'attraper un coup de couteau, je suis parti. Au moment où je me retirais, j'ai entendu crier: *Aux armes!* dans la rue Traversière; je n'ai point remarqué les personnes qui poussaient ce cri. Je ne sais pas si je pourrais reconnaître l'individu qui m'a pris par l'épaule parce qu'il y a souvent des personnes qui se ressemblent; c'était un homme de cinq pieds deux pouces environ, âgé d'à-peu-près 25 ans, sans barbe, cheveux blonds, visage pâle et un peu grêlé; il était vêtu d'une blouse bleue et coiffé d'une casquette dont je ne me rappelle pas la couleur.

Je n'ai pas remarqué si, au moment de l'explosion, il y avait plusieurs voitures auprès de la rue Traversière; mais je me rappelle très-bien qu'il y en avait une au coin de cette rue, devant la boutique du boulanger, sans pouvoir dire quelle espèce de voiture c'était.

A l'instant nous nous sommes transporté avec le témoin à la Conciergerie, où étant, nous avons fait comparaître successivement et confronter avec le témoin tous les individus impliqués dans la procédure et se trouvant en état d'arrestation.

Le témoin déclare que l'individu qui, comme il l'a dit plus haut, l'a pris par l'épaule en lui disant de laisser faire la police, n'est certainement aucun des inculpés qui viennent de lui être représentés; il ajoute :

J'ai reconnu parmi ces individus le marchand de vin *Colombier;* j'ai été boire plusieurs fois dans son cabaret, mais il y a bien quinze mois que je n'ai mis le pied chez lui, parce que je savais que sa maison était fréquentée par des républicains. Plusieurs fois, j'y ai entendu des propos contre Louis-Philippe, ce qui m'a déplu tout à fait, et je n'ai plus voulu y retourner. Cette maison-là est connue dans le quartier pour le lieu de réunion des républicains, mais je ne puis indiquer aucune des personnes qui y vont habituellement, puisque depuis longtemps je m'en suis entièrement retiré.

BARTHEZ (*Laurent-Auguste*), âgé de 23 ans, ouvrier ébéniste, demeurant à Paris, rue du Faubourg-Saint-Antoine, n° 75.

(Entendu, le 13 septembre 1841, par M. Laumond, Commissaire de police.)

J'étais au coin de la rue Traversière et du faubourg, sur le trottoir; devant moi était l'homme arrêté. Je ne sais pas s'il était seul, je n'ai pas remarqué ce qu'il faisait avant de tirer; mais au moment du passage du Prince, j'ai entendu le coup de pistolet partir; aussitôt on a arrêté cet homme. Je ne lui ai rien entendu dire, si ce n'est rue de Lappe, où, comme on le portait, il criait : *Tuez moi!*

Autre DÉPOSITION du même témoin.

(Reçue le 21 septembre 1841, par M. Perrin, Juge d'instruction délégué.)

Le 13 de ce mois, vers midi et demi, je suis allé me placer dans le faubourg Saint-Antoine pour voir passer le cortége; une voiture de Saint-Mandé était arrêtée à l'embouchure de la rue Traversière, je me mis en avant de cette voiture, en sorte que j'étais séparé du cortége par trois ou quatre rangs de personnes.

Lorsque l'état-major a été passé, j'entendis tout le monde dire *Voilà les Princes*. A peu près dans ce moment je vis devant moi une main s'élever et lâcher un coup de pistolet et presque aussitôt j'aperçus une main qui saisissait le bras de l'homme qui venait de tirer. La garde s'empara de cet homme et je ne pus pas entendre ce qui se disait en ce moment, parce qu'il y avait un trop grand mouvement. Je le suivis au poste et j'entendis dans la rue de Lappe qu'il disait : *Si c'est moi, tuez-moi!*

Je ne puis point affirmer que cet homme ait tiré le coup de pistolet de la main droite, seulement je le crois, parce que j'ai vu la main s'élever à droite de la tête, ce qui me fait croire, d'ailleurs, que c'est la main droite qui a tiré, c'est qu'on ne tire pas habituellement de la main gauche.

Je n'ai entendu pousser aucun cri ni en faveur des Princes, ni contre eux.

Despois (*Alexandre-Désiré*), âgé de 22 ans, tourneur en chaises, demeurant à Paris, rue Traversière-Saint-Antoine, n° 45.

(Entendu le 14 septembre 1841, par M. Laumond, Commissaire de police.)

Hier, au moment où l'attentat à la vie du Duc d'Aumale fut commis, je me trouvais dans la rue du Faubourg-Saint-Antoine, à quatre ou cinq pas tout au plus de l'assassin, que j'ai parfaitement vu ajuster le coup de pistolet. C'est à mes pieds que le cheval du lieutenant colonel du 17° est tombé, et c'est moi qui l'ai relevé et l'ai conduit rue de Cotte chez le maréchal-expert *Jacquinot*, je suis allé porter ensuite avec deux jeunes gens, dont je ne peux pas vous dire le nom, les harnais du cheval, chez le frère du lieutenant-colonel, rue Saint-Honoré, 347.

Autre déposition du même témoin.

(Reçue, le 2 octobre 1841, par M. Perrin, Juge d'instruction délégué.)

Je suis allé au-devant du 17° régiment, que j'ai constamment accompagné depuis le poste de Montreuil jusqu'à la rue Traversière, et je marchais à côté et à gauche de la musique.

En passant auprès de la rue Traversière, où je demeure, j'y jetai les yeux pour voir si j'apercevrais quelqu'une de mes connaissances. En ce moment je vis un homme qui était à quelques pas derrière moi et qui avait sur la tête un grand chapeau de paille; je lui ai vu lever en l'air le bras gauche et porter son bras droit sous sa blouse. Ne soupçonnant rien de la part de cet homme, je détournai ma vue pour regarder devant moi, mais presque aussitôt j'entendis le coup de feu par derrière et la balle me siffla aux oreilles; je me retournai vivement et je vis tout le monde se remuer dans l'endroit où j'avais vu l'homme. Le cheval du lieutenant-colonel était tombé; j'ai aidé un grenadier à le faire relever et je le conduisis chez le vétérinaire, il avait les deux yeux crevés. J'étais si troublé que je n'ai entendu aucun des cris qui ont pu être poussés. Je n'ai remarqué non plus aucun des individus qui se trouvaient autour de l'homme au chapeau de paille.

Goubet (*Jean-Baptiste-Auguste*), âgé de 41 ans, brigadier sergent de ville, demeurant à Paris, hôtel de la préfecture de police.

(Entendu, le 13 septembre 1841, par M. Laumond, Commissaire de police.)

De service rue du Faubourg-Saint-Antoine, au coin de celle Traversière, j'ai entendu tirer un coup d'arme à feu. J'ai couru du côté d'où partait le coup, mais j'ai été empêché et entraîné par des individus que je n'ai pas pu voir; ma canne même m'a été arrachée et je l'ai perdue. Néanmoins, m'étant débarrassé, j'ai pu parvenir jusqu'à l'individu désigné comme l'assassin, et qui déjà était arrêté.

Je l'ai suivi jusqu'au poste; j'étais trop loin de lui pour l'entendre parler.

Autre DÉPOSITION du même témoin.

(Reçue, le 28 septembre 1841, par M. Boulloche, Juge d'instruction délégué.)

De service le lundi 13 de ce mois dans le faubourg Saint-Antoine, j'ai fait placer deux voitures à l'entrée de la rue Traversière, parce qu'elles pouvaient gêner la marche dans la grande rue. Étant resté près d'une de ces voitures, lorsque les princes et le régiment passaient dans cet endroit, j'ai entendu la détonation d'une arme à feu, je n'étais éloigné de celui qui venait de tirer que de quatre à cinq pas environ. J'ai voulu aussitôt me précipiter sur l'auteur de l'attentat, mais la foule était alors telle dans cet endroit que je n'ai pu arriver qu'avec la plus grande difficulté. Entièrement occupé à faire ranger les voitures, je n'ai vu aucune des personnes près desquelles j'étais. J'oubliais de dire que, lorsque j'ai voulu arriver sur l'auteur de l'attentat, j'ai été pressé de tous côtés et qu'on m'a même arraché ma canne des mains. Je n'ai entendu que le cri de *Vivent les Princes!*

Peffer (*Nicolas*), âgé de 25 ans, fusilier à la 6ᵉ compagnie du 2ᵉ bataillon du 13ᵉ régiment de ligne, caserné au quartier de Reuilly.

(Entendu le 13 septembre 1841, par M. Ternaux, substitut de M. le Procureur du Roi.)

Ce matin j'étais allé voir l'entrée du 17ᵉ léger, je suivais parallèlement la marche du régiment, et je descendais vers l'intérieur de Paris, lorsque tout à coup, au moment où des hommes de mauvaise mine me cherchaient querelle, j'entendis le bruit d'un coup de pistolet. Je ne puis pas dire que je l'ai vu tirer, mais j'ai vu le mouvement d'un homme qui abaissait son bras comme s'il venait de tirer. Je me précipitai sur cet individu, qui se débattait au milieu des assistants et qui cherchait à s'évader. Cet individu est bien celui qu'on a conduit au poste de la Bastille.

Autre DÉPOSITION du même témoin.

(Reçue, le 28 septembre 1841, par M. Boulloche, Juge d'instruction délégué.)

Le lundi 13, après avoir monté ma garde, j'ai couru à la rue du Faubourg-Saint-Antoine, pour voir le Prince à la tête de son régiment : l'ayant joint, je revenais en suivant parallèlement sur le trottoir de gauche; arrivé sur le coin de la rue Traversière, j'ai aperçu un homme qui se trouvait à cinq ou six pas de moi, qui ayant lancé son bras, a tiré un coup de pistolet. Aussitôt des individus, en très-grand nombre, qui se trouvaient en cet endroit, ont tourné le coin et se sont sauvés par la rue Traversière. Je me suis empressé de me réunir à plusieurs gardes municipaux, pour arrêter l'auteur de cet attentat. Je ne sais pas ce qu'il a dit dans ce premier moment, je n'ai rien entendu; il me serait impossible de reconnaître aucune des personnes qui se trouvèrent sur le lieu du crime.

GEOFFROY (*Guillaume*), âgé de 24 ans, négociant en vins, demeurant à Paris, rue d'Amboise, 5.

(Entendu, le 2 octobre 1841, par M. Perrin, Juge d'instruction délégué.)

Ayant fait partie du 17ᵉ régiment léger, j'ai été au-devant de lui jusqu'à Corbeil, et lorsqu'il est entré dans le faubourg Saint-Antoine, je me suis placé dans les rangs, derrière la musique : on a voulu me faire quitter les rangs, mais M. le duc d'AUMALE m'a autorisé à y rester, et je marchais en tête de son cheval.

Lorsque les Princes arrivèrent à la hauteur de la rue Traversière, j'entendis une détonation à ma gauche : comme je n'avais pas vu l'individu qui avait tiré, je me précipitai sur la fumée. Cet homme était déjà saisi : mon premier mouvement fut de tirer mon sabre pour le percer, mais il fut protégé par les sergents de ville. Tout le monde disait : *Est-ce lui?* il a répondu : *Oui, c'est moi.* Aussitôt que le cheval du lieutenant-colonel fut relevé, on l'emmena, et le régiment continua sa marche. Je conservai ma place, sans

m'occuper davantage de l'homme qui était arrêté. Je n'ai entendu aucun cri
séditieux ; il y avait, au contraire, beaucoup d'enthousiasme, et l'on criait :
Vive le duc d'Aumale ! vivent les Princes ! vive le 17ᵉ ! Je n'ai remarqué aucune
des personnes qui se trouvaient autour de l'assassin, que j'ai su depuis s'appeler *Quenisset.*

LEGENDRE (*Jean-Baptiste*), âgé de 28 ans, concierge de la Biblio-
thèque de l'arsenal, y demeurant.

(Entendu, le 1ᵉʳ octobre 1841, devant M. Perrin, Juge d'instruction délégué.)

Le jour de l'entrée du 17ᵉ régiment, je suis allé me placer dans la rue
du Faubourg-Saint-Antoine, vis-à-vis la rue Traversière, pour le voir
passer.

Les Princes étaient passés, et la 2ᵉ compagnie défilait devant moi, lorsque j'ai entendu un coup de feu tellement fort, que j'ai cru que c'était un
coup de carabine. Il m'était impossible d'apercevoir l'individu qui avait fait
feu, parce que je me trouvais sur le côté opposé, et le régiment ayant mis
l'arme au bras, je n'ai pas pu traverser. Je n'ai entendu pousser aucun cri
jusqu'au moment de la détonation ; mais ensuite on a crié : *Vive le Roi !
vivent les Princes !*

§ 4.

DÉCLARATIONS ET DÉPOSITIONS RELATIVES A UN INDIVIDU QUI AURAIT
CHERCHÉ A SE CACHER DANS L'ATELIER DU SIEUR *PIAGET*, IMMÉ-
DIATEMENT APRÈS L'ATTENTAT.

DÉCLARATION du sieur AURIOL (*Jean-Jacques-Joseph*), âgé de 26 ans,
ouvrier menuisier en fauteuils, demeurant à Paris, rue du Faubourg-Saint-Antoine, n° 71.

(Reçue, le 13 septembre 1841, par M. Laumond, Commissaire de police.)

L'an mil huit cent quarante et un, le treize septembre, quatre heures de
relevée,

Devant nous, *J.-J. Laumond*, commissaire de police de la ville de Paris,
et plus spécialement du quartier des Quinze-Vingts,
S'est présenté le sieur *Jean-Jacques-Joseph Auriol*, âgé de 26 ans, ouvrier

10.

menuisier en fauteuils, demeurant rue du Faubourg-Saint-Antoine, 71;

Lequel nous a fait la déclaration suivante :

Je travaille chez M. *Piaget*, menuisier en fauteuils, rue Traversière, 47.

Ce matin, quelques instants avant le passage, dans la rue du Faubourg, du 17ᵉ régiment, mon bourgeois et moi étions seuls à travailler dans l'atelier, situé dans la cour de la maison, rue Traversière, nº 47, à droite au fond de la cour, où l'on entre par une porte cochère.

Lorsque nous avons entendu la musique du régiment, mon bourgeois et moi sommes sortis précipitamment de l'atelier pour voir passer les Princes, laissant la porte de l'atelier ouverte.

Après l'attentat commis aujourd'hui, la foule se trouvait repoussée dans la rue Traversière, qui en était encombrée. Je suis descendu vers la rue Saint-Nicolas, et, comme l'heure de mon dîner était arrivée, je suis entré à mon auberge, rue Saint-Nicolas, nº 9, où j'ai dîné.

Après mon repas, qui a duré environ trois quarts d'heure, je suis rentré dans la maison de M. *Piaget*, non dans l'atelier, mais dans le cabinet de ce dernier, où j'ai trouvé madame *Piaget* et une ouvrière vernisseuse, avec laquelle j'ai très-longuement causé de l'événement du jour. Ce n'est, en un mot, que deux heures après environ, c'est-à-dire vers quatre heures, que je suis entré dans l'atelier, où me suivait la vernisseuse, et, au moment où j'ai voulu me mettre à travailler, je n'ai pas été peu surpris d'apercevoir à terre, entre mon établi et le mur, un petit calepin et des petites machines que j'ai bientôt reconnues pour être des cartouches que j'ai montrées à deux femmes, dont une était la vernisseuse, qui se trouvaient dans l'atelier.

Ayant prévenu madame *Piaget*, le propriétaire de la maison, M. *Genty* et d'autres personnes, je n'ai voulu toucher à rien, laissant le calepin et les cartouches par terre, pour venir vous faire ma déclaration.

Lecture faite de sa déposition, le sieur *Auriol* a persisté et a signé avec nous.

Signé Auriol, Laumond.

Et immédiatement, nous, commissaire de police susdit et soussigné, nous étant transporté, accompagné du sieur *Goy*, notre inspecteur, rue Traversière, nº 47, avons, dans une cour, trouvé le sieur *Piaget*, lequel, informé du sujet de notre transport, nous a ouvert la porte d'un atelier de menuisier situé au fond de ladite cour, à droite, au rez-de-chaussée. Entré dans ledit atelier, avec le sieur et la dame *Piaget*, nous avons trouvé par terre, entre le mur et un établi, un agenda recouvert en papier-maroquin violet, neuf cartouches, une pipe cassée et un morceau de pierre noire.

Nous constatons que l'agenda portait diverses notes au crayon, et notamment quelques adresses.

Nous étant saisi de ces objets, nous les avons placés sous scellés, avec étiquette signée de nous, du sieur *Piaget* et du sieur *Auriol*.

De tout quoi, nous avons dressé le présent procès-verbal.

Signé : Laumond.

Déposition du même témoin.

(Reçue le 2 octobre 1841, par M. Boulloche, Juge d'instruction délégué.)

Le lundi 13 septembre je travaillais avec mon patron lorsque, ayant entendu la musique du 17°, nous avons précipitamment quitté l'atelier, sans même en fermer les portes, pour aller voir les princes à la tête du régiment. Je me suis placé sur le derrière d'un cabriolet qui stationnait dans la rue du Faubourg-Saint-Antoine. Peu de temps après j'ai entendu l'explosion d'une arme à feu. J'étais environ à vingt pas de celui qui a tiré. Je ne l'ai pas vu, ni aucun des individus qui étaient auprès de lui. J'ai été très-effrayé de cet événement, et au lieu de retourner dans la rue Traversière, dans la crainte de quelque bourrade, je suis allé à ma pension, rue Saint-Nicolas, n° 9; vers quatre heures, lorsque l'encombrement a été dissipé, je suis revenu chez mon patron, après avoir causé avec une vernisseuse dont je ne sais pas le nom. J'ai repris mon ouvrage : j'avais à peine donné deux coups de lime que j'ai senti dans les copeaux qui étaient à mes pieds quelque chose d'extraordinaire; c'était un paquet de cartouches, un porte-feuille, une pipe cassée et un crayon noir. J'ai laissé tous ces objets à terre, et ayant fermé la porte de l'atelier à la clef, je suis allé chercher le commissaire de police qui s'est immédiatement transporté sur le lieu pour constater ce fait. Le patron et d'autres personnes de la maison m'ont appris que ces objets n'avaient pu être déposés dans l'atelier que par un homme qui aussitôt après l'attentat était venu se réfugier dans la maison.

Je n'ai pas vu cet homme.

Les cartouches et les objets dont je viens de parler m'ont été représentés par le commissaire de police et j'ai signé l'étiquette qui y était apposée.

PIAGET (*Alfred*), âgé de 34 ans, menuisier en fauteuils, demeurant à
Paris, rue Traversière-Saint-Antoine, n° 47.

(Entendu le 13 septembre 1841, par M. Laumond, Commissaire de police.)

Auriol, mon ouvrier, et moi, sommes sortis ce matin de mon atelier au
moment où le 17ᵉ régiment léger passait dans la rue Saint-Antoine; dans
notre précipitation, nous avons laissé la porte de l'atelier ouverte, ma
femme et une vernisseuse nommée   , restant à la maison pour la
garder.

Arrivés dans la rue du Faubourg, mon ouvrier et moi nous sommes
séparés.

Après l'attentat, et lorsque la foule m'a permis de passer, je suis rentré
chez moi, mais non dans mon atelier où je suis certain que personne de
ma maison n'a pénétré pendant mon absence.

J'étais dans mon magasin avec ma femme, lorsqu'un homme venant du
côté de mon atelier, où Mᵐᵉ *Jacques Crosnier* et Mᵐᵉ *Chrétien*, toutes les deux
demeurant dans ma maison, prétendent l'avoir vu entrer, s'est présenté,
cherchant un passage pour pouvoir sortir par ma boutique. Cet homme qui
paraissait préoccupé, feignait de manger un morceau de pain qu'il avait à
la main. Lui ayant demandé ce qu'il faisait là, il a répondu *qu'il avait fait
comme d'autres, et qu'il s'était réfugié dans la maison.* Puis il est parti.

Cet individu ne m'a pas fait l'effet d'être ivre.

Ce n'est qu'après qu'*Auriol* a eu trouvé les cartouches, que j'ai su que
l'individu dont je viens de parler était entré dans l'atelier.

Quant à moi je n'y suis rentré que quand mon ouvrier m'a appris qu'il
avait trouvé les objets suspects qui ont fait l'objet de sa déclaration.

L'homme en question peut être âgé d'une quarantaine d'années, taille
d'un mètre soixante centimètres, assez fort de corps. Je ne l'ai point assez
remarqué pour vous faire connaître ses traits; il était vêtu d'une blouse
grisâtre.

Autre DÉPOSITION du même témoin.

(Reçue, le 5 octobre 1841, par M. Boulloche, Juge d'instruction délégué.)

Le lundi, 13 de ce mois, lorsque nous avons entendu la musique, nous
sommes allés, *Auriol* et moi, voir passer le cortége. A peine étions nous
placés sur le trottoir de droite de la rue du Faubourg-Saint-Antoine que
nous avons entendu l'explosion d'une arme à feu. Je n'ai vu ni celui qui
avait tiré, ni les personnes qui l'entouraient. Rentré chez moi, avec beau-

conp de peine à cause de la foule qui encombrait la rue Traversière, j'ai vu entrer dans ma boutique, par la porte qui donne sur la cour, un homme qui m'était tout à fait étranger. Je lui ai demandé ce qu'il faisait là ; il m'a répondu qu'il s'était sauvé comme les autres. Ma femme l'ayant fait sortir, je ne l'ai plus revu. La boutique dans laquelle j'ai vu cet homme était très-obscure ; les volets et la porte donnant sur la rue étant fermés, je n'ai fait qu'entrevoir cet homme. J'ai seulement remarqué qu'il était d'une taille ordinaire : je ne me rappelle aucun de ses traits ni son costume.

J'affirme qu'il me serait impossible de le reconnaître s'il m'était représenté.

Femme PIAGET (*Joséphine* JEVOINE), âgée de 24 ans, demeurant à Paris, rue Traversière-Saint-Antoine, n° 47.

(Entendue, le 13 septembre 1841, par M. Laumond, Commissaire de police.)

Mon mari et le sieur *Anriol*, l'un de nos ouvriers, étaient à travailler seuls dans l'atelier, lorsqu'ils sont sortis ensemble pour voir passer le 17° régiment léger ; j'étais en ce moment à ma fenêtre, au premier étage de la maison.

Bientôt après j'ai entendu un coup d'arme à feu, et j'ai vu le monde refoulé dans la rue Traversière. Je suis descendue de suite dans ma boutique, pour la fermer, et mon mari est arrivé dans ce moment.

Peu d'instants après, un homme âgé d'environ 45 à 50 ans, d'une taille moyenne, d'une assez forte constitution, portant moustache, figure ronde et très-colorée, mais dont je ne peux me rappeler le costume si ce n'est qu'il était coiffé d'un bonnet grec ou d'une casquette rouge, s'est montré derrière moi dans ma boutique, et, ne le connaissant pas, mon mari lui a demandé d'où il venait et où il allait. Cet homme, qui paraissait être en état d'ivresse, a répondu qu'il avait fait comme d'autres, qu'il s'était sauvé dans la maison, et qu'il ne demandait qu'à sortir (la porte cochère, qui avait été fermée pour empêcher le monde de pénétrer, l'était encore).

Cet homme s'en est allé, mais madame *Crosnier*, demeurant dans la même maison que nous, m'a dit l'avoir vu entrer dans notre atelier et chercher à s'y cacher.

Après son départ, j'ai fermé moi-même l'atelier à clef, et mon mari, qui n'y était pas depuis qu'il en était sorti avec notre ouvrier pour aller voir

passer le régiment, est parti de la maison, où il n'est revenu qu'au moment
même ou *Auriol* se rendait chez vous pour faire sa déclaration.

Comme vous l'a dit ce dernier, il n'est lui-même rentré dans l'atelier
que vers quatre heures.

Autre DÉPOSITION du même témoin.

(Reçue, le 2 octobre 1841, par M. Boulloche, Juge d'instruction délégué.)

Et confrontation avec les inculpés *Just Brazier, Launois* dit *Chasseur, Mallet, Auguste
Petit, Boggio* dit *Antoine-Martin, Colombier, Bouzer* et *Dagas.*

Le lundi, 13 septembre, j'étais restée seule chez moi; mon mari et
Auriol, son ouvrier, étaient allés sur le coin de notre rue pour y voir
passer le cortége; lorsque j'ai entendu la colonne approcher, je me suis mise
à la fenêtre de mon magasin du premier. J'y étais depuis quelques instants,
seulement, lorsque j'ai entendu la détonation d'une arme à feu. Aussitôt,
des individus, en nombre considérable, ont tourné le coin et ont encombré
la rue Traversière. Effrayée de ce tumulte, je suis descendue précipitamment pour fermer ma boutique; mon mari n'a pas tardé à rentrer. Je
parlais avec lui et quelques voisins de ce terrible événement, lorsque
nous avons vu dans notre boutique, à côté de nous, et sur nos épaules,
un homme que nous ne connaissions pas, et dont l'attitude était très-
extraordinaire. Mon mari, à plusieurs reprises lui a demandé ce qu'il faisait là; il a balbutié quelques mots que j'ai à peine entendus : je me
rappelle cependant qu'il a dit qu'il cherchait à se sauver; je l'ai poussé
dehors, et il est parti par la porte de la boutique. La dame *Chrétien* avait
vu ce même homme entrer dans la maison et se cacher au fond de la cour.
Deux heures après, *Auriol,* notre ouvrier, a trouvé un paquet de cartouches, un portefeuille, un crayon noir et une pipe cassée. Je suis certaine que c'est l'homme dont je viens de parler qui a caché ces objets dans
l'atelier.

Cet homme m'a paru âgé de quarante à quarante-cinq ans; d'une taille
ordinaire, un peu gros : je crois lui avoir vu des moustaches noires; son
front est tout à fait dégarni, sa figure est ronde et très-colorée.

Je ne peux pas me rappeler comment il était vêtu, mais je crois être
certaine qu'il avait sur la tête une casquette ou bonnet tout à fait rouge.

Cet homme m'a beaucoup frappé : il me semble que s'il m'était représenté je le reconnaîtrais.

Mon mari, que vous avez cité, ne peut comparaître aujourd'hui, parce qu'il ne nous a pas été possible de laisser notre boutique seule.

Dans ce moment, étant descendu à la Conciergerie avec le témoin et notre greffier,

Nous avons fait successivement amener devant nous les inculpés dont les noms suivent, avec invitation au témoin de nous déclarer, sous la foi du serment par lui prêté, s'il les reconnaissait, ou quelques-uns d'entre eux, pour avoir pris une part quelconque à l'attentat du 13 septembre, et notamment s'il reconnaissait l'individu qui, immédiatement après l'attentat, est venu se cacher dans sa cour, et a déposé dans son atelier un paquet de cartouches et un portefeuille:

1° *Just Brazier;* 2° *Launois* dit *Chasseur;* 3° *Mallet;* 4° *Auguste Petit;* 5° *Boggio* dit *Antoine-Martin;* 6° *Colombier;* 7° *Bouzer;* 8° *Dugas.*

Le témoin, après avoir examiné séparément et avec attention lesdits inculpés *Brazier, Launois, Mallet, Petit, Boggio* dit *Martin, Colombier, Bouzer* et *Dugas,* a dit :

Je ne reconnais pas parmi tous ces hommes celui qui est venu se cacher dans ma maison, et que j'ai vu dans ma boutique. Il en est un cependant parmi eux, celui qui m'a été représenté le sixième, et que vous avez appelé *Colombier,* qui a peut-être de la ressemblance avec celui dont j'ai parlé dans ma déposition; je trouve que c'est la même taille, les mêmes yeux, le même air, seulement il est plus gros et peut-être plus âgé.

La vue de celui qui m'a été représenté le troisième, et qui se nomme *Mallet,* m'avait fait aussi une certaine impression, mais cependant il a la figure beaucoup plus longue et moins colorée. Je ne pense pas que ce soit lui.

Le témoin ajoute encore: si *Colombier* était moins gros et moins âgé, je dirais que c'est lui.

Autre DÉPOSITION du même témoin.

(Reçue, le 12 octobre 1841, par M. Boulloche, Juge d'instruction délégué.)

Dans la déclaration que j'ai faite devant vous le 2 de ce mois, j'ai bien dit que l'homme qui est venu se cacher chez moi avait sur la tête une casquette ou un bonnet tout à fait rouge, mais il me serait impossible de dire si c'est le bonnet ou calotte que vous me représentez; je n'y ai pas fait assez d'attention.

Femme Chrétien (*Barbe Croizat*), âgée de 36 ans, couturière, demeurant à Paris, rue Traversière-Saint-Antoine, n° 47.

(Entendue, le 14 septembre 1841, par M. Laumond, Commissaire de police.)

Hier, au moment de l'attentat, je me trouvais dans le groupe, ou, pour mieux dire, à côté du groupe au milieu duquel se trouvait l'assassin; aussitôt le coup tiré, un homme en blouse grise rayée noire, coiffé d'une casquette foncée, taille moyenne, front haut et découvert, favoris noirs, figure rouge, pouvant être âgé de 40 ans, est sorti de ce groupe et s'est dirigé avec beaucoup de précipitation dans la rue Traversière, est entré dans la maison n° 47, où je l'ai vu pénétrer dans l'atelier de M. *Piaget;* quelques minutes après il en est sorti, et est allé se cacher dans un escalier au fond de la cour, à gauche, puis je l'ai vu passer de cet escalier dans la cour, où il s'est découvert pour s'essuyer le front, et c'est alors que j'ai pu l'examiner.

La vue de cet homme, qui paraissait effrayé, nous a inquiétés; il a demandé, d'une voix tremblante et presque éteinte, si tout était fini, et comme la porte cochère était encore fermée, il est passé, pour s'en aller, dans l'arrière-boutique du sieur *Piaget*.

Cet homme ne m'a pas paru être ivre; il était ferme sur ses jambes et courait très-bien devant moi, lorsque, sortant de la rue du Faubourg, il est entré dans la rue Traversière.

S'il m'était représenté, je le reconnaîtrais parfaitement.

Autre DÉPOSITION du même témoin.

(Reçue, le 2 octobre 1841, par M. Boulloche, Juge d'instruction délégué.)

(Et confrontation de la femme *Chrétien* avec les inculpés *Just Brazier, Launois* dit *Chasseur, Mallet, Auguste Petit, Boggio* dit *Martin, Colombier, Bouzer* et *Dugas.*

J'habite une maison située rue Traversière, et à quelques pas seulement de la rue du Faubourg-Saint-Antoine. Le lundi, 13 de ce mois, lorsque j'ai appris que les Princes et le 17° régiment léger allaient passer, j'ai quitté ma chambre, et, pour bien voir, je me suis placée sur le trottoir du magasin du Vampire. J'étais à environ trois pas d'un homme vêtu d'une blouse, coiffé d'un grand chapeau de paille, qui, par ses cris et ses gestes, m'a causé beaucoup d'impatience, parce qu'il m'empêchait d'entendre la musique : tant que les Princes ont été à une certaine distance, il n'a proféré que le seul cri de : *Vive le 17°!* Mais aussitôt qu'ils ont été, pour ainsi dire, à côtè de lui, il a, à plusieurs reprises, crié *A bas le Prince! A bas le Prince!* Il était comme une bête féroce; je n'avais jamais vu un homme aussi méchant.

En criant *A bas le Prince!* il se retournait de tous côtés, même par derrière, comme s'il eût voulu exciter d'autres individus à suivre son exemple. Après avoir laissé passer les Princes un peu en avant, il a tiré en biais sur le Duc d'Aumale; il s'est établi alors un grand tumulte dans cet endroit, et je me suis empressée de tourner le coin, pour retourner chez moi.

En même temps que je quittais la place que j'avais occupée, un homme qui, bien certainement, avait été, au moment de l'attentat, à côté de celui qui avait tiré, s'est sauvé en courant devant moi : la porte cochère de la maison que j'habite était restée ouverte; je l'ai vu passer par cette porte, et aller précipitamment dans la cour, au fond de la maison; je suis arrivée presque en même temps que lui; il a traversé l'atelier du sieur *Piaget*, puis il est allé au fond de la cour, à gauche, se cacher dans un endroit fort obscur; il en est sorti dix minutes après : c'est alors que, me trouvant à peu de distance de lui, je l'ai parfaitement vu.

Il est d'une taille ordinaire, assez gros, paraissant avoir une quarantaine d'années, une forte chevelure noire, cependant le front est dégarni, de gros favoris noirs; je ne crois pas qu'il ait de moustaches, sa face est assez forte; il était, dans ce moment, très-coloré; il avait très-chaud, car c'est lorsqu'il s'est essuyé la figure que j'ai remarqué qu'il n'avait pas de cheveux sur le devant de la tête.

Il était vêtu d'une blouse grise avec petites raies noires, et coiffé d'une casquette en drap, accompagnée d'une visière; il paraissait très-inquiet; d'une voix tremblante il a demandé si tout était fini; il est sorti par la porte de la boutique du sieur *Piaget*.

La précipitation avec laquelle cet homme était venu se cacher, le trouble qu'il éprouvait, l'inquiétude qu'il paraissait avoir d'être arrêté, tout dans son extérieur m'a convaincue qu'il était coupable. En effet, on a trouvé, deux heures après son départ, un paquet de cartouches dont il s'est sans doute débarrassé. La dame *Jacques Crosnier*, demeurant dans la même maison, a très-bien vu cet homme lorsqu'il est allé chercher ou cacher quelque chose dans un tas de copeaux.

Si cet homme m'était représenté, je crois qu'il me serait facile de le reconnaître, j'ai conservé le souvenir de ses traits.

J'ai bien vu des personnes à côté de *Quenisset* lorsqu'il a tiré, je ne les ai pas beaucoup remarquées; je ne sais pas s'il me sera possible de les reconnaître. Je ne sais pas si, avant qu'il ne tirât, quelqu'un lui avait parlé. Je crois cependant me rappeler l'avoir vu se baisser un peu, comme s'il avait voulu écouter; dans sa fureur, il se donnait tant de mouvement qu'il m'est impossible de rien préciser à cet égard.

11.

Dans ce moment, étant descendu à la conciergerie avec le témoin et notre greffier,

Nous avons fait amener devant nous successivement les inculpés dont les noms suivent, avec invitation au témoin de nous déclarer, sous la foi du serment par lui prêté, s'il les reconnaît, ou quelques-uns d'entre eux, pour avoir pris une part quelconque à l'attentat du 13 septembre, et si, notamment, il reconnaît l'individu qui, immédiatement après l'attentat, est venu se cacher dans la maison du sieur *Piaget.*

1° *Just Brazier,* 2° *Launois* dit *Chasseur,* 3° *Mallet,* 4° *Auguste Petit,* 5° *Boggio* dit *Antoine-Martin,* 6° *Colombier,* 7° *Bouzer,* 8° *Dugas.*

Le témoin, après avoir examiné séparément et avec attention les inculpés *Brazier, Launois, Mallet, Petit, Boggio* dit *Martin, Colombier, Bouzer, Dugas,* a dit:

L'homme dont j'ai parlé dans ma déposition, et qui est venu se cacher dans la maison *Piaget,* n'est point au nombre des inculpés que vous venez de me représenter; je ne l'ai pas reconnu, excepté le nommé *Colombier.* Cet homme est plus âgé que tous les autres inculpés, le front plus découvert, les cheveux et la barbe plus noirs.

Femme Belnair (*Ambroisine* Crettel), âgée de 3o ans, vernisseuse, demeurant à Paris, rue Traversière-Saint-Antoine, n° 58.

(Entendue, le 14 septembre 1841, par M. Laumond, Commissaire de police.)

Hier, après l'attentat, le sieur *Auriol,* ouvrier de M. *Piaget,* qui avait été voir passer le régiment n'est rentré que vers deux heures et demie ou trois heures, il ne s'est point rendu de suite dans son atelier; mais, vers quatre heures, il y est allé et il m'a appelée pour me faire voir des cartouches qu'il venait d'apercevoir par terre, près de l'établi sur lequel il travaille habituellement.

Je me suis approchée et j'ai vu, en effet, ces cartouches, ainsi qu'un agenda qu'il hésitait à ramasser, et il a pris immédiatement la résolution de vous en faire la déclaration.

Quant à l'homme que l'on dit être entré dans l'atelier, je ne l'ai vu que traverser la cour, quand, pour s'en aller, il est entré dans la boutique de M. *Piaget.* Je n'ai pu le remarquer bien distinctement, et je ne pourrais vous donner son signalement.

Femme Crosnier (*Adèle* Hottinger), âgée de 22 ans, passementière
demeurant à Paris, rue Traversière-Saint-Antoine, n° 47.

(Déposition du 5 octobre 1841, devant M. Boulloche, Juge d'instruction délégué.)

Et confrontation avec les inculpés *Just Brazier, Launois* dit *Chasseur, Mallet, Auguste
Petit, Boggio* dit *Martin, Colombier, Bouzer, Dugas, Martin, Fougeray* et *Jarrasse.*

Le 13 septembre dernier, lors du passage des Princes, toutes les personnes de ma famille sont allées dans la rue du Faubourg-Saint-Antoine,
pour voir arriver le cortége; j'étais restée seule à la maison: lorsque j'ai
entendu plus distinctement la musique, je me suis placée sur le seuil de
ma porte. J'y étais à peine que j'ai entendu l'explosion d'une arme à feu; à
l'instant même, une foule considérable a reflué près de moi. Fort effrayée,
j'ai voulu de suite fermer les portes; c'est dans ce même moment qu'un
homme que je ne connaissais pas s'est précipité par cette même porte,
et qu'il est allé en courant jusqu'au fond de la cour. Presque aussitôt,
je l'ai vu entrer dans l'atelier du sieur *Piaget,* il n'a fait qu'entrer et sortir;
aussitôt après, il est allé dans la boutique.

La présence de cet étranger, son air extraordinaire, la peur qu'il paraissait avoir, l'inquiétude que me causait l'absence de tous les miens, tout
cela m'a beaucoup effrayée, et je me suis trouvée mal.

Cet homme m'a paru d'une taille ordinaire; je ne me rappelle pas comment il était vêtu; tout ce qui m'a frappée dans son costume, c'est le
bonnet grec qu'il avait sur la tête. Je suis certaine qu'il était en étoffe
rouge, je crois qu'il avait des moustaches brunes, s'il avait un collier, il
était peu apparent, je ne l'ai pas remarqué.

Je ne suis pas certaine du tout de reconnaître cet homme s'il m'était
représenté; il m'a paru être âgé de 35 à 40 ans.

Dans ce moment, étant descendu à la Conciergerie avec le témoin et le
greffier, nous avons fait successivement amener devant nous les inculpés :
1° *Just Brazier,* 2° *Launois* dit *Chasseur,* 3° *Mallet,* 4° *Auguste Petit,* 5° *Boggio*
dit *Martin,* 6° *Colombier,* 7° *Bouzer,* 8° *Dugas,* 9° *Martin,* 10° *Fougeray,*
11° *Jarrasse.*

Le témoin, après avoir examiné séparément et avec attention lesdits inculpés, a dit : Je ne reconnais point parmi tous les hommes que vous venez
de me représenter celui qui, le 13 septembre, immédiatement après l'attentat,
est venu se réfugier dans la cour et dans l'atelier du sieur *Piaget.*

Un seul cependant laisse quelques doutes dans mon esprit, c'est le troisième, le nommé *Mallet;* je retrouve en lui la même taille, le même âge,

le front aussi découvert, mais il est plus pâle, les moustaches me paraissent plus noires; je ne me rappelle pas que ce soit la même figure : je ne pourrais pas dire que c'est lui.

Je répète que cet inculpé a le front aussi découvert.

Je connaissais les nommés *Auguste Petit* et *Boggio*, dit *Martin*, de vue, parce qu'ils habitent depuis longtemps le faubourg. J'ignore complétement quelle part ils ont pu prendre à l'attentat.

Autre DÉPOSITION du même témoin.

(Reçue, le 12 octobre 1841, par M. Boulloche, Juge d'instruction délégué.)

La calotte ou bonnet grec que vous me représentez est bien d'une étoffe fond rouge, mais elle est tachetée de noir, tandis qu'il me semble que l'homme qui est venu se cacher chez le sieur *Piaget*, et dont j'ai parlé dans ma déposition du 5 de ce mois, avait une calotte toute rouge, en futaine, sans fronces, sans gland, et telle que les vendent les bonnetiers. Je ne reconnais pas celle que vous me mettez sous les yeux.

§ 5.

DÉPOSITION DES TÉMOINS DE L'ATTENTAT QUI AURAIENT RAMASSÉ LES PISTOLETS ET AUTRES OBJETS LAISSÉS SUR LE LIEU DU CRIME.

JAVEL (*Étienne*), âgé de 25 ans, garde municipal à cheval, 2ᵉ escadron, caserné aux Célestins.

(Entendu, le 13 septembre, par M. Ternaux, substitut de M. le procureur du Roi.)

Ce matin, j'étais de service dans le faubourg Saint-Antoine, et j'avais été placé au coin de la rue Traversière. Une heure environ avant l'arrivée des Princes, un homme âgé d'environ trente ans, vêtu d'un bourgeron, la tête nue, cheveux blonds, est venu me parler, et m'a demandé de le laisser s'approcher du cortége, afin de pouvoir adresser une réclamation. Cet homme m'a paru échauffé par le vin, je n'ai pas cru devoir accéder à sa demande; il s'est éloigné. Plus tard, j'ai entendu tirer le coup de pistolet : j'ai vu l'assassin chercher à fuir; j'ai voulu me diriger de son côté, mais je suis tombé. Je me suis aussitôt relevé; j'ai ramassé, sur le lieu même, deux pistolets, dont un chargé, une veste en drap, un sac contenant de l'argent, un serre-tête, un mouchoir noir et des chiffons. Lorsque j'ai revu l'assassin, j'ai cru reconnaître en lui l'individu qui m'avait parlé le matin, sans toutefois pouvoir l'affirmer.

Autre DÉPOSITION du même témoin.

(Reçue, le 3o septembre 1841, par M. Boulloche, Juge d'instruction délégué.)

Le lundi 13 de ce mois, j'étais sur le coin de la rue Traversière, où j'avais été placé de piquet, lorsqu'une heure environ avant le passage des Princes en cet endroit, un homme, qui m'a paru être âgé d'environ trente ans, vêtu d'un pantalon bleu et d'une blouse bleu clair, s'est approché de moi et m'a demandé si je voudrais le laisser approcher du Prince Duc D'AUMALE, parce qu'il avait, disait-il, une réclamation à lui faire. Je lui ai répondu qu'il ne lui parlerait pas tant que je serais là, parce qu'il était trop mal mis et qu'il paraissait avoir bu. Mon maréchal des logis m'ayant appelé dans ce moment, j'allai à lui lorsque j'ai entendu cet homme dire qu'il avait une mauvaise redingote qu'il allait mettre. Revenu un instant après à la place que je venais de quitter, je n'ai plus revu mon homme, lorsqu'une heure après j'ai entendu la détonnation d'une arme à feu. Je me suis précipité sur celui qui venait de tirer. J'ai cru reconnaître en lui l'individu qui, une heure auparavant, m'avait parlé ; mais je n'ai aucune certitude à cet égard.

Tandis que mes camarades se sont emparés de lui, j'ai ramassé à terre, et à la place qu'il avait occupée, deux pistolets qui étaient à côté l'un de l'autre. Il y avait cependant une distance entre eux d'environ un pied. L'un de ces pistolets était déchargé. Il était facile de reconnaître qu'il venait d'être tiré : son bassinet fumait encore. L'autre était chargé et non armé. A deux pieds environ de l'un de ces pistolets, j'ai trouvé une veste, un sac contenant 12 francs, un mouchoir, un serre-tête de femme et des bandelettes.

Ces armes et effets m'ont été représentés et j'ai reconnu les uns et les autres.

DÉGARDIN (*Noël-François*), âgé de 26 ans, garde à cheval au 2ᵉ escadron de la garde municipale, caserné aux Célestins.

(Entendu, le 13 septembre 1841, par M. Laumond, Commissaire de police.)

Au moment où j'ai entendu tirer le coup de feu, j'étais assez loin. Néanmoins je me suis rendu à l'endroit d'où le coup était parti, et, comme le monde qui tenait déjà l'inculpé était suffisant, j'ai été auprès du lieutenant-colonel du 17ᵉ léger, dont le cheval avait été blessé.

J'ai fort bien remarqué, après le coup tiré, un homme coiffé d'un grand chapeau de paille qui cherchait à s'échapper des mains des bourgeois, et je suis certain qu'il a laissé tomber à ses pieds deux pistolets et une bourse ou petit sac rempli de balles et de sous, que le garde à cheval *Javel*, du 2ᵉ escadron, caserné aux Célestins, a ramassés, ainsi qu'une redingote que cet homme avait sous son bourgeron.

Il y avait aussi de la poudre dans le sac.

Autre DÉPOSITION du même témoin.

(Reçue, le 21 septembre 1841, par M. Perrin, Juge d'instruction délégué.)

Lorsque le 17ᵉ régiment est entré par la rue du Faubourg-Saint-Antoine, j'avais été placé en surveillance presque vis-à-vis la rue Traversière. Quand le premier état-major fut passé devant moi, j'entendis l'explosion d'une arme à feu et j'en vis la fumée; je vis aussi un homme coiffé d'un grand chapeau de paille qui se débattait contre des bourgeois; je traversai le cortége en avant des Princes pour aller m'emparer de cet homme, en passant je vis que le cheval du lieutenant-colonel était tombé sur ses genoux et avait la tête ensanglantée. Lorsque j'arrivai auprès de l'individu, il était déjà arrêté par les bourgeois et j'ai aidé mes camarades à le conduire au poste. Je ne sais pas ce qu'a dit cet individu, car je n'en ai rien entendu ; je marchais en avant avec mon sabre pour faire écarter le monde.

Au moment où, après avoir traversé le cortége, j'allais prêter main-forte aux bourgeois qui avaient arrêté l'individu, j'ai vu à terre deux pistolets d'arçon très-près l'un de l'autre, une redingote et un petit sac de toile ; je n'ai point touché à ces objets et j'ignore si c'est l'individu qu'on a arrêté qui s'en était débarrassé ; ils ont été ramassés par mon camarade *Javel*.

§ 6.

DÉCLARATION ET DÉPOSITION DU SIEUR *DEXTRÉ*, BLESSÉ PAR L'EXPLOSION DU PISTOLET DE *QUENISSET*.

L'an mil huit cent quarante et un, le seize septembre, à onze heures du matin,

Devant nous *J. J. Laumond*, commissaire de police de la ville de Paris, et plus spécialement du quartier des Quinze-Vingts.

A été amené par la dame *Dextré*, sa mère, tonnelière, demeurant rue du Faubourg-Saint-Antoine, nº 132.

Le nommé *Émile Dextré*, âgé de 13 ans, demeurant chez ses parents susnommés,

Lequel a déclaré :

Le 13 septembre courant, je suivais la tête du cortége qui précédait le 17° léger, lorsque, passant au bas du trottoir, rue du Faubourg-Saint-Antoine, devant la rue Traversière, j'ai entendu le coup de pistolet tiré sur le cortége, et, à l'instant je me suis senti blessé à l'œil droit par l'effet de la poudre. Néanmoins, de l'autre œil, j'ai vu tomber les pistolets par terre et j'ai pu remarquer l'homme en chapeau de paille qui avait tiré le coup.

Je suis revenu de suite chez mes parents, et hier, M. le docteur *Maindrault*, médecin, demeurant rue du Faubourg-Saint-Antoine, n° 108, a visité et pansé ma blessure.

Lecture faite, il a persisté et a déclaré ne savoir signer.

Signé LAUMOND.

DÉPOSITION du même témoin.

(Reçue, le 2 octobre 1841, par M. Perrin, Juge d'instruction délégué.)

Je marchais à côté du 17° régiment, et j'étais tout à côté des Princes, lorsque je voulus fendre la foule pour aller voir la musique qui était en avant. En ce moment un coup de pistolet fut tiré tout à côté de ma figure, et, comme vous le voyez, la poudre m'a brûlé tout le tour de l'œil droit. Je me suis tout de suite baissé en portant les mains à mon œil, et j'ai vu tomber par terre un pistolet; je n'ai pas distingué la personne qui laissait tomber ce pistolet; je n'avais pas vu non plus celle qui avait tiré le coup, mais j'ai vu qu'on arrêtait un homme qui était coiffé d'un grand chapeau de paille.

Je n'ai pas fait attention aux personnes qui étaient autour de cet homme, parce que je ne regardais que les soldats, et d'ailleurs, aussitôt que je me suis senti blessé à l'œil, je suis retourné chez ma mère, dans la rue du Faubourg-Saint-Antoine.

IIIᵉ SÉRIE.

PROCÈS-VERBAUX DE PERQUISITION.

Procès-verbal constatant la saisie de divers objets trouvés sur la personne de Quenisset, ou laissés sur le lieu du crime.

L'an mil huit cent quarante et un, le treize septembre,

Nous, *J. J. Laumond*, commissaire de police de la ville de Paris, et plus spécialement du quartier des Quinze-Vingts,

Informé qu'un attentat sur la personne des Princes, ou tout au moins sur celle de Mᵍʳ le Duc d'Aumale, venait d'avoir lieu rue du Faubourg-Saint-Antoine, près de la rue Traversière, et que l'individu inculpé de ce crime avait été arrêté et était déposé au poste de la Bastille,

Nous sommes immédiatement transporté audit poste, où étant, on nous a présenté un individu couvert d'une chemise et d'un pantalon seulement, et coiffé d'un grand chapeau de paille, que l'on nous a dit être l'auteur de l'attentat.

Interpellé sur ses nom, âge, profession et domicile, il nous a déclaré se nommer *Papart* (*Jean-Nicolas*), 27 ans, né à la Rouilly (Vosges), ouvrier scieur de long, et demeurant rue Popincourt, n° 58.

Nous avons remarqué que ce particulier ne paraissait éprouver aucune vive émotion; qu'il était assez calme en ce moment, et se défendait, mais sans assurance, d'être l'auteur du crime qui lui était imputé, ses dénégations à cet égard étant visiblement embarrassées.

A l'instant il nous a été déposé par le sieur *Rivière* (*Jean-Baptiste*), brigadier au 3ᵉ escadron de la garde municipale, caserné aux Célestins, comme ayant été trouvés sur l'inculpé au moment de son arrestation, une petite baguette de jonc et un petit registre en blanc, et dont quelques feuillets paraissent avoir été arrachés.

Dans ce registre se trouvent deux notes, l'une au crayon et l'autre à la plume, qui paraissent être sans importance.

Nous constatons que l'une des extrémités de la baguette semble porter

12.

des traces de poudre telles que celles que peut produire l'application d'une baguette dans un canon d'arme à feu chargée.

En même temps le chef du poste nous a remis le bourgeron de coton bleu et une paire de bretelles faisant partie du vêtement de l'inculpé.

Immédiatement nous avons procédé à l'interrogatoire de ce dernier, qui a persisté à nier être l'auteur de l'attentat dont il s'agit.

Passant à une information sur cet attentat, nous avions entendu plusieurs témoins, lorsque M. le Procureur du Roi est intervenu, s'est saisi de l'instruction, et, néanmoins, après avoir pris connaissance de nos actes, nous a chargé de continuer l'information, dans laquelle nous avons entendu comme témoins, et par des procès-verbaux séparés :

1° M. *Sauclière* (*Louis-Charles*), lieutenant de la garde municipale, 15ᵉ compagnie, caserné rue des Tournelles;

2° *Leroy* (*Adrien*), ouvrier menuisier en fauteuils, demeurant rue de la Roquette, n° 48;

3° *Riandé* (*Nicolas*), ouvrier marbrier, demeurant rue Saint-Victor, n° 19;

4° *Élophe* (*Charles-François*), garde à cheval au 2ᵉ escadron de la garde municipale, caserné aux Célestins;

5° *Sauvage* (*Daniel*), brigadier, mêmes escadron et caserne ;

6° *Heudier* (*Pierre-Julien*), maréchal des logis, 3ᵉ escadron, mêmes arme et caserne ;

7° *Goubet* (*Jean-Baptiste*), brigadier sergent de ville du 8ᵉ arrondissement, demeurant hôtel de la Préfecture de Police ;

8° *Rivière* (*Jean-Baptiste*), brigadier au 3ᵉ escadron de la garde municipale, caserné aux Célestins;

9° *Kahl* (*Joseph*), garde municipal, 2ᵉ escadron, même caserne ;

10° *Dégardin* (*Noël-François*), garde à cheval, mêmes escadron et caserne;

11° M. *Hermann* (*Georges*), mécanicien patenté, demeurant rue de Charenton, n° 102;

12° *Barthez* (*Laurent-Auguste*), ouvrier ébéniste, demeurant rue du Faubourg-Saint-Antoine, n° 75;

13° *Bignon* (*Nicolas-Marie*), commissionnaire, demeurant rue du Faubourg-Saint-Honoré, n° 2 ;

14° *Signol* (*Louis-Joseph*), sergent de ville du 8ᵉ arrondissement, demeurant hôtel de la Préfecture de police;

Lesquels témoins ci-dessus désignés ont reconnu *Papart* pour être l'individu qui a tiré un coup d'arme à feu sur l'état-major au milieu duquel se trouvaient les Princes, au moment du passage, dans la rue du Faubourg-Saint-Antoine, du 17ᵉ léger, près de la rue Traversière.

Un desdits témoins, le sieur *Élophe*, nous a déposé un fourreau d'épée présumé être celui du lieutenant-colonel du 17ᵉ léger, dont le cheval a été blessé.

D'un autre côté, un jeune enfant, le nommé *Lambert*, apprenti chez le sieur *Labesse*, fabricant de limes, rue Charonne, nᵒ 25, nous a déposé une balle de plomb qu'il nous a déclaré avoir trouvée dans la rue du Faubourg-Saint-Antoine, aux environs du lieu où avait été tirée l'arme à feu, au moment du passage des Princes.

Enfin, ayant remis à M. le procureur du Roi l'inculpé *Papart*, ce magistrat s'est transporté au domicile de ce dernier, et y a procédé à une perquisition.

Nous consignons qu'après l'interrogatoire de *Papart*, et à l'instant où M. le procureur du Roi est arrivé, cet inculpé nous a fait l'aveu qu'au moment de l'attentat, dont il se défendait toujours d'être l'auteur, il se trouvait avec un individu, comme lui, scieur de long, mais dont il ne connaissait ni le nom ni la demeure.

Enfin, pendant que nous procédions à notre information; et vers quatre heures de relevée, s'est présenté devant nous un sieur *Auriol* (*Jean-Jacques*), menuisier en fauteuils, demeurant rue du Faubourg-Saint-Antoine, nᵒ 71, lequel nous a fait la déclaration qu'il venait de trouver, dans l'atelier du sieur *Piaget*, menuisier en fauteuils, rue Traversière, nᵒ 47, où il travaille, neuf cartouches à balles, un morceau de pierre noire, une pipe cassée et un agenda, déposés par un inconnu. Nous étant immédiatement transporté sur les lieux, nous y avons en effet trouvé les objets ci-dessus désignés, que nous avons saisis; après quoi, et la déclaration préalablement reçue du sieur *Auriol*, nous avons informé sur cette circonstance, ainsi qu'il résulte de nos procès-verbaux joints au présent.

Et nos opérations se trouvant ainsi terminées, nous avons rédigé le présent procès-verbal, qui sera par nous transmis immédiatement à M. le procureur du Roi, avec l'interrogatoire de *Papart;*

Nos quatorze procès-verbaux d'information sur l'attentat, ceux relatifs aux objets trouvés dans l'atelier du sieur *Piaget*, et cinq scellés sur lesquels sont placés les objets par nous désignés ci-dessus.

Fait à Paris, les jour, mois et an susdits; et avons signé.

Signé LAUMOND.

Procès-verbal de perquisition au domicile de *Quenisset* dit *Papart*.

L'an mil huit cent quarante et un, le treize septembre, deux heures après-midi,

Nous, Procureur du Roi près le tribunal de première instance de la Seine,

Informé qu'un attentat venait d'être commis sur la personne de Monseigneur le Duc d'Aumale, et que l'inculpé venait d'être arrêté, nous nous sommes transporté au poste de la Bastille, où l'on nous a dit que l'inculpé se trouvait.

Où étant, nous avons trouvé M. *Laumond*, commissaire de police, qui était occupé à entendre des témoins, et qui nous a dit que le nommé *Papart*, inculpé d'attentat, se trouvait ici au violon.

Nous avons invité M. le commissaire de police à continuer l'audition des personnes qui ont été témoins du fait, et nous avons donné les ordres de conduire à l'instant, sous l'escorte de 20 hommes de cavalerie, 20 hommes d'infanterie, ledit *Papart* à son domicile, pour être présent à la perquisition que nous entendions y faire; ce qui a été exécuté.

Étant arrivé à ce domicile, rue Popincourt, n° 58, nous sommes monté au troisième étage de ladite maison et la portière nous a indiqué la chambre dudit *Papart*. Après les recherches les plus minutieuses, nous avons saisi soixante et quinze pièces de papiers écrites, et non écrites, plus une pièce de cinq francs et une de un franc, que nous avons remise à la femme *Mahoaret*, voisine, du consentement de *Pappart*, pour être par elle remises à la femme *Caroline Leplâtre* avec laquelle il vit en concubinage, enfin deux petits morceaux de plomb. N'ayant rien trouvé autre chose susceptible d'être saisi, nous avons clos et arrêté le présent procès-verbal, et avons requis à l'instant M. *Sauclière*, commandant des 20 hommes d'infanterie de la garde municipale, et M. *Gaud*, commandant le détachement de 20 cavaliers de la même garde, de faire conduire à l'instant dans notre cabinet au palais de justice, ledit *Papart*.

Lecture faite du présent procès-verbal audit *Papart*, il a déclaré ne vouloir signer, attendu qu'il avait les mains attachées.

Procès-verbal de perquisition au domicile de Quenisset :
déclarations de la fille Leplâtre.

L'an mil huit cent quarante et un, le quatorze septembre,

Nous, *Louis-François Gille*, commissaire de police de la ville de Paris,
spécialement chargé du quartier du Mont-de-Piété, officier de police judiciaire, auxiliaire de M. le Procureur du Roi,

Procédant en vertu d'un réquisitoire de M. le procureur du Roi près le
tribunal de première instance, en date du 13 septembre courant, ci-
annexé.

Nous sommes transporté, accompagné de deux inspecteurs de la police
municipale, au domicile du nommé *Papart* (*Jean-Nicolas*), inculpé d'attentat
sur la personne de Mgr le duc d'Aumale, à l'effet d'entendre la nommée
Marie-Louise-Françoise Leplâtre, dite femme *Papart*, vivant en concubinage
avec ce dernier, et de lui représenter, 1° un habit-veste en drap brun; 2° un
mouchoir de couleur et un serre-tête blanc en basin à côtes; 3° des bandes
en cotonnade bleue et violette et en toile blanche; 4° un bonnet de coton
contenant 12 fr. 60 cent. le tout trouvé à terre auprès du nommé *Papart*,
au moment même où l'attentat venait d'être commis, lesquels objets ont
été placés sous quatre scellés séparés.

Nous avons procédé à l'audition de la nommée *Leplâtre*, en lui adressant,
sous la forme d'un interrogatoire, une série de questions auxquelles elle
nous a répondu comme il suit :

D. Quels sont vos nom, prénoms, âge, lieu de naissance, domicile et
profession?

R. Je me nomme *Marie-Louise-Caroline-Françoise Leplâtre*, dite femme
Papart, je suis âgée de 24 ans, native de Tarmignier, arrondissement de
Chartres, département d'Eure-et-Loir; je suis ouvrière blanchisseuse et je
cohabite depuis quatre ans avec le nommé *Papart*, dont j'ai eu deux enfants :
l'aîné est mort, et le survivant est une petite fille âgée de deux mois.

D. A quelle heure avez-vous vu hier pour la dernière fois le nommé
Papart? Et comment était-il vêtu lorsqu'il vous a quittée?

R. Papart est sorti de chez nous hier matin vers cinq heures; il était
vêtu d'un bourgeron bleu en coton à ceinture, avec de petits boutons en
cuivre; il avait deux pantalons, dont un couleur marron à raies noires, et un
en toile bleue par-dessus; ce dernier est ce qu'on appelle un pantalon de
fatigue; il avait de gros souliers ferrés et il était coiffé d'un chapeau de
paille.

D. Combien avait-il d'argent sur lui?

R. Il n'avait sur lui qu'une pièce de un franc que je lui avais donnée le matin.

D. Avez-vous connaissance que *Papart* eût des pistolets en sa possession?

R. Non, Monsieur; jamais je n'ai vu de pistolets à *Papart*, et je ne pense pas qu'il eût pu en acheter, car il n'avait que la pièce de un franc que je lui avais donnée.

D. Avez-vous entendu dire à *Papart* qu'il connût quelqu'un qui en possédât?

R. Non, Monsieur.

D. Pouvez-vous nous donner des renseignements sur l'emploi du temps de *Papart* dans la matinée d'hier?

R. Il m'a dit, en partant, qu'il allait aller à la Grève pour tâcher de se faire embaucher pour travailler, et je ne l'ai point revu depuis.

D. A quelle heure avez-vous été informée de son arrestation, et par quelle personne?

R. Je travaillais à la maison des Bains, rue Sainte-Croix-de-la-Bretonnerie, chez la dame *Cosse*, blanchisseuse, au quatrième étage. Vers six heures du soir, ma voisine nommée *Sophie Deruelle*, femme *Marouzet*, est venue m'apprendre que la justice était descendue chez nous et que *Papart* était arrêté, et qu'on l'inculpait d'avoir tiré un coup de pistolet sur le Duc d'Aumale. J'étais bien éloignée de penser que ce pût être *Papart* qui fût l'auteur de cet attentat; je le croyais à travailler, et il m'avait promis de venir avec ma petite fille me chercher à mon travail.

D. *Papart* vous a-t-il quelquefois parlé de la république ou des républicains, ou d'opinions politiques quelconques?

R. Non, Monsieur; *Papart* rentrait assez ordinairement après son travail; il soupait et se couchait.

D. Et lorsqu'il rentrait plus tard que de coutume, comment expliquait-il le motif de son retard?

R. Il me disait qu'il avait bu un coup dans un cabaret avec un camarade.

D. Quels sont les camarades qu'il fréquentait le plus habituellement?

R. Il était tantôt avec l'un, tantôt avec l'autre; mais je sais qu'il voyait plus souvent un scieur de long qui loge en garni, je ne sais où, et qui est connu par le surnom de *Gendarme.*

D. Avez-vous entendu quelquefois *Papart* manifester des sentiments de haine contre le Roi ou contre la Famille Royale?

R. Non, Monsieur; car même à l'occasion du dernier attentat commis sur la personne du Roi, il disait, en parlant de l'auteur du crime: « Il faut qu'il « soit bien bête, celui-là, et qu'il tienne bien peu à lui pour avoir fait un « pareil coup; ce n'est pas moi qui aurais fait une chose comme cela. »

D. Reconnaissez-vous l'habit veste en drap brun, le mouchoir de couleur et le serre-tête en basin blanc, les petites bandes blanches et de couleur, et le bonnet de coton renfermant de l'argent, que je vous représente?

(Ici nous avons représenté à la fille *Leplâtre* les objets ci-dessus désignés.)

R. Ces objets me sont inconnus; ils n'appartiennent point à *Papart.*

D. Ne les reconnaîtriez-vous point pour appartenir à quelque ami ou à quelque camarade de *Papart?*

R. Je n'ai jamais vu ces objets à personne.

D. Comment pouvez-vous expliquer, si *Papart* n'a jamais manifesté d'opinions politiques exaltées, qu'il ait pu se déterminer à commettre l'attentat qui a motivé son arrestation?

R. C'est une chose qui est inexplicable pour moi; s'il est réellement coupable du crime qui lui est imputé, il faut qu'il ait trouvé quelqu'un qui l'y ait excité, car, je le répète, il est sorti très-calme, avec l'intention d'aller travailler; il n'avait point d'arme, ni d'argent pour en acheter.

D. Il résulte des renseignements que nous avons recueillis que le nommé *Papart* passe, dans cette maison, pour un assez mauvais sujet. Quel peut être le motif qui fait qu'on a de lui une telle opinion?

R. Il n'a jamais rien fait ni rien dit à personne de la maison; mais un jour, sur le refus que je lui avais fait de lui donner de l'argent, il m'a maltraitée de coups, et c'est depuis ce temps qu'on a pour lui peu de bienveillance.

D. Pour quelle cause a-t-il subi une condamnation de six mois de prison?

R. Il avait été provoqué dans un cabaret à Bercy par un individu, et il lui a porté un coup de couteau.

PROCÉDURE. 13

D. N'avez-vous jamais vu de poudre ni de munitions en la possession du nommé *Papart?*

R. Non, Monsieur; si ce n'est quelques capsules qu'il a rapportées de Pontoise l'hiver dernier, où il m'a dit qu'il avait chassé.

D. Que sont devenues ces capsules?

R. Elles doivent encore être dans l'un des tiroirs de la commode, si elles n'ont point été remportées par *Papart* ou saisies par M. le Procureur du Roi, lors de la perquisition faite à notre domicile.

(Nous avons aussitôt procédé à la recherche de ces capsules, et nous les avons trouvées dans l'un des tiroirs de la commode, enveloppées dans du papier gris, collé en forme de sac. Nous les avons saisies et placées sous scellé avec une étiquette indicative, que nous avons signée.)

Lecture faite à la nommée *Caroline Leplâtre* de l'interrogatoire ci-dessus, elle reconnaît vérité dans ses réponses, elle y persiste, et nous avons signé seul, la fille *Leplâtre* ayant déclaré ne le savoir, de ce interpellée suivant la loi.

Signé : GILLE.

Et, attendu qu'il importe de rechercher et saisir, le cas échéant, tous mouchoirs de couleur, serre-tête, morceau de basin blanc à côtes et tous morceaux d'étoffe de même nature que les pièces rapportées à la doublure de l'habit-veste précité ou semblables au mouchoir, serre-tête et bandes trouvées à terre avec ledit habit-veste auprès du nommé *Papart*, lors de son arrestation ;

Nous nous sommes livré à l'examen le plus minutieux de toutes les pièces de linge et d'étoffe, sans excepter les plus petits morceaux de ces linges et étoffes qui se trouvaient dans le logement du nommé *Papart*, et ce en présence de la fille *Leplâtre*, concubine dudit *Papart*, et nous n'avons rien trouvé qui eût trait à l'objet de nos recherches.

Cette opération terminée, nous nous sommes retiré pour procéder à l'enquête prescrite par le réquisitoire de M. le procureur du Roi.

Le Commissaire de police,

Signé : GILLE.

Procès-verbal de visite et d'examen de la chambre et du lit qu'occupait Quenisset à Sainte-Pélagie lorsqu'il y était détenu sous le
nom de Papart.

L'an mil huit cent quarante et un, le neuf novembre, nous *Charles-Féli-
cité Joardain*, juge d'instruction près le tribunal civil de la Seine, délégué
par M. le Chancelier de France, Président de la Cour des Pairs, assisté du
sieur *Charles-Claude de Launture*, faisant fonctions de commis-greffier, après
avoir prêté entre nos mains le serment de remplir ces fonctions en honneur et conscience, nous sommes transporté à la maison d'arrêt de Sainte-
Pélagie dans le but de visiter la chambre et le lit qu'occupait le nommé
Quenisset lorsqu'il était détenu sous le nom de *Papart*, et à l'effet d'y rechercher les objets par lui indiqués, y avons été introduits par le sieur *Jean-
Baptiste Prat*, directeur de ladite maison, qui nous a représenté le livre
d'écrou sur lequel nous avons trouvé inscrit (volume 39, folio 147,
n° 2,166) *Jean-Nicolas Papart*, comme entré dans ladite maison le 15 juin
1840 et sorti le 28 septembre suivant. M. *Prat* nous a déclaré qu'aucune
inscription ne constatait la chambre qu'avaient occupée les détenus pendant
leur séjour dans la maison, et qu'à cet égard il ne pouvait consulter que le
souvenir des employés, et que, d'après les communications qui lui sont faites
à ce sujet, il pense que le nommé *Papart* a dû occuper la chambre n° 13,
au premier étage, donnant sur la cour de la Dette; nous avons demandé au
sieur *Prat* s'il se rappelait où se trouvaient placés les nommés *Prioul*, *Mathieu* et autres, il nous a répondu qu'ils étaient dans le corridor où se
trouve la chambre n° 13, et dans lequel se trouvaient placés quelques détenus politiques au nombre de douze ou treize et qu'il est possible que
Papart, qui était arrêté pour coups et pour port d'armes prohibées ait été
mis avec eux.

Nous sommes immédiatement monté, avec M. *Prat*, au premier étage,
cour de la Dette, dans ladite chambre portant le n° 13. Cette chambre est
éclairée d'une croisée donnant sur la cour; elle est garnie de deux lits; chacun des deux lits est couvert de trois planches en sapin mobiles, et destinées
à supporter des paillasses et matelas; nous avons remarqué à la partie inférieure de l'une de ces planches deux petits trous oblongs paraissant faits
par un instrument piquant et de forme plate; nous n'y avons trouvé aucun
crochet de chaussonnier, mais M. *Prat* nous a déclaré que si un tel instrument eût été piqué dans les planches, il aurait dû tomber par les secousses
données pour le service de propreté, et que plusieurs fois on avait trouvé
de ces instruments aiguisés dans des chambres de détenus, mais qu'il lui

13.

serait impossible de dire maintenant dans quelle chambre on les avait trouvés. Il a ajouté que ces instruments se jetaient dans la ferraille. M. *Prat* a fait venir le sieur *Justin-François Barat*, brigadier des surveillants, lequel nous a dit qu'il pourrait peut-être trouver quelques-uns des crochets de chaussonnier qui avaient été ramassés dans les chambres. Il a quitté la chambre pendant quelques instants, et est revenu nous déclarer qu'il avait trouvé un seul de ces crochets dont la courbure avait été brisée, ajoutant que c'était le seul qui eût été gardé, mais qu'il se rappelait qu'il en avait été ramassé d'autres plus aiguisés. Nous avons rapproché cet instrument des deux trous observés dans les planches, et nous avons remarqué qu'il s'adaptait à peu près à l'un d'eux; nous avons saisi ledit crochet auquel nous avons attaché une étiquette indicative; nous avons aussi saisi la planche sur laquelle nous avons apposé une inscription indicative de la saisie.

Nous avons clos notre procès-verbal, et, lecture faite, M. *Prat* l'a signé avec nous, et le greffier. Signé *Prat, Charles Jourdain, Charles de Lature.*

IVᵉ SÉRIE.

ANTÉCÉDENTS DE QUENISSET.

PROCÈS-VERBAL d'enquête sur les habitudes de QUENISSET
dit PAPART.

L'an mil huit cent quarante et un, le quatorze septembre,

Nous, *Louis - François Gille*, commissaire de police de la ville de
Paris, spécialement chargé du quartier du Mont-de-Piété, officier de police
judiciaire, auxiliaire de M. le Procureur du Roi,

Procédant, en vertu du réquisitoire de M. le Procureur du Roi, à une
enquête sur les habitudes du nommé *Papart* (*Jean-Nicolas*), inculpé d'attentat sur la personne de Mᵍʳ le Duc d'AUMALE, et sur l'emploi du temps
dudit *Papart* pendant la matinée du 13 septembre, et à la représentation,
à toutes personnes, de l'habit-veste, du mouchoir et du serre-tête, des
bandes de toile et cotonnade, et du bonnet de coton contenant de l'argent, trouvés à terre, près du nommé *Papart*, au moment de son arrestation,

Nous sommes transporté près des diverses personnes que nous avons
pensé pouvoir nous fournir des renseignements utiles à la manifestation de
la vérité, et leur avons fait connaître notre qualité et le motif de notre
visite.

1° La dame *Marouzet*, née *Sophie Déruelle*, journalière, demeurant même
pallier que le nommé *Papart*, nous dit :

Je n'ai jamais entendu le nommé *Papart* parler de politique; je ne lui
ai jamais vu d'armes; il partait le matin de bonne heure à son travail, et
le soir il rentrait et se couchait, après avoir pris son repas.

Je n'ai jamais vu en la possession du nommé *Papart* l'habit-veste, le
mouchoir de couleur, le serre-tête blanc en basin, les bandes ni le bonnet
de coton contenant de l'argent que vous me représentez. Je n'ai pas vu non
plus ces objets en la possession de qui que ce soit qui fût de la connaissance
dudit *Papart*.

C'est moi qui, par un sentiment d'humanité, ai été prévenir la femme *Papart*, ma voisine, de ce qui était arrivé; elle a été tellement étonnée de cet événement que, malgré les ménagements que j'avais pris pour cela, elle s'est trouvée mal. Je n'ai rien de plus à dire.

Lecture faite à la femme *Marouzet* de sa déposition, elle y persiste, et nous avons signé seul, la femme *Marouzet* ne le sachant. *Signé* GILLE.

2° Le sieur *Riokotter* (*Philippe*), concierge de la maison rue Popincourt, n° 58, habitée par *Papart*, nous dit en réponse à nos interpellations :

Le nommé *Papart* sortait fort souvent de grand matin, pour aller à son travail; et, hier matin, 13 septembre, il est sorti, je crois, un peu avant cinq heures : j'ai tiré le cordon de la porte étant couché, et je n'ai point vu comment il était vêtu quand il est sorti. Il ne venait jamais personne le voir. Il n'est point à ma connaissance qu'il se soit jamais occupé de politique. Ce n'était point ce qu'on appelle un excellent sujet; il était ivrogne et querelleur, et j'ai entendu dire qu'il avait maltraité sa femme.

Je ne reconnais point l'habit-veste, le mouchoir de couleur, le serre-tête blanc, les bandes, ni le bonnet de coton contenant de l'argent que vous me représentez, pour appartenir au nommé *Papart*, ni à aucune personne que j'aie vue avec lui. *Papart* était ordinairement vêtu d'un bourgeron bleu et coiffé d'un grand chapeau de paille; c'est tout ce que je puis vous dire. Je n'ai jamais vu d'armes à *Papart*.

Lecture faite au sieur *Riokotter* de sa déposition, il a persisté et a signé avec nous.

Signé RIOKOTTER, GILLE.

3° La dame *Ricokotter*, née *Agathe Gallois*, épouse du sieur *Riokotter*, nous fait une déposition entièrement conforme à celle de son mari, dont nous lui avons donné lecture, et nous avons signé seul, la dame *Rio-kotter* ne le sachant.

Signé GILLE.

4° Le sieur *Martin* (*François*), marchand de vins, rue Popincourt, n° 49, chez qui le nommé *Papart* allait quelquefois, nous dit, en réponse à nos questions :

Je n'ai jamais entendu le nommé *Papart* parler de politique; c'était un mauvais sujet, un querelleur; il était redouté de tout le monde; il a même fait un écot chez moi, il y a quelque temps, avec un de ses camarades, et je n'ai point osé lui en réclamer le montant. Je n'avais jamais vu l'individu qui était avec *Papart;* c'était un ouvrier comme lui, et je crois de sa partie : c'était le 10 septembre.

Je ne reconnais point pour les avoir vus à *Papart,* ni à aucune personne qui fût avec lui, l'habit-veste, le mouchoir, le serre-tête, les bandes et le bonnet de coton contenant de l'argent que vous me représentez ; le nommé *Papart* était le plus souvent sans argent.

Lecture faite au sieur *Martin* de sa déposition, il a persisté et a signé avec nous.

Signé MARTIN, GILLE.

N'ayant pu recueillir ensuite que des renseignements sans importance, nous avons clos le présent pour être transmis à M. le procureur du Roi, en la manière accoutumée.

Le Commissaire de police,

Signé GILLE.

RIOKOTTER (*Philippe*), âgé de 55 ans, cordonnier, demeurant à Paris, rue Popincourt, n° 58.

(Entendu, le 30 septembre 1841, devant M. Boulloche, Juge d'instruction délégué.)

Depuis trois ans, le nommé *Quenisset* dit *Papart* est locataire dans la maison dont je suis le portier ; il m'a toujours semblé être assez bon ouvrier, mais d'un caractère violent et emporté ; ses voisins ont prétendu qu'il maltraitait sa femme. Il n'est pas à ma connaissance qu'il se soit occupé de politique : il sortait le matin, pour ne rentrer que le soir, et il arrivait très-rarement que l'on vînt demander après lui ; je n'avais remarqué aucun changement dans ses habitudes. Depuis six semaines à deux mois on ne venait pas plus le voir que par le passé. Je ne connais aucune des personnes qu'il pouvait fréquenter lorsqu'il était dehors. Je n'ai jamais vu d'armes d'aucune espèce en sa possession. Je n'ai aucune connaissance de l'attentat dont il s'est rendu coupable.

Quoique je fusse son portier et son cordonnier, il était peu communicatif avec moi ; il paraissait sombre et en dessous. Il me parlait très-rarement, et encore il répondait à peine aux questions que je lui adressais.

Bidault (*Jacques-André*), âgé de 4o ans, marchand de vin traiteur, demeurant à Saint-Mandé, chemin du Rendez-Vous, n° 15.

(Entendu, le 27 septembre 1841, par M. Boulloche, Juge d'instruction.)

Je connais l'inculpé *Quenisset* dit *Nicolas Papart*, parce qu'il y a deux mois environ il a pris ses repas chez moi pendant une quinzaine de jours ; je n'ai rien remarqué d'extraordinaire dans la conversation de cet homme ; on le comprendra aisément lorsqu'on saura que je reçois beaucoup de monde, et qu'occupé à servir je ne prête aucune attention aux conversations.

Il est vrai que plusieurs conducteurs d'omnibus de la barrière du Trône mangent chez moi ; il serait possible, s'ils se sont trouvés à table à côté de l'inculpé qu'ils l'eussent entendu tenir quelques propos. Cette administration change si souvent d'employés que je ne saurais vous donner les noms de ceux qui, il y a deux mois, fréquentaient ma maison.

J'ai entendu dire que l'inculpé était entré le 13 septembre, jour de l'attentat, chez le père *Pascal*, mon voisin. Je ne sais pas s'il y a tenu ou non des propos.

Maguier (*Pascal*), âgé de 47 ans, marchand de vin, demeurant à Saint-Mandé, chemin du Rendez-Vous, n° 1.

(Entendu, le 27 septembre 1841, par M. Boulloche, Juge d'instruction, délégué.)

Depuis le commencement de la campagne je connais l'inculpé *Quenisset* dit *Nicolas Papart*, dit encore l'*Albinos*. Pendant deux ou trois mois environ, à diverses reprises, il a mangé chez moi. J'ai entendu dire et j'ai remarqué qu'il était méchant : tous ses camarades le craignaient. Il n'est point à ma connaissance qu'il se soit occupé de politique ; je ne sais pas s'il appartenait à des sociétés secrètes ; il n'en a jamais parlé. Les personnes avec lesquelles il prenait ses repas étaient, comme lui, des scieurs de long qui paraissaient tranquilles.

Le lundi 13 septembre, lorsque le régiment allait arriver à la barrière du Trône, l'inculpé est entré chez moi ; il avait très-chaud ; il était accompagné d'un individu que je n'ai pas remarqué à cause de la grande quantité de personnes qui se trouvaient alors chez moi. *Papart* a dit à ma femme

de lui donner un demi-setier *à l'œil* (à crédit): il l'a partagé avec son camarade; ils ont bu sans poser, et ils sont immédiatement partis. Il a cependant
pris le temps de payer le vin qui lui avait été fourni, quoiqu'il l'eût demandé à crédit.

Je suis bien certain qu'il n'a pas dit en demandant un canon : Ce sera
peut-être le dernier que vous me verserez.

Parmi les personnes qui fréquentaient ma maison, je n'en connais aucune qui ait entendu l'inculpé tenir des propos politiques. Je n'ai aucune
connaissance personnelle des faits concernant l'attentat.

SAVELLE dit MARIN (*Marin*), âgé de 26 ans, scieur de long, demeurant à Paris, rue Jean-de-l'Épine, n° 4 (1).

(Entendu, le 30 septembre 1841, par M. Perrin, Juge d'instruction délégué.)

Le lundi 13 de ce mois, je me rendis à la Grève vers 5 heures du matin
pour trouver de l'ouvrage; j'ai rencontré le nommé *Papart*, que je ne connaissais que de vue et sous le nom d'*Albinos*. Comme nous ne pouvions
trouver de l'ouvrage ni l'un ni l'autre, il me proposa de l'accompagner au
faubourg Saint-Antoine, où nous devions trouver à nous embaucher. Nous
entrâmes successivement dans plusieurs cabarets, où nous bûmes chacun
une goutte et trois canons. En arrivant au coin de la rue Saint-Nicolas,
Papart m'a quitté pour aller appeler un de ses camarades, scieur de long
comme lui, et ce dernier nous paya une goutte; je crois qu'il se nomme
Boucheron. En sortant du cabaret, il est retourné à son atelier. Alors *Papart* me dit : Je te vas mener dans une *société républicaine*. Je lui ai répondu : Si on peut y aller comme chez un autre marchand de vin, en se
promenant, je le veux bien. Il me dit : *Nous sommes bons*. Ne sachant pas ce
que ces mots signifiaient, je le suivis chez un marchand de vin de la rue
Traversière dont je ne sais pas le nom; ce marchand nous servit une goutte
sur son comptoir et je payai; ensuite *Papart* me fit entrer dans la chambre
du fond, où se trouvaient dix ou douze personnes qui formaient comme
un complot; je ne peux pas me rappeler ce qu'on disait. Il y en avait deux
ou trois qui disaient : Moi, je m'en vais aller chercher un tel; moi, je m'en
vais aller chercher mes hommes. *Papart* a dit : Moi, je m'en vas aller
chercher un camarade, et en effet il est allé chercher le grand *Boucheron*,
qui avait bu la goutte un instant auparavant avec nous. Pendant son absence, je suis resté tout droit auprès de la porte de la salle. J'aurais bien

____

(1) Voir deux autres dépositions de ce témoin ci-après : pages 182 et 249.

mieux aimé être à la Grève, mais je n'osais pas m'en aller, parce que je ne me fiais pas trop à tout ce monde-là et que j'avais peur d'être frappé.

Au retour de *Papart* avec *Boucheron*, je suis rentré avec eux dans la salle; un instant après quelqu'un a dit: *Allons, partons;* on appela le cabaretier pour lui payer trois ou quatre litres qui avaient été bus : les uns donnèrent six sous, un autre huit sous, et comme il restait encore quelques chose à payer, quelqu'un de la société a dit: *Je me charge du reste;* le même a ait dit un peu avant : *Ce sont les républicains qui payeront.* On commença à s'en aller, et je sortis pour faire semblant de lâcher de l'eau, afin de pouvoir me sauver; mais *Papart* me rappela et me fit rentrer. Il n'y avait plus avec lui que deux ou trois personnes dans la salle; l'une d'elles me mit dans la main deux cartouches et en donna aussi deux à *Papart.* J'étais tourmenté et j'aurais bien voulu être loin. En revenant dans la boutique, je m'empressai de repasser mes deux cartouches à *Papart,* en lui disant : *Tiens bon ça;* il les prit sans rien dire. J'accompagnai ensuite *Papart* et *Boucheron* jusqu'à la rue Saint-Nicolas où ils sont entrés dans une porte cochère pour aller régler un compte avec le maître de *Boucheron;* au lieu d'entrer avec eux, je fis semblant de vouloir allumer ma pipe chez un marchand de vin, et je me sauvai par la rue Saint-Nicolas, bien content d'en être délibéré.

Je ne connais pas une seule des personnes que j'ai vues chez le marchand de vin où les cartouches ont été distribuées; peut-être que j'en reconnaîtrais quelques-unes , si on me les faisait voir.

Bouillié dit Amant (*Amant*), âgé de 45 ans, scieur de long, demeurant à Paris, barrière de la Grande-Pinte, n° 7.

(Entendu, le 5 octobre 1841, par M. Perrin, Juge d'instruction délégué.)

Le 13 septembre dernier, je me suis rendu, vers quatre heures et demie du matin, à la Grève, pour embaucher deux hommes dont j'avais besoin ; n'en ayant pas trouvé, j'entrai dans un cabaret, et je bus un verre de vin avec *Papart,* que je ne connaissais que sous le nom *d'Albinos,* le nommé *Marin* et une douzaine d'autres ouvriers. En sortant de là , nous avons été dans un autre cabaret, rue du Mouton: c'est notre habitude, quand un camarade dit qu'il régale; on entre, et ça fait vendre les marchands de vin. J'étais un peu en ribotte ce matin-là, et je ne sais pas trop avec qui j'ai bu; je ne pourrais pas même dire si *Marin* y était : nous avons rencontré *Favargeon* et sa femme , et je n'ai pas compté les cabarets dans lesquels nous sommes entrés. Je me rappelle que dans l'un j'ai appelé le grand *Lau-*

rent, de Versailles, qui passait; il a bu un canon, et cet homme s'en est allé; enfin, en sortant d'un cabaret de la rue Saint-Antoine, j'ai quitté la société pour aller à mon ouvrage à la Grande-Pinte, et j'y suis arrivé sur les huit heures et demie, neuf heures; je ne sais pas ce que sont devenus les autres. Après déjeuner, j'ai été avec des amis à Charenton voir le Prince, qui arrivait, et, après ça, j'ai passé toute la journée à boire dans la Grande-Pinte, sans rentrer dans Paris.

Le lendemain matin, j'ai appris qu'on avait tiré un coup de pistolet sur le Prince, et tout d'un coup on dit : *C'est l'Albinos !* Tiens, que j'ai dit, ce jour-là j'ai bu avec lui; ce gas-là ne m'a pourtant rien dit : c'est pas l'embarras, il pouvait bien savoir que je ne me mêle de rien. Je le connais pour avoir travaillé dans les mêmes ateliers que lui, mais nous n'avons jamais eu de fréquentations ensemble; je ne me souciais pas de lui beaucoup, et je me disais que ce n'était pas grand chose de bon, parce qu'il avait battu un marchand de vin.

FAVARGEON (*Jean*), âgé de 43 ans, scieur de long, demeurant à Paris, rue de la Calande, n° 25.

(Entendu, le 14 octobre 1841, par M. Perrin, Juge d'instruction délégué.)

Le 13 septembre dernier, je me suis trouvé à la Grève avec *Albinos*, *Marin*, *Jean-Leroux* et un grand nombre d'autres scieurs de long. J'ai bu avec eux plusieurs gouttes dans trois cabarets, et je les ai quittés dans la rue Saint-Antoine, parce que ma femme est venue me chercher.

Marin et *l'Albinos* s'en sont allés ensemble, et je ne sais pas ce qu'ils sont devenus.

Je ne suis pas allé voir le 17ᵉ régiment, et le soir on m'a dit que *l'Albinos* avait tiré un coup de pistolet. *Marin* m'a dit que *l'Albinos* l'avait conduit dans une maison de la rue Traversière, et qu'en voyant beaucoup de monde assemblé, il avait eu peur et s'était sauvé d'eux.

DURVIT (*Laurent-Gaspard*), âgé de 36 ans, scieur de long, demeurant à Paris, rue du Roi-de-Sicile, n° 29.

(Entendu, le 15 octobre 1841, par M. Perrin, Juge d'instruction délégué.)

Le lundi 13 septembre dernier, vers six heures du matin, j'allais rejoindre ma femme à la Halle, lorsqu'en passant dans la rue Saint-Antoine, j'aperçus *Marin*, qui était dans un cabaret situé en face de la petite rue qui conduit à la place Baudoyer. Il m'appela pour boire une goutte. Je trouvai dans ce cabaret *Nicolas-l'Albinos*, *Amant* et deux autres que je ne connaissais pas. J'ai bu une goutte avec eux, et, en causant, *l'Albinos* me dit qu'il sortait de la Grève, où il avait cherché de l'ouvrage, et me demanda si je pourrais lui en procurer. Je lui répondis qu'il pourrait se faire qu'il y eût besoin de deux hommes chez *Jean Legas*, entre la barrière des Amandiers et Ménilmontant. Il me dit qu'il y passerait dans l'après-midi et me demanda s'il m'y trouverait. Comme je travaille chez M. *Legas*, je lui ai dit que je pourrais bien y aller et que nous nous y trouverions. Après cela, je sortis du cabaret, où je vis entrer *Favargeon* et sa femme. Je m'en allai rejoindre ma femme à la Halle, où j'arrivai autour de sept heures. Ayant rencontré le nommé *François*, qui venait d'embaucher un homme pour aller travailler à la Villette, je m'amusai à boire le vin blanc et manger une bouchée avec lui, de sorte que pendant ce temps-là ma femme partit. Je m'en retournai chez moi, et en passant j'entrai chez *Laurent*, marchand de vin, rue de la Verrerie: il m'apprit qu'il arrivait un régiment de l'Afrique et me demanda si j'allais voir cela. Je lui ai dit que j'allais l'aller voir; et, en effet, après être rentré chez moi, où je ne trouvai pas ma femme, j'allai boire chez le marchand de vin qui est en face de ma maison. Je partis au faubourg vers les onze heures. Je rencontrai sur la place de la Bastille, au coin du faubourg Saint-Antoine, le nommé *Picard*, scieur de long, rue Guérin-Boisseau, n° 15. Nous avons monté ensemble le faubourg, et quand nous avons vu arriver le régiment, nous avons marché à sa tête pour arriver avant lui à la Bastille, et voir si l'on ferait des *saluments* à la colonne : tout à coup j'ai vu les cuirassiers dégaîner et tout le monde se sauver. Voyant cela, j'ai eu peur et je me sauvai chez moi par le passage du Chantier. C'est le lendemain seulement que j'ai appris que *Nicolas-l'Albinos* avait tiré un coup de pistolet sur les Princes.

Je connais cet homme depuis deux ou trois mois seulement, et pour l'avoir vu travailler avec le père *Rolland*. Je n'ai jamais eu de rapport avec lui; nous avons bu ensemble trois ou quatre fois au plus.

D. Il y a lieu de croire que vous connaissez cet homme d'une manière plus intime. N'avez-vous pas eu occassion de vous rencontrer plusieurs fois avec lui chez le cabaretier *Colombier*, rue Traversière.

R. Il y a au moins six ou sept semaines, étant à la recherche d'un camarade qui me devait de l'argent, j'entrai, sur les sept heures du soir, dans le cabaret de *Colombier* pour voir si je n'y trouverais pas ce camarade : il y avait bien quatre ou cinq ans que je n'y avais mis le pied; j'étais accompagné de mes deux beaux-fils, *Charles* et *Eugène Vareau*, âgés, l'un de quatorze, l'autre de seize ans. En entrant, j'aperçus *Boucheron* dit *le Gendarme*, qui buvait avec l'*Albinos* et un autre individu; il me demanda si je voulais boire un coup, ce que j'acceptai avec mes deux garçons; ensuite de quoi, je m'en retournai chez moi. Je ne suis pas resté seulement cinq minutes dans ce cabaret; le temps tout juste de vider mon verre. Depuis ce jour-là, je n'y suis pas retourné une seule fois, et je ne sais pas seulement comment se nomme le cabaretier; c'est vous qui m'apprenez qu'il s'appelle *Colombier*. Je pense bien qu'il ne me connaît pas plus que je ne le connais.

D. Quelle a été votre conversation avec *Boucheron* et l'*Albinos* dans la rencontre dont vous venez de parler?

R. Nous n'avons rien dit : ils étaient déjà à moitié en ribotte.

D. Il résulte de renseignements très-positifs que vous dissimulez une partie de la vérité; je dois, dans votre propre intérêt, vous engager à renoncer à toute restriction; vous ne pouvez pas ignorer qu'une société secrète se réunissait chez *Colombier*, qui en était membre; et vous même vous auriez été affilié à cette société? expliquez-vous franchement.

R. J'ai bien assez d'être membre de la société de ma famille, avec quatre enfants que j'ai à élever. Comment voulez-vous que je me fourre dans des sociétés : je ne suis point un homme à cela; je peux en donner des preuves convaincantes par tous les maîtres où j'ai travaillé, et par les propriétaires des maisons que j'ai habitées.

D. On dit même que vous avez prêté serment chez *Colombier*, et l'on ajoute que c'est dans un cabinet noir, au rez-de-chaussée, que vous avez prêté ce serment.

R. Cela est faux : je n'allais jamais dans ce cabaret; ce n'était pas pour y connaître une société.

D. Connaissez-vous le nommé *Launois* dit *Chasseur*, qui habite dans la maison de *Colombier*?

R. Je ne connais pas du tout cet homme-là, ou du moins cela ne serait donc que pour l'avoir vu dans la rue.

D. Il paraît que c'est dans la chambre de cet individu que se faisaient les réceptions, et ce ne serait que par exception que vous auriez été reçu dans le cabinet d'en bas?

R. Pour moi, Dieu merci, je n'ai été reçu ni en haut, ni en bas; mais qu'est-ce que c'est donc que cette société? est-ce une société de francs-maçons ; est-ce une société pour donner des secours? je ne connais rien à cela.

D. La société dont il s'agit est celle qui s'intitule *Société des Ouvriers égalitaires ;* probablement vous n'êtes pas aussi ignorant que vous le dites, et, de nouveau, je vous engage à rentrer dans la voie de la vérité.

R. Je peux jurer devant Dieu et les hommes que je n'ai pas connaissance de cela; je suis bête comme une oie, ce n'est pas pour me mettre dans des sociétés. On peut s'informer de moi partout où l'on voudra, et l'on saura que je suis un honnête homme, incapable de me mêler de société. Depuis dix-huit ou vingt ans, je suis connu par les plus forts marchands de bois, auprès desquels on peut prendre des informations; chez MM. *Desusclades*, marchand de bois, rue Moreau, n° 56 ; *Pointu*, marchand de bois, place Maubert; *Louis Pointu*, marchand de bois, passage du Chantier, faubourg Saint-Antoine, et M. *Jacob*, menuisier, rue des Vinaigriers, n° 30 ou 32.

D. Connaissez-vous les nommés *Just-Brazier, Auguste Petit, Martin, Fougeray, Mallet, Prioul, Couturat, Bazin, Jarasse, Bouzer,* et *Boggio* dit *Martin,* le serrurier?

R. Je ne connais personne là dedans; seulement, j'ai entendu dire qu'un nommé *Martin* avait été arrêté.

Vᵉ SÉRIE.

FAITS PARTICULIERS A CHACUN DES INCULPÉS.

FAITS PARTICULIERS A BOUCHERON.

PROCÈS-VERBAL d'arrestation de *Boucheron*, et de perquisition à son domicile.

L'an mil huit cent quarante et un, le jeudi seize septembre, à quatre heures et un quart du matin,

Nous, *Marie-Désiré Élouin*, commissaire de police de la ville de Paris, spécialement pour les délégations judiciaires, officier de police judiciaire, auxiliaire de M. le procureur du Roi,

Pour l'exécution d'un mandat d'amener décerné hier par M. Perrin, juge d'instruction près le tribunal de 1ʳᵉ instance de la Seine, contre le nommé *Boucheron*, scieur de long, demeurant rue de Lappe, n° 2, et travaillant chez M. *Lhomme,* marchand de bois d'acajou, faubourg du Temple,

Nous sommes transporté, accompagné de M. *Figat*, officier de paix, rue de Lappe, n° 2, où le nommé *Boucheron* est inconnu;

Nous avons exploré le faubourg du Temple pour y découvrir M. *Lhomme*, marchand de bois d'acajou, mais nous avons acquis la certitude qu'il n'y existait personne de ce nom exerçant ladite profession;

Comme il ne se trouve à Paris qu'une personne du nom de *Lhomme* faisant le commerce du bois d'acajou, nous nous sommes transporté, à huit heures du matin, à ses ateliers situés rue de Charonne, n° 3o, et communiquant par une porte cochère, à la rue du Faubourg-Saint-Antoine, n° 83, qui paraît être l'entrée principale de son établissement.

Interpellé sur le nom des ouvriers qu'il occupe, M. *Lhomme* nous a fait connaître tous ceux employés à ses mécaniques, mais il n'a pu nous dire ceux de ses deux scieurs de long, qu'il ne connaît pas.

Nous nous sommes adressé à ceux-ci, qui travaillaient sous un hangard, dans la cour des ateliers : le premier a déclaré se nommer *Lapréau*, et demeurer rue du Faubourg-Saint-Antoine, n° 77 ; le second a dit être *Boucheron* (*Jean-Marie*), âgé de 36 ans, né à Roullée, département de la Sarthe, ouvrier scieur de long, demeurant rue Neuve-de-Lappe, n° 2 ;

Et attendu que le nommé *Boucheron* se trouve sous le coup du mandat d'amener précité, nous l'avons fait conduire à la Conciergerie, pour, suivant notre ordre d'envoi, être mis au secret ;

Nous avons chargé M. *Figat*, officier de paix, de faire au nommé *Boucheron* notification du mandat d'amener, conformément à la loi.

Lecture faite au nommé *Boucheron*, il a reconnu que le présent procès-verbal contient vérité en ce qui le concerne, et il a signé avec nous, ainsi que M. *Figat*, à neuf heures du matin.

> *Signé :* Boucheron, Figat. *Le Commissaire de police,* Élouin.

Nous avons trouvé sur le nommé *Boucheron* : 1° un portefeuille contenant des papiers qui sont des notes d'ouvrages, et sur le calepin du portefeuille est écrit au crayon un fragment de chanson intitulé le *Forçat libéré ;*

2° Un couteau à manche de cuivre, un pied de roi, et un crayon.

Nous en avons fait deux groupes que nous avons étiquetés et scellés ; le nommé *Boucheron* a signé les étiquettes avec nous.

> *Signé :* Boucheron, *Le Commissaire de police :* Élouin.

FAITS PARTICULIERS à COLOMBIER.

PROCÈS-VERBAL d'arrestation de COLOMBIER et de perquisition à son domicile.

L'an mil huit cent quarante et un, le quinze septembre à quatre heures et demie du matin,

Nous, *François Georges Quoinat*, commissaire de police de la ville de Paris et plus spécialement du quartier Montmartre,

Pour la mise à exécution d'un mandat en date d'hier, décerné par M. le Conseiller d'État, préfet de police, par lequel, attendu que le nommé *Colombier*, marchand de vin, au coin de la rue Traversière-Saint-Antoine, est signalé comme complice de l'attentat commis avant-hier sur la personne de S. A. R. Mgr le Duc d'AUMALE, il nous requiert de nous transporter au domicile du sieur *Colombier*, et partout où besoin serait, à l'effet d'y rechercher et saisir tous papiers, correspondances, munitions, et généralement tous objets susceptibles d'examen.

Nous sommes, accompagné du sieur *Froger*, brigadier à la troisième brigade centrale, et d'inspecteurs sous ses ordres, transportés rue Traversière-Saint-Antoine, où, après diverses recherches, nous avons découvert la boutique dudit sieur *Colombier*, au n° 21 de ladite rue.

La porte de l'allée de la maison, étant entr'ouverte, nous y sommes entré, et après que la portière de la maison nous eut dit que la femme *Colombier* était locataire d'une boutique, arrière-boutique, et cave, et, en outre, de deux chambres au premier étage, ayant leur entrée au fond du couloir à droite du pallier d'escalier, nous avons frappé à la porte à nous indiquée, qui a été ouverte, presque aussitôt, par un individu en chemise qui, après nous avoir dit se nommer *Colombier (Jean-Baptiste)*, être âgé de 43 ans, né à Saint-Julien-de-Toursac (Cantal), marchand de vin, nous a conduit dans une chambre sur la rue, où nous avons trouvé couchée, une femme qu'il nous a dit être la sienne, ce qu'elle nous a confirmé en nous déclarant se nommer *Jeanne Bicant*, être âgée de 51 ans, née à Thuzac (Cantal).

Nous leur avons donné connaissance de notre qualité et des motifs de notre transport en leur faisant lecture dudit mandat, et, après avoir reconnu que, dans la seconde chambre, éclairée sur la cour, et dont la porte était ouverte, se trouvait couché un individu, qui nous a dit se nommer *Launois* (*Paul-Pierre*), être âgé de 33 ans, né à Liége, monteur en cuivre, demeurant depuis six mois dans ladite chambre, dont il est locataire moyennant 90 francs, ce que nous a confirmé le sieur *Colombier*, que nous avons interpellé séparément à cet égard, nous avons procédé avec la plus minutieuse attention, tant dans la chambre dudit *Colombier*, dans les meubles et armoires la garnissant, que dans ses boutique, arrière-boutique et cave, à des recherches exactes, par suite desquelles nous avons saisi; 1° Onze brochures et pièces imprimées qui sont : livraisons de l'Histoire de la révolution française, par *Cabet*, extrait du Livre du peuple; Acte de la société de la boulangerie véridique; les Déjeuners de Pierre; Ouvriers, associez-vous; Prospectus du Journal de la réforme électorale; Religion Saint-Simonienne; lettre de convocation, signée *Perriés*, pour le banquet de Romainville, du 25 octobre 1840; et enfin, Déclaration des Droits de l'Homme.

Le sieur *Colombier* a déclaré qu'il ignorait d'où ces brochures provenaient.

2° Sept quittances d'abonnements au journal *le National;* une au journal *le Peuple* : le tout en son nom; une carte d'entrée, également en son nom, de la société des fondeurs, dont il nous a dit avoir fait partie, et une pièce manuscrite, dont les lignes, au nombre de onze, sont interrompues, mais dont la première commence ainsi : *Les soussignes citoyens*, et la dernière finit par les mots suivants : *Malades ou peureux*.

3° Et enfin soixante-douze exemplaires du journal *le Peuple*, quatre du *National*, deux du *Popalaire* et un du *Nouvelliste*.

Tous lesquels objets ont été placés sous scellés avec étiquettes indicatives.

Nous avons ensuite procédé, dans la chambre où nous avons trouvé couché le nommé *Launois*, à des recherches exactes qui sont demeurées sans aucun résultat.

De tout quoi avons dressé le présent procès-verbal, que nous avons clos à huit heures du matin, et que *Colombier* a signé avec nous, sa femme ayant déclaré ne le savoir. Le tout après lecture.

Signé COLOMBIER, QUOINAT.

Et attendu la nature de l'inculpation dont ledit *Colombier* est l'objet,

Disons, qu'avec sa femme et le nommé *Launois*, il sera conduit au dépôt de la Préfecture, pour être statué à leur égard ce qu'il appartiendra,

Et que les objets saisis, formant trois scellés, seront, avec le présent,
déposés à la Préfecture.

Signé Quoinat.

PROCÈS-VERBAL de saisie d'un registre de comptes et de crédits au
domicile de *Colombier.*

L'an mil huit cent quarante et un, le quinze septembre, onze heures du
matin,

Nous, *François-Georges Quoinat*, commissaire de police de la ville de
Paris, pour le quartier Montmartre;

Vu notre procès-verbal de ce jour, relatif au nommé *Colombier*, marchand de vin, rue Traversière-Saint-Antoine, n° 21, envoyé au dépôt de
la Préfecture de Police;

Vu les nouvelles instructions à nous données à l'effet de saisir, au domicile de *Colombier*, le registre de ses comptes avec ses divers débiteurs, registre que nous avions examiné sans y faire de remarque, et que nous
avons laissé sur une table dans sa chambre;

Procédant en exécution du mandat de M. le Préfet, en date d'hier, joint
à notre procès-verbal de ce jour,

Nous sommes transportés susdite rue Traversière, n° 21, au domicile dudit
Colombier, où nous avons trouvé le sieur *Salat (Jean)*, son neveu, marchand de vin, demeurant rue Saint-Maur, 142, qui, dépositaire des clefs
que son oncle lui a fait remettre, nous a, après que nous lui avons donné
connaissance du motif de notre transport, accompagné dans la chambre de
Colombier, dont il nous a ouvert la porte; et là, en sa présence, sur une
table placée au milieu de ladite chambre, nous avons trouvé et saisi un
registre contenant, tant par lui-même que sur des feuilles détachées, soixante
et seize comptes divers, dont aucun au nom du nommé *Papart.*

Nous avons coté et paraphé chacun desdits comptes, et le tout a été
placé sous scellé avec étiquette indicative, signée de nous et dudit *Salat*,
qui a signé le présent; le tout après lecture.

Signé Salat et Quoinat,

Disons que le présent et le registre saisi seront transmis pour être joints
à notre procès-verbal de ce jour.

Signé Quoinat.

15.

Énault dit Manceau (*Jacques-Désiré*), âgé de 18 ans, scieur de long,
demeurant à Paris, quai Valmy, n° 59.

(Entendu, le 5 octobre 1841, par M. Boulloche, Juge d'instruction délégué.)

J'ai connu le nommé *Quenisset* dit *Papart*, parce que nous avons été
embauchés à la Grève et que nous avons travaillé ensemble toute la journée
du vendredi 10 septembre, pour le compte du sieur *Sautilly*, maître scieur
de long. Le lendemain 12, nous n'avons point été occupés et nous sommes
allés ensemble dans quelques cabarets. Je me rappelle bien qu'il m'a conduit chez un marchand de vin, gros, court, dont je ne sais pas le nom,
et qui demeure rue Traversière-Saint-Antoine; nous y avons bu quatre
petits verres avec le marchand de vin lui-même; chacun a payé sa tournée;
le marchand de vin en a bien payé deux. *Quenisset* dit *Papart* et le marchand de vin ont causé ensemble assez longtemps; comme cela ne me
regardait pas, je n'ai pas écouté ce qu'ils disaient. Je me rappelle seulement que, lorsque nous sommes partis, le marchand de vin a dit à *Quenisset : Tu reviendras demain.* Je ne sais pas s'il a dit qu'il y aurait du nouveau. Je crois aussi avoir entendu parler le marchand de vin du Carré-
Saint-Martin; je n'ai point compris ce que cela voulait dire.

J'ai quitté presque aussitôt *Quenisset*, qui ne m'a pas parlé de ce que lui
avait dit le marchand de vin.

Femme Rolin (*Jacques-Françoise* Barbier), âgée de 74 ans, indi-
gente, demeurant à Paris, rue Traversière-Saint-Antoine, n° 21.

(Entendue, le 13 octobre 1841, par M. Boulloche, Juge d'instruction délégué.)

Je demeure au troisième étage de la maison rue Traversière, n° 21,
habitée par les mariés *Colombier.* Mon grand âge et mes infirmités m'im-
posent l'obligation de me coucher de bonne heure et de me lever tard.
Je ne sais donc rien de ce qui se passe dans cette maison. Je cause rarement avec la femme *Colombier*, et j'affirme, aussi vrai qu'il faut mourir un
jour, qu'elle ne m'a jamais rien dit de ce qui se faisait chez elle; que notamment, elle ne m'a jamais parlé de cartouches. Si *Rolin*, dont je suis la
femme légitime et non pas seulement la femme de ménage, a dit le contraire, il s'est trompé.

Rolin (*Claude*), âgé de 68 ans, scieur de long, demeurant à Paris,
rue Traversière-Saint-Antoine, n° 21.

(Déposition reçue, le 13 octobre 1831, par M. Boulloche, Juge d'instruction délégué,
Et confrontation avec l'inculpé *Quenisset.*)

Je demeure dans la même maison que *Colombier;* j'allais souvent, le
matin, boire un demi-setier chez lui. Je ne faisais qu'entrer et sortir, et je
n'ai pas remarqué les personnes qui fréquentaient son cabaret. J'y ai cependant vu deux ou trois fois le nommé *Quenisset* dit *Papart*, que je connaissais parce que nous avions travaillé ensemble, et que même il avait
voulu me battre. A mon âge, je ne suis plus un homme à courir les rues;
je me couche tous les jours aussitôt après mon dîner. J'ignore donc s'il y
avait ou non des réunions chez *Colombier* dans la soirée. Personne ne m'a
jamais parlé de cartouches. Il est faux que ma femme m'ait dit que la dame
Colombier lui avait confié qu'on faisait des cartouches chez son mari.

D. Je crois que vous ne dites pas la vérité. Dans une certaine soirée
de juillet ou d'août, vous étiez dans le cabaret de *Colombier;* vous y avez
vu *Quenisset* et plusieurs autres jeunes gens. Vous savez qu'on est monté
dans une chambre, au premier étage, pour recevoir *Quenisset* dans la *Société des travailleurs égalitaires;* enfin, un jour, travaillant avec ce même
Quenisset, vous lui avez dit qu'on fabriquait des cartouches chez *Colombier.*

R. Je me rappelle qu'effectivement, un soir, j'ai bu une chopine chez
Colombier, qu'il y avait plusieurs jeunes gens qui ne faisaient que sortir et
entrer; dans le nombre, je n'ai connu que *Quenisset* et *Boucheron;* je n'ai
pas fait attention aux autres. Je ne connais pas les nommés *Launois, Just
Brazier, Boggio* dit *Martin, Mallet;* tout cela n'est pas de l'état.

Je n'ai pas pu dire à *Quenisset* qu'on faisait des cartouches chez *Colombier*, puisque je n'en savais rien, et que je ne l'aurais pas inventé.

D. *Quenisset* l'a déclaré, et il est, sans doute, tout prêt à le répéter er.
votre présence.

R. Eh bien, qu'il vienne; je lui prouverai que cela n'est pas; et, s'il
dit pareille chose, c'est qu'il m'en veut.

D. Vous êtes dans une très-grande erreur : cet inculpé, en faisant la
déclaration dont je viens de vous parler, a grand soin de dire que vous

n'êtes pour rien dans cette affaire; seulement il rapporte ce que vous-même avez dit.

R. Je ne le savais pas, je ne pouvais pas le dire; je l'aurais donc inventé.

Dans ce moment, ayant fait amener dans notre cabinet le nommé *Quenisset*, nous lui avons demandé s'il persistait à soutenir que le témoin *Rolin* lui ait dit avoir appris par sa femme de ménage qu'on faisait des cartouches chez *Colombier*.

R. Oui, Monsieur, j'y persiste. Le lendemain de la réunion qui avait eu lieu rue de Charonne, *Rolin*, qui me connaissait parce qu'il me voyait tous les jours chez *Colombier*, m'a demandé ce qu'il y avait de nouveau et ce qu'on avait fait la veille. Sur ma réponse, qu'on avait nommé des agents révolutionnaires, et qu'on avait proposé une cotisation pour avoir des cartouches, il a repris : *Ah! bah! des cartouches! Ma femme, qui tous les jours descend chez Colombier pour y lire le journal, m'a dit qu'on y faisait des cartouches à force.* Telle est l'exacte vérité. Quoique le témoin soit allé dire, lorsque nous avons cessé de travailler ensemble, à notre traiteur, de ne plus me faire crédit, je ne lui en veux pas; et la preuve, c'est que je ne dis que cela : c'est un vieillard qui n'est pas dangereux.

Le témoin, interpellé, a dit : « Ce n'est pas vrai; je trouverai des témoins qui rapporteront le contraire. »

Se reprenant, il a dit : « Eh bien! oui, c'est vrai. J'ai entendu la femme *Colombier* elle-même dire qu'on faisait des cartouches chez elle, ou plutôt elle l'a dit à ma femme, qui me l'a rapporté, et j'ai raconté cela à *Quenisset*. »

D. A *Rolin :* Maintenant que vous êtes revenu à la vérité, faites donc connaître avec franchise ce que vous avez vu chez *Colombier;* quelles personnes y étaient, et dans quel but des réunions avaient lieu dans la chambre de *Launois* dit *Chasseur ?*

R. Il y avait M. *Jarrasse*, et puis plusieurs autres dont je ne sais pas les noms. Il y en a un qui, un soir, a fait un sermon dans la chambre du fond, derrière la boutique de *Colombier;* je ne me rappelle pas ce qu'il a dit. *Colombier* était resté dans son comptoir. On montait, on descendait, on allait et venait au dehors; ils étaient au moins vingt; on n'y connaissait rien. Le lendemain, en travaillant avec *Quenisset*, il m'a dit qu'on l'avait fait jurer avec *Boucheron*, sur leur tête, de ne rien dire, et puis encore autre chose que je ne me rappelle pas.

Deux ou trois jours après, il m'a encore dit : *Ce n'est pas pour rire, tout cela; j'ai vu des pistolets chez Colombier.* Tout ce que m'a raconté *Quenisset* ne m'a fait aucune impression, parce que je n'étais pour rien là dedans.

Mɪʀᴏᴜꜰꜰᴇ (*François*), âgé de 51 ans, ébéniste, demeurant à Paris,
rue Moreau, n° 58, faubourg Saint-Antoine.

(Entendu, le 24 septembre 1841, par M. Boulloche, Juge d'instruction délégué.)

Je n'ai aucune connaissance personnelle de l'attentat du 13 de ce mois.
J'avais passé une partie de ma journée à travailler chez le sieur *Thomas,*
rue de Gaillon, n° 10; je revenais chez moi, lorsque, étant sur le boulevard,
j'ai vu passer le cortége : ce n'est que quelques instants après, et en me
dirigeant vers la Bastille, que j'ai appris l'attentat, ce qui m'a fait de la
peine, comme doit en éprouver tout bon citoyen en pareille circonstance.

Je connais indirectement le nommé *Colombier;* j'ai eu très-peu de rapports avec lui : je me rappelle cependant que nous avons parlé ensemble
de la réforme électorale, pour laquelle il recueillait des signatures. Il ne
me serait pas possible de dire que c'est à lui que j'ai donné la mienne.

J'avais reçu aussi une feuille qui m'a été envoyée chez moi je ne sais
par qui; elle est encore toute blanche, je ne m'en suis point occupé.

Il y a trois semaines ou un mois environ, un tailleur de la rue Feydeau,
dont je ne sais pas le nom, m'a remis lui-même ou m'a envoyé une adresse
à la garde nationale de Toulouse, pour la faire signer; je l'ai signée moi-
même, et j'ai recueilli une vingtaine de signatures des hommes de la compagnie de la garde nationale à laquelle j'appartiens. Je crois, sans pouvoir
l'assurer, que *Colombier* était au nombre de ces signataires.

Je sais, comme tout le monde l'entend dire, qu'il existe des sociétés
secrètes; comme je n'appartiens à aucune, et qu'il ne m'a été fait aucune
proposition pour m'y affilier, je ne connais aucun des individus qui les
composent.

En six années, je suis entré deux ou trois fois au plus chez *Colombier;*
je ne connais, par conséquent, aucune des personnes qui fréquentent sa
maison.

Hᴇʀʀᴍᴀɴɴ (*Georges*), âgé de 43 ans, ébéniste, demeurant à Paris,
rue de Charenton, n° 71.

(Entendu, le 1ᵉʳ octobre 1841, par M. Perrin, Juge d'instruction délégué.)

Je suis allé au-devant du 17ᵉ régiment jusqu'à Charenton, et, lorsqu'il
est entré, je l'ai accompagné dans la rue du Faubourg-Saint-Antoine, jusqu'à

la rue Traversière, me tenant constamment à côté du cheval du lieutenant-colonel.

Arrivé à la rue Traversière, j'ai voulu y entrer pour retourner chez moi, et, au moment où je fendais la foule, j'ai entendu à quelques pas de moi, sur ma droite, le coup de pistolet, dont j'ai très-bien vu la fumée, sans apercevoir la figure de celui qui avait tiré. On s'est aussitôt précipité sur cet individu, et j'ai mis la main dessus comme les autres : il se débattait courageusement, en disant : *Tuez-moi.*

Un homme, vêtu d'un sareau, me prit alors par l'épaule, en me disant : *Est-ce que cela vous regarde ? Laissez faire la police : vous voulez peut-être avoir une pension.* Je lui répondis, en lui faisant voir mes mains, que je n'étais point un paresseux, et que je n'avais pas besoin de pension. Après cela, ne voulant pas avoir de querelle avec cet individu, parce qu'on a bientôt fait d'attraper un coup de couteau, je suis parti. Au moment où je me retirais, j'ai entendu crier *Aux armes !* dans la rue Traversière ; je n'ai point remarqué les personnes qui poussaient ce cri. Je ne sais pas si je pourrais reconnaître l'individu qui m'a pris par l'épaule, parce qu'il y a souvent des personnes qui se ressemblent : c'était un homme de 5 pieds 2 pouces environ, âgé d'à peu près 25 ans, sans barbe, cheveux blonds, visage pâle et un peu grêlé ; il était vêtu d'une blouse bleue, et coiffé d'une casquette dont je ne me rappelle pas la couleur.

Je n'ai pas remarqué si, au moment de l'explosion, il y avait plusieurs voitures auprès de la rue Traversière ; mais je me rappelle très-bien qu'il y en avait une au coin de cette rue, devant la boutique du boulanger, sans pouvoir dire quelle espèce de voiture c'était.

A l'instant, nous nous sommes transporté avec le témoin à la Conciergerie, où étant, nous avons fait comparaître successivement, et confronter avec le témoin, tous les individus impliqués dans la procédure, et se trouvant en état d'arrestation.

Le témoin déclare que l'individu qui, comme il l'a dit plus haut, l'a pris par l'épaule, en lui disant de laisser faire la police, n'est certainement aucun des inculpés qui viennent de lui être représentés ; il ajoute :

J'ai reconnu parmi ces individus le marchand de vin *Colombier,* j'ai été plusieurs fois boire dans son cabaret, mais il y a bien quinze mois que je n'ai mis le pied chez lui, parce que je savais que sa maison était fréquentée par des républicains : plusieurs fois j'y ai entendu des propos contre Louis-Philippe, ce qui m'a déplu tout à fait, et je n'ai plus voulu y retourner : cette maison là est connue dans le quartier pour le lieu de réunion des républicains ; mais je ne puis indiquer aucune des personnes qui y vont habituellement, puisque depuis longtemps je m'en suis entièrement retiré.

Lorson (*Jean-François*), âgé de 39 ans, logeur et scieur de long, demeurant à Paris, rue du Faubourg-Saint-Antoine, n° 135.

(Entendu, le 25 septembre 1841, par M. Perrin, Juge d'instruction délégué.)

Je ne connais le nommé *Papart* que pour l'avoir vu deux ou trois fois; je n'ai même su son nom que le jour de l'attentat: il n'était connu que sous le nom d'*Albinos*.

Je n'ai pu dire à personne que je l'avais vu devant ma porte le jour de l'entrée du 17ᵉ régiment, car, dans le fait, je ne l'ai pas vu.

J'ai été voir entrer le régiment, et je me trouvais au troisième étage, chez M. *Girardin*, vis-à-vis la rue Saint-Nicolas, lorsque nous avons entendu l'explosion du coup de pistolet, ce qui nous a de suite fait fermer les fenêtres : lorsque je suis revenu chez moi, *Papart* était emmené depuis longtemps.

D. D'après un renseignement qui nous a été transmis, vous auriez entendu *Papart* dire à trois individus avec lesquels il causait devant votre porte le jour de l'attentat : *C'est une affaire convenue, je tirerai le premier; sur quatre, nous ne le manquerons pas?*

R. Je n'ai aucune connaissance de cela, et voici peut-être ce qui a pu donner lieu à ce faux rapport. Une personne que je ne connais pas, et qui causait dans un groupe, a dit que le jour de l'attentat elle avait vu quatre ouvriers montant la rue du Faubourg-Saint-Antoine, et dont l'un disait à un autre : *Tu ne feras pas un coup comme cela;* l'autre aurait répondu : *Si je ne le fais pas, je veux être le plus grand scélérat du monde, et tu diras que je ne suis pas un Français.* J'aurai sans doute rapporté ce fait, qui aura été dénaturé.

Je ne puis fournir aucun renseignement sur les sociétés secrètes qui existent dans le faubourg Saint-Antoine, et principalement dans la rue Traversière. J'entends les ouvriers parler de république, mais la moitié ne savent pas ce qu'ils disent. Est-ce qu'une république est dans le cas d'exister en France!

Je n'ai jamais mis le pied dans le cabaret de M. *Colombier*, et ne connais aucune des personne qui s'y réunissent.

Procès-verbal de recherches dans la fosse d'aisances de la maison
habitée par *Colombier.*

L'an mil huit cent quarante et un, le dix-sept octobre,

Nous, *J.-J. Laumond,* commissaire de police de la ville de Paris, et
plus spécialement du quartier des Quinze-Vingts;

Vu l'ordonnance en date du 15 du courant, rendue par monsieur le
Chancelier de France, Président de la Cour des Pairs, dans l'instruction de
l'attentat commis, le 13 septembre dernier, contre LL. AA. RR. les Ducs
d'Orléans, de Nemours et d'Aumale;

Laquelle dite ordonnance nous commet pour faire procéder à la vidange
des latrines de la maison rue Traversière-Saint-Antoine, n° 21, habitée par
le nommé *Jean-Baptiste Colombier,* marchand de vin, à l'effet d'y rechercher et saisir des objets, armes ou munitions qu'il aurait pu vouloir soustraire aux recherches de la justice ,

Nous sommes transporté hier au soir, à onze heures, dans la maison rue
de Charenton, n° 85, appartenant au sieur *Lejeune,* quincailler, expliquant
notre transport dans ladite maison et non dans celle de la maison rue Traversière, n° 21, en faisant connaître, ainsi que nous nous en sommes assuré, que la fosse d'aisance de cette dernière maison était commune à
celle de M. *Lejeune,* et que l'ouverture d'extraction de ladite fosse se trouvait dans la susdite maison, rue de Charenton, n° 85.

Et les ouvriers du sieur *Richer,* entrepreneur de vidanges, demeurant à
la petite Villette, n° 44, que nous avions requis, étant présents, nous
leur avons donné l'ordre de commencer l'extraction des matières, ce qu'ils
ont fait en notre présence, en celle du sieur *Billaudel,* inspecteur de la sa-
lubrité, et de deux agents de police qui nous avaient accompagnés. Ayant
toutefois et préalablement enjoint auxdits ouvriers de nous annoncer et
aussitôt de nous représenter les objets tels que armes, munitions, ou tous
autres suspects, qu'ils pourraient trouver dans la fosse.

Ladite opération, commencée comme il a été dit ci-dessus à onze heures,
a continué sans interruption, jusqu'à ce matin trois heures. Terminée à
ladite heure, il n'a été trouvé dans la fosse, ni dans les matières qui en ont
été retirées, aucune arme, munitions, non plus qu'aucun autre objet pouvant être considéré comme suspect et susceptible, à ce titre, d'être saisi et
mis sous la main de la justice.

Déclarant enfin qu'avant de faire procéder à la vidange dont il s'agit,
nous nous étions assuré auprès de M. *Lejeune,* susdénommé, qu'il n'avait
été procédé depuis plus de deux mois à aucune extraction dans ladite fosse,

la seule au surplus qui desserve, ainsi que nous le constatons, la maison
rue Traversière, n° 21, appartenant à M. *Valluet*, demeurant rue Saint-
Antoine, n° 39.

Mentionnons qu'à l'occasion de l'opération ci-dessus constatée, nous
avons alloué et payé au nommé *Collin*, journalier, demeurant rue du Faubourg-Saint-Antoine, n° 156, la somme de six francs, pour courses à la
préfecture de police, chez le sieur *Richer*, à la Petite-Villette, et chez
MM. *Lejeune* et *Valluet*.

Quant au mémoire du sieur *Richer*, nous nous réservons d'en faire le
règlement et d'en requérir le payement, comme de la somme de six francs
ci-dessus mentionnée, sur la caisse des frais généraux de justice criminelle.

En foi de tout quoi nous avons dressé le présent procès-verbal.

A Paris, les jour, mois et an susdits.

Le Commissaire de police,
Signé LAUMOND.

FAITS PARTICULIERS à BRAZIER dit JUST.

PROCÈS-VERBAL d'arrestation de *Brazier* dit *Just*, et de perquisition
à son domicile.

L'an mil huit cent quarante et un, le mercredi quinze septembre, à
quatre heures du matin,

Nous, *Michel Yon*, commissaire de police de la ville de Paris, pour le
quartier du faubourg Montmartre, officier de police judiciaire, auxiliaire
de M. le procureur du Roi;

Vu le mandat de perquisition et d'amener décerné le jour d'hier, par
M. le conseiller d'État Préfet de police, contre le nommé *Just*, ébéniste,
demeurant en garni chez le sieur *Landon*, marchand de vin, rue Traversière-Saint-Antoine, n° 6o, inculpé d'être complice de l'attentat commis
sur la personne de Son Altesse Royale Monseigneur le Duc d'Aumale;

Étant assisté de M. *Figat*, officier de paix, et des sieurs *Flearichon* et
Chalandar, et autres sergents de ville, nous sommes transportés à l'adresse
ci-dessus.

Parvenu au devant de la porte de la maison portant le n° 6o, rue Traversière-Saint-Antoine, cette porte étant fermée, nous plaçons plusieurs
agents en surveillance, à l'effet de veiller à ce que personne ne sorte, et de
nous prévenir aussitôt que la porte sera ouverte. A cinq heures, une
femme ouvre ladite porte pour se rendre à son travail; elle nous dit, sur
notre demande, que le maître du garni habite le premier étage; elle ajoute
que nous aurions pu entrer, attendu que la porte ferme au moyen d'un
secret très-facile à découvrir.

Nous étant après adressé à la femme *Georges Engelander*, tenant garni,
elle nous dit qu'elle a, comme locataire, un nommé *Just*, ouvrier menuisier, qui habite une chambre au troisième étage sur le derrière, en
commun avec deux autres ouvriers. Parvenu dans cette chambre, nous
avons trouvé, couché sur un lit situé à gauche dans ladite chambre, un
individu portant une longue barbe et des moustaches rouges, vêtu de son
pantalon et de son gilet, les pieds nus, qui repose dans cet état, et qui
paraît avoir passé la nuit dans cette position : sur notre interpellation, cet

individu déclare se nommer *Brazier (Just-Édouard)*, âgé de 28 ans, natif d'Amiens, ouvrier menuisier, et demeurer dans cette chambre depuis le mois de décembre dernier.

La dame *Engelander*, nous dit que c'est bien cet homme qui est connu dans la maison sous le nom de *Just*.

Dans un second lit, situé à droite, nous trouvons couchés deux autres individus qui disent se nommer, 1° *Hermann (Jacques)*, âgé de 17 ans, ouvrier tourneur, demeurant dans cette chambre depuis le 20 juin dernier; 2° *Laflotte (Augustin-Nicolas)*, âgé de 22 ans, menuisier, demeurant dans cette chambre depuis deux jours seulement.

Nous donnons, en notre qualité, dont nous portons ostensiblement les insignes, communication de notre mandat aux trois individus susdits, et procédons en leur présence à une perquisition minutieuse, qui amène la saisie des objets suivants :

Une brochure intitulée *Conspiration du général Mallet*, par *Dourille;* un petit volume in-12, intitulé *Almanach populaire de la France*, *1841;* un autre almanach plus grand, dont il manque plusieurs feuillets, notamment le titre : ces objets se trouvaient sur une commode placée au fond de la chambre, entre les deux croisées. Dans le tiroir supérieur de ce meuble, nous trouvons neuf feuilles de papier gris pliées en long en quatre, toutes dans la même forme. Le nommé *Just Brazier* nous dit que le papier est à lui, qu'il l'a ainsi plié pour emballer des jouets d'enfants qu'il a envoyés dans la province; sous ces feuilles, nous trouvons quatorze carrés longs irréguliers, de semblable papier; une rognure de ce même papier, enfin un autre carré plié en forme de cartouche; une chanson manuscrite intitulée : *Profession de foi électorale de feu Mahul*, suivie d'une autre chanson sur les dissolutions de la garde nationale; une feuille couverte de notes relatives aux dépenses du nommé *Brazier (Just)* deux autres papiers, un fragment de circulaire d'une compagnie d'assurance contre l'incendie causé par guerre et émeute, qui est froissé comme s'il avait été porté dans la poche, sur une partie duquel on trouve la recette suivante, qui paraît destinée à la confection de la poudre à fusil : *salpêtre, douze onces; soufre, deux onces; charbon, deux onces et demie.* En marge est écrit d'une autre main : *bourdaine, eau, deux onces.* Au-dessous est écrit au crayon : *salle Saint-Jean, n°* .

Nous plaçons ces papiers sous notre scellé, savoir : les trois brochures, les feuilles et les fragments de papier gris ensemble; et les chansons, la feuille de notes, les deux autres papiers et le fragment de circulaire sous un second scellé.

Nous constatons que le tiroir dans lequel ces objets étaient renfermés porte une forte odeur de poudre. Les nommés *Hermann* et *Laflotte* déclarent que ce tiroir était à l'usage particulier du nommé *Brazier;* ce dernier le déclare aussi.

Dans les autres tiroirs, nous ne faisons aucune remarque ni aucune découverte.

Continuant nos recherches, nous trouvons dans un petit placard ne fermant point à clef, situé dans le corridor, près la porte de la chambre dont il vient d'être parlé, six paquets formés au moyen de feuilles de papier gris, semblable à celui trouvé dans le tiroir de la commode de *Brazier*, et renfermant, savoir : 1° une certaine quantité de salpêtre en poudre; 2° environ un demi-kilo de salpêtre; 3° environ un demi-kilo de soufre en poudre; 4° un mélange de soufre et de salpêtre; 5° un mélange pareil; 6° du charbon en poudre; enfin un septième paquet contenant du salpêtre blanc en pierre, formé dans une circulaire du magasin du Petit-Saint-Antoine, portant l'adresse de la dame *Duchefdelaville*, n° 173, Charonne. Nous plaçons ces sept paquets sous notre scellé.

Le nommé *Brazier* nous dit, sur nos interpellations, qu'il ne connaît point les objets que nous venons de saisir; qu'ils ne lui appartiennent point. Les nommés *Hermann* et *Laflotte* font une déclaration pareille.

Nous saisissons et plaçons également sous notre scellé une blouse en toile de coton bleu, trouvée sur le lit de *Brazier*, et qu'il dit lui appartenir.

Et attendu que ce sont les seuls objets suspects que nous trouvions, nous avons, de ce qui précède, rédigé le présent procès-verbal, dont nous avons donné lecture aux nommés *Brazier* et *Hermann*, qui ont signé avec nous.

Signé : *Hermann*, *Jacques*, *Brazier*, *Figat* et *Yon*.

Nous procédons après à de très-minutieuses perquisitions dans toutes les parties de la maison où nous nous trouvons, sans découvrir aucun objet suspect ou qui mérite d'être saisi.

La femme *Engelander*, maîtresse du garni où nous sommes, nous déclare, sur nos interpellations, que le nommé *Just-Édouard Brazier*, son locataire, lui est redevable d'une somme de 100 francs, pour loyer et nourriture; que souvent il se dérangeait de son travail; que depuis qu'il y a du bruit dans Paris, il rentre plus tard que d'habitude; que, le lundi 13, il rentra dans sa chambre dix minutes environ après l'attentat, ayant l'air tout effrayé; qu'il était dans ce moment vêtu d'une blouse bleue; qu'enfin cet individu recevait des hommes de son âge souvent dans sa chambre, où ils restaient ensemble.

Le sieur *Hermann*, interpellé séparément nous dit : Que les papiers et les brochures, notamment celle intitulée : *Conspiration du général Mallet*, appartiennent à *Just*; que souvent il l'a vu lire dans ce dernier livre; qu'il avait eu une plus grande quantité de papier gris, il y a environ une quinzaine de jours; que souvent il a vu des jeunes gens venir visiter *Brazier*.

Lundi matin, 13 septembre, vers les sept heures, un individu qu'il reconnaîtrait vint le prendre à la chambre, en l'engageant à sortir de suite. Le soir du même jour, il amena un autre individu à coucher avec lui.

Le sieur *Laflotte* déclare qu'ayant couché lundi soir pour la première fois dans cette chambre, il vit un homme, qui est étranger au garni, qui passa la nuit dans le lit de *Just Brazier.*

Sur quoi, et attendu qu'il résulte de ce qui précède, que des cartouches et de la poudre ont été fabriquées dans la chambre occupée par les nommés *Brazier*, *Hermann* et *Laflotte*, nous disons qu'ils seront conduits au dépôt de la préfecture de police, à la disposition de qui il appartiendra, et que le présent procès-verbal et les pièces et objets saisis seront adressés à M. le Préfet de police, et avons signé.

Le commissaire de police,

Signé YON.

Autre PERQUISITION au domicile de BRAZIER dit JUST.

L'an mil huit cent quarante et un, le jeudi seize septembre, à une heure après midi,

Nous, *Michel Yon*, commissaire de policé de la ville de Paris, quartier du faubourg Montmartre,

En exécution de la commission rogatoire, ci-jointe, décernée ce jourd'hui par M. *Perrin*, juge d'instruction, dans la procédure par suite de l'attentat du 13 septembre, nous commettant à l'effet de nous transporter au domicile du nommé *Just*, rue Traversière, n° 60; d'y faire exacte perquisition d'une baguette de jonc de laquelle paraissent avoir été détachés deux fragments qui auraient servi à charger les pistolets instruments du crime ;

Étant assisté des sieurs *Pinchon*, *Morotte* et *Bourgoise*, sergents de ville de la préfecture de police, nous sommes rendu à l'adresse ci-dessus, et, étant parvenu dans le garni du sieur *Georges Engelanger*, son épouse nous accompagne, sur notre demande, dans la chambre du troisième étage où nous avons arrêté hier matin le nommé *Just-Édouard Brazier:* nous reconnaissons et constatons que les meubles et effets garnissant cette chambre sont dans le même état où nous les avons laissés, que rien n'a été dérangé depuis notre départ.

Nous nous livrons aussitôt à une minutieuse perquisition de tous les objets renfermés dans cette chambre, et parmi lesquels nous ne trouvons et découvrons aucun fragment ou bout de baguette de jonc, ou en bois quelconque, aucun instrument dont une partie ait pu servir à charger des armes, des pistolets.

Nous saisissons et plaçons sous notre scellé, savoir :

1° Un tricot en laine brune; 2° un mauvais pantalon en toile verte, dit *surtout*, dont la partie inférieure de la jambe droite est coupée ; 3° un vieux pantalon en cuir laine gris, qui sont les seuls vêtements à nous désignés comme appartenant au nommé *Just Brazier*.

Nous saisissons aussi un médaillon en plâtre, de la hauteur de douze centimètres environ, représentant les traits du nommé *Barbès*, condamné par la justice, que la maîtresse du garni nous dit appartenir au nommé *Just Brazier*, et être dans cette chambre depuis quinze jours au plus : ce médaillon était attaché sur le mur en face de la porte d'entrée. Un bout de tube en cuivre du calibre d'un fusil de munition ou à peu près, long de 16 à 17 centimètres : cet objet appartient au nommé *Just*; enfin deux morceaux de charbon de bois blanc, que nous trouvons derrière le lit de *Just*, confondu avec des outils à lui appartenant. Nous constatons que ce charbon, qui paraît être depuis peu de temps dans ces lieux, n'est nullement sali de poussière.

La femme *Georges Engelander*, interpellée de nous dire si elle n'a jamais remarqué dans cette chambre une baguette en jonc ou en bois, mais propre à battre les habits, nous fait une réponse négative : puis elle ajoute que, plus souvent qu'elle, sa bonne vient faire cette chambre, et pourrait nous fournir des renseignements plus certains. Faisant immédiatement intervenir la nommée *Catherine Bamousset*, âgée de 18 ans, domestique de ce garni, elle nous dit, sur notre demande, qu'elle n'a jamais vu ni remarqué dans cette chambre aucune baguette de la nature de celle dont nous lui parlons.

La femme *Georges Engelander* nous dit, à l'égard des deux morceaux de charbon que nous venons de découvrir, qu'elle est surprise que ces objets se trouvent dans ces lieux; que jamais on n'y fait de feu; que la cheminée est bouchée et incapable de servir; qu'il n'existe aucun fourneau; qu'enfin le nommé *Just*, ayant été indisposé il y a quelque temps, elle lui préparait toutes les tisanes dont il pouvait avoir besoin.

Sur quoi, et attendu que nos recherches sont complètes, nous avons de ce qui précède rédigé le présent procès-verbal, dont nous avons donné lecture à la femme *Engelander*, qui a dit y reconnaître vérité et ne savoir signer, de ce interpellée; avons signé.

Le Commissaire de police,

Signé Yon.

Disons, nous commissaire de police, que le présent, la commission rogatoire de M. le juge d'instruction et les objets saisis, seront, à telles fins qu'il appartiendra, transmis à M. le conseiller d'État préfet de police, nous réservant de nous faire rembourser de la somme de cinq francs, que nous avons allouée et payée à un cocher de fiacre pour deux heures et demie de salaire que nous l'avons employé à cette opération.

Signé YON.

Fille RAMOUSSET (*Catherine*), âgée de 18 ans et demi, domestique chez M. *Georges*, demeurant à Paris, rue Traversière-Saint-Antoine, n° 60.

(Entendue, le 18 septembre 1841, par M. Perrin, Juge d'instruction délégué.)

Je suis domestique du garni de M. *Georges*, chez qui étaient logés en garni, dans la même chambre, *Just Brazier*, *Hermann* et *Laflotte ;* je ne connais ces Messieurs que pour les avoir vus à la maison, et n'ai jamais tenu de conversation avec eux. *Laflotte* n'a couché que deux nuits, celles du lundi et du mardi, et c'était moi qui faisais habituellement leur chambre ; Madame la faisait aussi quelquefois. Jamais nous n'avons rien vu en eux qui annonçât une mauvaise conduite. Je pense qu'ils n'étaient pas liés ensemble ; celui qui n'a couché que deux nuits ne connaissait même pas M. *Just*, et il ne lui a pas parlé. Quant à M. *Hermann*, je pense qu'il connaissait davantage M. *Just*, parce qu'ils ont couché depuis environ trois mois dans la même chambre ; mais jamais je ne les ai vus avoir de fréquentations ensemble. Je n'ai jamais vu personne demander après *Laflotte* ou *Hermann :* quant à *Just*, on est venu le demander deux fois à ma connaissance ; mais je suis souvent en course, et, quand on vient demander quelqu'un, c'est à Madame qu'on s'adresse.

Il y a, dans la chambre qu'habitaient *Laflotte*, *Hermann* et *Just*, une commode qui est placée entre les deux fenêtres ; je ne puis pas dire positivement par qui les trois tiroirs de la commode étaient employés. M. *Laflotte* n'a apporté qu'un petit paquet à sa main ; *Hermann* avait une malle, et je pense qu'il s'en servait pour mettre ses effets : quant à M. *Just*, qui n'avait pas de malle, je crois qu'il se servait de la commode.

Jamais on n'a nettoyé les habits de ces trois Messieurs, et je ne les ai jamais vus les battre eux mêmes ; je n'ai jamais vu dans leur chambre de baguette de jonc, ni aucune baguette propre à battre les habits.

Je n'ai jamais regardé dans les tiroirs de la commode ; je pense qu'ils ne ferment point à clef, car je n'y ai jamais vu de clef, et j'ai souvent remarqué qu'ils étaient entr'ouverts.

Je n'ai jamais vu dans la chambre d'armes d'aucune espèce; je n'y ai pas vu non plus de cartouches ni de poudre, ni rien de semblable, ni mor''er, ni pilon; mais j'ai vu, sur la petite table de la chambre, un cahier de papier gris en feuillets, et non plié.

Le lundi, je suis allée voir entrer le 17° régiment avec M. *Georges*, mon maître; nous sommes allés nous placer au coin de la rue Traversière, vers midi et demi, quand on a dit que le cortége arrivait. J'ai aperçu les Princes au moment où ils passaient devant la rue Traversière; dans ce même moment, j'ai entendu un coup de pistolet, et de suite, comme mon maître et moi nous étions par derrière, nous avons manqué d'être écrasés par la foule qui nous bousculait; nous avons été renversés tous les deux, et aussitôt que nous avons pu regagner la maison, nous l'avons fait. J'ignore par qui le coup de pistolet a été tiré; je n'ai pas même entendu nommer la personne, et je ne connais pas *Papart*.

Pendant que j'étais au coin de la rue Traversière pour voir passer le cortége, je n'ai aperçu ni *Just*, ni *Laflotte*, ni *Hermann*, ni aucune personne de ma connaissance. Lorsque j'ai été de retour à la maison, je n'ai pas vu rentrer M. *Just*; j'ai su seulement, par l'état de son lit, qu'il était rentré coucher.

Je n'ai vu rentrer *Hermann* qu'à la tombée de la nuit, et *Laflotte* n'est venu chez nous dans cette soirée que pour la première fois.

Je n'ai vu personne venir demander M. *Just* le lundi matin, et je ne sais pas si le même jour il a ramené quelqu'un coucher avec lui.

Dans le corridor où se trouve la chambre occupée par *Just* et les deux autres, se trouve un placard si peu profond, qu'on dirait que ce sont des portes appliquées sur un mur. Comme on ne s'en servait jamais, je ne savais même pas qu'il existait lorsque M. le commissaire est venu l'ouvrir je ne sais pas s'il y a trouvé quelque chose, car je ne suis pas montée avec lui.

TRUCHOT (*Simon*), âgé de 26 ans, garçon de cave, demeurant à Paris, rue Traversière-Saint-Antoine, n° 60.

Entendu, le 26 septembre 1841, par M. Perrin, Juge d'instruction délégué.)

Je ne puis donner aucun renseignement sur les personnes logées dans le garni situé dans la maison, dont je n'occupe que ↑ rez-de-chaussée et le premier au-dessus de ma boutique; le garni est tenu par M. *Georges Enge-lander*, qui est un très-honnête homme, et qui pourra vous fournir tous les renseignements désirables.

Cependant, j'ai occasion de voir les locataires de M. *Georges*, parce qu'ils viennent boire chez moi; ainsi, je connais depuis longtemps *Just Brazier*, qui tous les matins venait prendre le vin blanc chez moi avec son patron M. *Fouque*. Il prenait sa nourriture chez son logeur M. *Georges*, et souvent il venait chez moi le soir faire une partie de cartes avec les personnes qui se trouvaient là. Je ne lui ai jamais entendu émettre aucune opinion politique, et j'ignore s'il faisait partie de sociétés secrètes.

Je ne connais point *Boucheron*, *Launois* dit *Chasseur*, *Mallet*, *Auguste Petit*, *Dufour*, *Prioul*, ni aucune des autres personnes que vous me nommez, comme étant liées avec *Juste*. Il est possible qu'il les ait amenées chez moi: mais, dans ce cas, je ne les connaîtrais que de vue.

J'ai reçu dans les premiers jours de septembre, pour être remise à *Just*, la lettre datée de Bruxelles que vous me représentez. J'ignore absolument par qui elle a été écrite. *Just* m'avait prévenu qu'il en attendait une de sa mère. Je n'en ai, du reste, jamais reçu aucune autre pour lui.

Le jour de l'attentat, j'ai, comme c'était mon habitude, appelé *Just* à six heures du matin pour qu'il se rendît à son ouvrage. Je l'ai vu descendre et se rendre chez son maître. Autour de neuf heures, je l'ai vu revenir dans l'allée de son garni, et, comme il était seul, j'ai pensé qu'il revenait déjeuner. Je ne l'ai pas vu ressortir; et plus tard, immédiatement après l'attentat, je l'ai retrouvé sur la porte de l'allée, lorsque je revenais de voir passer le 17ᵉ régiment. J'ai fait peu attention à lui dans ce moment, quoiqu'il ait été obligé de se déranger pour me laisser passer, parce que je voulais rentrer par l'allée.

Je n'ai aucune connaissance que, dans la matinée de ce jour 13 septembre, il ait traversé ma boutique avec un autre individu qui aurait déposé son chapeau sur mon comptoir ou sur une table. Quelquefois *Just* traversait ma boutique pour monter chez lui; mais, ce jour-là, je ne l'ai pas vu la traverser: il est, comme je viens de le dire, rentré à neuf heures par l'allée, et il n'était accompagné de personne. S'il a traversé ma boutique avec un individu, ce ne peut être que dans un moment où j'étais, soit à ma cave, soit au premier étage; mais, si je me suis absenté pour aller à ma cave ou monter au premier (ce que je ne me rappelle pas), mon absence n'a pu être que très-courte, car je suis seul pour servir, n'étant pas marié et n'ayant point de garçon pour m'aider. Je ne connais pas du tout le nommé *Papart*, et ne puis pas dire s'il est quelquefois venu boire chez moi. S'il m'était représenté, peut-être le reconnaîtrais-je pour l'avoir vu. Enfin, j'ajouterai que je n'ai point vu de chapeau dans ma boutique.

Je me suis placé au coin de la rue Traversière, devant le magasin du

Vampire, pour voir passer le cortége. Le coup de pistolet est parti très-près de moi, en avant et un peu sur la gauche; les Princes ne se trouvaient point encore entièrement vis-à-vis de moi, en sorte que j'ai lieu de croire que le coup a été tiré sur eux un peu obliquement. L'individu qui a fait feu était séparé de moi par plusieurs personnes, en sorte que je ne l'ai aperçu qu'au moment où on se jetait sur lui pour l'arrêter.

Un instant avant le coup, j'ai entendu crier : *A bas Humann! à bas Guizot!* Je n'ai entendu aucun cri après le coup, parce que je me suis retiré sur-le-champ.

Je n'ai remarqué sur les lieux aucune autre voiture qu'une espèce de tapissière qu'on avait fait entrer dans la rue Traversière pour ne pas gêner le cortége.

Je connais *Hermann* pour un jeune homme très-paisible et ne s'occupant que de son ouvrage. Quant à *Laflotte*, qui a logé chez M. *Georges*, je l'ai vu aujourd'hui pour la première fois.

ENGELANDER (*Georges*), âgé de 5o ans, logeur, demeurant à Paris, rue Traversière-Saint-Antoine, n° 6o.

(Entendu, le 3o septembre 1841, devant M. Perrin, Juge d'instruction délégué.)

Un instant avant que le régiment passât devant la rue Traversière, je suis allé me placer au coin de cette rue, avec *Catherine*, ma domestique, et, en attendant, nous nous sommes amusés à regarder les étoffes du magasin du Vampire. Nous nous trouvions auprès de la porte cochère de la maison dans laquelle se trouve le magasin, lorsque les Princes sont arrivés à la tête du régiment; un instant après leur passage, j'entendis un coup de pistolet partir à une trentaine de pas à ma gauche : aussitôt tout le monde est tombé sur nous pour entrer dans la porte cochère, et je me suis trouvé renversé sur quatre ou cinq femmes ; dans la foule je perdis la fille *Catherine*, et, un instant après, nous nous retrouvâmes chez moi, où je m'empressai de retourner. Je n'ai pas entendu d'autre cri que celui de : *Vivent les Princes !*

Je me rappelle avoir vu, devant la porte cochère du Vampire, une voiture des environs de Paris ; mais je ne saurais dire dans quel moment elle s'est arrêtée, ni dans quel moment elle a continué sa marche, parce que je ne faisais attention qu'au régiment. Il y avait une autre voiture qui était à moitié entrée dans la rue Traversière, et qui était, je crois, celle d'une blanchisseuse.

Je n'ai pas vu arrêter le nommé *Papart*, parce que j'étais trop éloigné de l'endroit où il a tiré : je ne connais pas cet individu, que je n'avais même jamais entendu nommer.

Le nommé *Just* était logé chez moi depuis sept ou huit mois, et y prenait ses repas ; j'ai toujours entendu dire que c'était un bon ouvrier, et jamais je n'ai eu à me plaindre de lui : c'est un brave garçon, on ne peut pas dire autrement, toujours honnête et ne se soûlant jamais.

J'ignore s'il était affilié à une société secrète ; il ne parlait de rien à table, et si je l'avais entendu parler politique, je l'en aurais empêché, parce que je sais que ces affaires-là amènent toujours des disgrâces. J'ai quelquefois vu des jeunes gens venir demander après lui, mais je ne les ai jamais fixés, en sorte que je ne puis faire connaître aucune de ses connaissances.

Je ne l'ai pas aperçu le jour de l'attentat, et il m'est impossible de dire comment il a passé son temps.

Je m'occupe, dans ma boutique, de mon état de cordonnier ; je fais peu attention aux locataires qui entrent ou sortent.

Je ne puis pas savoir si le nommé *Papart* est venu voir *Just* dans sa chambre le jour de l'attentat, et s'ils ont fait descendre un jeune homme pour pouvoir être seuls dans la chambre. *Hermann* et *Laflotte* sont les seuls qui occupaient la chambre avec lui, et encore ce dernier est venu coucher le lundi pour la première fois.

Je n'ai aucune connaissance qu'un jeune homme soit venu coucher avec *Just* le jour de l'attentat.

J'assistais à la perquisition que M. le commissaire de police a faite dans la chambre, et je lui ai vu saisir, dans la commode dont se servait *Just*, des papiers et des livres, dont partie était dans un tiroir et partie sur le meuble. M. le commissaire a aussi saisi, derrière des portes de placards que j'avais dressées et clouées dans le corridor, pour me débarrasser, divers objets, tels que charbon, salpêtre, sel et papiers : j'ai été fort étonné de cette trouvaille, parce que les portes étant plaquées et clouées contre le mur du corridor, on ne pouvait rien mettre derrière ; il faut croire que celui qui avait caché les objets saisis dans cet endroit avait décloué l'une des portes pour introduire ce qu'il voulait mettre derrière, et l'avait ensuite reclouée. J'ignore, du reste, si c'est *Just* qui avait fait cela. Lorsqu'il a été arrêté, il y avait au moins trois mois que je n'étais entré dans sa chambre, où je n'ai jamais vu de baguette de jonc ; il n'avait pas besoin de battre ses habits, car il avait très-peu d'effets. Je ne lui ai connu qu'une redingote grise, et il était ordinairement vêtu d'un pantalon et d'une blouse de toile.

Femme ENGELANDER (*Rosalie POZIER*), âgée de 55 ans, logeuse, demeurant à Paris, rue Traversière-Saint-Antoine, n° 60.

(Entendue, le 30 septembre 1841, par M. Perrin, Juge d'instruction délégué.)

Au moment où les Princes allaient passer vis-à-vis la rue Traversière, à la tête du 17ᵉ régiment, je suis venue me mettre sur ma porte pour tâcher de les apercevoir de loin; mais presqu'aussitôt j'entendis la détonation d'une arme à feu, ce qui me causa un grand effroi: mon mari et ma domestique, qui avaient été roulés dans la poussière, sont arrivés quelques instants après, et nous sommes tous rentrés chez nous.

Le nommé *Just*, qui logeait chez moi depuis huit à dix mois, fut arrêté deux jours après avec deux autres jeunes gens logeant dans la même chambre que lui. Ces deux derniers, qui depuis ont été remis en liberté, sont des ouvriers bien honnêtes; quant à *Just*, c'est également un bien bon garçon et auquel je n'ai rien à reprocher. L'hiver dernier, il a été un mois sans travailler, parce qu'il manquait d'ouvrage et qu'il était un peu indisposé. J'ai pris soin de lui comme de mon enfant; je lui ai fait crédit, et il me redoit aujourd'hui une centaine de francs. J'ignore s'il fait partie de sociétés secrètes, jamais il ne parlait politique chez moi; il s'entretenait peu avec les personnes qui mangeaient avec lui chez moi. Peu de jeunes gens venaient le demander; il m'est impossible d'indiquer ceux qu'il fréquentait.

Le jour de l'attentat, il est descendu de sa chambre vers sept heures du matin, et en sortant il était seul, ce que j'ai bien remarqué; car il m'a remis sa clef; il est rentré vers neuf heures, neuf heures et demie, et m'a demandé, autant que je me le rappelle, du lait pour son déjeuner: il n'est resté qu'un instant; je ne sais pas s'il est monté dans sa chambre, et je ne l'ai plus revu qu'après le coup de pistolet. Je ne sais pas s'il a été voir passer le cortége ou s'il n'y a pas été; mais, au moment où je venais d'être effrayée par le coup de pistolet, et avant, je crois, que mon mari et ma domestique fussent rentrés, je l'ai vu dans l'allée de ma maison: rentrait-il, sortait-il, je n'en sais rien, car j'étais tellement bouleversée que je ne voyais rien. Je me rappelle qu'il m'a dit: « Qu'est-ce que vous avez? ne vous tourmentez pas, ça ne sera rien. » Il paraissait tranquille comme à son ordinaire; seulement, il était un peu ému, comme tout le monde.

Le commissaire de police, en venant l'arrêter, a fait une perquisition à laquelle je n'ai pas assisté. Il paraît qu'on a trouvé quelque chose derrière des portes de placards que mon mari avait clouées au mur; jamais on ne détachait ces portes, derrière lesquelles on ne pouvait rien placer.

Plus tard, le commissaire de police est encore venu faire une perquisi-

tion et m'a demandé si j'avais vu dans la chambre une petite baguette de
jonc; j'ai répondu, ce qui est vrai, que je n'avais vu dans cette chambre de
baguette d'aucune espèce.

La commode était à l'usage de *Just*, qui mettait ses outils dans le tiroir
du bas et ses effets dans le tiroir du haut; *Laflotte*, à son arrivée, a placé
son petit butin dans celui du milieu : aucun des tiroirs ne ferme à
clef. Je n'ai aucune connaissance que, le jour de l'attentat, *Just* ait ramené
quelqu'un pour coucher avec lui; il a pu le faire, cependant, sans que je
m'en aperçusse, parce qu'il a pu faire entrer un camarade par l'allée, et
venir seul me demander sa clef.

Je ne connais pas le nommé *Papart*, et si cet individu est venu dans la
chambre de *Just* le jour de l'attentat, je ne m'en suis point aperçue.

Je répète que lorsque *Just* est venu prendre du lait à neuf heures du
matin, je l'ai vu seul et n'ai point remarqué s'il montait ou non dans sa
chambre.

Autre DÉPOSITION du même témoin.

(Reçue, le 6 octobre 184:, par M. Perrin, Juge d'instruction délégué.)

D. Dans la déclaration que vous avez faite au commissaire de police,
lorsqu'il est venu faire perquisition dans la chambre habitée par *Just Brazier*, votre locataire, n'avez-vous pas dit que cet ouvrier se dérangeait souvent de son travail; que, depuis qu'il y avait du bruit dans Paris, il rentrait
plus tard que d'habitude; que le lundi 13 septembre, après l'attentat, il
était rentré ayant l'air tout effrayé; qu'enfin *Just* recevait souvent dans sa
chambre des hommes de son âge ?

R. Je n'ai pas dit cela au commissaire de police, qui probablement ne
m'aura pas comprise. J'ai dit que *Just* avait été un mois sans travailler; mais
c'est parce qu'il n'avait pas d'ouvrage, et il en cherchait partout: le pauvre
garçon se cachait de moi, parce que je lui demandais de l'argent pour le
faire vivre, et que, ne travaillant pas, il ne pouvait pas m'en donner.

Pendant les troubles qu'il y a eu à Paris, il n'est jamais rentré plus
tard que d'habitude; c'était ordinairement à dix ou onze heures, et quelques
fois un peu plus tard, quand il allait au spectacle.

Lorsqu'il est revenu à la maison, un instant après l'attentat, il était très-
calme et ne paraissait point effrayé: le commissaire de police lui aura appliqué ce que je disais de moi-même, car j'ai dit que j'avais été fort effrayée; je l'ai été au point que je ne pouvais plus me soutenir. C'est dans
ce moment que j'ai vu *Just* dans l'allée, où il était passé à côté de moi
sans que je m'en aperçusse, et il m'a dit : *Tranquillisez-vous, cela ne sera*

rien. Enfin, quant aux personnes que *Just* recevait dans sa chambre, j'ai dit au commissaire de police que quelques personnes étaient venues quelquefois demander après lui; que les unes l'appelaient par la cour, lorsqu'elles ne voulaient pas monter, et que d'autres allaient le trouver dans sa chambre où elles attendaient qu'il fût habillé; mais ces personnes étaient ou le garçon marchand de vin qui occupe le rez-de-chaussée de ma maison, ou le maître menuisier chez lequel il travaillait, ou bien encore le fils de ce menuisier. Je n'ai jamais vu venir aucune autre personne, et s'il en est venu, elles seront montées par l'allée sans que je les visse, ce qui était on ne peut pas plus facile, parce que je n'ai, sur l'escalier, qu'une porte vitrée à laquelle se trouve un rideau.

D. Ne faisiez-vous pas souvent la chambre où couchait *Just?*

R. Je la faisais de temps en temps avec ma domestique *Catherine*, qui la faisait ordinairement seule.

D. Avez-vous quelquefois vu dans cette chambre des pistolets ou autres armes?

R. Je n'y ai jamais vu d'armes d'aucune espèce, et il n'y en avait pas; car aucun des tiroirs de la commode n'était fermé, et il m'arrivait quelquefois de les ouvrir pour y placer les objets qui traînaient dans la chambre.

Le tiroir de la table servait à *Just* pour placer ses brosses et ne fermait pas plus que ceux de la commode; je l'ai souvent ouvert pour y placer du savon ou autre chose, et n'y ai rien vu en fait d'armes. Tout ce que j'ai vu sur les meubles, c'est du papier gris, du papier blanc et des journaux.

D. Il est à craindre que vous ne disiez pas toute la vérité, et en supposant que le commissaire de police se soit trompé sur le vrai sens d'une de vos phrases, il n'a pas pu commettre les nombreuses erreurs que vous lui imputez aujourd'hui; je vous engage donc à bien recueillir vos souvenirs, et à renoncer à toute restriction. Il est notamment un point fort important, c'est l'apparition de *Just* dans votre garni, le jour de l'attentat, vers neuf heures du matin : il paraît qu'il est arrivé avec *Papart;* qu'ils sont montés ensemble dans la chambre, et que, pour y être plus libres, ils ont fait descendre un jeune homme qui s'y trouvait.

R. Je vous jure, sur ce que j'ai de plus cher, que j'ai dit toute la vérité; si le commissaire de police a commis des erreurs, cela vient de ce qu'il a griffonné sur un calepin tous les renseignements qu'il demandait. Quant à ce que *Just* est venu le 13 septembre à neuf heures du matin,

je ne puis pas affirmer que cette heure-là soit parfaitement exacte ; c'était
peut-être un peu plus tôt ou un peu plus tard ; mais ce qu'il y a de certain , c'est qu'il était tout seul, et qu'il a pris chez moi un bol de lait,
comme c'était son habitude depuis longtemps. Je ne puis pas me rappeler
s'il a pris sa clef pour monter dans sa chambre, ou bien s'il est ressorti de
suite ; j'étais tellement occupée à servir les personnes qui demandaient
du lait ou autre chose que je ne puis pas savoir s'il est resté longtemps
chez moi ; je ne puis pas non plus me rappeler quelles personnes s'y
trouvaient en ce moment. Vous dites qu'il a fait descendre un jeune homme
de la chambre ; cela ne me paraît pas possible, car *Hermann* était le seul
jeune homme qui couchait alors dans la chambre de *Just ;* tous les matins
il partait à son ouvrage et ne revenait jamais déjeuner et seulement
dîner.

D. S'il est vrai que vous n'ayez jamais vu d'armes dans la chambre de
Just, y avez-vous vu au moins une baguette de jonc de laquelle a été détachée le bout que je vous représente?

R. Je n'ai jamais vu dans sa chambre aucune baguette du genre de
celle-ci, et certainement s'il y en avait eu une, je n'aurais pas pu manquer
de la voir en rangeant la chambre ; je n'y ai jamais vu autre chose qu'un
bâton de voyage qui s'y trouve encore.

D. Est-il arrivé quelquefois à *Just* de découcher?

R. Je ne m'en suis jamais aperçue.

D. Il paraît cependant qu'il a découché deux ou trois fois, et personne
ne peut le savoir mieux qu'*Hermann* qui couchait dans la même chambre
que lui ; or, comment se fait-il que vous ne vous en soyez pas aperçue?

R. Si *Hermann* avait pris la clef pour aller se coucher, *Just* n'avait plus
besoin d'entrer chez moi, et il a pu découcher sans attirer mon attention ;
mais je n'en ai aucune connaissance.

D. *Hermann* déclare aussi que *Just* rentrait quelquefois à minuit, quelquefois à deux heures et même à trois heures ; vous surveillez donc bien
mal votre maison, si vous ne vous êtes point aperçue de cela?

R. Quand il y a plusieurs locataires dans une chambre, le premier
rentré laisse la clef à la porte, et je n'ai plus à m'occuper des autres, qui
peuvent rentrer ou ne pas rentrer sans que je m'en aperçoive.

D. Persistez-vous à dire que vous n'ayez point connaissance qu'un jeune
homme soit venu prendre *Just* dans sa chambre, le jour de l'attentat, dès

le matin, et que le soir *Just* ait amené un autre jeune homme avec lequel il aurait partagé son lit?

R. Je n'ai aucune connaissance de cela.

FOUQUE (*Michel*), âgé de 52 ans, menuisier en bâtiments, demeurant à Paris, rue Traversière-Saint-Antoine, n° 39, et rue Saint-Nicolas, n° 20.

(Entendu, le 30 septembre 1841, devant M. Perrin, Juge d'instruction délégué.)

Lorsque le nommé *Just* a été arrêté pour l'attentat du 13 de ce mois, il travaillait chez moi depuis environ six mois. Son arrestation m'a étonné, parce que j'ai toujours vu en lui un ouvrier rangé et assidu. Dès le matin il arrivait à l'ouvrage, et il gagnait bien ses journées que je lui payais à raison de 3 francs 50 centimes. C'est un si bon ouvrier, que j'aurais bien donné cent francs pour qu'il ne se trouvât pas dans cette affaire-là.

J'ignore absolument s'il fait ou non partie d'une société secrète. Jamais je ne l'ai entendu parler politique ni rien dire contre le Gouvernement; cependant, je ne puis pas répondre de ce qu'il faisait quand il était sorti de chez moi, et je ne connais aucune des personnes qu'il fréquentait.

Le lundi, jour de l'attentat, il est venu à l'atelier à sept heures du matin. Je lui demandai s'il allait travailler : il lui arrivait souvent de travailler le lundi, sinon toute la journée, du moins jusqu'à deux heures. Il me répondit qu'il allait commencer par aller déjeuner et qu'ensuite il verrait ce qu'il aurait à faire ; il ne revint que le soir vers quatre heures, et il demanda à ma femme une pièce de cinq francs, qu'elle lui donna à compte sur onze francs qui lui étaient dus.

J'ignore comment il a employé son temps pendant cette journée.

Le lendemain il n'est pas venu travailler, et le mercredi j'allais le chercher à cinq heures du matin lorsque j'ai trouvé les agents de police dans son domicile.

J'ai vu entrer le 17° régiment; mais j'étais placé à une fenêtre très-éloignée du lieu de l'attentat, en sorte que je ne puis fournir aucun renseignement utile.

PROCÈS-VERBAL de recherches dans la fosse d'aisances de la maison habitée par BRAZIER dit JUST.

L'an mil huit cent quarante et un, le seize octobre, à onze heures du soir,

Nous, *Armand-Camille Gronfier,* commissaire de police de la ville de Paris,

Pour l'exécution d'une ordonnance datée d'hier rendue par M. le Chancelier de France, Président de la Cour des Pairs, et portant que, par nos ordres et en notre présence, la fosse de la maison n° 60, rue Traversière-Saint-Antoine, sera vidée, et qu'il y sera fait recherche et saisie d'objets, armes ou munitions, que le nommé *Just-Édouard Brazier, dit Just*, inculpé de complicité dans l'attentat du 13 septembre dernier, aurait pu jeter dans ladite fosse, à l'effet de les soustraire aux recherches de la justice.

Et après avoir averti le sieur *Richer*, entrepreneur de vidanges, demeurant à la Villette, nous sommes transporté rue Traversière-Saint-Antoine, n° 60, où en notre présence, et par les soins dudit sieur *Richer*, la pierre d'extraction de la fosse d'aisances de cette maison a été levée;

Et, immédiatement après, le sieur *Aubert*, chef d'équipe au service de M. *Richer*, a procédé sous nos yeux aux opérations de la vidange de la fosse susdite.

Il a été trouvé par ledit sieur *Aubert*, au fond de ladite fosse, un poignard formé d'une lime dite *tirepointe*, repassée et affilée, et emmanchée dans un manche grossier en bois, que nous croyons être de chêne, et à l'extrémité duquel on a fait une coche pour appuyer le pouce.

Ce poignard, qui est le seul objet saisissable qui ait été trouvé dans ladite fosse d'aisances, a été placé par nous sous étiquette indicative signée et scellée, et sera annexé au présent procès-verbal que nous transmettons à M. le conseiller d'État préfet de police, à telles fins que de droit.

L'opération de la vidange de la fosse n'a été terminée qu'à cinq heures moins un quart du matin; nous ne nous sommes retiré qu'après nous être assuré qu'il ne restait plus de matière ni d'eaux vannes dans la fosse susdite.

Nous transmettrons ultérieurement à M. le Chancelier le mémoire des frais réclamés par le sieur *Richer*, avec notre réquisitoire, ainsi qu'un autre réquisitoire portant qu'il sera payé au sieur *Rollin*, homme de peine, que nous avons employé pendant la nuit et que nous chargeons de porter le poignard à la préfecture, la somme de 5 francs à titre de salaire.

De tout quoi nous avons rédigé le présent procès-verbal, qui sera transmis à M. le Chancelier à telles fins que de droit, et avons signé.

Signé GRONFIER.

FAITS PARTICULIERS à PETIT dit AUGUSTE.

PROCÈS-VERBAL d'arrestation de PETIT, dit AUGUSTE, et de perquisition à son domicile.

L'an mil huit cent quarante et un, le mercredi quinze septembre, à cinq heures un quart du matin,

Nous, *Marie-Désiré Élouin*, commissaire de police de la ville de Paris, spécialement pour les délégations judiciaires, officier de police judiciaire, auxiliaire de M. le procureur du Roi;

Pour l'exécution d'un mandat de perquisition et d'amener décerné par M. le conseiller d'État préfet de police, le 14 septembre courant, contre le nommé *Auguste*, ébéniste, demeurant cour de la Bonne-Graine, faubourg Saint-Antoine, n° 123, inculpé de complicité dans l'attentat commis, le 13 du même mois, sur la personne de S. A. R. M. le Duc d'AUMALE,

Nous sommes transporté, accompagné de M. *Vassal*, officier de paix, et d'un nombre d'agents suffisant, cour de la Bonne-Graine, faubourg Saint-Antoine, n° 123, dans une maison de cette cour qui sert aussi de passage, puisqu'elle ouvre également sur la rue de Charonne et sur le faubourg Saint-Antoine, portant le n° 14.

Le portier nous ayant indiqué la porte d'une chambre située au premier étage au-dessus de l'entresol, la première à gauche d'un couloir où il en existe deux, comme étant celle du nommé *Auguste*, nous y avons frappé; une femme en chemise, qui nous a dit être la nommée *Sophie Pouilly*, est venue ouvrir. Elle était seule dans la chambre, qui est ouverte à l'ouest par deux baies de croisées, et qui, indépendamment de trois armoires d'attache ou placards, est garnie d'un lit, d'un secrétaire à secret, d'une commode et d'une table ronde, ainsi que d'une table de nuit en loupe de noyer; ces quatre derniers objets recouverts en marbre.

Interpellée sur la présence du nommé *Auguste* dans les lieux, elle a répondu qu'il ne s'y trouvait pas, bien qu'il y couchât assez souvent; mais comme nous avions fait garder l'issue de la maison, que personne n'avait pu en sortir, le nommé *Auguste* a été trouvé vêtu d'un pantalon et d'une chemise à l'extrémité supérieure de l'escalier.

Conduit dans la chambre dont il est locataire, il nous a déclaré se nommer *Auguste Petit*, âgé de 31 ans, né à Verdun, département de la Meuse, ébéniste en meubles, demeurant, depuis le mois de janvier dernier, dans les lieux où nous sommes.

Interpellé sur le motif qui l'avait porté à quitter sa chambre avant que nous nous y soyons présenté, il a déclaré qu'il était allé aux lieux d'aisances.

Nous avons donné lecture au nommé *Auguste Petit*, connu sous le nom d'*Auguste*, du mandat en vertu duquel nous agissons, et, en sa présence, et assisté comme il est dit d'autre part, nous avons procédé à une exacte perquisition, qui n'a rien fait découvrir qui pût être susceptible d'examen.

Lecture faite au nommé *Auguste Petit* et à M. *Vassal*, officier de paix, du présent procès-verbal, ils y ont reconnu vérité, et ils ont signé avec nous.

Signé VASSAL, AUGUSTE PETIT, ÉLOUIN.

Et, attendu que le nommé *Auguste Petit* se trouve sous le coup d'un mandat d'amener impératif de M. le préfet de police, nous avons chargé M. *Vassal*, officier de paix, d'en assurer l'exécution et de le notifier conformément à la loi.

Nous annexons ledit mandat, dûment notifié, au présent procès-verbal, pour être ensemble adressés à M. le préfet.

A huit heures du matin, nous avons, les jour, mois et an dits en tête de notre procès-verbal, chargé M. *Vassal* de faire conduire le nommé *Auguste Petit* à la maison de justice, pour, conformément à notre ordre d'envoi, être placé au secret.

Le Commissaire de police,
Signé ÉLOUIN.

LAHOCHE (*Louis-Augustin*), âgé de 40 ans, marchand de vin, demeurant à Paris, rue de la Grande-Truanderie, n° 31.

(Entendu, le 22 octobre 1841, par M. Boulloche, Juge d'instruction délégué.)

D. La justice est informée que le lundi 13 septembre, vers deux heures après-midi, des jeunes gens, au nombre de vingt à vingt-cinq, se sont réunis dans votre cabaret; qu'ils s'y sont entretenus de l'attentat qui, quelques heures auparavant, avait été commis sur la personne de M. le

Duc d'Aumale : vous êtes appelé pour rendre compte de ce qui, dans cette circonstance, s'est passé chez vous.

R. Je crois bien me rappeler avoir vu, dans l'après-midi de ce jour, plus de monde chez moi que de coutume; je ne pense cependant pas que les buveurs aient été en aussi grand nombre que vous me le dites. Leur présence, dans le même moment, m'aurait fait plus d'impression, et d'ailleurs, ainsi qu'on peut s'en assurer, ma salle est tellement petite qu'ils auraient été entassés les uns sur les autres.

D. Les hommes dont on vous parle ne vous auraient-ils pas demandé une chambre particulière plus grande que votre salle basse, et qui leur aurait été plus commode pour le but qu'ils se proposaient?

R. S'il en était ainsi, je me le rappellerais bien. Le plus fort de ma maison, c'est un hôtel garni; et si on m'avait demandé une chambre particulière, j'aurais donné la salle de billard, et je suis certain que ce jour-là personne n'y est monté.

D. Comment, par qui, et à quelle heure avez-vous appris l'attentat?

R. Un jeune soldat, tout couvert de poussière, est entré chez moi vers une heure ou deux, et c'est lui qui, en buvant une goutte, m'a appris l'événement.

D. Les personnes qui, dans ce moment ou plus tard, se sont réunies dans votre cabaret, en ont-elles parlé?

R. Je n'ai rien entendu du tout. Il faut que ces personnes-là y aient mis bien de la réserve; car, en allant et venant pour servir à droite ou à gauche, j'aurais dû entendre quelque chose.

D. Vous rappelez-vous si, aux jour et heure indiqués, vous avez vu dans votre cabaret un nombre plus ou moins grand de jeunes gens n'ayant pas habitude de le fréquenter?

R. J'étais seul et très-occupé; je n'y ai pas fait attention. Je vous assure que si j'avais fait quelque remarque, je vous le dirais avec sincérité.

D. Si les jeunes gens dont on vous parle n'étaient pas tous entrés dans votre cabaret, avez-vous remarqué s'il en est resté plusieurs à la porte?

R. Je me rappelle effectivement avoir servi plusieurs canons à des individus qui n'ont fait qu'entrer et sortir : je pense en effet qu'il en est resté d'autres à la porte, et qui ne sont point entrés. Il me serait tout à fait impossible de reconnaître aucun de ces individus, si réellement c'est chez moi qu'ils se sont rendus.

Verrier (*Anne*), âgé de 54 ans, marchand de vin, demeurant à
Paris, rue de la Ferronnerie, n° 14.

(Entendu, le 22 octobre 1841, par M. Boulloche, Juge d'instruction délégué.)

Je n'ai aucune connaissance des faits dont vous m'entretenez. Je vous
affirme que ce n'est pas chez moi que des jeunes gens, en nombre plus
ou moins considérable, se sont réunis dans la journée du 13 septembre
dernier. S'il en était autrement, je me le rappellerais à merveille, et je me
rappelle, au contraire, n'avoir vu personne ce jour-là. Cela n'est point
extraordinaire, parce que, habituellement, je ne débite que dans la matinée aux cultivateurs, jardiniers et fruitiers.

Il serait possible que cette réunion eût eu lieu chez le sieur *Nové*, cabaretier, au Bon-Coing, rues de la Ferronnerie et des Déchargeurs. Sa maison
n'est pas à plus de cinquante pas de distance de la mienne, et la consom-
mation, chez lui, est beaucoup plus considérable que chez moi.

Nové (*Guillaume*), âgé de 38 ans, marchand de vin, demeurant
à Paris, rue de la Ferronnerie, n° 39.

(Entendu, le 23 octobre 1841, par M. Boulloche, Juge d'instruction délégué.)

Je reçois beaucoup de monde dans ma maison; j'ai des chambres particulières que je donne quand on me les demande.

Le lundi, 13 septembre dernier, je suis resté toute la journée chez moi
pour servir mon monde : je ne me rappelle pas du tout en avoir vu, dans
le cours de l'après-midi, plus que de coutume. Cela cependant pourrait
être, mais je n'y ai pas fait attention.

Plusieurs personnes qui sont venues boire au comptoir ont parlé entre
elles de l'attentat; je ne les connais pas, et je ne sais pas ce qu'elles en
ont dit.

D. Avez-vous remarqué, parmi ces personnes ou parmi celles qui vous
auraient demandé une chambre particulière, des jeunes gens, au nombre
de quinze à vingt, étrangers à votre quartier, et qui n'avaient point l'habitude de fréquenter votre cabaret?

R. Ça ferait un trop mauvais effet si on avait l'air de remarquer les personnes qui viennent chez soi.

D. C'est sans doute par la crainte de ce mauvais effet que, malgré le serment que vous avez prêté, vous refusez de faire connaître à la justice ce que vous avez vu, ce que vous avez entendu?

R. Non, Monsieur, je me prête toujours volontiers à la circonstance, et je dis la vérité lorsque je prétends que je n'ai rien remarqué d'extraordinaire ce jour-là.

Si, ce que je ne crois pas, ma femme savait quelque chose, je vous l'enverrais aussitôt pour vous le dire.

Femme Nové (*Reine* Menou), âgée de 36 ans, marchande de vin, demeurant à Paris, rue de la Ferronnerie, n° 39.

(Entendue, le 23 octobre 1841, par M. Boulloche, Juge d'instruction délégué.)

Je suis restée chez moi toute la journée du lundi, 13 septembre; je vous affirme qu'il ne s'est pas présenté dans mon cabaret un aussi grand nombre de jeunes gens qu'on le dit; si cela était, c'est qu'ils ne seraient venus que deux ou trois fois, mais ils ne seraient pas réunis. Je me rappelle parfaitement que, dans cette journée, les chambres particulières, qui d'ailleurs ne peuvent contenir que cinq ou six personnes, n'ont point été occupées. J'ai bien entendu dire, par des personnes qui sont venues au comptoir, qu'il était arrivé un malheur dans le faubourg Saint-Antoine, qu'on avait tiré sur le Prince; mais c'était quelque temps après l'événement.

FAITS PARTICULIERS à LAUNOIS dit CHASSEUR.

MARCAILLE (*Jean-Baptiste*), âgé de 48 ans, fabricant de cuivrerie,
demeurant à Paris, rue Moreau, n° 5o.

(Entendu, le 14 octobre 1841, par M. Perrin, Juge d'instruction délégué.)

J'employais depuis trois ans, chez moi, le nommé *Launois* (*Paul*), qui
a été arrêté à l'occasion de l'attentat du 13 septembre. Je n'ai jamais eu
aucun reproche à faire à cet homme, si ce n'est que de temps en temps
il perdait des journées comme tous les autres ouvriers; j'ignore absolument s'il faisait ou non partie d'une société secrète. Si j'avais pu soupçonner
qu'il en fît partie, je ne l'aurais pas conservé chez moi, parce que je ne
souffre pas que les ouvriers s'occupent chez moi de politique; ils le savent
si bien, qu'après l'arrestation de *Launois*, ils ont dit que s'ils attrapaient
jamais un de leurs camarades dans les émeutes, ils le passeraient à la sa-
vatte. Aucun d'eux ne savait si *Paul Launois* était affilié à une société secrète; je les ai questionnés à cet égard : son frère, qui est marié, et que
j'emploie aussi, n'en savait pas plus que les autres.

Du reste, je dois dire que je ne m'occupe en rien de la conduite de mes
ouvriers lorsqu'ils sont hors de mon atelier, et ils peuvent faire tout ce
qu'ils veulent sans que je n'en sache rien : ils sont tous à leurs pièces, ce
qui me dispense de les surveiller, puisque je ne les paie que quand l'ouvrage est fini : ils ne commencent quelquefois leur semaine que le mercredi ou le jeudi.

J'ai entendu parler vaguement de sociétés secrètes dans le faubourg
Saint-Antoine, mais je n'ai jamais remarqué aucun désordre parmi les
trente ouvriers que j'emploie.

Veuve POILROUX (*Marie-Catherine* CHAPOT), âgée de 54 ans, marchande
de vin, demeurant à Paris, rue du Faubourg-Saint-Antoine, n° 74.

(Entendue, le 26 septembre 1841, par M. Boulloche, Juge d'instruction délégué.)

Je me présente aux lieu et place de mon mari que vous avez fait citer,
et qui est décédé depuis neuf mois.

PROCÉDURE.   19

Depuis que je suis veuve, je continue le commerce de vins; c'est moi qui tiens le comptoir, et ma fille *Rosalie*, âgée de 19 ans, sert les buveurs. Nous n'avons remarqué aucune personne extraordinaire dans notre établissement; je n'ai aucune connaissance de ce que les inculpés auraient pu faire ou dire chez moi; je serais même étonnée qu'ils y fussent venus, car ma maison, habituellement fréquentée par les marchands de bois, l'est très-peu par les ouvriers scieurs de long, ébénistes et menuisiers : cela serait cependant possible, surtout un dimanche ou un lundi; mais alors ils se seraient placés dans une chambre au premier, accessible à tous les buveurs et qui peut tenir de 12 à 15 personnes.

Si cela était et qu'ils se fussent occupés de mauvaises choses, ils auraient pu le faire sans être entendus, car on n'aurait dû venir près d'eux que lorsqu'ils auraient sonné pour demander du vin, et probablement ils auraient dans ce moment gardé le silence : au surplus, ma fille pourra peut-être mieux vous renseigner qu'il ne m'est possible de le faire.

Je suis cependant certaine que si elle avait remarqué quelque chose tant soit peu extraordinaire, elle se serait empressée de me le dire.

Si les inculpés ou ouvriers ne sont venus qu'une fois chez moi, il me serait impossible de les reconnaître.

Je ne connais pas les nommés *Quenisset* dit *Papart*, *Martin*, *Colombier*, *Boucheron*, *Mallet*, *Auguste Petit*, *Just Brazier*, *Prioul; Couturat*, je n'ai même jamais entendu prononcer un seul de ces noms.

Ma maison n'étant tenue que par moi et par ma fille, on comprend que je dois avoir un grand intérêt à éviter toute espèce de désordre; aussi, je m'en tiens aux marchands de bois qui viennent régler leur compte chez moi, et, comme je le dis, je ne reçois que très-peu d'ouvriers, et encore lorsqu'il ne m'est pas possible de faire autrement.

Autre DÉPOSITION du même témoin.

(Reçue, le 9 octobre 1841, par M. le Chancelier de France, Président de la Cour des Pairs.

D. Vous avez déjà été entendue en témoignage, et vous n'avez pas dit la vérité, j'en ai la preuve écrite. Vous avez dit qu'il ne s'était tenu chez vous aucune réunion d'ouvriers, que vous ne receviez habituellement que des marchands de bois. Or, vous devez savoir qu'il y a eu chez vous, vers le mois d'août, dans votre chambre haute, une réunion d'un certain nombre de personnes qui n'y venaient pas habituellement?

R. J'ai vu quelquefois des ouvriers venir boire chez nous, mais je ne sais pas ce qu'ils ont dit.

D. Où ces ouvriers se sont-ils réunis pour boire?

R. Dans la chambre au premier où tout le monde entre; cette chambre est publique.

D. Est-ce que le jour de l'attentat vous n'avez reçu personne?

R. Il est venu du monde en bas, mais je n'ai laissé monter personne en haut avant le passage du cortége.

D. Il est impossible que vous ne connaissiez pas le nommé *Colombier*, marchand de vin comme vous?

R. Je connais bien ce nom-là; mais l'homme, je ne sais pas si je le connais. J'ai bien entendu dire qu'il avait été arrêté, mais voilà tout. J'ai bien assez de m'occuper de mon commerce et de ma santé, sans me mêler de politique. Cela me contrarie assez que ces gens-là soient venus boire à la maison, car sans cela j'aurais été bien tranquille.

D. Vous ne connaissez pas seulement *Colombier* de nom, vous le connaissez aussi de figure. Eh bien! est-ce que *Colombier* ne faisait pas partie de cette réunion qui a eu lieu chez vous dans le mois d'août?

R. Si je le voyais, je pourrais peut-être vous dire si je l'ai vu à la maison; mais je ne puis vous dire cela maintenant, je ne sais seulement pas s'il est jeune ou vieux.

D. Vous avez dit tout à l'heure que, le jour de l'attentat, vous n'aviez laissé monter personne en haut avant le moment où il a éclaté. Est-ce que après l'attentat vous n'avez pas vu venir chez vous cinq personnes qui sont arrivées ensemble?

R. J'ai vu beaucoup de monde ce jour-là, nous avons même beaucoup vendu.

D. Ne connaissez-vous pas un nommé *Launois* dit *Chasseur* ?

R. Oui, je connais un nommé *Chasseur;* ce Monsieur-là vient souvent boire à la maison. Même quand il y est venu la première fois, il y a trois ans, il était encore en militaire; il vient quelquefois boire le soir avec son frère. L'un et l'autre ont l'air bien tranquille et bien respectable.

D. Ne vous souvenez-vous pas que ce *Launois* dit *Chasseur* est venu chez vous le jour de l'attentat avec quatre ou cinq personnes?

R. Oui, Monsieur, je l'ai vu entrer à la maison le soir, mais je ne l'ai pas vu dans la matinée, et je crois bien que quand je l'ai vu, il était seul. Il avait un petit paquet et une canne à la main.

19.

D. Ce *Launois* dit *Chasseur* était de la réunion dont je vous ai parlé?

R. Je sais que je l'ai vu plusieurs fois avec deux ou trois amis.

D. Vous devez savoir que, dans le mois d'août, il est monté dans la chambre en haut avec sept ou huit personnes?

R. Je crois qu'il n'y est monté qu'une fois ou deux. Je ne saurais vous dire si c'était précisément dans le mois d'août.

D. Cherchez bien dans votre mémoire si vous ne pourriez pas vous rappeler à peu près l'époque à laquelle *Launois* dit *Chasseur* serait monté une fois ou deux dans la chambre en haut.

R. Le garçon que j'ai eu à mon service pendant trois semaines ou un mois pourrait peut-être vous dire s'il l'a servi dans ce temps-là. C'est un tourneur en cuivre, je crois, ce M. *Chasseur*.

D. Connaissez-vous un nommé *Just Brazier*, ouvrier ébéniste?

R. Je ne connais pas ce nom-là. Après cela, si je le voyais, peut-être que je le reconnaîtrais. C'est comme l'autre, si vous ne m'aviez pas dit ce nom de *Chasseur*, je n'aurais pas su de qui vous vouliez parler.

D. Vous devez connaître un nommé *Auguste Petit*?

R. Non, Monsieur, je ne le connais pas.

D. Connaissez-vous un scieur de long nommé *Boucheron?*

R. Je ne connais aucun scieur de long; il n'en vient jamais chez nous, ou du moins presque jamais.

Demoiselle Poilroux (*Rosalie*), âgée de 20 ans, demeurant à Paris, chez sa mère, rue du Faubourg-Saint-Antoine, n° 74.

(Entendue, le 9 octobre 1841, par M. le Chancelier de France, Président de la Cour des Pairs.)

D. Vous tenez le comptoir avec votre mère?

R. Oui, Monsieur.

D. Ne vous souvenez-vous pas que, dans le mois d'août, il y a eu dans la chambre en haut, où vous donnez à boire, une réunion de sept à huit personnes qui ne venaient pas tous les jours chez vous?

R. Je puis vous assurer que je n'ai rien vu d'extraordinaire chez nous à l'époque dont vous parlez.

D. Vous devez connaître un nommé *Colombier,* marchand de vin dans le faubourg Saint-Antoine?

R. J'ai entendu parler de lui beaucoup ; mais je ne le connais pas.

D. Est-ce qu'il n'allait pas quelquefois chez vous?

R. Il est possible qu'il y soit venu ; mais je ne l'ai pas vu.

D. Vous devez connaître un nommé *Launois* dit *Chasseur?*

R. Je connais ce nom de *Chasseur;* mais je ne connais pas l'autre nom.

D. Venait-il souvent chez vous?

R. Oui, Monsieur.

D. Ne venait-il pas quelquefois en compagnie d'autres personnes?

R. Quelquefois seul, quelquefois avec d'autres personnes ; il y a environ deux ans qu'il vient à la maison.

D. Ne vous souvenez-vous pas de l'avoir vu, particulièrement dans le courant du mois d'août, venir chez vous avec plusieurs personnes, et monter dans la chambre au premier?

R. Je l'ai vu différentes fois monter dans la chambre en haut avec plusieurs personnes ; mais je ne saurais vous dire si c'était dans le mois d'août plutôt qu'à d'autres époques.

D. Parmi les personnes qui venaient avec lui, n'y en a-t-il pas une que vous auriez entendu appeler du nom de *Just?*

R. Non, Monsieur.

D. Et du nom d'*Auguste?*

R. Non, Monsieur.

D. Est-ce que vous ne seriez pas en état, si on vous les représentait, de reconnaître les personnes qui venaient habituellement avec *Chasseur* dans votre établissement?

R. Peut-être, Monsieur, que je les reconnaîtrais de vue.

Duru (*François-Antoine*), âgé de 18 ans, cultivateur et vigneron,
demeurant à Charly (Aisne).

(Entendu, le 14 octobre 1841, par M. le Chancelier de France, Président de la Cour des
Pairs.)

D. Vous avez été, il y a quelque temps, à Paris, au service de madame *Poilroux*, marchande de vin, rue du Faubourg-Saint-Antoine, en face
de la rue Charonne?

R. Oui, Monsieur.

D. Pendant combien de temps y êtes-vous resté?

R. Pendant trois semaines.

D. A quelle époque se placent ces trois semaines?

R. Vers le mois d'août, si j'ai bonne mémoire; quand ma mère est venue me chercher pour aller travailler avec mon père, la moisson était
faite.

D. Pendant ces trois semaines, n'avez-vous pas remarqué des réunions
qui se seraient tenues dans une chambre en haut, au premier?

R. Oui, Monsieur; j'ai vu une vingtaine de jeunes gens à peu près qui
sont venus trois jours de suite; après cela je n'ai plus rien vu, ma mère
étant venue me chercher.

D. Ces jeunes gens étaient-ils toujours les mêmes?

R. Oui, Monsieur.

D. Quand une fois ces jeunes gens étaient dans cette chambre, personne
sans doute n'y entrait plus, que le garçon de service?

R. En général, oui, Monsieur. Cependant j'ai vu parfois quatre ou cinq
personnes qui venaient après les autres boire aussi dans la même chambre.

D. N'avez-vous pas fait la remarque que, dans une de ces réunions, les
personnes qui en faisaient partie se tenaient renfermées plus soigneusement
que dans les autres, et que l'une d'elles se tenait à la porte pour le moment
où vous entriez, quand vous aviez été sonné?

R. Au moment où j'entrais, quand j'avais été sonné, je ne remarquais
rien de particulier. Vous savez qu'un garçon sert le monde et ne fait pas
attention à ce que l'on dit.

D. Ayant vu ces personnes trois jours de suite, ne serait-il pas possible que vous en reconnussiez quelques-unes?

R. Oui, Monsieur, ce serait possible; je reconnaîtrais certainement celui qui avait l'air d'être le maître, et qui a payé pour les autres.

D. Vous n'entriez dans cette chambre que quand on vous sonnait?

R. Oui, Monsieur.

Autre ᴅÉᴘᴏsɪᴛɪᴏɴ du même témoin.

(Reçue, le 14 octobre 1841, par M. Boulloche, Juge d'instruction délégué.)

Et confrontation avec les inculpés *Quenisset, Mallet, Colombier, Just Brazier, Auguste Petit, Launois* dit *Chasseur, Boggio* dit *Martin, Napoléon Bazin, Jarrasse, Boucheron, Couturat* et *Fougeray.*

Je persiste dans ma déclaration en date de ce jour. Je pense que si les individus que j'ai vus chez la dame *Poilroux* m'étaient représentés, je pourrais les reconnaître, sinon tous, au moins quelques-uns.

Dans ce moment, nous avons fait amener devant nous successivement les inculpés *Quenisset, Mallet, Colombier, Just Brazier, Auguste Petit, Launois* dit *Chasseur, Boggio* dit *Martin, Bazin (Napoléon), Jarrasse, Boucheron, Couturat* et *Fougeray.*

Le témoin, les ayant séparément et attentivement examinés, dit :
« Quant à,

1° *Quenisset :* « Je reconnais cet homme, j'en suis certain. Il n'était pas vêtu comme il l'est aujourd'hui : il portait une blouse. Je l'ai vu venir boire au comptoir. Il était aussi au nombre des jeunes gens qui se sont enfermés dans la chambre du premier étage de la maison.

« Ce n'est pas lui qui m'a paru être le chef : ce n'est pas lui qui a payé. »

2° *Mallet :* « Je ne reconnais pas cet homme; je ne l'ai pas remarqué ; je ne remets pas sa figure. »

3° *Colombier :* « Je n'ai pas eu l'honneur de connaître Monsieur. Il est bien possible qu'il soit venu chez la dame *Poilroux;* mais, comme plusieurs des personnes qui étaient dans la chambre haute me tournaient le dos, je n'ai vu la figure que de trois ou quatre. »

4° *Just Brazier* : « Je connais bien celui-là : je l'ai vu chez la dame *Poil-roux;* bien sûr, je l'ai vu boire au comptoir. Je ne sais cependant pas s'il était dans la chambre haute avec les autres. Je ne me rappelle pas à quelle époque je l'ai vu, ni si c'était le jour ou le soir. »

L'inculpé répond qu'effectivement il est allé dans la maison de la femme *Poilroux,* avec son patron, et qu'il a bu au comptoir.

5° *Auguste Petit*. Dès l'entrée de cet inculpé dans notre cabinet, le témoin dit : « Je reconnais bien Monsieur, je ne me trompe pas; je suis sûr de ne pas me tromper : je l'ai vu au moins une fois dans la chambre haute, avec les autres. Quoiqu'il soit changé de costume, je le reconnais parfaitement. »

L'inculpé a répondu : « Je ne connais pas ce Monsieur. »

Le témoin ajoute : « Si vous ne me connaissez pas, je vous connais bien, moi. »

6° *Launois* dit *Chasseur* : « Je ne reconnais pas cette figure : je ne sais pas si Monsieur était avec les autres. N'est-ce pas lui qu'on appelle *le Chasseur?* J'ai entendu parler de lui : la bourgeoise, lorsque ces messieurs étaient dans la chambre haute, m'avait dit, une fois pour toutes, que je n'avais pas besoin de demander d'argent, parce que c'était *le Chasseur* qui répondait. »

L'inculpé interpellé dit : « Je reconnais bien ce jeune homme pour l'avoir vu chez la veuve *Poilroux,* dont il était garçon de cave. Il peut bien me reconnaître aussi, puisque j'ai été plusieurs fois dans la maison, mais jamais pour des réunions politiques. Je n'y ai jamais répondu pour personne. »

Le témoin persiste à soutenir que la veuve *Poilroux* lui a dit de ne pas demander d'argent aux jeunes gens qui étaient dans la chambre haute, parce que c'était *le Chasseur* qui répondait. « Quand la dame *Poilroux* m'a fait cette recommandation, les jeunes gens étaient au moins une vingtaine dans la chambre, » ajoute le témoin.

7° *Boggio* dit *Martin* : « Je ne connais pas cette figure certainement. Je ne crois pas, je suis même sûr de ne l'avoir vue ni au comptoir, ni dans la chambre. Si cet homme y est venu, c'est lorsque j'étais dans la cave ou dans la cour. »

8° *Napoléon Bazin*. « Je ne connais pas cet homme : s'il est venu chez la veuve *Poilroux,* je ne l'ai pas vu; il n'est venu ni au comptoir ni dans la chambre haute. »

9° *Jarasse*. « Je ne connais pas cet homme; je ne l'ai pas vu : je ne pourrais pas dire s'il est venu boire au comptoir, ou s'il est monté dans la chambre haute avec les autres; je n'en sais rien. »

10° *Boucheron.* « Je ne connais pas du tout cette figure ; je n'ai jamais vu cet homme nulle part. J'affirme ne l'avoir jamais vu chez la dame *Poil-roux.* »

11° *Couturat.* « Je n'ai jamais vu monsieur, je ne le connais pas. Parmi les personnes dont j'ai parlé, il n'y en avait pas de mises comme monsieur, ou du moins je n'en ai pas vu. »

12° *Fougeray.* « Je ne connais pas cet inculpé; s'il est venu chez la veuve *Poilroux*, je ne l'ai pas remarqué. »

L'inculpé *Fougeray* a dit : « Je ne connais pas non plus le témoin. Je suis cependant allé une fois avec les autres dans le cabaret en face de la rue de Charonne, et qui a pour enseigne au Cerceau d'or : j'y suis resté un quart d'heure; je n'y ai vu que les dames. On n'a rien apporté dans la chambre haute tandis que j'y étais; je n'ai pas vu le garçon de cave; je ne sais pas même s'il y en avait un. »

Cette confrontation étant terminée, le témoin nous dit : « Mais, monsieur, vous ne me représentez pas toutes les personnes que j'ai vues chez la veuve *Poilroux;* j'y ai cependant vu un homme de taille ordinaire, assez gros, de 30 à 40 ans, ayant de fortes moustaches rousses, vêtu d'une blouse blanche faite en forme de redingote, d'un visage très-coloré, et coiffé d'une calotte rouge : cet homme a assisté aux trois réunions qui ont eu lieu chez la veuve *Poilroux*, tandis que j'ai été à son service. Ah sacristi ! si je voyais celui-là, je le reconnaîtrais bien.

« J'ajoute que les jeunes gens qui se réunissaient chez la veuve *Poilroux* ne sortaient point ensemble : ils avaient la précaution de s'en aller par deux et par trois, à plus d'un quart d'heure d'intervalle : on les laissait partir sans leur rien demander; c'étaient les deux ou trois derniers qui payaient la dé-pense. Quand je les voyais ainsi disparaître, j'en faisais l'observation à ma maîtresse, qui me disait ; Laissez-les aller; nous connaissons *le Chasseur*, il est bon lui.

« Je ne suis resté que trois semaines au service de la veuve *Poilroux :* j'y avais remplacé *Jules*, garçon auquel j'ai succédé : je ne sais pas ce qu'il est devenu; la dame *Poilroux* pourra le dire. »

MAIROT (*Victor*), âgé de 37 ans, traiteur, demeurant à Paris, rue Moreau, n° 52.

(Entendu, le 13 octobre 1841, par M. Boulloche, Juge d'instruction délégué.)

Je connais le nommé *Launois*, dit *Chasseur*, qui, pendant deux ans et demi a logé et mangé chez moi : il m'a toujours bien payé , et je l'ai regardé comme un honnête garçon.

C'est au mois d'avril dernier qu'il a cessé de loger chez moi, pour aller occuper une chambre rue Traversière , n° 2 1.

Je me rappelle que dans le courant de septembre , peut-être bien est-ce le dimanche 1 2 , il est venu chez moi le matin me payer une quinzaine qu'il me devait, et il m'a dit qu'il partait pour Saint-Germain : ne l'ayant pas revu depuis , je ne sais pas s'il a fait ou non ce voyage.

Je tiens un petit livre sur lequel j'inscris toutes mes recettes : comme je suis certain que c'est en me payant qu'il a annoncé l'intention d'aller à Saint-Germain, l'examen que vous ferez de ce livre, que je vais vous apporter immédiatement, vous fera voir si c'est le dimanche 1 2 ou le dimanche précédent.

Et ledit jour le livre ou brouillard du comparant nous ayant été représenté , nous remarquons qu'à la date du 1 1 septembre le compte de *Launois* a été réglé à 2 2 liv. 1 8 sous ; qu'au-dessous de cet article, séparé par un trait, on lit : *Septembre, le 12, reste dû 5 fr., doit 5 fr. 00.*

Cette constatation faite, le témoin ajoute :

Quoique de mon registre il résulte que c'est le 1 1 septembre que j'ai vu *Launois*, et qu'il m'a payé, je crois néanmoins que c'est le 1 2 au matin, et que c'est alors qu'il m'a parlé du voyage qu'il devait faire à Saint-Germain.

RAILLARD (*Hippolyte-Nicolas*), âgé de 2 6 ans, lancier, peloton hors rang, caserné à Saint-Germain-en-Laye.

(Entendu, le 1 4 octobre 1 8 4 1, par M. Boulloche, Juge d'instruction délégué.)

J'ai connu *Launois*, parce que nous avons servi dans le même régiment de chasseurs, aujourd'hui 7ᵉ lanciers. Depuis quatre ans environ qu'il a pris son congé, nous nous étions perdus de vue. Pendant ce long espace de temps, nous ne nous sommes rencontrés que deux fois ; la première, il y a environ deux mois ; la seconde, un mois.

Un dimanche, je ne me rappelle pas la date du mois, il est arrivé au quartier pour y voir ses anciens camarades ; il était huit heures, huit heures et demie du matin ; il nous a quittés à onze heures en disant qu'il allait à un petit village voisin où il avait affaire. Pendant les deux à trois heures qu'il a passées avec nous, il n'a point été question de politique, du moins en ma présence. Mon travail m'avait souvent imposé l'obligation de le quitter. Je ne lui ai pas demandé et il ne m'a pas dit ce qu'il avait à faire dans un village voisin. Je ne l'ai pas accompagné au dehors du quartier, parce que j'étais consigné. Il n'est point à ma connaissance qu'il ait parlé de la prochaine arrivée de M. le Duc d'AumALE, ni du 17ᵉ de ligne.

Je me rappelle maintenant qu'il a dit qu'on allait bientôt faire le recensement à Paris, qu'il y aurait sans doute du bruit, et que probablement notre régiment serait appelé.

Sur ma réponse que, quoique j'aie mes parents, mes amis à Paris, je marcherais, s'il le fallait, et que je ferais mon devoir de soldat de Louis-Philippe, il n'a rien répondu. Je ne sais pas quel était le but de son voyage; en arrivant au quartier, il a demandé après moi, *Deulin* et *Burguès*.

BURGUÈS (*Jacques*), âgé de 35 ans, lancier, ouvrier armurier au peloton hors rang, caserné à Saint-Germain-en-Laye.

(Entendu, le 14 octobre 1841, par M. Boulloche, Juge d'instruction délégué.)

Launois, ancien camarade du régiment, que j'avais perdu de vue depuis quatre ou cinq ans, est venu me voir à Saint-Germain, deux fois presque coup sur coup. La seconde fois, c'était un dimanche; je ne sais pas quelle date. Arrivé à huit heures du matin, il a déjeuné au quartier et il nous a quittés vers onze heures : je ne sais pas quel était le but de son voyage; nous n'avons parlé que d'anciens camarades. Je suis certain qu'en ma présence il n'a pas été question de politique. Je me rappelle cependant qu'il nous a appris que le lendemain on devait faire le recensement à Paris, et qu'il a ajouté qu'il y aurait sans doute du bruit. S'il a dit que notre régiment serait probablement appelé, ce n'est pas en ma présence.

DEULIN (*Pierre-François-Joseph*), âgé de 36 ans, lancier, brigadier bottier, au peloton hors rang, caserné à Saint-Germain-en-Laye.

(Entendu, le 14 octobre 1841, devant M. Boulloche, Juge d'instruction délégué.)

Pendant plusieurs années, j'ai servi avec *Launois*. Depuis environ cinq ans qu'il a quitté le régiment, il est venu deux fois à Saint-Germain voir ses anciens camarades. La seconde fois, c'était un dimanche, il y a un mois ou cinq semaines environ. Arrivé à huit heures du matin dans notre quartier, il a déjeuné et il est parti à onze heures. Je n'ai pas déjeuné avec lui; nous n'avons pris ensemble qu'un petit verre : il m'a dit que le but de son voyage était d'aller dans un village voir un de ses amis. Je ne l'ai entendu parler ni de politique, ni de recensement; je ne sais pas s'il en a parlé aux camarades.

20.

Boudet (*Constant-Victor*), âgé de 23 ans, ébéniste, demeurant à
Sartrouville (Seine-et-Oise), chez le sieur *Desprez*.

(Entendu, le 14 octobre 1841, par M. Boulloche, Juge d'instruction délégué.)

Je connais *Launois* dit *Chasseur*, depuis longtemps; nous avons travaillé
ensemble, et nous étions pour ainsi dire camarades de lit. Depuis huit à
neuf mois que j'ai quitté Paris, pour aller demeurer à Sartrouville, je ne
l'ai vu que deux fois. La première fois, le 15 juillet dernier, je lui avais écrit
de venir, parce que c'était la fête du pays; la seconde fois, il y a un mois
ou cinq semaines environ, il est arrivé un dimanche, vers midi; nous avons
dîné et soupé ensemble. Vers onze heures ou minuit, il est parti pour Paris
avec un garçon maréchal ferrant, dont je ne sais pas le nom. Il m'a appris
qu'il était allé à Saint-Germain voir ses camarades du régiment. Je pense
que c'est pour s'amuser avec moi qu'il est venu me voir à Sartrouville : il
ne m'a parlé ni de politique, ni de recensement, ni de l'arrivée du Prince,
à la tête du 17ᵉ léger. En quittant Sartrouville, il m'a dit qu'il allait
directement à Paris.

Desprez (*Denis*), âgé de 43 ans, tailleur d'habits et marchand de
vin, demeurant à Sartrouville (Seine-et-Oise).

(Entendu le 14 octobre 1841, par M. Boulloche, Juge d'instruction délégué.)

Il y a un mois, cinq semaines environ, peut-être plus, je crois que
c'était un dimanche, un jeune homme, que je ne connaissais pas, est arrivé
chez moi pour y voir *Boudet*, mon locataire. Ils sont restés ensemble avec
un maréchal ferrant dont je ne sais pas le nom, depuis midi jusqu'à huit
heures et demie neuf heures du soir. *Boudet* voulait que son camarade restât
à coucher avec lui, il n'a pas voulu : il est parti pour Paris, et j'ai su depuis qu'il était allé au Petit-Colombes. Je n'ai pas su d'où venait ce jeune
homme; je n'ai rien entendu de sa conversation avec *Boudet*; je ne sais pas
le nom du jeune homme dont je viens de parler, et j'ai fait si peu attention
à que lui, si je le voyais, je ne sais pas si je pourrais le reconnaître.

Rausch (*Nicolas-Frédéric*), âgé de 36 ans, restaurateur, demeurant
à Neuilly, route de Neuilly, n° 4.

(Entendu, le 13 octobre 1841, par M. Boulloche, Juge d'instruction délégué.)

Je connais *Launois* dit *Chasseur*, il est l'oncle de ma femme; il vient
souvent me voir. Je le chargeai même habituellement de faire ma cave les
dimanches et fêtes. Je ne l'ai pas vu le dimanche 12, je ne sais pas pourquoi. Je ne me rappelle pas s'il est venu le lendemain lundi 13; si je l'ai
vu, j'ai pensé qu'il arrivait de Paris, car il ne m'a pas dit s'il était allé ou
non à Saint-Germain; il n'amenait personne chez moi, le plus ordinairement
son frère seul l'accompagnait.

Femme Villain (*Augustine* Dufourmentel), âgée de 30 ans, couturière, demeurant à Paris, rue Geoffroy-Lasnier, n° 5 *bis*.

(Entendue, le 13 octobre 1841, par M. Boulloche, Juge d'instruction délégué.)

Je connais *Launois* dit *Chasseur*, parce que nous sommes du même pays;
je le vois au plus trois ou quatre fois par an; il ne vient chez moi que lorsqu'il a besoin. Un lundi, je ne sais pas si c'est le lundi 13 septembre ou
huit jours auparavant, il est venu chercher une chemise qu'il m'avait
chargée de raccommoder; il est resté deux ou trois heures à causer avec
moi. C'est vers midi ou une heure qu'il est parti, emportant sa chemise.

Il ne m'a pas dit d'où il venait; je ne sais pas s'il venait ou non de la
campagne. Je suis certaine qu'il ne m'a pas parlé de Saint-Germain ni de
l'arrivée des Princes à la tête d'un régiment.

Fremaux (*Désiré*), âgé de 30 ans, garde municipal à la 14ᵉ compagnie, caserné rue des Grès.

(Entendu, le 4 octobre 1841, par M. le Chancelier de France, Président de la Cour
des Pairs.)

Vendredi dernier, 1ᵉʳ octobre, vers trois heures, j'étais en faction à la
Conciergerie, dans le corridor Sainte-Marie. Nous avons pour consigne de
ne point parler; le détenu de la chambre n° 5 me fit signe par le guichet
qui est au milieu de la porte, et voulut m'adresser la parole. Je lui fis comprendre, par un geste, que je ne pouvais entrer en conversation avec
lui. Cet individu insista et me demanda quel était le quantième du mois; je

lui montrai un doigt, je ne sais s'il me comprit. Quelques instants après, le même individu me dit qu'il avait une lettre à faire remettre à l'un de ses amis ; il me pria de la mettre à la poste, et me la passa par le guichet avec trois sous pour l'affranchir. Je reçus la lettre, et j'allai à l'extrémité du corridor, où il faisait un peu clair ; je lus l'adresse de la lettre que l'individu m'avait remise, et je vis qu'elle était écrite à M. *Dupoty,* rédacteur en chef du *Journal du Peuple.* Je pensai tout de suite en moi-même que cela pouvait être conséquent, et je me promis bien de la remettre à mes chefs aussitôt que je descendrais ma garde. Ceci se passait à trois heures un quart environ. A quatre heures je fus relevé pour aller manger la soupe ; à quatre heures et demie, je pris, par complaisance, la faction d'un camarade qui allait manger à son tour. L'individu de la chambre n° 5 m'appela de nouveau et me dit qu'il avait une autre lettre à faire passer à son frère, pour rassurer sa famille, et il me pria de m'en charger ; il me la passa de la même manière que la première ; je la pris et la mis dans ma poche. Je lus aussi l'adresse de cette lettre, et je vis qu'elle était écrite à Mme *Defossé.* Cet individu cherchait toujours à lier conversation avec moi, je ne pouvais m'en dépêtrer ; il me dit que si je voulais lui rendre le service qu'il me demandait, il en serait reconnaissant. Il me demanda de quel pays j'étais, comment je m'appelais, et où j'étais caserné. Pour me débarrasser de lui, je lui dis que j'étais de Lille ; la vérité est que je ne suis pas de Lille, mais d'un village à une lieue de Lille ; je lui dis aussi que je m'appelais *Dupuis,* que j'étais de la 15e compagnie, et que j'étais caserné aux Célestins. Il me dit que c'était son quartier, et je crois bien qu'il a pris note par écrit du faux nom et de la fausse adresse que je lui avais donnés. En me promenant dans le corridor, j'ai vu qu'il avait du papier et il écrivait. Si j'étais sorti de la Conciergerie ce même soir, j'aurais rendu compte de ce qui s'était passé au capitaine *Tisserand,* qui reste près de là, et je lui aurais remis les deux lettres ; mais je n'ai quitté la Conciergerie que le lendemain matin à neuf heures, quand la garde a été relevée. Je me suis présenté chez M. *Desnoyelles,* sous-lieutenant de ma compagnie, pour lui faire mon rapport, il était sorti. J'y retournai un peu plus tard, il n'était pas rentré. Une autre fois, il avait du monde ; j'y allai au moins cinq ou six fois. Enfin, je le trouvai, je lui expliquai mon affaire et lui remis les lettres. Le lendemain, de bon matin, j'allai avec M. *Desnoyelles* chez le lieutenant-colonel, qui remplace le colonel absent, et M. *Desnoyelles* donna les lettres au lieutenant-colonel, qui nous dit qu'il les remettrait à qui de droit.

Représentation faite au nommé *Fremaux* de deux lettres, dont la première porte pour suscription : *Monsieur Dupoty, rédacteur en chef du Journal du Peuple :* commençant par ces mots : *Cher citoyen, je m'empresse de vous apprendre que ce traître de Papart nous a tous vendus ;* et finissant par ceux-ci : *En attendant un meilleur avenir. Le temps me manque. Launois dit Chasseur.*

Et dont la seconde porte pour suscription : *Madame Défossé, rue de Charenton, 67, à Paris, faubourg Antoine;* et commence par ces mots : *Cher frère, je m'empresse de te faire passer quelques lignes,* et finit par ceux-ci : *Embrasse ta femme, ta petite. Ton frère, Paul Launois.* Le nommé *Fremaux* déclare qu'il reconnaît parfaitement ces lettres, qui sont bien celles qui lui ont été remises par l'individu de la chambre n° 5 , et qu'il a données le lendemain à son officier. Nous l'avons invité à les parapher *ne varientur;* ce qu'il a fait à l'instant, ainsi que nous et le greffier en chef adjoint de la Cour.

Demoiselle Carlier (*Edmonde*), âgée de 3o ans, lingère, demeurant à Paris, rue Traversière-Saint-Antoine, n° 21.

(Entendue, le 12 octobre 1841, par M. le Chancelier de France, Président de la Cour des Pairs.)

D. Depuis combien de temps demeurez-vous dans cette maison ?

R. Il y a eu un an le 8 octobre.

D. A quel étage demeurez-vous?

R. Au premier, j'habite un petit logement.

D. Qu'est-ce qui demeure à côté de vous?

R. M. *Colombier* et sa dame; M. *Clemancy,* un peintre qui a une boutique en bas; M. *Potpot,* ouvrier en fauteuils, travaillant à son compte; M. *Boulay,* fabricant de roulettes; M. *Basseau,* ouvrier fondeur, avec sa dame. J'avais pour voisin le *Chasseur,* mais c'est un sobriquet; il s'appelle *Launois.* Il était mon plus proche voisin. Mais ce n'était pas la propriétaire qui lui louait, c'était madame *Colombier* qui lui cédait une chambre.

D. Je vous invite à répondre très-exactement aux questions que je vais vous faire maintenant; je ne vous demande que la vérité, mais je vous engage à la dire tout entière; c'est un avertissement que je vous donne dans votre propre intérêt. Étant si proche voisine de *Launois,* vous ne pouvez pas ignorer qu'il s'est tenu quelquefois des réunions chez lui?

R. Je sais bien qu'il est venu quelquefois chez lui des amis, au nombre de trois ou quatre, mais je n'ai jamais su si dans ces réunions l'on s'occupait de politique ou d'autre chose. Je ne suis jamais entré dans la chambre de *Launois.* Étant demoiselle, je n'entrais pas chez ces messieurs, et ne sais pas du tout ce qu'ils faisaient.

D. Il y a une de ces réunions qui a dû vous frapper plus que les autres. Cette réunion a eu lieu un soir, dans le mois de juillet, *Colombier* y était.

R. Je me rappelle bien que, un soir, dans le courant de l'été, j'ai entendu des pas d'hommes chez *Launois*, mais je ne sais pas quels étaient les individus qui étaient-là. Quant à M. *Colombier,* je ne sais pas s'il y était, je n'ai pas reconnu sa voix, que je connaissais bien. Il est venu, autant que je puis me rappeler, cinq ou six ouvriers, des amis de *Launois* enfin, comme pour boire ensemble, mais ils n'ont pas fait de scandale, et je n'ai pas du tout su si c'était une société politique ou autre. La réunion a fini à neuf heures, neuf heures et demie à peu près.

D. Ne connaissez-vous pas un nommé *Just?*

R. Je le connais de nom; mais je ne lui ai jamais parlé.

D. Vous savez bien qu'il venait chez *Launois?*

R. Il est venu une fois un monsieur demander le *Chasseur,* et, comme il n'y était pas, ce monsieur me dit : *Vous direz à Chasseur que son ami Auguste est venu le voir.*

D. Connaissez-vous *Auguste?*

R. Je le connais seulement de lui avoir parlé une ou deux fois.

D. Vous savez bien cependant que *Just* est ami de *Chasseur?*

R. Je sais qu'ils se fréquentaient; mais je ne sais pas s'ils étaient amis.

D. Vous connaissez aussi un nommé *Napoléon Bazin?*

R. Non, Monsieur; je ne le connais pas du tout.

D. Vous connaissez un nommé *Mallet,* portier, rue de Charonne?

R. J'en ai entendu parler dans ces affaires qui ont eu lieu; mais je ne le connais pas du tout.

D. N'avez-vous pas su qu'il était en relations avec *Chasseur?*

R. Non, Monsieur.

D. Connaissez-vous un nommé *Boggio* dit *Martin,* serrurier?

R. Non, Monsieur.

D. Ne savez-vous pas qu'il était lié avec *Chasseur?*

R. Non, Monsieur. Après cela, le *Chasseur* pouvait avoir des amis que je ne connaissais pas. Je n'étais pas du tout liée avec le *Chasseur;* il était seulement mon voisin. M. *Just* et M. *Auguste*, par exemple, je les ai vus souvent.

D. Depuis la réunion dont vous avez eu connaissance, qui aurait eu lieu dans le mois de juillet, et qui ne s'est terminée, suivant vous, qu'à neuf heures et demie du soir, n'y aurait-il pas eu d'autres réunions dans la chambre de *Chasseur?*

R. Non, Monsieur. Depuis ce temps-là, il n'a plus reçu personne. J'ai entendu dire dans la maison que, ce jour-là, le *Chasseur* avait invité des amis à faire une collation chez lui, une petite fête; je n'ai pas entendu parler de politique.

D. Est-ce qu'on n'a pas parlé haut dans cette réunion?

R. Non, Monsieur, au contraire : on a parlé bas, c'est-à-dire comme on doit parler, comme nous parlons ici.

CLÉMANCY (*Charles*), âgé de 35 ans, peintre, demeurant à Paris, rue Traversière-Saint-Antoine, n° 21 (1).

(Entendu, le 12 octobre 1841, par M. le Chancelier de France, Président de la Cour des Pairs.)

D. A quel étage demeurez-vous dans cette maison?

R. Ma boutique est au rez-de-chaussée, mon logement est au premier. L'un et l'autre ne sont séparés de la boutique et du logement de M. *Colombier*, que par une cloison.

D. Puisque vous demeurez au premier, vous devez être voisin de *Launois* dit *Chasseur?*

R. Oui, Monsieur; il occupe une chambre chez M. *Colombier*. Je suis son plus proche voisin.

D. Je vous rappelle l'engagement que vous venez de prendre de dire ce que vous savez. Je ne vous demande que la vérité, mais je vous la demande tout entière; cela est important pour vous. Vous ne pouvez pas ignorer qu'il s'est tenu quelquefois des réunions chez *Launois* dit *Chasseur?*

R. J'ai vu de ses camarades venir chez lui : *Just*, à ce que je crois, son

______

(1) Voir une autre déposition de ce témoin, ci-après, page 171.

frère, quelques autres dont je ne sais pas les noms. Il y a aussi M. *Auguste*, qui était l'un des amis de *Launois*, et que je connais particulièrement. J'ai souvent joué aux dames ou bu un verre de vin avec lui. J'ai vu ces messieurs chez *Launois*, mais je ne peux pas dire que j'aie su qu'il y avait chez lui des réunions périodiques.

D. Je ne vous ai pas parlé de réunions périodiques? Vous ne pouvez pas ignorer que plusieurs des personnes que vous venez de nommer se sont réunies, en plus ou moins grand nombre, chez *Launois*, un soir, dans le cours du mois de juillet?

R. Non, Monsieur; je n'ai rien su de cela.

D. Est-ce que vous n'avez pas vu, un soir que vous étiez dans la boutique de *Colombier*, cinq ou six personnes, et *Colombier* lui-même, monter chez *Launois*?

R. Je ne suis pas souvent chez M. *Colombier* le soir; je n'y vais d'habitude que le matin. Après cela, M. *Colombier* a mille raisons de monter dans sa chambre, soit pour chercher de l'argent ou des papiers, soit pour dormir, ce qui lui arrive assez souvent, et, si je l'avais vu monter, je n'y aurais pas fait attention.

D. Je vous engage à mieux rappeler vos souvenirs, car je puis vous donner l'assurance que *Launois* dit *Chasseur*, est très-convaincu que vous en savez plus que vous ne voulez le dire sur cette réunion dont je vous parle et qui aurait eu lieu, un soir, dans le mois de juillet. Cette réunion se serait terminée vers neuf heures et demie?

R. Je ne sais pas s'il y a eu une réunion chez *Launois* à cette époque. J'ai un souvenir confus, qu'un soir, ils ont pris du vin qu'on a monté en haut, mais je ne sais pas à quelle époque cela a eu lieu, ni quelles étaient les personnes qui étaient là; tout ce que je sais c'est que M. *Auguste* voyait souvent le *Chasseur*, car, quant à *Just*, je me suis un peu trop avancé en disant qu'il voyait souvent le *Chasseur*.

D. Mais vous savez bien que *Just* connaissait le *Chasseur*?

R. Oui, j'ai vu quelquefois *Just* avec lui.

D. Connaissez-vous un nommé *Napoléon Bazin*?

R. Je ne connais pas ce nom là du tout.

D. Connaissez-vous un nommé *Dufour*?

R. Oui, Monsieur; je l'ai vu deux ou trois fois dans le mois d'août.

D. L'avez-vous vu depuis l'attentat ?

R. Oui, Monsieur, je l'ai vu à la barrière de Ménilmontant, qui man-
geait dans une auberge, il y a environ quinze jours; *Dufour* venait aussi chez
Launois, je les ai vus causer ensemble.

D. Puisque vous êtes si voisin de *Colombier*, vous devez savoir ce qui s'y
est passé le 13 au matin ?

R. Non, Monsieur, je n'y étais pas ce jour-là. Le 13 je suis sorti de
très-bonne heure pour aller chez ma sœur, et, de là, chercher de l'ouvrage, car,
si j'avais été là, j'aurais peut-être été arrêté comme les autres voisins. Je
ne suis rentré que quelques minutes avant l'attentat.

JORET (*Laurent-Thérèse-Napoléon*), âgé de 38 ans, ébéniste, demeurant à Paris, rue Traversière-Saint-Antoine, n° 21.

(Entendu, le 12 octobre 1841, par M. le Chancelier de France, Président de la Cour
des Pairs.)

D. A quel étage demeurez-vous dans cette maison?

R. Au deuxième.

D. Demeurant dans cette maison depuis dix ans, vous devez connaître
le nommé *Launois* dit *Chasseur*, qui l'habite aussi?

R. Oui, Monsieur, je connais *Chasseur*.

D. Vous devez connaître aussi les nommés *Just* et *Auguste*, qui sont liés
avec lui?

R. Non, Monsieur, je ne les connais pas.

D. Connaissez-vous le nommé *Dufour*?

R. Non, Monsieur. J'allais quelquefois chez M. *Colombier*, le matin, boire
un coup, ou le dimanche, pour faire une partie avec les voisins, mais
je ne connaissais pas tous ceux qui venaient chez *Colombier*. Je connais
Chasseur, parce qu'il demeurait dans la maison.

D. Vous devez bien savoir que quelques-uns de ses amis se réunissaient
quelquefois chez lui?

R. Je sais bien que quelquefois deux ou trois camarades venaient le
voir, mais on ne peut pas appeler cela des réunions.

D. Vous n'ignorez pas qu'il y a eu chez *Chasseur*, dans le mois de juillet,

21.

un soir, une réunion pour laquelle on a monté du vin, et qui s'est terminée vers neuf heures et demie environ?

R. Je n'ai pas connaissance de cela.

D. Où étiez-vous le jour de l'attentat dans la matinée, vers huit heures?

R. J'étais chez moi, d'où je ne suis sorti qu'à onze heures, quand deux camarades sont venus me chercher pour boire un coup ensemble. Nous sommes allés chez madame *Forestier*, rue Traversière, je ne saurais vous dire le numéro. Nous étions là tranquillement à boire, quand le cortége a passé; nous avons couru comme tout le monde pour le voir, et nous nous sommes retirés quand nous avons entendu le coup de pistolet.

D. Vous n'êtes donc pas entré chez *Colombier* le matin de ce jour-là?

R. Non, Monsieur.

CHOQUIN (*Étienne*), âgé de 37 ans, tailleur de limes, demeurant à Paris, rue de Charonne, n° 87.

(Entendu, le 11 novembre 1841, par M. Jourdain, Juge d'instruction délégué.)

J'ai connu le sieur *Launois* dit *Chasseur* chez *Colombier*, marchand de vin; mais je ne le connaissais que sous le nom de *Chasseur;* je crois bien au moins que c'est chez *Colombier* que j'ai fait sa connaissance. J'ai connu un nommé *Poilroux*, marchand de vin, au marché Lenoir; mais il n'y est plus maintenant. J'ai bu chez un marchand de vin de la rue du Faubourg-Saint-Antoine, en face la rue Charonne, avec *Chasseur;* mais je ne sais pas si c'est chez *Poilroux*. J'y ai bu avec lui le jour de l'attentat, une heure environ après qu'il eut été commis. Je rencontrai *Chasseur* dans la rue du Faubourg-Saint-Antoine, en face ce marchand de vin : il me dit qu'il arrivait de Saint-Germain. Il avait un petit paquet dans un mouchoir; mais ce paquet était extrêmement peu volumineux. Je remarquai que ses souliers et même sa chemise étaient couverts de poussière. J'entrai avec lui chez le marchand de vin; ma femme n'était point avec moi. Nous y restâmes environ vingt minutes. On a parlé de l'attentat : on ne pouvait pas faire autrement. Je ne me rappelle pas ce qu'a dit *Chasseur;* je crois cependant qu'il a dit qu'il était content de ne pas s'être trouvé là. Je n'ai bu que cette seule fois chez ce marchand de vin; je n'ai pas remarqué si *Chasseur* y paraissait ou non connu.

Rousselot (*Edme-Jacques*), âgé de 33 ans, mécanicïen, demeurant à Paris, rue Ménilmontant, n° 63 *bis*.

(Entendu, le 11 novembre 1841, par M. Jourdain, Juge d'instruction délégué.)

Il y a environ deux ou trois ans que je connais *Launois* dit *Chasseur*. J'ai fait sa connaissance, comme ouvrier, lorsque j'habitais le faubourg Saint-Antoine. Je le voyais quelquefois chez *Colombier*, marchand de vin, dans la maison duquel il demeurait. Jamais je ne suis allé avec lui chez la dame *Poilroux*, marchande de vin : du moins, je ne connais pas cette dame. Le jour de l'attentat, 13 septembre dernier, et comme je descendais le faubourg Saint-Antoine, je rencontrai *Chasseur*, environ à cent pas de la Bastille : il montait le faubourg. Il me dit qu'il revenait de campagne. Nous prîmes un verre de vin ensemble, chez un marchand de vin, à droite en montant; j'ignore le nom de ce marchand de vin. Il paraît qu'il allait souvent dans cette maison, car il paraissait assez connu. Il y avait plusieurs personnes chez ce marchand de vin. Nous restâmes là à causer environ une heure, et je le quittai. Comme on parlait de l'attentat, *Chasseur* dit : *C'est fort heureux que j'arrive de campagne.* Je ne sais pas pourquoi il disait cela.

Torel (*Pierre-François*), âgé de 34 ans, ébéniste, demeurant à Paris, rue de Cotte, n° 4.

(Entendu, le 11 novembre 1841, par M. Jourdain, Juge d'instruction délégué.)

Je connais depuis environ dix mois le nommé *Launois* dit *Chasseur*, mais je ne le connaissais que sous le nom de *Chasseur*. J'ai fait sa connaissance chez le marchand de vin. Il demeurait, je crois, rue Traversière, mais jamais je ne suis allé chez lui. Je l'ai vu quelquefois chez le marchand de vin *Colombier*, et ailleurs.

D. Avez-vous été chez la dame *Poilroux* avec lui?

R Je suis allé plusieurs fois chez cette dame, mais je ne suis allé chez elle qu'une seule fois avec *Chasseur*. Ce fut le 13 septembre dernier, jour de l'attentat; il pouvait être midi et demi ou une heure. Le matin, j'étais allé livrer des meubles à un serrurier nommé *Lefèvre*, dans une maison, rue de Montreuil, n° 39; j'étais ensuite revenu chez moi, où je déjeunai avec ma femme et mon beau-frère, nommé *Benoît*. En déjeunant, nous entendîmes le tambour et nous descendîmes pour voir passer le régiment. Mon

beau-frère nous quitta, et, peu d'instants après, nous entendîmes une détonation : nous crûmes que c'était un coup de canon. Une personne entendant cela nous dit que nos oreilles nous trompaient; aussitôt il se fit une
poussée et nous rentrâmes chez nous. Environ une demi-heure ou une
heure après, je sortis seul, me dirigeant du côté de la Bastille; je vis passer
le cheval du lieutenant-colonel. Arrivé en face de la rue de Charonne, je
rencontrai le *Chasseur* qui avait un petit paquet et une canne; il était un
peu aviné. Je lui demandai d'où il venait : « De campagne, de Saint-
Germain. » Il ajouta qu'il avait une commission à faire pour un sous-officier, caserné à Popincourt. Nous entrâmes ensemble chez la dame *Poilroux;* nous y rencontrâmes quelques amis, et nous bûmes plusieurs verres
de vin. En sortant de chez la dame *Poilroux*, je l'accompagnai à la caserne Popincourt, et on lui dit que le sergent-major qu'il demandait était
au banquet de Neuilly. Nous passâmes le reste de la journée ensemble,
et je le quittai vers sept heures. Le paquet que portait le *Chasseur* contenait une chemise, que j'ai vue, et pas autre chose.

Femme CHOQUIN (*Constance* LASSEIGNE), âgée de 36 ans, demeurant
à Paris, rue de Charonne, n° 87.

(Entendue, le 11 novembre 1841, par M. Jourdain, Juge d'instruction délégué.)

Je ne connais en aucune manière le nommé *Launois* dit *Chasseur*.
Jamais je n'ai été chez un marchand de vin avec lui. Je n'étais pas avec
mon mari, le 13 septembre, quand il est sorti; je suis restée chez moi.
Je suis allée une seule fois chez *Colombier* pour y chercher mon mari,
qui y allait quelquefois avec un de ses confrères qui demeure en face de
Colombier.

FAITS PARTICULIERS A DUPOTY.

Procès-verbal de l'arrestation de Dupoty.

L'an mil huit cent quarante et un, le jeudi sept octobre, à six heures et un quart du matin,

Nous, *Marie-Désiré Élouin*, commissaire de police de la ville de Paris, spécialement pour le quartier du faubourg Saint-Germain, officier de police judiciaire auxiliaire du Procureur du Roi.

Pour l'exécution d'un mandat d'amener décerné, le 6 octobre courant, par M. le baron *Pasquier*, Chancelier de France, Président de la Cour des Pairs, contre le sieur *Dupoty*, gérant du journal du *Peuple*, demeurant rue de Bussy, n°ˢ 12 et 14, pour être entendu sur les inculpations existantes contre lui,

Nous sommes transporté rue de Bussy, aux numéros 12 et 14, où, étant accompagné de M. *Vassal*, officier de paix, dans un appartement situé à l'entresol et composé d'une première antichambre, d'une salle à manger, d'un salon, d'un cabinet de travail, ayant vue sur la principale cour, d'une seconde antichambre, d'une cuisine et d'une chambre à coucher ayant vue sur une autre cour, nous avons trouvé couché un individu qui nous a dit être *Auguste Dupoty*, âgé de 44 ans, né à Versailles (Seine-et-Oise), demeurant dans les lieux où nous sommes, gérant du *Journal du Peuple*, dont la direction est rue du Croissant, n° 16;

Nous lui avons fait connaître l'existence du mandat d'amener décerné contre lui et nous l'avons mis en état d'arrestation;

Nous avons immédiatement chargé M. *Vassal* de faire au sieur *Dupoty* notification du mandat d'amener, conformément à la loi;

Et, attendu que M. *Boulloche*, juge d'instruction près le tribunal de première instance de la Seine, est chargé par mandat de M. le Chancelier de France, de faire perquisition au siège de la direction du *Journal du Peuple*, et partout où besoin sera, nous avons conduit le sieur *Dupoty*, rue du Croissant, n° 16, où doit se rendre M. *Boulloche* pour procéder à la perquisition susdite, et en rédiger procès-verbal.

Le sieur *Dupoty* a consenti à ce qu'une femme à son service, nommée *Aspasie Ferret*, conservât les clefs de son appartement de la rue de Bussy,

n°s 12 et 14, et y restât accompagnée d'un agent de police, jusqu'à ce que
M. *Boulloche*, juge d'instruction, pût y procéder aussi à une perquisition et
afin qu'aucun objet ne pût être distrait de l'appartement, cette mesure de
précaution a été prise.

Lecture faite au sieur *Dupoty* du présent procès-verbal, il y a reconnu
vérité et il a signé avec nous.

Signé DUPOTY, *le Commissaire de police*, ÉLOUIN.

PROCÈS-VERBAL tendant à une perquisition au domicile de DUPOTY.

L'an mil huit cent quarante et un, le sept octobre, à six heures du
matin,

Nous, *Louis-Philippe Lapie de Lafage*, commissaire de police de la ville
de Paris, spécialement chargé du quartier de l'Hôtel-de-Ville, officier de
police judiciaire, auxiliaire de M. le procureur du Roi;
Vu le mandat de perquisition decerné le 6 octobre courant, par
M. le baron *Pasquier*, Chancelier de France, Président de la Cour des Pairs;
Vu les instructions de M. *Boulloche*, juge d'instruction près le tribunal
de première instance de la Seine, délégué par la Cour des Pairs;
Nous sommes transporté, assisté de M. *Roussel*, officier de paix, et des
inspecteurs de police composant sa brigade, à l'administration et dans les
bureaux du *Journal du Peuple*, lesquels sont situés à l'entresol, sur la cour,
rue du Croissant, n° 16, à Paris.
Nous constatons qu'au moment où nous avons pénétré dans les bureaux susdésignés, nous n'y avons trouvé que deux ouvriers et trois ouvrières, ces dernières employées à plier des feuilles ou numéros du *Journal du Peuple*, publié ce jour. Aussitôt nous avons fait connaître à ces personnes notre qualité, et, nous étant adressé à l'homme qui nous a paru
être le chef-ouvrier, nous lui avons demandé si le sieur *Dupoty* était en ce
moment dans les bureaux de l'administration, à quoi ce personnage qui a
dit être le nommé *Moncomble*, chef du départ au *Journal du Peuple*, a répondu que le sieur *Dupoty* n'était pas dans les bureaux de l'administration,
mais probablement à son domicile.
En conséquence de cette réponse nous avons consigné d'abord, et pendant un quart d'heure environ, toutes les personnes existant ou pouvant
se présenter dans les bureaux (cette mesure de précaution pour donner le
temps à notre collègue, M. *Élouin*, d'arriver au domicile du sieur *Dupoty*
avant qu'aucun avis de notre opération lui fût donné), ensuite nous nous
sommes bornés à maintenir toutes choses en état, afin qu'aucun papier, nul

objet ne pût être détourné et soustrait à la main de la justice lors de la perquisition projetée, et qui va être opérée dans les bureaux dont il s'agit par notre collègue, M. *Élouin*, en présence du sieur *Dupoty*, au cas d'arrestation de ce dernier.

Nous constatons, enfin, qu'après une demi-heure d'attente environ, notre collègue susnommé s'est présenté, en effet, avec le sieur *Dupoty*, dont il venait de faire opérer l'arrestation, rue de Bussy, n°ˢ 12 et 14; et qu'aussitôt ce magistrat a procédé, conjointement avec nous, et sous la direction de M. *Boulloche*, juge d'instruction, qui est intervenu au moment où nous commencions cette opération, constatée par un procès-verbal distinct et séparé.

Le Commissaire de police du quartier de l'Hôtel-de-Ville.

Signé *P. Lapie de Lafage*.

Procès-verbal de PERQUISITION dans les bureaux du Journal du Peuple, et au domicile de *Dupoty*.

L'an mil huit cent quarante et un, le sept octobre.

Nous, *Casimir Boulloche*, juge d'instruction au tribunal de la Seine, délégué par M. le Chancelier de France, Président de la Cour des Pairs, spécialement commis, par ordonnance en date du 6 de ce mois, à l'effet de procéder, assisté de MM. *Élouin* et *Lapie de Lafage*, commissaires de police aux délégations judiciaires, au domicile de M. *Dupoty*, gérant du Journal du Peuple, n°ˢ 12 et 14, rue de Bussy, au bureau dudit journal, et partout où besoin sera, aux perquisition et saisie des papiers, écrits, registres, correspondances, armes, munitions et autres objets pouvant se rapporter à l'attentat du 13 septembre dernier, et pouvant servir à la manifestation de la vérité;

Informé par une lettre, en date de ce jour, de M. le commissaire de police *Élouin*, que le sieur *Dupoty*, gérant du Journal du Peuple, était arrêté en vertu d'un mandat d'amener décerné contre lui par M. le Chancelier, Président de la Cour des Pairs, et qu'il avait été conduit rue du Croissant, n° 16, dans les bureaux de l'administration du Journal, nous nous y sommes immédiatement transporté, assisté de notre greffier, pour faire procéder, en notre présence et en celle de l'inculpé, à la perquisition ordonnée;

Où étant arrivé, nous avons été conduit au premier étage de la maison, dans un cabinet éclairé sur la cour, que l'on nous a dit être celui du gérant, et dans lequel se trouvaient déjà MM. les commissaires de police *Élouin* et *Lapie de Lafage*, et l'inculpé.

Recherche minutieuse faite dans les tiroirs, rayons, cartons et autres meubles, il a été trouvé des papiers qui immédiatement ont été mis en liasse par l'un de MM. les commissaires de police; des étiquettes indicatives ont été apposées à chacune de ces liasses, dont l'indication suit : Premièrement, 1° 71 pièces sans date; 2° une lettre datée du 20 janvier 1838; 3° 7 pièces datées de l'année 1839; 4° 23 pièces datées de 1840; 5° et 29 pièces de diverses natures, le tout saisi dans l'intérieur dudit cabinet;

Deuxièmement, 32 brochures diverses.

Nous nous sommes ensuite transporté, toujours assisté comme dessus, dans le cabinet de rédaction dudit journal, où pareille opération a eu lieu, et a amené la saisie de 1° une liasse de 12 brochures diverses; 2° une liasse composée de 25 pièces écrites ou imprimées, ayant trait, en majeure partie, à la réforme électorale.

Nous avons, en outre, saisi, dans un petit cabinet ayant vue sur la rue, et dépendant des localités occupées par le sieur *Dupoty*, un grand nombre de pétitions sur la réforme électorale.

Les étiquettes apposées à ces liasses ont été signées et paraphées par nous, MM. les commissaires de police, le sieur *Dupoty* et le greffier.

Et à l'instant, avant de clore le présent procès-verbal, le sieur *Dupoty* a dit :

« Je proteste contre cette nouvelle atteinte à la liberté individuelle, à la « liberté de la presse et au droit de pétition.

« Je proteste contre le prétexte inqualifiable qu'on donne à cette mesure.

« Je dis prétexte, parce que je proteste encore contre l'illégalité de la « saisie opérée de papiers et brochures qui sont et ne peuvent qu'être abso-« lument étrangers au mandat spécialement et formellement donné à M. le « juge d'instruction. »

Lecture faite, nous avons clos le présent, qui a été signé par nous, MM. les commissaires de police, le sieur *Dupoty* et le greffier.

Signé *A. Dupoty, Boulloche, P. Lapie de Lafage, Élouin, J. Chevalier.*

Et, le même jour, notre opération étant terminée rue du Croissant, dans les bureaux du *Journal du Peuple*, nous sommes transporté, accompagné et assisté comme dessus, au domicile du sieur *Dupoty*, rue de Bussy, nᵒˢ 12 et 14, que nous y avons fait amener;

Nous nous sommes livrés, en sa présence, à une minutieuse perquisition, qui n'a produit que la saisie de quelques papiers, correspondances et brochures qui nous ont paru susceptibles d'examen et auxquels nous avons fait attacher une étiquette indicative, qui a été signée par nous, MM. les commissaires de police qui nous assistaient et le greffier.

N'ayant rien de plus à constater, et le sieur *Dupoty* nous ayant dit qu'il n'avait aucune nouvelle observation à faire, nous avons clos le présent, après lecture, et l'avons signé avec MM. les commissaires de police, le sieur *Dupoty* et le greffier.

Signé A. *Dupoty*, *Boulloche*, P. *Lapie de Lafage*, *Élouin*, J. *Chevalier*.

Dupoty (*Auguste*), âgé de 44 ans, gérant du journal *le Peuple*,
demeurant à Paris, rue du Croissant, n° 16.

(Entendu, le 17 septembre 1841, par M. Boulloche, Juge d'instruction.)

Je reconnais les articles que vous me représentez, concernant l'inculpé *Papart*, et qui ont été insérés au *Journal du Peuple*, dans ses numéros des 14 et 16 de ce mois.

Je ne connaissais pas cet inculpé; je n'avais même jamais entendu parler de lui.

Dans la soirée du lundi 13, jour de l'attentat, trois jeunes gens que je ne connaissais pas, dont un m'a dit être de nos abonnés, se sont présentés au bureau du journal et ont donné les renseignements qui ont servi de base à la rédaction de l'avant-dernier paragraphe de l'article ayant pour titre : *Arrivée du 17° léger*, et inséré dans le numéro du 14. J'étais présent lors de la visite de ces jeunes gens; j'ai entendu une partie de la conversation qu'ils ont eue avec le rédacteur des articles *Paris*, et, comprenant toute l'importance des détails dans lesquels ils entraient, je leur ai dit qu'il fallait qu'ils donnassent leurs noms et adresses, ce qui a été fait au moins pour l'un des trois.

L'article concernant le même inculpé et inséré dans le numéro du jeudi 16, a aussi été rédigé sur les renseignements qui ont été apportés par une personne que je ne connais pas, et dont on a dû prendre au bureau les nom et adresse.

Ne sachant pas pour quel motif j'étais cité, je n'ai pas pris ces renseignements, que j'offre de vous rapporter immédiatement.

D. De votre propre déclaration, il résulte que vous avez publié les articles que je vous représente sur des renseignements qui vous auraient été verbalement donnés par des individus que vous ne connaissiez pas, dont vous n'aviez même jamais entendu parler, et que c'est sur une pareille autorité que vous auriez dit à vos lecteurs que *Papart* était un ancien soldat du 17e léger, qui, depuis longtemps avait annoncé l'intention de se venger de son capitaine, qu'ainsi c'était contre M. *Levaillant*, aujourd'hui lieutenant-colonel, et non contre Monseigneur le Duc d'AUMALE qu'aurait été commis l'attentat.

R. Les quatre citoyens qui se sont présentés au bureau du journal paraissaient être de très-bonne foi. Sur l'observation qui leur a été faite que les renseignements qu'ils transmettaient étaient graves, ils ont donné leurs noms et adresses ; et, de plus, ils ont manifesté leur consentement d'en témoigner partout où besoin serait. Il me semble que, dans de telles circonstances, un journaliste aurait manqué à son devoir, s'il n'avait pas profité de communications qui lui paraissaient propres à éclaircir le fait.

Et le même jour s'est présenté le sieur *Dupoty*, ci-dessus qualifié et domicilié, lequel a dit :

Je vous apporte et je dépose entre vos mains, pour être jointes à la procédure, après les avoir signées et paraphées avec nous et le greffier, deux petites notes sur lesquelles sont inscrites les noms donnés par les deux individus dont j'ai parlé dans la déposition que je viens de faire devant vous.

Sur l'une, on lit le nom de *Rigolet*, sculpteur, rue du Harlay, au Marais; n° 6, c'est lui qui, accompagné de deux jeunes gens, dont on n'a pas conservé les noms, a donné les renseignements qui ont servi à la rédaction de l'article du 14;

Sur l'autre, on lit *Clemancy*, rue du Faubourg-Saint-Antoine, n° 21, qui a fourni les renseignements, à l'aide desquels a été rédigé l'article concernant l'inculpé *Papart*, et inséré le 16 courant dans le *Journal du Peuple*.

DELAROCHE (Clair-Antoine), âgé de 53 ans, gérant du journal *le National*, demeurant à Paris, rue Lepelletier, n° 3.

(Entendu, le 17 septembre 1841, par M. Boulloche, Juge d'instruction.)

Je connais les articles concernant *Nicolas Papart*, qui ont été insérés dans les numéros du *National* des 14 et 16 de ce mois.

Je n'avais jamais vu ni entendu parler de cet inculpé avant l'attentat du 13 de ce mois ; mais, dans la soirée de ce même jour, vers neuf heures du soir, il a été trouvé, dans la boîte du *National*, des notes écrites à la main et contenant les renseignements qui, depuis, ont servi à la rédaction des articles insérés. Je n'ai fait aucune difficulté d'accueillir ces détails, les personnes qui me les transmettaient ayant non-seulement fait connaître leurs noms et adresses, mais encore déclaré qu'elles étaient prêtes à donner à la justice les renseignements qu'elles me transmettaient.

Je vous remets une note écrite de ma main et qui contient les noms des sieurs *Rigolet*, *Barbe*, demeurant tous deux rue du Harlay, n° 6, au Marais, et *Audy* (*Gabriel*), dont la demeure n'est pas indiquée ; mais ce dernier doit être connu des deux premiers, qui donneront son adresse.

D. Connaissez-vous les sieurs *Rigolet*, *Barbe* et (*Gabriel*) *Audy*, et saviez-vous s'ils devaient vous inspirer une confiance suffisante pour publier comme vrais et incontestables les renseignements qu'ils vous donnaient ?

R. Je ne les connais pas ; je n'avais même jamais entendu parler d'eux.

D. Êtes-vous à même de représenter et de déposer, pour être jointes aux pièces de la procédure, les notes que lesdits *Rigolet*, *Barbe* et *Gabriel* vous auraient adressées ?

R. Je ne saurais pas trop : ces notes étaient tellement mal rédigées, qu'il aurait été impossible de les insérer au journal telles qu'elles étaient. J'ai pris la précaution de copier les noms ; je ne sais pas ce que les notes elles-mêmes sont devenues. A mon retour dans les bureaux, je vais les rechercher, et si je les retrouve, je m'empresserai de vous les adresser.

D. Ces notes étaient-elles signées, ou les noms *Rigolet*, *Barbe* et *Gabriel* étaient-ils seulement écrits, soit en tête, soit à la suite de ces notes ?

R. Les noms étaient absolument sur trois lignes, tels qu'ils sont sur la note que je vous remets, et que je consens à signer et parapher avec vous et le greffier.

D. Ainsi, c'est sur la foi de pareils renseignements non signés, émanés de personnes que, d'après votre déclaration, vous ne connaissiez pas, dont vous n'aviez même jamais entendu parler, que vous avez publié des articles desquels il résulterait que l'inculpé *Papart* avait servi dans le 17ᵉ léger ; qu'ayant été condamné pour voies de fait envers son capitaine, il aurait nourri contre lui un profond sentiment de haine et de vengeance, et que ce serait contre cet officier et non contre Monseigneur le Duc d'Aumale qu'il aurait tiré?

R. Je ne puis m'appuyer que sur les renseignements qui m'ont été donnés.

D. Les sieurs *Rigolet*, *Barbe* et *Audy* (*Gabriel*) existent-ils réellement, et demeurent-ils à l'adresse que vous avez indiquée?

R. Oui, j'en suis certain; ce fait a été vérifié avant la publication de cet article.

Je crois qu'ils vous feront connaître d'autres personnes devant lesquelles ce mauvais gueux a souvent répété avec affectation qu'il avait à se plaindre de son capitaine, qu'il était animé d'un profond sentiment de haine contre lui, et que, s'il venait à Paris, ou que s'il tombait sous sa main, il lui f....... une balle dans le ventre.

D. A quelle époque et dans quelles circonstances aurait-il tenu ce propos?

R. Je ne sais pas; mais je présume que c'est depuis qu'il est question de l'entrée du 17ᵉ dans Paris.

Thomas (*Pierre-Charles*), âgé de 41 ans, rédacteur en chef du journal *le National*, demeurant à Paris, rue Lepelletier, nᵒ 3.

(Entendu, le 17 septembre 1841, par M. Boulloche, Juge d'instruction.)

Je reconnais les articles insérés au *National*, dans ses nᵒˢ des 14 et 16 du présent mois, que vous me représentez, et dans lesquels il est question de *Nicolas Papart*, inculpé.

Ce n'est point à moi personnellement que ces renseignements ont été donnés. Depuis votre citation, je me suis enquis de la source dans laquelle ils avaient été puisés, et j'ai su qu'ils avaient été apportés au bureau de l'administration du journal par des personnes qui ont prétendu parfaitement connaître ces détails. Je sais aussi que ces personnes, interpellées sur l'exactitude de ces renseignements, ont prétendu qu'ils étaient de la plus exacte vérité, et que, d'ailleurs, elles nous autorisaient formellement à invoquer leur témoignage en cas de besoin.

Ces personnes ont donné leurs nom et adresse au sieur *Delaroche*, gérant du journal; il est ici et tout prêt à vous les faire connaître,

Il ne me serait pas possible de dire quel jour et dans quel moment les personnes dont je viens de parler se sont présentées au journal.

Thibaut (*Jean*), âgé de 34 ans, marchand de vin, demeurant à
Paris, rue du Faubourg-Saint-Antoine, n° 25.

(Entendu, le 1ᵉʳ octobre 1841, par M. Boulloche, Juge d'instruction délégué.)

Je ne connais pas l'inculpé *Quenisset*. Le jour de l'attentat, plusieurs
personnes étaient dans mon cabaret. De ce nombre étaient les sieurs
Naté et *Méjasson* dit *Michel*, et d'autres jeunes gens dont je ne sais pas
les noms. *Naté* et *Michel* ont dit que l'inculpé avait travaillé pendant huit
jours chez eux; qu'il leur avait dit avoir servi je ne sais dans quel régiment;
qu'il avait à se plaindre d'un de ses chefs, en ajoutant que c'était peut
être contre ce chef qu'il venait de tirer. J'étais occupé de mon service,
et je n'ai recueilli que quelques paroles en l'air. Je me rappelle cependant
encore que les jeunes gens, qui écoutaient les détails que *Naté* et *Michel*
leur donnaient, ont annoncé l'intention d'aller les transmettre de suite
aux journalistes.

Méjasson dit Michel (*Antoine*), âgé de 40 ans, scieur de long,
demeurant à Paris, rue du Faubourg-Saint-Antoine, n° 23.

(Entendu, le 1ᵉʳ octobre 1841, par M. Boulloche, Juge d'instruction délégué.)

Dans le courant de juillet dernier, *Quenisset* dit *Papart* a travaillé à mon
lieu et place, pendant huit jours, chez le sieur *Henri*, marchand de bois.
Lorsque je l'ai payé, il m'a dit qu'il avait servi dans le 15ᵉ léger; que
son capitaine l'ayant fait mettre au cachot pour avoir découché, il lui avait
porté un coup de baïonnette; que, pour ce fait, il avait été condamné, je
crois, à la peine de mort, mais qu'il avait obtenu sa grâce; il ne m'a pas
dit s'il conservait ou non de la rancune contre son ancien chef, ni qu'il
passerait par ses mains s'il venait à Paris.

Le jour de l'attentat, m'étant rappelé la conversation que j'avais eue
avec *Quenisset*, j'ai pensé et j'ai dit que le crime qu'il venait de commettre
était probablement le résultat d'une vengeance particulière. Comme je
ne m'occupe pas de politique, je n'ai pas voulu aller raconter ce que je
savais aux journalistes; j'ai laissé les autres faire cette démarche si cela
leur convenait.

Naté (*Joseph-Auriol*), âgé de 38 ans, commis marchand de bois, demeurant à Paris, rue du Faubourg-Saint-Antoine, n° 133.

(Entendu, le 1ᵉʳ octobre 1841, par M. Boulloche, Juge d'instruction délégué.)

Dans le courant de juillet dernier, le nommé *Quenisset* dit *Nicolas Papart* a travaillé pendant cinq jours comme scieur de long chez M. *Henri*, marchand de bois, dont je suis le garçon de chantier. Un jour *Quenisset* a raconté, en ma présence et en celle d'un nommé *Nicolas*, dont je ne connais pas la demeure, qu'il avait servi dans le 17ᵉ léger; qu'ayant découché pendant trois jours, on le conduisait à la salle de police; que son capitaine étant survenu, avait dit que c'était au cachot qu'on devait le mettre; que lui *Quenisset*, irrité d'une aussi grande sévérité, s'était vivement emparé du fusil d'un de ses camarades, et qu'il avait voulu porter un coup de baïonnette dans le ventre de son capitaine, et que celui-ci ayant détourné le coup avait seulement été blessé à la cuisse : il a ajouté qu'il avait, pour ce fait, été condamné à la peine de mort, mais que, quoiqu'il eût été gracié, il n'en conservait pas moins une profonde rancune contre son chef, et que si le 17ᵉ venait à Paris, et qu'il y fût, il passerait par ses mains.

Lors de l'attentat du 13 septembre, je me suis rappelé ce que *Quenisset* m'avait dit. J'ai aussitôt dit à plusieurs personnes que bien certainement ce n'était pas sur Mᵍʳ le Duc d'Aumale qu'il avait tiré, mais bien sur son capitaine, devenu lieutenant-colonel.

J'ai approuvé le parti que les sieurs *Barbe*, *Audy* et *Rigolet* ont pris de transmettre ces détails aux journaux; si mes occupations me l'avaient permis, je les aurais accompagnés. Il me semblait que, dans l'intérêt du commerce, il était important qu'on sût de suite que ce n'était point à la vie d'un Prince qu'on avait attenté, mais bien à celle d'un officier du 17ᵉ, et par suite de vengeance particulière.

Il est si vrai que *Quenisset* m'a tenu les propos que je viens de rapporter, qu'à cette occasion je lui ai demandé pourquoi si jeune encore il avait déjà la barbe blanche, et qu'il m'a répondu que c'était le résultat des souffrances qu'il avait éprouvées dans les cachots; que déjà on lui ôtait les fers dont il était chargé pour le conduire au supplice lorsque sa grâce est arrivée.

Toutes ces particularités m'avaient inspiré la plus grande confiance, et j'ai été de la meilleure foi du monde en racontant, dès le jour de l'attentat, ce que, quelques mois auparavant, j'avais appris de *Quenisset* lui-même.

Barbe (*Jacques*), âgé de 23 ans, fabricant de creusets, demeurant à Paris, rue du Harlay, n° 6, au Marais.

(Entendu, le 20 septembre 1841, par M. Boulloche, Juge d'instruction.)

Je ne connais pas l'inculpé *Quenisset* dit *Nicolas Papart*. Dans l'après-midi du lundi 13 de ce mois, je suis entré avec *Rigolet* et *Audy* (*Gabriel*) chez *Thibaut*, marchand de vin, rue du Faubourg-Saint-Antoine, n° 25. Deux hommes que je ne connais pas, et qui m'ont paru être ouvriers scieurs de long, ont parlé avec nous de l'événement. L'un d'eux a dit : *C'est Nicolas; je le connais parfaitement: il travaillait il y a deux mois dans mon chantier.* Il a ajouté, qu'il en voulait depuis longtemps au lieutenant-colonel, et que c'était de sa part un acte de vengeance. Je n'ai pas prêté grande attention à tout ce qui a été dit à cet égard, et il ne me serait pas possible de le rapporter. Je n'ai point accompagné *Rigolet* lorsqu'il est allé porter ces renseignements aux journaux *le National* et *le Peuple*, cela ne me regardait pas; je ne me mêle pas de ces affaires-là.

Audy (*Gabriel*), âgé de 26 ans, ébéniste, demeurant à Paris, rue de Charonne, n° 114.

(Entendu, le 20 septembre 1841, par M. Boulloche, Juge d'instruction.)

Je ne connais pas l'inculpé *Quenisset* dit *Nicolas Papart*. J'ai entendu parler de lui pour la première fois le lundi 13 de ce mois, vers quatre heures de l'après-midi. Ayant vu passer devant mon atelier *Rigolet* et deux de ses camarades, je les ai appelés et nous sommes allés ensemble boire un verre de vin chez *Thibaut*, cabaretier, rue du Faubourg-Saint Antoine, n° 23. On s'entretenait de l'événement. Nous disions que c'était sur le Duc d'Aumale qu'il avait tiré et que ce n'était pas bien, lorsque le nommé *Michel*, scieur de long, et le garçon de chantier du sieur *Henri*, qu'on appelle, je crois, *Nantais*, qui tous deux se trouvaient chez le même marchand de vin, ont parlé de l'inculpé. *Michel* a dit : *C'est Nicolas; je le connais bien, il a travaillé dans mon chantier. Ce n'est pas sur le Duc d'Aumale qu'il a tiré, mais sur le lieutenant-colonel, son ancien capitaine, qui l'avait fait condamner et à qui il en voulait beaucoup.* *Rigolet*, ayant entendu, comme moi, ces détails, m'a proposé d'aller les porter aux journaux *le National* et *le Peuple :* c'est ce que nous avons fait. Si *Michel* n'avait point été retenu par ses occupations, il nous aurait accompagnés, du moins il l'a dit.

Je ne connais personne parmi les rédacteurs de ces journaux. J'ai été abonné au *Peuple*. J'ai quitté, il y a deux mois, parce que je n'avais pas le temps de le lire et que c'était une dépense inutile.

RIGOLET (*Nicolas-Jean*), âgé de 26 ans, sculpteur-marbrier, demeurant à Paris, rue du Harlay, n° 6, au Marais.

(Entendu, le 20 septembre 1841, par M. Boulloche, Juge d'instruction.)

Je ne connais pas l'inculpé *Quenisset* dit *Nicolas Papart;* je n'avais même jamais, avant l'attentat du 13 de ce mois, entendu parler de lui. Ce même jour, lundi 13, lorsque déjà le 17ᵉ régiment léger avait fait son entrée dans Paris, j'ignorais qu'un coup de pistolet avait été tiré, soit sur M. le duc d'AUMALE, soit sur tout autre; ce n'est que plus tard que j'ai connu cet événement. Vers trois heures et demie de l'après-midi, lorsque je revenais de la Bastille avec *Barbe*, *Audy* (*Gabriel*) nous ayant vu passer près de l'atelier dans lequel il travaille, nous a appelés, et nous sommes entrés ensemble chez le marchand de vin de la rue du Faubourg-Saint-Antoine, n° 25; nous y avons trouvé deux hommes que nous ne connaissions pas, et que j'ai su être, l'un, *Michel*, maître scieur de long, faubourg Saint-Antoine, n° 23, et l'autre, dont je ne sais pas le nom, mais qui est commis du sieur *Henry*, marchand de bois, faubourg Saint-Antoine, n° 23; tous les deux ont parlé de *Papart*. Le commis du sieur *Henry*, qui paraissait connaître plus particulièrement cet inculpé, a dit très-positivement qu'il avait servi dans le 17ᵉ régiment léger; que le crime qu'il venait de commettre était le résultat d'une vengeance particulière; que, condamné il y a quelques années pour voies de fait envers son capitaine, il avait conservé contre cet officier un profond sentiment de haine, et que c'était sur lui qu'il venait de tirer un coup de pistolet.

J'ai aussitôt conçu la pensée de donner ces renseignements aux journaux le National et le Peuple, et j'ai jeté, dans la soirée, dans la boîte du National, une note en trois ou quatre lignes par laquelle je faisais connaître, sans autre détails, que ce n'était pas sur le Prince que *Papart* avait tiré, mais bien sur son ancien capitaine à qui il en voulait beaucoup. Je suis allé au journal le Peuple où j'ai transmis ces renseignements verbalement. *Audy* (*Gabriel*) m'a accompagné.

Lorsque, le lendemain, j'ai lu dans le National et le Peuple les articles qui y ont été insérés relativement à l'attentat, j'ai trouvé qu'il y avait de l'augmentation, mais le fond était le même.

Il n'existe entre moi et l'administration des journaux le National et le Peuple aucun autre rapport que celui d'abonné.

CLÉMANCY (*Charles*), âgé de 35 ans, peintre, demeurant à Paris, rue Traversière-Saint-Antoine, n° 2 1.

(Entendu, le 18 octobre 1841, par M. Boulloche, Juge d'instruction délégué.)

Ainsi que je l'ai déclaré dans ma déposition du 12 de ce mois (1), je suis le plus proche voisin de *Launois* dit *Chasseur;* il existait entre nous des rapports de jeunes gens, et surtout nous nous rencontrions assez souvent chez *Colombier.* Je ne l'ai jamais entendu parler du sieur *Dupoty*, gérant du Journal du Peuple; je crois même, dans ma conviction intime, qu'ils ne se connaissaient pas. *Launois* est un homme qui, parce qu'il a servi, aime à parler de l'art militaire, mais il ne s'occupe pas du tout de littérature.

Quant à moi, je savais bien que le sieur *Dupoty* était le gérant du Journal du Peuple, parce que je lisais son nom au bas de sa feuille; il est, d'ailleurs, très-connu dans tout le quartier pour être le rédacteur en chef de ce journal : je ne me souviens pas l'avoir jamais vu. Le 13 septembre, lorsque j'ai appris l'attentat commis, sur le signalement qu'on nous a donné de l'auteur, j'ai cru reconnaître un des hommes qui venaient souvent chez *Colombier* (l'homme en blouse et en chapeau de paille). Me rappelant dans ce moment que je l'avais entendu raconter qu'il avait été dégradé et condamné pour délit militaire, qu'il en voulait beaucoup à son capitaine, et qu'il se vengerait lorsque son régiment reviendrait d'Afrique, j'ai dit aussitôt : *Il doit être content, s'il a tiré sur le lieutenant-colonel, son ancien capitaine.* Quelques personnes qui se trouvaient là, et dont je ne me rappelle pas en ce moment les noms, ont dit qu'elles allaient de suite raconter cela au gérant du Journal du Peuple. Elles ont fait immédiatement cette démarche.

Le soir même, inquiet des conséquences que pouvait avoir pour moi ce que j'avais dit à ces personnes, je suis allé de suite dans les bureaux du Journal du Peuple, pour demander qu'on ne parlât pas, dans le journal, de la communication qui venait d'être faite; la personne que j'ai vue, et qu'on m'a dit depuis être le sieur *Dubosc*, m'avait promis qu'on ne parlerait pas de cela dans le journal, et cependant, dès le lendemain, il y avait un long article à ce sujet. Il est question, dans ce même article, d'un garde national dont *Quenisset* avait manié le fusil; c'est moi qui suis ce garde national.

Je n'ai jamais vu le sieur *Dupoty* dans le cabaret du nommé *Colombier.*

____

(1) Voir cette déposition ci-dessus, page 157.

Autre DÉPOSITION du même témoin.

(Reçue, le 11 novembre 1841, par M. Jourdain, Juge d'instruction délégué.)

D. Dans votre déclaration du 18 octobre dernier, vous avez déclaré avoir dit, en parlant de l'homme qui avait tiré sur M. le Duc d'AUMALE : *Il doit être content; il a tiré sur le lieutenant-colonel, son ancien capitaine.* Pouvez-vous nous dire en présence de qui vous avez tenu ce propos ?

R. Il y avait là deux personnes seulement, un marbrier nommé *Albaret,* qui demeure rue Traversière, du n° 48 à 56, et un jeune homme que je connais de vue, et dont je ne sais pas le nom; j'étais alors devant la boutique de M. *Platé,* marchand de vin, rue Traversière. *Albaret* me dit : *Vous avez tort de dire cela; si je connaissais un homme comme cela je ne le dirais pas.* Je lui ai répondu que je n'étais pas cause s'il avait tiré un coup de pistolet, que j'étais étranger à cela, et que je n'avais pas de raison de dire que je ne le connaissais pas. Je ne connais, d'ailleurs, cet homme que de vue : je le nommais l'homme à la blouse et en chapeau de paille, parce qu'il était toujours ainsi vêtu. Je ne connais pas, au moins de nom, les nommés *Rigolet, Audy, Naté* et *Méjasson.* Quand j'ai dit cela, il n'y avait près de moi que deux personnes, comme je viens de vous le dire. J'ignore si d'autres, se trouvant dans l'allée ou chez le marchand de vin, m'ont entendu.

FAITS PARTICULIERS A PRIOUL.

PROCÈS-VERBAL d'arrestation de PRIOUL et de perquisition à son domicile.

L'an mil huit cent quarante et un, le seize septembre, à trois heures et demie du matin.

Nous *Alphonse-Joseph-Martial Yver*, commissaire de police de la ville de Paris, quartier Montorgueil.

Nous sommes transporté, procédant en exécution d'un mandat ci-annexé de M. *Perrin*, juge d'instruction, rue du Faubourg-du-Temple, n° 121, au domicile du nommé *Prioul*, chez *Maupaté*, logeur.

Où étant, dans une petite chambre sise au deuxième étage n° 14, nous avons, en présence de cet inculpé, opéré une sévère perquisition dans ses meubles et parmi tous ses effets.

Nous avons, par suite, trouvé un morceau d'étoffe de coton rouge, dont nous nous sommes saisi.

A ce sujet, le nommé *Prioul* nous a déclaré que ce coupon d'étoffe lui sert habituellement à envelopper ses effets, et qu'il le destinait à faire des bordures de rideaux.

Nous n'avons pas trouvé, d'ailleurs, d'écrits ou imprimés de nature suspecte ni rien de relatif à l'objet de notre perquisition.

Nous nous sommes, en conséquence, retiré, mais, attendu que le mandat d'amener de M. *Perrin* est impératif, nous avons chargé M. *Roussel*, qui nous accompagnait, de faire mettre ledit mandat à exécution dans les conditions de la loi.

De quoi nous avons dressé le présent procès-verbal, que nous transmettons à M. *Perrin*, juge d'instruction.

Lecture faite, le nommé *Prioul* a reconnu la vérité, et signé.

Signé : PRIOUL, ROUSSEL et YVER.

FAITS PARTICULIERS à BOGGIO dit MARTIN.

Savelle dit Marin (*Marin*), âgé de 26 ans, scieur de long, demeurant à Paris, rue Jean-de-l'Épine, n° 4.

(Déposition reçue, le 4 octobre 1841, par M. Perrin, Juge d'instruction délégué.)

Et confrontation avec les inculpés *Quenisset*, *Boggio* dit *Martin*, *Chambellan*, *Brazier* dit *Just* et *Launois* dit *Chasseur*.

D. Avez-vous quelque chose à ajouter à votre déposition du 30 septembre dernier (1)?

R. Non, Monsieur.

D. Vous n'avez pas dit si vous aviez été voir l'entrée du cortége?

R. Non. En quittant *Papart* et *Boucheron* dans la rue Saint-Nicolas, je suis revenu de suite à la Grève, où j'étais à dix heures, et je n'en suis parti qu'à trois heures et demie de l'après-midi pour aller me promener à la barrière des Deux-Moulins.

D. Vous avez dit qu'après avoir quitté la Grève le matin avec *Quenisset* vous aviez été boire une goutte avec *Boucheron* et que, plus tard, vous vous étiez trouvés tous les trois dans le cabaret où s'est faite la distribution de cartouches N'avez-vous pas, avant d'arriver dans ce dernier cabaret, rencontré plusieurs individus avec lesquels *Quenisset* aurait causé?

R. Quand j'ai quitté la Grève avec *Quenisset*, il pouvait être six heures et demie, *Amand*, scieur de long dont je ne connais pas la demeure est venu avec nous et nous avons rencontré en chemin *Favargeon*, scieur de long, rue de la Calandre, n° 25, qui était avec sa femme; nous avons aussi rencontré *Jean Leroux* et *Rougery*, tous deux scieurs de long, dont je ne connais pas la demeure; nous sommes entrés tous chez un marchand de vin au coin de la rue des Coquilles, près la Grève. Il n'a été ques-

____

(1) Voir cette déposition ci-dessus page 105, et une troisième déposition du même témoin, ci-après page 249.

tion entre nous que de nos travaux. En sortant de ce cabaret j'ai été avec *Quenisset, Amand, Favargeon* et sa femme chez un autre marchand de vin, au coin de la rue des Barres, et, avant d'y entrer nous avons rencontré un autre scieur de long dont je ne sais pas le nom et qui est venu boire avec nous, en attendant son camarade qui n'était pas encore arrivé. Pendant que nous étions au comptoir, *le grand Laurent* de Versailles est passé, et *Quenisset* l'a appelé : il est venu boire son canon et s'en est allé rejoindre sa femme à la Halle. Dans ce cabaret il ne fut pas question d'autre chose que de nos travaux. En sortant de ce cabaret je m'en allai avec *Quenisset Amand, Favargeon* et sa femme dans un autre cabaret situé en face du poste de la place de la Bastille; en sortant de ce cabaret je suis resté seul avec *Quenisset* et nous sommes allés boire la goutte ensemble au coin de la rue Saint-Nicolas : c'est de là qu'il a été chercher *Boucheron* à son atelier, et il l'a ramené avec un autre individu que je ne connais pas. De là, comme je l'ai dit, j'ai été avec *Quenisset* seulement chez le marchand de vin où l'on a distribué des cartouches et nous avons rencontré en chemin un individu que je ne connais pas et qui nous y a accompagnés.

D. A quelle heure êtes-vous arrivés chez ce dernier marchand de vin?

R. Il pouvait être 9 heures, 9 heures un quart.

D. L'individu que vous avez rencontré en allant dans le cabaret où s'est faite la distribution des cartouches, ne serait-il pas le nommé *Boggio* dit *Martin*, serrurier?

R. Je ne vous dirai pas son nom, car je ne le sais pas; mais il avait bien l'air d'un serrurier.

D. Avez-vous entendu cet homme dire à *Quenisset* de se rendre bien vite chez *Colombier*, parce qu'il y avait un coup de feu à faire?

R. Je n'ai pas entendu cela; je ne sais pas ce qu'ils ont dit, parce que je les suivais par derrière.

D. Il paraît que vous n'avez été chez le marchand de vin dont vous parlez, et qui se nomme *Colombier*, que parce que *Martin* a dit à *Quenisset* de s'y rendre pour le coup de feu qu'il y aurait à faire; cependant, d'après votre récit, vous vous acheminiez déjà chez *Colombier*, lorsque vous avez rencontré *Martin*. Ne pourriez-vous pas éclaircir ce fait?

R. Tout ce que je puis dire, c'est qu'en sortant du cabaret de la rue Saint-Nicolas, *Quenisset* m'a dit qu'il allait me mener dans une société de républicains, et je lui ai dit que si on pouvait y entrer comme chez un autre marchand de vin, je le voulais bien. Ce n'est qu'en y allant que nous avons rencontré le serrurier.

Confrontation du témoin Savelle avec Quenisset.

Nous avons fait amener devant nous le nommé *Quenisset* et lui avons demandé, en lui représentant le témoin *Marin Savelle*, s'il le reconnaissait.

Quenisset a répondu :

Oui, c'est *Marin*.

A *Marin* :

D. Connaissez-vous la personne ici présente?

R. Oui, c'est *Nicolas Papart*.

A *Quenisset* :

D. Persistez-vous à dire que, le 13 septembre au matin, après avoir quitté la Grève avec *Marin*, vous avez rencontré *Boggio* dit *Martin*, serrurier, qui vous aurait dit d'aller vite chez *Colombier*, qu'il y avait un coup de feu à faire?

R. Oui; j'étais avec *Marin* lorsque nous avons rencontré *Martin* dans la rue Traversière, presque au coin de la rue Saint-Antoine. Il m'a demandé si j'avais été chez *Colombier*. Je lui ai répondu que non, et il m'a dit, sans s'en cacher : vas-y bien vite, il y a un coup de feu à faire.

A *Marin* :

D. Comment se fait-il que vous n'ayez pas entendu ce propos?

R. Ces messieurs se parlaient ensemble et je les suivais par derrière sans faire attention à ce qu'ils disaient :

Quenisset dit :

Il est bien possible que monsieur n'ait pas entendu, parce que c'était un secret que *Martin* me disait, et il ne parlait pas aussi haut qu'il l'aurait fait pour toute autre affaire.

A *Quenisset* :

D. A quelle heure avez-vous fait cette rencontre de *Martin*?

R. Il était environ 8 heures et demie 9 heures moins le quart.

D. Vous rendiez-vous chez *Colombier* avec *Marin*, lorsque vous avez rencontré *Martin*, ou bien n'y avez-vous été que parce que ce dernier vous aurait dit de vous y rendre?

R. Je n'ai pas ici à mentir; nous allions chez *Colombier* lorsque j'ai rencontré *Martin;* j'y allais parce que je voulais savoir ce qui se passait; et comme *Marin* ne savait pas ce qu'on faisait dans cette société, je lui ai dit qu'il ne s'agissait que de boire une goutte.

D. Martin est-il venu plus tard vous rejoindre dans cette société et a-t-il pu y revoir *Marin?*

R. Je ne crois pas qu'il y soit venu, parce qu'il m'a dit qu'il était en train de rassembler ses hommes ; et, au surplus, je ne l'ai pas remarqué.

A *Marin :*

D. Avez-vous revu, chez *Colombier,* le nommé *Martin* dont il s'agit?

R. Non; s'il y était, je n'y ai pas fait attention.

CONFRONTATION du témoin SAVELLE et de l'inculpé QUENISSET
avec BOGGIO dit MARTIN.

Nous avons fait venir devant nous le nommé *Boggio* dit *Martin,* et nous lui avons demandé, en lui représentant *Quenisset* et le témoin *Savelle,* s'il les reconnaissait.

Boggio a répondu :

Je connais bien *Papart;* mais (en montrant *Marin Savelle)* je ne connais pas monsieur.

A *Marin Savelle,* en lui montrant *Boggio :*

D. Reconnaissez-vous cette personne?

R. Peut-être bien que j'aurai vu monsieur; mais je ne peux pas le remettre.

, *D.* Est-ce que vous n'avez pas examiné le serrurier que vous avez rencontré au coin de la rue Traversière, et qui, comme vous le disiez tout à l'heure, a causé avec *Quenisset,* pendant que vous les suiviez sans faire attention à ce qu'ils disaient?

R. Je l'ai regardé, sans y faire une grande attention, et je ne puis dire aujourd'hui si c'était monsieur ou si ce n'est pas lui.

A *Martin :*

D. Reconnaissez-vous aujourd'hui que, le 13 septembre, vers huit heures du matin, vous avez rencontré *Quenisset,* avec qui, comme il le déclare, vous avez causé?

R. Non; j'ai rencontré *Quenisset,* il est vrai; mais c'était presque au milieu de la rue Traversière, et il était environ neuf heures. J'étais avec *Chambellan,* que je venais de rencontrer vis-à-vis la rue Saint-Nicolas, et qui m'avait appelé pour boire un verre de vin. *Chambellan* venait de me dire qu'il venait de reporter chez *Colombier* un faisceau d'armes que je lui avais prêté pour donner un assaut; et nous allions ensemble pour vérifier, chez *Colombier*, s'il m'avait bien rapporté tout ce que je lui avais prêté, lorsque, comme je viens de le dire, j'ai rencontré *Quenisset*. Je ne puis me rappeler si je lui ai parlé; mais, si je lui ai parlé, c'est que ce sera lui qui m'aura adressé la parole; et, dans tous les cas, je ne suis pas resté longtemps à causer avec lui.

D. Vous reconnaissez avoir rencontré *Quenisset*, ce qui est déjà très-important; maintenant était-il seul ou accompagné de quelqu'un?

R. Il était avec un grand jeune homme scieur de long, qu'on appelle *Gendarme*, et dont je ne connais pas la demeure. Je me suis trouvé quelquefois à manger avec ce grand jeune homme; mais je ne le connais pas.

A Quenisset :

D. Quelles observations avez-vous à faire?

R. C'est en vain que monsieur fait des dénégations sur ma déclaration : c'est bien lui que j'ai rencontré lorsque j'étais avec *Marin*, et il n'était pas avec *Chambellan*; il était seul. Il voudrait faire naître que j'étais avec *Boucheron* lorsque je l'ai rencontré; car c'est *Boucheron* qu'on appelle *le Gendarme*. Mais, si je l'ai rencontré avec *Boucheron*, c'était pour la seconde fois; car c'est bien avec *Marin* que j'étais lorsque j'ai rencontré monsieur une première fois, et lorsqu'il m'a dit : Va chez *Colombier;* il y a un coup de feu à faire.

Martin dit :

Moi! je vous ai dit cela?

Quenisset dit :

Oui, vous me l'avez dit.

Martin :

Taisez-vous!

Quenisset :

Je ne me tairai pas! Quoique vous ayez été mon chef, vous ne m'avez jamais fait taire, parce que la discipline n'était pas ainsi.

Martin :

Si monsieur (en montrant *Marin Savelle*) était avec vous, il peut dire s'il est vrai que je vous ai dit ce que vous dites là.

A *Martin :*

D. Comment se fait-il que vous invoquiez le témoignage du témoin; vous reconnaissez donc qu'il était avec *Qaenisset* lors de la rencontre, et non point avec *Boucheron*, que vous appelez *le Gendarme?*

R. J'ai vu monsieur avec *Boucheron;* je ne puis pas dire autre chose.

Quenisset dit :

Je persiste à dire que vous m'avez vu avec *Marin*, et maintenant ma mémoire me fournit autre chose : Monsieur prétend qu'il n'a jamais eu de relation avec moi, et cependant c'est bien lui que j'ai rencontré lorsqu'il faisait la poste auprès du poste Montreuil, je lui ai demandé : Attaquons-nous ? il m'a répondu : Va vite au coin de la rue Traversière et de la rue Saint-Nicolas, ils sont là ! je lui ai dit, en parlant du cortége qui passait : *Je vais leur saler le c... d'un coup de pistolet*, et c'est alors que j'ai passé entre les deux états-majors.

Martin dit :

C'est faux tout cela, je puis en lever la main; je ne lui ai point entendu parler de pistolets.

Quenisset dit :

Monsieur prétend qu'il n'a point eu de relation avec moi; cependant il ne me cachait rien : il m'a même offert de prendre sa place de chef de groupes; en me disant que, ne sachant pas écrire, il ne pourrait pas faire de rapports ni de bons de pain.

Martin :

Peut-on dire des choses comme ça !

Quenisset :

Vous avez beau vous tortiller, c'est la vérité.

Martin :

Si je me tortille, c'est que j'ai oublié mon bandage.

Quenisset :

Je sais que vous avez un bandage, et vous me l'avez même montré à Bercy lorsque nous faisions nos nécessités dans la ruelle des Charbonniers. Je vous dis cela pour vous prouver que vous ne me cachiez rien, et vous m'avez même dit : j'ai un bandage, mais cela n'empêche pas que je casserais bien la gueule à deux municipaux !

24.

Martin :

Taisez-vous , je ne me serais jamais permis de dire que j'aurais frappé des municipaux !

Quenisset :

La preuve que vous êtes un chef, c'est que vous avez voulu faire entrer dans la société *Rolland,* scieur de long , fils du *Grand-Pierre,* vous l'avez fait venir souper chez *Colombier.* Nous avons soupé tous trois ensemble , mais il a refusé d'entrer dans la société.

Martin :

Cela n'est pas vrai, c'est Monsieur qui a invité *Rolland* à souper, et il n'a jamais été question de le faire entrer dans la société.

A *Martin :*

D. Quel costume portiez-vous, le 13 septembre, dans la matinée ?

R. J'étais vêtu comme je le suis dans ce moment, avec ma blouse bleue ; j'ai un habit bleu, mais il est au mont-de-piété depuis plus d'un an ; je portais aussi la casquette noire que vous me voyez.

A *Martin :*

D. Comment était vêtu le serrurier que vous avez rencontré rue Traversière , et qui a causé avec *Quenisset?*

R. Je ne puis pas dire au juste, mais il avait un blouse ou un gilet rond, il était coiffé d'une casquette.

Nous avons invité *Martin* de se revêtir de la veste trouvée sur le lieu du crime, ce qu'il a fait à l'instant.

Marin , après l'avoir examiné sous ce costume, dit:
Je ne puis pas me rappeler s'il portait cette veste ou s'il avait une blouse.

Quenisset dit :

Je crois bien que la veste doit lui appartenir, car, autant que je me le rappelle, il avait les bras nus lorsqu'il a fait la poste, et je pense qu'il aura jeté sa veste ; bien mieux, il m'avait dit que l'on payerait les gamins, et il cachait sans doute, sous sa veste, le sac de sous, que l'on a trouvé par terre.

Martin dit :

Que l'on me prouve tous les faits que l'on voudra, mais je puis jurer que celui-là est faux ; tous ces faits-là, que l'on dit là, sont faux.

A *Marin Savelle :*

D. Lorsque vous avez rencontré le serrurier, était-il seul ?

R. Oui, Monsieur; il montait la rue Traversière pour entrer dans la rue Saint-Antoine , et nous arrivions par cette dernière rue.

A *Martin :*

D. Vous n'étiez donc pas , comme vous le dites, avec *Chambellan ?*

R. Je vous assure que j'étais avec *Chambellan* , et que nous allions chez *Colombier;* il était environ neuf heures.

CONFRONTATION du témoin SAVELLE et de l'inculpé QUENISSET
avec CHAMBELLAN et BOGGIO dit MARTIN.

Nous avons fait entrer le nommé *Chambellan*, et l'ayant mis en présence de *Boggio* dit *Martin*, de *Marin Savelle* et de *Quenisset,* nous lui avons demandé s'il connaissait ces trois individus.

Chambellan a répondu, en indiquant *Boggio* dit *Martin :* Je ne connais que monsieur. Quant aux deux autres, ils peuvent me connaître, parce que je suis marchand de fleurs au marché Lenoir; mais, pour moi, je ne les connais pas.

A *Martin :*

D. Connaissez-vous cette personne qui vient d'entrer?

R. Oui, c'est *Chambellan*.

A *Marin :*

D. Et vous, connaissez-vous cette personne?

R. Non, Monsieur; si je l'ai vue, je ne la remets pas.

A *Quenisset :*

D. Et vous, connaissez-vous cette personne?

R. Je crois me rappeler que c'est monsieur qui, le matin, chez *Colombier,* m'a remis un des fleurets du faisceau d'armes pour le démoucheter et me faire un poignard; mais, comme il n'est point dans sa tenue journalière, je ne puis point affirmer positivement que ce soit lui. Je ne sais pas si monsieur faisait partie de la société ou non; mais, lorsqu'il m'a offert un fleuret pour en faire un poignard, il savait qu'il s'agissait de se battre.

A *Chambellan* :

D. Avez-vous été chez *Colombier* dans la matinée du 13 septembre, jour de l'attentat ?

R. Non, Monsieur, je n'y suis point allé.

D. Avez-vous, dans cette matinée. rencontré *Boggio* dit *Martin*, ici présent, à qui vous auriez dit que vous veniez de reporter ses armes chez *Colombier* ?

R. Non, je ne l'ai pas rencontré du tout; il y avait bien huit jours que j'avais reporté le faisceau d'armes chez *Colombier* lorsque l'attentat a été commis.

A *Martin* :

D. Quelles observations avez vous à faire ?

R. Monsieur a tort: je l'ai rencontré le jour de l'attentat à neuf heures du matin; il était à boire avec un de ses amis que je ne connais pas. Il m'a appelé et m'a dit qu'il avait porté mes armes chez *Colombier*. Nous avons été les y voir ensemble, et c'est en y allant que nous avons rencontré *Quenisset*. L'assaut d'armes a eu lieu le dimanche 5 septembre, et, comme monsieur vient de dire qu'il n'avait reporté le faisceau d'armes chez *Colombier* que cinq jours après l'assaut, il ne pourrait pas y avoir huit jours qu'il l'avait porté lorsque l'attentat a été commis.

A *Chambellan* :

D. Qu'avez-vous à dire ?

R. Je ne puis pas me rapeler positivement le jour où j'ai reporté les armes, mais pour sûr, ce n'était pas le jour de l'attentat; et même, lorsque je les ai reportées il y avait cinq personnes qui lisaient le journal devant le comptoir. J'ai demandé où il fallait placer ces armes qui appartenaient à *Martin*, M. *Colombier* m'a dit : Mettez les dans cette chambre, et je les ai placées dans un coin.

D. A-t-il été question de démoucheter les fleurets ?

R. Non, Monsieur; M. *Cornu*, qui était là pourra le dire aussi bien que les autres personnes que je ne connais pas.

D. Vous voyez cependant que *Quenisset* déclare que vous avez offert un fleuret pour être démoucheté?

R. On ne peut pas dire une parole plus fausse que celle-là. Je suis innocent dans cette affaire comme l'enfant qui vient de naître.

A *Martin* :

D. Vous venez d'entendre *Chambellan* soutenir qu'il ne vous a pas rencontré dans la matinée du 13 septembre, et sa déclaration coïncide avec celle de *Quenisset* et celle de *Marin*, qui disent tous deux que vous étiez seul lorsque vous avez donné à *Qaenisset* l'avis qu'il y avait un coup de feu à faire ?

R. Ce jour-là, je l'ai si bien rencontré, que nous avons été ensemble à la barrière de Charenton, sur les dix heures, et nous avons trouvé à la barrière le nommé *Boucher*, serrurier de la rue de Charenton.

Chambellan dit :

Je me le remets maintenant : nous avons été voir arriver ensemble le 17ᵉ régiment, et je vous ai rencontré dans la rue Traversière ; mais nous n'avons pas été chez *Colombier*. Il pouvait être huit heures ou huit heures et demie quand je vous ai rencontré.

Qaenisset dit :

Ils sont en contradiction. Monsieur dit avoir recontré *Martin* et ne m'avoir pas vu, et il est impossible qu'il ne m'ait pas vu, car j'étais coiffé d'un chapeau de paille catalan, bien remarquable.

A *Marin* :

D. Avez-vous vu *Chambellan* chez *Colombier* et a-t-il offert un fleuret pour être démoucheté ?

R. Je ne sais pas si M. *Chambellan* y était, mais j'ai vu une personne qui a dit : Je vais ôter le bouton du fleuret. Elle avait pris ce fleuret dans un coin, à gauche de la salle ; une autre personne a dit : Ce n'est pas la peine, et on en est resté là.

D. Avez-vous vu *Martin* chez *Colombier* ?

R. Je ne me le rappelle pas.

Lecture faite de la confrontation, en ce qui concerne *Boggio* dit *Martin*, nous avons fait retirer cet inculpé.

CONFRONTATION du témoin SAVELLE et de l'inculpé QUENISSET avec BRAZIER dit JUST.

Nous avons ensuite fait amener le nommé *Brazier* (*Just*), et nous lui avons demandé, en lui montrant *Savelle* dit *Marin*, s'il connaît ce témoin.

Brazier a répondu :

Je ne me rappelle pas l'avoir jamais vu.

A *Marin*, en lui montrant *Just :*

D. Connaissez-vous cette personne ?

R. Non.

D. Vous rappelez-vous si elle se trouvait chez *Colombier* lorsque vous y avez été avec *Quenisset?*

Je ne puis dire si monsieur y était ou non, parce que je n'ai pas fait attention aux personnes.

A *Quenisset :*

D. *Just* se trouvait-il chez *Colombier* lorsque vous y avez conduit *Marin?*

R. *Just* ne se trouvait pas dans la salle, et je ne sais pas s'il y est entré; mais il était auprès du comptoir lorsque j'y ai bu la goutte avec *Marin.* Je me rappelle bien qu'il n'était pas dans la salle au moment de la distribution des cartouches; il était parti un peu avant.

A *Brazier :*

D. Quelles observations avez-vous à faire ?

R. Je ne sais pas ce que l'on veut me dire.

Lecture faite de la confrontation en ce qui concerne *Brazier,* nous avons fait retirer cet inculpé.

CONFRONTATION du témoin SAVELLE avec LAUNOIS dit CHASSEUR.

Nous avons fait ensuite amener *Launois* dit *Chasseur,* et lui avons demandé, en lui montrant *Savelle* dit *Marin,* s'il connaissait ce témoin.

Launois a répondu :

Je ne connais pas cet individu.

A *Marin :*

D. Connaissez-vous cette personne qui vient d'entrer, et vous rappelez-vous si elle se trouvait chez *Colombier*, lorsque vous y avez été conduit par *Quenisset ?*

R. Je ne connais pas Monsieur. Je ne puis pas vous dire s'il était chez le marchand de vin; je ne l'ai pas remarqué.

A *Quenisset :*

D. Launois, ici présent, se trouvait-il chez *Colombier* le 13 septembre?

R. Non, Monsieur. Je ne l'ai pas même vu le jour de l'attentat.

Pradal dit Bertrand (*Giraud*), âgé de 32 ans, commissionnaire, demeurant à Paris, rue du Faubourg-Saint-Antoine, nº 88.

(Entendu, le 4 octobre 1841, devant M. Boulloche, Juge d'instruction délégué.)

Depuis dix-huit ans environ que je suis à Paris, je connais le nommé *Martin*, serrurier, né à Aurillac, demeurant chez son père, rue du Faubourg-Saint-Antoine, nº 172. Lorsque nous nous rencontrions, nous buvions volontiers un canon ensemble.

Il y a environ deux mois, ce même *Martin* m'a proposé de venir chez *Colombier :* je connaissais ce cabaretier pour avoir bu quelques verres de vin chez lui avec des camarades ; il voulait disait-il me faire boire un litre, il a ajouté que j'y verrais une société. J'ai demandé quelle espèce de société; il ne m'a pas expliqué de quoi il s'agissait, il s'est contenté de me répondre qu'il y serait.

Lorsque ma journée a été finie, je suis allé au rendez-vous; j'y ai trouvé *Quenisset* que je voyais pour la première fois ; *Boucheron*, que je connaissais de vue, et cinq ou six autres individus que je ne connaissais pas. Je ne me rappelle pas si de ce nombre était le nommé *Mallet*, que je connaissais.

On m'a fait passer par une petite allée et monter à une chambre au premier, qui était habitée par un des jeunes gens qui se trouvaient là. C'est alors qu'on m'a expliqué de quoi il s'agissait. Je ne me rappelle pas bien tout ce que l'on a dit, ni quel est celui qui a parlé; il faisait nuit et la chambre n'était pas éclairée. On m'a bandé les yeux, je crois que c'est *Martin*, je ne suis cependant pas sûr; on m'a fait lever la main et prêter un serment. Ils m'ont dit que c'était censé un serment révolutionnaire pour me rendre service ainsi qu'aux pères de famille; ils m'ont fait jurer de leur donner un coup de main quand ils m'appelleraient. J'ai bien reconnu, à leur langage, qu'ils voulaient renverser le Gouvernement; j'ai juré comme ils l'ont voulu. Je ne sais pas quel est celui qui m'a débandé les yeux, ni par qui j'ai été embrassé; je crois cependant que c'est par *Boucheron* qu'on appelle le Gendarme. On m'a dit que *Quenisset* et ce *Boucheron* avaient été reçus le même jour que moi, mais je n'ai pas été témoin de cette cérémonie. Je ne sais pas si *Colombier* est monté; je lèverais la main que je ne l'ai pas vu : je pense qu'il est resté à son comptoir.

En descendant, *Boucheron*, celui qui a tiré le coup, *Martin* et moi, nous avons bu environ un litre chez *Colombier*. Nous sommes allés *Martin*, un autre dont je ne me rappelle pas le nom, et moi, boire encore un canon chez un autre marchand de vin en face de la rue Saint-Nicolas.

Je crois qu'en route nous n'avons parlé de rien, parce que nous étions dans la rue. A partir de ce moment, je n'ai plus assisté à aucune réunion; je suis cependant entré quelquefois chez *Colombier* pour y boire un verre de vin avec des porteurs d'eau que j'avais eus en rencontre. J'ai quelquefois revu *Martin* dans la grande rue; il m'a demandé pourquoi je ne venais plus avec les autres chez *Colombier*. J'ai répondu que j'avais de l'ouvrage, et que je n'avais pas voulu y aller. Je ne sais pas si une autre réunion a eu lieu chez une autre marchande de vin en face de la rue de Charonne, je n'y ai point assisté; je n'en ai pas même entendu parler.

Le lundi 13, vers huit heures du matin, j'ai vu *Qaenisset* au coin de la rue Saint-Nicolas. J'étais à ma place habituelle; il m'a dit qu'il fallait me trouver dans cinq minutes chez *Colombier;* il n'a pas voulu me dire pourquoi : j'ai répondu que j'avais de l'ouvrage. Cependant, ayant eu besoin de passer par la rue Traversière vers huit heures et demie, je suis entré : il n'y avait que trois ou quatre personnes que je ne connais pas; je crois que j'en reconnaîtrais bien deux, peut-être une seule, parce que je n'ai pas bien vu la figure des autres; je n'ai pas soufflé le mot; ils ne m'ont rien dit non plus; j'ai pris un canon, que *Colombier*, qui était à son comptoir, m'a versé; il ne m'a rien dit non plus; je n'ai fait qu'entrer et sortir; je ne sais pas si on a distribué des cartouches, si on a parlé d'armes, je n'ai été témoin d'aucune discussion soit dans la maison, soit sur le seuil de la porte. Je ne connais pas d'individu du nom de *Coutarat*. Comme je partais, j'ai encore rencontré *Quenisset*, qui allait entrer chez *Colombier*. Viens donc, viens donc, m'a-t-il dit. J'ai répondu que je ne pouvais pas, que j'avais de l'ouvrage, et que je voulais m'en aller; c'est ce que j'ai fait. A partir de ce moment, je suis allé à la barrière, j'ai démonté un lit chez *Blondeau*, marchand de vin ébéniste, je l'ai porté dans la cour du 83. Immédiatement après, je suis rentré dans ma chambre, et c'est de là que j'ai vu passer le cortége, et que j'ai entendu l'explosion d'une arme à feu. Je ne savais qui est-ce qui avait tiré ce coup; je ne pouvais pas croire que les camarades soient assez fous pour tirer sur ce jeune homme, qui ne leur avait rien fait.

De tous les individus que vous venez de nommer, je ne connais que *Martin* le serrurier, *Quenisset, Boucheron, Mallet, Colombier* et *Jarrasse*. Je connais peut-être de vue ceux que vous appelez *Just Brazier, Launois* dit *Chasseur, Auguste Petit, Prioul, Couturat, Martin, Fougeray, Bouzer* et *Dugas*. Je ne sais cependant pas si je pourrais les reconnaître.

Procès-verbal d'enquête.

L'an mil huit cent quarante et un, le six octobre, à sept heures du matin,

Nous, *Eugène-Delphin Bruncamp*, commissaire de police de la ville de Paris, spécialement pour le quartier de l'Arsenal,

Procédant en exécution d'une ordonnance de M. *Boulloche*, juge d'instruction près le tribunal de première instance de la Seine, délégué par M. le Chancelier de France, Président de la Cour des Pairs,

Nous sommes transporté rue du Faubourg-Saint-Antoine, n° 172, où demeurait le nommé *Boggio* dit *Martin*, pour prendre des informations à l'effet de constater si ledit *Boggio*, habituellement ou quelquefois seulement, portait une veste en drap brun ayant de grandes poches sur les côtés, et si notamment il n'en était pas vêtu le lundi 13 septembre dernier;

Et, étant là, nous nous sommes d'abord adressé au concierge de la maison, qui, n'y étant en cette qualité que depuis quelques jours, n'a pas connu le nommé *Boggio* dit *Martin*, et n'a pu nous donner aucun renseignement.

Nous nous sommes ensuite adressé à Mme *Rivière*, propriétaire de la susdite maison, et nous lui avons demandé si elle a vu habituellement, ou seulement quelquefois, le nommé *Boggio* dit *Martin* porter une veste en drap brun ayant de grandes poches sur les côtés.

Elle nous a répondu que non; qu'elle ne l'avait jamais vu autrement vêtu qu'en blouse de travail ou en bourgeron. Cette dame appela sa demoiselle et sa domestique, qui nous dirent aussi n'avoir jamais vu *Boggio* porter autre vêtement qu'une blouse ou un bourgeron.

Nous avons ensuite adressé les mêmes questions au sieur *Després*, serrurier, ayant son atelier dans la cour de ladite maison. Il nous a répondu que tous les matins il voyait passer *Boggio*, et qu'il ne l'a jamais vu autretrement vêtu qu'en blouse ou en bourgeron, si ce n'est dans l'hiver qu'il lui a vu porter une redingote, mais jamais une veste avec de grandes poches.

Le sieur *Grelon*, fruitier, a souvent vu *Boggio* passer devant sa porte, et ne l'a jamais vu porter une veste; il l'a toujours vu vêtu, ou d'une blouse, ou d'un bourgeron. Il se rappelle que, le 13 septembre, il l'a vu sortir le matin, à l'heure où il sortait ordinairement, et qu'il avait sa blouse de travail.

Le sieur *Brunot*, ancien concierge de la maison, y demeurant maintenant, connaissait *Boggio* dit *Martin* sous le nom d'*Antoine;* il le voyait sortir tous les matins, et ne l'a jamais vu autrement vêtu qu'en blouse de travail ou en bourgeron. Il se rappelle parfaitement que, le 13 septembre, il est sorti à l'heure à laquelle il sortait ordinairement, et qu'il avait sa blouse bleue de travail.

Mlle *Tronchon*, qui demeure sur le même palier, ne l'a jamais vu autrement vêtu qu'en blouse bleue ou en bourgeron de même couleur. Tout le monde enfin s'accorde sur ce point, qu'il ne portait autre chose qu'une blouse bleue ou un bourgeron de même couleur. Seul, le sieur *Després* l'a vu quelquefois, pendant l'hiver, porter une redingote.

Le nommé *Boggio* dit *Martin*, est connu aussi sous le nom d'*Antoine*, est inconnu chez les marchands de vin des environs.

On nous a dit qu'il est connu d'un sieur *Simart*, horloger, demeurant rue du Faubourg-Saint-Antoine, n° 168. Nous nous sommes adressé au sieur *Simart*, qui nous a répondu ne l'avoir jamais vu autrement vêtu qu'en blouse ou en bourgeron.

Boggio a travaillé chez son père, cour du Saint-Esprit, faubourg Saint-Antoine, et, en dernier lieu, il travaillait chez le sieur *Lesueur*, rue des Tournelles, n° 44.

Nous nous sommes adressé cour du Saint-Esprit, où le sieur *Boggio* père a son atelier : son domicile est rue de l'Oseille, n° 6. M. *Boggio* père est en ce moment très-malade; il n'était point à son atelier; mais ses ouvriers nous ont dit qu'ils ne l'ont jamais vu autrement vêtu qu'en blouse bleue ou en bourgeron de même couleur.

Le sieur *Lesueur*, où il travaillait en dernier lieu, nous a dit également ne l'avoir jamais vu autrement vêtu qu'en blouse bleue de travail.

Ne pouvant obtenir d'autres renseignements, nous nous sommes retiré.

De tout quoi nous avons dressé le présent procès-verbal, qui sera, ensemble l'ordonnance de M. *Boulloche*, juge d'instruction, remis à M. *Boulloche*, aux fins de droit.

Les jour, mois et an que dessus.

Le Commissaire de police,

Signé BRUNCAMP.

Valiorgue (*Pierre*) dit *le Fils du grand Pierre*, âgé de 19 ans, scieur de long, demeurant à Paris, rue du Faubourg-Saint-Antoine, chez M. *Masse.*

(Entendu, le 15 octobre 1841, devant M. Perrin, Juge d'instruction délégué par M. le Chancelier de France.)

Je ne puis donner aucun renseignement sur l'attentat du 13 septembre, car je ne suis pas même allé voir le régiment. J'ai travaillé ce jour-là à la Gare pour M. *Leroti*, maître charpentier.

Le lendemain de l'événement, j'ai appris que c'était *Nicolas-l'Albinos* qui avait tiré le coup de pistolet. Je connais cet homme depuis six mois, parce que j'ai travaillé à Charenton chez le même maître. Tout le monde le craignait, parce qu'il cherchait des disputes et se battait. Il y a bien des scieurs de long qui ne le plaignent pas, parce qu'ils le craignaient.

D. Faites-vous partie de quelque société secrète?

R. Non; quand on est avec des camarades, on boit son canon, et chacun à son ouvrage.

D. Ne vous a-t-on pas proposé de vous faire entrer dans une société secrète?

R. Non.

D. Vous connaissez le nommé *Boggio* dit *Martin*, le serrurier?

R. Je connais des serruriers; mais je ne les connais pas par leurs noms. On se connaît pour se rencontrer dans les gargotes.

D. Il paraît que ce *Boggio* vous aurait engagé à venir avec lui chez *Colombier*, afin de vous faire entrer dans la société des Égalitaires?

R. Il n'a pas été question de cela. Voilà ce que c'est : je vas vous raconter une affaire. Un lundi, il y a de cela plus de deux mois, car je travaillais chez M. *Gondole*, rue de la Râpée, n° 61, *Nicolas* est venu chercher à mon atelier le nommé *Gallet*, pour aller boire un canon à la barrière de Bercy. Me voyant là et ne trouvant pas *Gallet*, qui était déjà parti pour la barrière, il me proposa de venir boire avec eux. Comme c'était un lundi, je ne demandai pas mieux. Nous avons trouvé à la barrière, non seulement *Gallet*, mais beaucoup d'autres camarades, avec qui nous avons bu. Il y avait aussi un serrurier que je ne connaissais pas, et que je ne reconnaîtrais peut-être pas aujourd'hui, parce qu'il n'est pas de mon état et que je ne lui ai pas parlé. Après être resté à la barrière depuis trois heures après-midi jusqu'à sept heures du soir, je m'en suis revenu rentrer mes outils chez M. *Gondole*, et je m'en retournais dans mon garni, lorsque je rencontrai, dans le faubourg, *Nicolas* et le serrurier qui revenaient de la barrière. Je fis route avec eux, et, en passant dans la rue Traversière, l'un des deux, je ne sais pas lequel, a dit : « Entrons là pour souper. » C'était un cabaret dans lequel je n'étais jamais entré, et qui était tenu, je crois, par un nommé *Colombier*. Nous avons soupé tous les trois; chacun a payé son écot, et j'ai donné quinze sous pour ma part.

Ils ne m'ont point parlé de société secrète. On a causé avec un homme et une femme qui soupaient à côté de notre table. C'est bien tout au plus si nous sommes restés une demi-heure dans ce cabaret. Après cela, nous sommes sortis et, depuis ce jour-là, je n'ai revu ni *Nicolas*, ni le serrurier.

FAITS PARTICULIERS à JARRASSE dit JEAN-MARIE.

Procès-verbal de perquisition au domicile de Jarrasse, dit Jean-Marie.

L'an mil huit cent quarante et un, le vingt-quatre septembre,

En exécution d'un mandat délivré par M. *Perrin*, juge d'instruction près le tribunal civil de la Seine, délégué par M. le Chancelier, président de la Cour des Pairs, en date de ce jour, nous commettant pour faire perquisition au domicile de *Jean-Marie Jarrasse*, ébéniste, rue du Faubourg-Saint-Antoine, n° 202, pour y rechercher et saisir tous objets pouvant avoir rapport à l'attentat commis le 13 de ce mois, sur les Princes de la Famille royale,

Nous, *Alexandre Vassal*, commissaire de police de la ville de Paris,

Constatons nous être transporté au domicile, rue du Faubourg-Saint-Antoine, n° 202, de *Jean-Marie Jarrasse*, ébéniste, et que, après lui avoir donné communication du mandat susanalysé, nous nous sommes, en sa présence, livré dans le logement qu'il occupe au quatrième étage, et qui consiste en une chambre en mansarde et un petit cabinet, aux recherches les plus minutieuses de tous objets, papiers, écrits, et généralement de toutes pièces qui pourraient avoir des rapports avec l'attentat du 13 de ce mois, mais que nous n'avons rien trouvé de nature suspecte, ni qui pût avoir le moindre rapport avec l'objet des recherches ordonnées.

Et de ce que dessus avons dressé le présent procès-verbal, les jour, mois et an susdits.

Lecture faite, *Jarrasse* a signé avec nous.

Signé Jarrasse, Vassal.

Savelle Marin (dit Marin), âgé de 26 ans, scieur de long, demeurant à Paris, rue Jean-de-l'Épine, n° 4.

(Entendu, le 10 novembre 1841, par M. Perrin, Juge d'instruction délégué,
et confrontation de ce témoin avec l'inculpé *Jarrasse*.)

D. Avez-vous assez bien remarqué, pour qu'il vous soit possible de les
reconnaître, les individus qui, dans la matinée du 13 septembre dernier, se
trouvaient réunis dans le cabaret de *Colombier*, et auxquels ainsi qu'à vous-
même des cartouches ont été distribuées?

R. Je n'ai pas bien regardé les personnes qui étaient là; cependant peut-
être que, si je les voyais, je les reconnaîtrais.

A l'instant nous avons fait entrer successivement les nommés *Napoléon
Bazin* et *Auguste Petit*.

Le témoin, après avoir examiné séparément et attentivement ces deux individus, a dit ne pouvoir pas se rappeler s'ils étaient ou n'étaient pas chez
Colombier.

Avons ensuite fait introduire le nommé *Jean-Marie Jarrasse*, et en le
voyant entrer, le témoin dit de suite : Monsieur était chez *Colombier*.

A *Jarrasse* :

D. Le témoin qui est en votre présence vous reconnaît pour vous avoir
vu, dans la matinée du 13 septembre, à la réunion qui a eu lieu chez *Colombier*, et dans laquelle des cartouches ont été distribuées : quelles observations avez-vous à faire?

R. Je demanderai alors à quelle heure monsieur m'a vu chez *Colombier*.

Marin dit :

Monsieur était chez *Colombier* sur le coup de huit heures et demie, neuf heures moins le quart, du matin, et il y était peut-être bien encore à neuf heures. Je ne puis pas dire si monsieur y était quand on a distribué des cartouches, parce que beaucoup de personnes sont parties avant que la distribution des cartouches se fasse, et peut-être était-il aussi parti ; mais je suis certain de l'avoir vu dans la salle.

A *Jarrasse* :

D. Qu'avez-vous à dire?

R. J'ai été chez *Colombier* ce jour-là, comme j'y vais tous les matins, pour boire la goutte. Je suis entré dans la salle avec M. *Vicini;* nous avons bu un petit verre ensemble, et je suis parti pour la barrière à huit heures à peu près. Je calcule bien qu'il ne pouvait pas être plus de huit heures, car j'étais à la barrière cinq minutes avant neuf heures. J'ai vu chez *Colombier*, dans le fond de la salle, une douzaine de personnes ; mais je n'y ai pas vu monsieur, que je ne connais pas, mais dont cependant la figure ne m'est pas inconnue.

D. Vous dites avoir vu chez *Colombier* une douzaine de personnes : quelles étaient ces personnes?

R. Je n'ai remarqué que *Quenisset*, deux ou trois scieurs de long qui étaient avec lui et quatre ouvriers de M. *Vicini*.

A *Marin* :

D. Persistez-vous à dire qu'il était près de neuf heures lorsque vous avez vu *Jarrassse* chez *Colombier?*

R. Il pouvait être huit heures et demie, neuf heures moins le quart. Il n'avait pas été question dans ce moment-là de distribuer des cartouches.
Lecture faite, avons signé en cet endroit avec *Marin*, *Jarrasse* et le greffier.

Ayant fait retirer *Jarrasse*, nous avons fait introduire successivement les nommés *Fougeray* et *Mallet*.

Le témoin, après les avoir examinés séparément, a déclaré ne pouvoir dire s'ils faisaient ou non partie de la réunion dont il s'agit.

Benoît (*Philippe-Bernard*), âgé de 38 ans, commissionnaire en marchandises, demeurant à Paris, rue Montmartre, n° 18.

(Entendu, le 16 octobre 1841, par M. Boulloche, Juge d'instruction délégué.)

Ayant appris l'arrivée du 17e léger, je suis allé, le 13 septembre, à sa rencontre, dans l'espoir d'y trouver des camarades avec lesquels j'avais été en garnison, lorsque je servais dans le 15e.

J'ai joint le régiment et les Princes à la hauteur de la rue de Côte : je revenais avec eux, lorsqu'étant sur le trottoir du magasin du Vampire, j'ai entendu tirer un coup de pistolet. Je me suis aussitôt précipité du côté d'où ce coup était parti ; j'ai vu un homme dont les gardes municipaux s'étaient déjà emparés ; j'ai été témoin de ses efforts pour s'évader. Je l'ai parfaitement vu dans ce moment, et encore lorsqu'on l'a fait sortir du poste pour le conduire à la préfecture ; je l'ai entendu, dans ce moment, crier : Oui, c'est moi qui l'ai fait. Je l'ai vu aussi faire un signe pour s'élancer vers la portière. Je n'ai entendu parmi la foule que des cris d'indignation ; je n'ai remarqué personne ayant crié à l'inculpé de s'élancer par la portière.

Je n'ai vu aucune des personnes qui pouvaient entourer l'inculpé lorsqu'il a tiré.

Fourquier (*Paul-Pierre*), âgé de 31 ans, garde municipal à pied, à la 15e compagnie, caserné rue des Tournelles.

(Entendu, le 16 octobre 1841, par M. Boulloche, Juge d'instruction délégué.)

Lors de l'entrée du 17e léger, j'étais de service au coin du faubourg Saint-Antoine, et j'ai entendu de fort loin la détonation du coup de pistolet. Après le défilé du régiment, je me rendis, suivant ma consigne, au poste de la Bastille, où je vis l'assassin. On le fit monter en voiture pour le conduire en perquisition, et comme je me trouvais auprès de la portière pour empêcher la foule d'approcher, je vis qu'il voulait s'élancer hors de la voiture ; mais les gardes qui étaient avec lui lui attachèrent les mains.

Je n'ai vu personne lui faire des signes ; bien au contraire, on criait vengeance contre lui. On disait : *Ce gueux-là ! ce brigand !* Il me serait impossible de reconnaître aucune des personnes qui étaient autour de la voiture, parce que je n'ai fixé personne. Si j'avais vu quelqu'un lui faire des signes ou prendre son parti, je l'aurais arrêté, comme ç'eût été mon devoir.

CAMUSAT (*François-Marie-Édouard*), âgé de 40 ans, inspecteur de police, demeurant à la préfecture.

(Entendu, le 6 octobre 1841, par M. Boulloche, Juge d'instruction délégué.)

Le lundi 13 septembre, environ deux heures après l'attentat, j'ai été chargé, avec trois de mes camarades, de conduire l'inculpé *Quenisset* du poste de la Bastille dans son domicile, pour la perquisition qu'on allait y faire, et de là au dépôt de la préfecture de police. À peine monté en voiture, cet homme est devenu terrible et très-difficile à maintenir; les efforts de quatre personnes étaient à peine suffisants; il était comme un Hercule. Dans plusieurs endroits, et plus particulièrement dans la rue de la Roquette, il a voulu se jeter par la portière. La surveillance qu'il exigeait ne m'a pas permis de rien regarder, de rien voir de ce qui se passait au dehors. Je n'ai, en conséquence, remarqué aucun des nombreux individus qui suivaient notre voiture.

Si des cris ont été proférés par la foule, je ne les ai point entendus.

Des gardes municipaux à pied escortaient la voiture. Ils ont dû, plus aisément que nous, remarquer ce qui s'est passé près d'eux.

CONNE (*Joseph-Louis*), âgé de 28 ans, garde municipal à la 15ᵉ compagnie, caserné rue des Tournelles.

(Entendu, le 6 octobre 1841, par M. Boulloche, Juge d'instruction délégué.)
Et confrontation avec l'inculpé *Jarrasse*.

Le lundi 13 septembre, nous avons été chargés, un garde municipal, deux sergents de ville et moi, d'accompagner l'inculpé *Quenisset* dans la voiture qui l'a conduit du poste dans son domicile et de son domicile au dépôt. À peine monté en voiture, cet homme, après avoir regardé et fixé quelqu'un qui était dans la rue, nous a opposé la plus grande résistance; il a même voulu s'élancer par la portière, la force de quatre hommes a été nécessaire pour le maintenir. Uniquement occupé de lui, je n'ai rien vu, rien entendu de ce qui se passait dans la rue. Il serait cependant possible que j'eusse aperçu quelques individus, mais je ne sais pas si je pourrais les reconnaître.

Dans ce moment étant descendu à la Conciergerie avec le témoin et le greffier, nous avons fait amener devant nous le nommé *Jarrasse*, et avons demandé au sieur *Conne* s'il le reconnaissait pour l'un des individus qu'il aurait vus le 13 septembre, et dont il vient de parler; il a dit :

Je ne connais pas cet homme; je ne sais pas s'il était parmi ceux qui suivaient la voiture : il y avait tant de monde, et j'étais tellement occupé après *Quenisset* que je n'ai remarqué personne.

LOUBATIÈRES (*Jean-Antoine*), âgé de 26 ans, garde municipal, à la 13ᵉ compagnie, caserné rue des Tournelles.

(Entendu, le 6 octobre 1841, par M. Boulloche, Juge d'instruction délégué.)

Le lundi, 13 septembre, j'ai été chargé, avec un camarade et deux inspecteurs de police, d'accompagner *Quenisset* dans la voiture qui l'a conduit au dépôt. A peine monté, il a opposé la plus grande résistance; il a même voulu s'élancer par la portière. Nous n'avons pu le maîtriser qu'en lui liant les mains. Lui seul a occupé toute mon attention; je n'ai rien vu au dehors. Je ne pourrais reconnaître aucun des nombreux individus qui suivaient la voiture.

FLANDRIN (*Antoine-Célestin*), âgé de 36 ans, brigadier à la 15ᵉ compagnie à pied de la garde municipale.

(Entendu, le 16 octobre 1841, par M. Perrin, Juge d'instruction délégué.)

Lorsqu'un coup de feu a été tiré sur les Princes dans la rue du Faubourg-Saint-Antoine, je me trouvais devant le cheval de M. le Duc d'ORLÉANS, et j'avais été placé en cet endroit par mon lieutenant M. *Sauclière*, pour empêcher la foule de couper le cortége; à la hauteur de la rue Traversière, j'ai entendu le coup de feu, et, pensant que le coup avait été tiré de l'intérieur d'une voiture que je vis se mettre en marche, je me précipitai de ce côté; mais je vis *Quenisset* saisi par plusieurs gardes, et alors je m'empressai de porter secours au lieutenant-colonel dont le cheval était renversé.

Le régiment s'étant remis en marche, je continuai à marcher jusqu'au boulevart Bonne-Nouvelle, d'où j'allai rejoindre mon détachement qui se trouvait au poste où l'on avait conduit l'assassin. Lorsqu'on voulut conduire cet homme en perquisition, on le fit monter dans un fiacre; je remarquai que s'étant assis sur le devant de la voiture et tournant le dos aux chevaux, il se retourna pour regarder par les carreaux qui étaient derrière lui, et qu'ensuite il essaya de se jeter par la portière de gauche; mais les gardes qui étaient à côté de lui, l'attachèrent.

Je n'ai vu dans la foule personne lui faire des signes ou vouloir prendre son parti. Il y avait au surplus tant de monde autour de la voiture que je n'ai pu remarquer aucune figure, et qu'il me serait bien impossible de reconnaître aujourd'hui aucune des personnes qui se trouvaient là.

Vicini (*Joseph-Albert*), âgé de 49 ans, maître serrurier, demeurant à Paris, rue Traversière-Saint-Antoine, n° 52.

(Déposition du 26 octobre 1841, devant M. Boulloche, Juge d'instruction délégué.)
Et confrontation avec les inculpés *Brazier* (*Just*), *Boggio* dit *Martin* et *Mallet*.

Je connais depuis assez longtemps l'inculpé *Jarrasse*; je n'ai cependant jamais eu avec lui aucune relation, sinon de lui fournir des serrures pour les meubles qu'il fabriquait.

Voisin de *Colombier*, j'ai souvent eu occasion, en allant et venant dans la rue Traversière, d'apercevoir *Jarrasse* dans ce cabaret.

Le lundi 13 septembre, vers sept heures et demie du matin, y étant entré par hasard pour y boire la goutte, j'y ai trouvé ce même individu avec sept à huit autres hommes que je ne connais pas. Il m'a semblé qu'il avait bu un petit coup; il parlait et s'agitait plus que de coutume. N'ayant pas fait attention à lui, je n'ai pas entendu ce qu'il disait; je crois cependant qu'il ne parlait pas politique. J'ai remarqué dans le nombre des personnes qui étaient avec lui un homme qui était vêtu d'une blouse, et qui avait un chapeau de paille tel que celui que vous me représentez.

Tous les individus qui étaient avec lui sont sortis du cabaret, et je suis sorti moi-même pour aller, avec mon ouvrier et mon neveu, à la barrière, voir passer le régiment. Arrivés à la barrière de Charenton, nous nous dirigions sur la montagne pour mieux voir, lorsque *Jarrasse*, qui buvait à la porte d'un marchand de vin, nous a appelés. Après avoir bu un coup avec lui, il nous a accompagnés jusqu'au haut de la montagne; il est entré avec nous dans un autre cabaret, dans lequel nous sommes restés fort longtemps. *Jarrasse* n'est pas resté avec nous; il se donnait un mouvement extraordinaire; il allait et venait de côté et d'autre.

Lorsqu'on a annoncé l'approche du régiment, il n'était plus avec nous. Je l'ai cependant aperçu avec plusieurs individus. A partir de ce moment, je ne l'ai plus revu.

Dans le peu d'instants que j'avais passés chez *Colombier*, je n'avais point entendu parler de manifestation ni de distribution de cartouches.

La conduite de *Jarrasse*, que je ne me suis alors expliquée que parce que je croyais qu'il avait bu, m'a paru tellement extraordinaire, que j'ai regretté de l'avoir rencontré, et d'avoir été, pour ainsi dire, entraîné à boire avec lui.

Depuis quelque temps, je savais par ouï-dire qu'il était républicain, qu'il s'occupait de politique et qu'il fréquentait des sociétés secrètes; cependant il n'a jamais parlé devant moi de ces sortes de choses.

Parmi toutes les personnes que j'ai vues avec lui, soit chez *Colombier*, soit à la barrière, je ne pourrais, je crois, bien reconnaître que l'homme au chapeau de paille, qui buvait en même temps que moi chez le cabaretier *Colombier*.

En ce moment, nous avons fait amener dans notre cabinet les nommés *Brazier* (*Just*), *Boggio* dit *Martin* et *Mallet;* et, les ayant successivement mis en présence du témoin, nous lui avons demandé s'il les reconnaissait pour les avoir vus, en compagnie de *Jarrasse*, le 13 septembre dernier, dans les circonstances qu'il vient de rapporter. Il a dit :

Je vous jure sur mon âme et conscience que je ne reconnais aucun de ces individus pour les avoir vus , soit chez *Colombier*, soit à la barrière.

Je connaissais cependant le nommé *Boggio* dit *Martin*, parce qu'il venait souvent boire chez moi lorsque j'étais cabaretier : ce n'est point un mauvais sujet.

Durut dit Gaillard (*Charles-Désiré*), âgé de 23 ans, ouvrier serrurier, demeurant à Paris, rue Trouvée n° 12, faubourg Saint-Antoine.

(Entendu le 13 octobre 1841, par M. Boulloche, Juge d'instruction, délégué.)

Depuis six ans que je travaille chez le sieur *Vicini*, maître serrurier, rue Traversière, n° 52, j'y ai souvent vu *Jarrasse*, lorsqu'il venait y acheter des serrures.

Le 13 septembre, étant allé avec mon bourgeois à la barrière, au-devant du régiment, nous avons vu *Jarrasse*, qui nous a appelés pour prendre un verre de vin ; il était avec deux jeunes gens que je ne connais pas et que je n'ai pas remarqués. J'ai quitté presqu'aussitôt ce cabaret pour aller au haut de la montagne. J'ai retrouvé mon maître, avec lequel je suis revenu travailler. Je n'ai plus revu *Jarrasse*, je ne sais pas ce qu'il est devenu.

Morand (*Pierre-Eugène*), âgé de 32 ans, ébéniste, demeurant à Paris, rue Traversière-Saint-Antoine, n° 46.

(Entendu, le 26 octobre 1841, par M. Boulloche, Juge d'instruction délégué.)

Depuis un an environ je connais *Jarrasse*. C'est un homme qui aime à boire, à s'amuser, mais j'ignorais qu'il s'occupât de politique.

Le lundi 13 septembre je l'ai vu à la barrière du Trône : il m'a joint en disant qu'il avait perdu son camarade. Dans ce moment le régiment arrivait; nous avons suivi sa marche en nous tenant du côté de la musique.

Arrivés à la hauteur de l'hospice Saint-Antoine, près duquel demeure *Jarrasse*, il m'a quitté en disant qu'il allait dans sa chambre : dès ce moment il a disparu et je ne l'ai plus revu.

HENRY (*Joseph-Didier*), âgé de 32 ans, ébéniste, marchand de meubles, demeurant à Paris, rue Traversière-Saint-Antoine, n° 46.

(Entendu, le 26 octobre 1841, par M. Boulloche, Juge d'instruction délégué.)

Depuis un an je connais *Jarrasse;* je ne sais rien de particulier sur son compte.

Le 13 septembre j'étais allé avec *Morand* à la barrière du Trône pour voir le Prince. Nous avons rencontré *Jarrasse* dans cet endroit; il a suivi le cortége avec nous jusqu'à la porte de l'hospice Saint-Antoine : c'est là qu'il nous a quittés en disant qu'il allait dans sa chambre. A partir de ce moment, je ne l'ai plus revu.

Je sais bien qu'il demeure dans le faubourg, mais j'ignore si, lorsqu'il nous a quittés, il était ou non près de la maison qu'il habite.

Femme VÉRAQUIN (*Pierre-Marie* TERREAU), âgée de 36 ans, sans état, demeurant à Paris, rue Moreau, n° 60.

(Entendue, le 26 octobre 1841, par M. Boulloche, Juge d'instruction délégué.)

Les personnes qui me connaissent m'appellent femme *Pierre,* qui est le nom de mon mari. Quoi qu'il en soit, c'est sûrement par erreur que je suis appelée devant vous. Je n'ai jamais vu le nommé *Jarrasse* ni n'en ai entendu parler. J'ai cinq petits enfants qui absorbent tous mes instants; je ne sors jamais de chez moi, et le lundi 13 septembre dernier j'y suis, comme de coutume, restée toute la journée.

Femme DRAPIER dite PIERRE (*Thérèze* CLAUSSE), âgée de 27 ans, journalière, demeurant à Paris, rue Moreau, n° 18.

(Entendue, le 2 novembre 1841, par M. Boulloche, Juge d'instruction délégué.)

Je connais l'inculpé *Jarrasse* pour l'avoir vu quelquefois avec la femme avec laquelle il vit, et que je fréquente volontiers. Je n'avais pas remarqué que cet homme s'occupât de politique; seulement je n'aimais point à me trouver avec sa femme lorsqu'il était chez elle, parce que je m'étais aperçue qu'il était très-brusque.

Il se trompe lorsqu'il prétend que je l'ai vu chez lui dans l'après-midi du lundi 13 septembre. Si j'y avais pensé, il est vrai que j'y serais allée, parce que son logement était très-bien situé pour voir passer le cortége; mais je suis allée à la Bastille, avec la dame *Thuillier*. Nous étions allé porter notre ouvrage dans ce quartier, et nous y sommes restées fort longtemps. J'affirme que je n'ai pas vu *Jarrasse* ni sa femme dans la journée du lundi 13 septembre. Je me rappelle parfaitement être allée chez lui avec la dame *Thuillier*, mais le lundi suivant, c'est-à-dire huit jours après l'attentat.

Femme Thuillier (*Julie* Galoche), âgée de 37 ans, sans état, demeurant à Paris, rue Moreau, n° 18.

(Entendue, le 2 novembre 1841, par M. Boulloche, Juge d'instruction délégué.)

Je connais fort peu l'inculpé *Jarrasse;* je l'ai vu au plus deux ou trois fois.

Le lundi 13 septembre dernier, je suis allée avec la dame *Pierre* à la place de la Bastille, où nous avons attendu fort longtemps le cortége. Je suis bien certaine que nous ne sommes point entrées ce jour-là chez *Jarrasse*, et que nous ne l'avons vu nulle part. Nous sommes allées effectivement chez lui vers deux ou trois heures après midi, mais le lundi suivant, c'est-à-dire huit jours après l'attentat.

FAITS PARTICULIERS A MALLET.

PROCÈS-VERBAL d'arrestation de MALLET et de perquisition
à son domicile.

L'an mil huit cent quarante et un, le quinze septembre, à quatre heures
du matin,

Nous *Alphonse-Joseph-Martial Yver*, commissaire de police de la ville de
Paris (quartier Montorgueil),

Procédant en exécution d'un mandat de perquisition ou d'amener, ci-
annexé, de M. le conseiller d'État préfet de police,

Nous sommes transporté, assisté de M. *Roussel*, officier de paix, et
d'agents sous ses ordres, ainsi que de notre secrétaire, au domicile du
nommé *Mallet* (*Napoléon-François*), cordonnier et portier, rue de Charonne, n° 25;

Où étant, après nous être assuré de la personne de cet individu, inculpé d'attentat contre la personne de S. A. R. Monseigneur le Duc
d'AUMALE, par complicité,

Nous avons, en présence dudit *Mallet*, opéré la plus sévère perquisition dans ses meubles, dans ses armoires, et par toutes les dépendances
de son logement.

Nous n'avons trouvé d'autres papiers qui nous parussent susceptibles
d'examen qu'une lettre signée *Girard*, où il s'agit de cotisations dans une
prétendue société de Sainte-Cécile, et le passe-port de l'inculpé.

Nous avons fait un premier scellé de ces papiers.

Durant notre perquisition, la femme *Mallet* nous a paru cacher, rouler
dans une robe, un objet quelconque; nous nous sommes saisi de cet objet,
malgré la résistance de cette femme, et nous avons reconnu que l'objet
que l'on tentait de nous soustraire n'était autre qu'un paquet de poudre de
chasse, du poids de cent grammes environ, et dont il ne reste plus que
70 à 80 grammes, partie ayant été perdue par suite de l'effort nécessaire
que nous avons dû faire pour tirer ce paquet des mains de la femme *Mallet*.
Nous en avons fait un deuxième scellé.

Et, attendu qu'il y a mandat d'amener impératif de M. le préfet contre
Mallet,

Nous avons chargé M. *Roussel* de le mettre à exécution, en se conformant à la loi.

Nous avons ensuite, de retour à notre bureau, alloué la somme de 12 francs, etc., etc.

De quoi nous avons dressé le présent procès-verbal, que nous transmettons à M. le conseiller d'État préfet de police, ensemble un passe-port tout récent (5 mai 1841) avec le billet signé *Girard* et le paquet de poudre.

Lecture faite de ce qui précède à l'inculpé *Mallet*, il a reconnu vérité, et il a signé avec nous et M. *Roussel*.

Signé ROUSSEL, MALLET, YVER.

Autre PERQUISITION au domicile de MALLET.

L'an mil huit cent quarante et un, le dix-neuf septembre, à trois heures et demie du matin,

Nous, *Alphonse-Joseph-Martial Yver*, commissaire de police de la ville de Paris, quartier Montorgueil,

Procédant en exécution d'une ordonnance de perquisition ci-annexée, de M. *Boulloche*, juge d'instruction,

Nous sommes transporté rue de Charonne, n° 25, au domicile du nommé *Mallet*, pour y rechercher, notamment dans les caves, et saisir les armes, cartouches, balles et poudre à feu qui s'y trouveraient cachées.

En présence de la femme *Mallet*, nous avons opéré, tant dans son logement proprement dit que dans celui attenant des nommés *Martin* et *Fougeray*, la plus sévère perquisition.

Nous n'y avons trouvé rien de relatif à l'objet de nos recherches, rien qui pût nous paraître de nature à fixer l'attention, quelque soin minutieux que nous ayons pris à notre opération.

Nous avons ensuite recherché dans la cave des époux *Mallet*, sans omettre la moindre partie de la superficie des murs et de la voûte; nous n'y avons rien trouvé.

Les caves ayant un soupirail sur la cour, nous les avons visitées avec le même soin et sans succès.

Après avoir pris tous les renseignements possibles, et toutes les dépendances de la maison examinées, nous nous sommes retiré.

De quoi nous avons dressé le présent procès-verbal, que nous transmettons à M. *Boulloche*, ensemble son ordonnance.

Nous avons alloué la somme de 12 francs 25 centimes, tant au cocher de fiacre 1645, qu'au cocher de cabriolet 304, par nous employés, le premier durant plus de trois heures (tarif de nuit), le second durant deux heures.

Signé YVER.

Autre PERQUISITION au domicile de MALLET.

L'an mil huit cent quarante et un, le six octobre, à cinq heures du matin,

Nous, *Alphonse-Joseph-Martial Yver*, commissaire de police de la ville de Paris, quartier Montorgueil,

Procédant en exécution d'une commission rogatoire ci-annexée de M. *Boulloche,* juge d'instruction, délégué par M. le Chancelier de France, Président de la Cour des Pairs,

Nous sommes transporté, rue de Charonne, n° 25, au domicile du nommé *Mallet,* à l'effet d'y rechercher et saisir la calotte ou bonnet grec que portait habituellement cet inculpé.

Par suite de nos recherches, nous avons, en présence de la femme *Mallet,* trouvé et saisi une calotte en drap fond rouge, à petites fleurs ou menus dessins de couleur noire, avec une bordure en velours de coton noir.

Nous avons appliqué à cette calotte une étiquette indicative signée et scellée.

Après nous être assuré qu'il n'existe pas dans le domicile dudit *Mallet* d'autre calotte ou bonnet à l'usage de cet inculpé, nous nous sommes retiré, et nous avons, de retour à notre bureau, alloué la somme de 6 francs 50 centimes au cocher du fiacre 1445, pour plus de deux heures (tarif de nuit et de jour).

De quoi nous avons dressé le présent procès-verbal, que nous transmettons à M. *Boulloche,* ensemble sa commission rogatoire et la calotte saisie.

Signé YVER.

HÉLAS (*Louis*), âgé de 38 ans, ouvrier en outils, demeurant à Paris, rue de Charonne, n° 25.

(Déposition reçue, le 23 septembre 1841, par M. Boulloche, Juge d'instruction délégué);
Et confrontation avec la femme *Mallet.*

Je demeure dans la même maison que les mariés *Mallet.* Je n'ai aucune connaissance des faits qui leur sont imputés; je n'ai vu ni paquet de cartouches, ni pistolet en la possession ni de l'un ni de l'autre; la femme *Mallet* ne m'a rien confié de semblable: je ne sais pas ce que l'on veut me dire à cet égard.

D. Vous êtes appelé comme témoin; vous avez juré de dire la vérité, et vous la dissimulez en ce moment. Je vous engage, dans votre intérêt bien compris, à abandonner un pareil système, qui entraînerait pour vous des conséquences fâcheuses.

R. Je ne peux pas dire une chose que je ne sais pas.

D. La femme *Mallet* a été entendue hier, et, après avoir soutenu qu'elle n'avait eu en sa possession ni cartouches ni pistolet, elle est enfin convenue que cette arme et ces munitions avaient été en sa possession; qu'elle les avait trouvées dans sa cave, et que, dans la crainte qu'une pareille découverte, dans son domicile, ne compromît son mari, elle vous avait instamment prié, à titre de voisin, de la débarrasser de ces objets?

Elle ajoute qu'après beaucoup d'hésitation, vous avez bien voulu lui rendre le service qu'elle réclamait de vous, et, qu'effectivement vous avez jeté le tout dans le canal; du moins, vous le lui avez dit?

R. Je n'ai pas connaissance de cela.

D. Vous avez tort de persister dans votre mensonge. Des ordres vont être donnés pour amener ici la femme *Mallet*, qui, bien certainement, répétera, en votre présence, la déclaration qu'elle a faite en ce qui vous concerne.

En ce moment, nous avons fait amener en notre cabinet la femme *Mallet*, qui a dit :

Je persiste dans la déclaration que j'ai faite hier devant vous; je n'ai dit que la vérité.

Hélas a repris aussitôt : Je ne sais pas ce que cela veut dire, je n'ai rien reçu du tout.

La femme *Mallet*, entendant cette réponse, s'est écriée : Comment, M. *Hélas!* comment! vous voulez me laisser dans la peine; vous refusez de me retirer de mon malheur; et cependant cela ne vous aurait pas fait de mal. Faut-il donc que je me mette à vos genoux. Je vous en prie, retirez-moi de mon malheur. Vous savez bien que vous m'avez rendu un service. Je vous ai confié un paquet et un pistolet, en vous priant de me débarrasser de l'un et de l'autre, et vous m'avez dit que vous les aviez jetés dans le canal : convenez-en.

Hélas, interpellé de nouveau sur une déclaration aussi positive, dit : Je n'ai rien à répondre; j'ai dit ce que j'avais à répondre.

La femme *Mallet* adresse de nouvelles prières au témoin, qui, après quelques instants de silence, répond encore : Je ne sais pas ce que vous voulez me dire.

Lecture faite, chacun a persisté et signé.

La femme *Mallet*, après la lecture de ce procès-verbal, et lorsque, en sa présence, nous venions de décerner un mandat d'amener contre *Hélas*, et que nous ordonnions qu'il serait conduit à la Conciergerie, pour inculpation de complicité à l'attentat du 13 de ce mois, renouvelant toutes ses protestations, a dit :

La preuve que je n'ai dit que la vérité, c'est qu'il y avait deux personnes : le sieur *Hélas* et le sieur *Linard*, ébéniste, demeurant dans la même maison. C'est à ces deux hommes que j'ai remis les cartouches et le pistolet, et ils sont allés ensemble les jeter dans le canal. Je leur ai donné une chandelle, et ils sont allés eux-mêmes chercher ces objets dans la cave.

PROCÈS-VERBAL de perquisition au domicile de HÉLAS.

L'an mil huit cent quarante et un, le vingt-trois septembre, à une heure de relevée,

Nous, *Louis-Philippe Lapie de Lafage*, commissaire de police de la ville de Paris, spécialement pour les délégations, officier de police judiciaire, auxiliaire de M. le procureur du Roi;

Vu le mandat de perquisition décerné ce jour par M. *Boulloche*, juge d'instruction, délégué par M. le Chancelier de France, Président de la Cour des Pairs, contre le nommé *Hélas*, ouvrier en outils, demeurant rue de Charonne, n° 25,

Nous sommes transporté, assisté de trois inspecteurs de police, audit lieu, où étant, le logement du nommé *Hélas* nous ayant été indiqué au troisième étage du corps de logis, sis à droite en entrant dans la maison, nous y avons frappé à plusieurs reprises, et cela sans obtenir de réponse. En conséquence, nous avons requis le nommé *Aubry*, serrurier, demeurant rue de Charonne, n° 29, de procéder à l'ouverture de la porte dudit logement : ce qu'il a exécuté aussitôt.

Nous attestons que la perquisition à laquelle nous avons procédé avec le plus grand soin dans ce logement composé d'un cabinet unique, lambrissé, éclairé sur la cour par une fenêtre à tabatière, ne nous y a fait découvrir aucune arme, poudre ou munition de guerre, ni autre objet suspect ou seulement susceptible d'examen.

En conséquence du résultat qui vient d'être indiqué, nous, commissaire de police précité, avons laissé dans ce logement du nommé *Hélas* toutes les choses que nous y avions trouvées; puis, nous nous sommes retiré en faisant refermer exactement ladite porte.

Nous nous réservons de poursuivre le remboursement d'une somme de 1 franc, par nous payé au nommé *Hugonnier*.

> *Le Commissaire de police,*
> Signé P. Lapie de Lafage.

Linard (Antoine), âgé de 46 ans, ébéniste, demeurant à Paris, rue de Charonne, n° 25.

(Entendu, le 24 septembre 1841, par M. Boulloche, Juge d'instruction délégué.)

Monsieur, je ne sais rien de ce dont vous me parlez; je nie tout; je me livre à la justice. Je n'ai besoin de faire aucun aveu; on fera de moi ce qu'on voudra; on peut me traduire en jugement sur la déposition d'un seul témoin, j'aurai les moyens de me défendre.

Nous avons donné connaissance au témoin des déclarations si positives faites par la femme *Mallet;* nous l'avons, par tous les moyens en notre pouvoir, engagé à ne pas résister plus longtemps à l'évidence, en lui faisant connaître quelles conséquences pourraient résulter contre lui s'il persistait dans le système mensonger qu'à l'exemple de *Hélas* il a cru devoir adopter.

Ce qu'ayant écouté, il a dit : Je ne réponds rien : je me livre à la justice; elle en décidera.

D. Vous savez bien que la femme *Mallet*, dès le jour même de l'arrestation de son mari, vous a prié, ainsi qu'*Hélas*, de la débarrasser d'un paquet et d'un pistolet, et qu'ayant cédé aux instances de cette malheureuse femme, vous êtes allé avec *Hélas* jeter ces objets dans le canal. La justice vous demande aujourd'hui de lui faire connaître dans quel endroit de ce canal vous avez jeté ces armes et munitions, et, si vous n'êtes pas le complice de *Mallet*, si vous n'avez pris aucune part à l'attentat du 13 de ce mois, on ne s'expliquerait pas pourquoi vous refuseriez de donner à la justice les explications qui vous sont demandées?

R. Conduisez-moi en prison.

D. Depuis la citation qui vous a été donnée à comparaître aujourd'hui devant nous, vous avez vu quelques personnes malveillantes qui vous ont donné de perfides conseils et qui peut-être vous ont menacé de leur vengeance si vous disiez ce que vous savez?

R. Quant à la complicité, je mettrais la main dans le feu que je n'en suis pas. Aucun des accusés ne pourrait dire que j'en avais connaissance. Les voisins se sont bornés à me dire qu'on était venu me demander, mais ils ne m'ont donné aucun mauvais conseil. Ils m'ont, au contraire, donné le conseil, dont je n'avais pas besoin, de me rendre à la citation.

Procès-verbal constatant le repêchage, dans le canal Saint-Martin, d'une clef et d'un pistolet.

L'an mil huit cent quarante et un, le vingt-cinq septembre, à midi quarante-cinq minutes,

Nous, *Louis-Philippe Lapie de Lafage*, commissaire de police de la ville de Paris, spécialement pour les délégations, officier de police judiciaire, auxiliaire de M. le procureur du Roi;

Vu la commission rogatoire de M. *Casimir Boulloche*, juge d'instruction délégué par M. le Chancelier de France, Président de la Cour des Pairs pour instruire contre les auteurs et complices de l'attentat du 13 du courant, commis sur la personne de Monseigneur le Duc d'Aumale (cette pièce est annexée);

Attendu que ladite commission rogatoire, en date du 24 septembre présent mois, indique la nécessité et l'urgence qu'il y a à faire les recherches les plus minutieuses d'un pistolet, de cartouches et autres munitions de guerre qui auraient été jetés par le nommé *Linard* dans le canal, à côté du petit pont, et ce, en présence du nommé *Hélas*.

Nous sommes transporté, accompagné de M. *Dumoulin*, inspecteur général de la navigation du département de la Seine, savoir :

1° A l'intérieur de la fabrique d'outils en bois, sise rue Saint-Nicolas, n° 24, faubourg Saint-Antoine, où le nommé *Hélas*, employé comme ouvrier dans cet atelier, y a été trouvé et requis par nous de nous accompagner;

2° A la maison rue de Charonne, n° 25, celle habitée par les nommés *Hélas* et *Linard*, où ce dernier a été trouvé précisément sur le seuil de la porte; nous lui avons fait même réquisition qu'au nommé *Hélas*, et, par suite de son adhésion à nous suivre, nous l'avons conduit, avec les dénommés, à la place de la Bastille;

3° Et au bord du canal Saint-Martin, près la passerelle de l'écluse du bassin d'aval de la Bastille, comme étant le lieu que, sur nos réquisitions formelles, réitérées, les nommés *Hélas* et *Linard* avaient désigné séparément et collectivement pour être celui où l'un d'eux, le nommé *Linard* avait jeté le pistolet et les cartouches, objets des recherches prescrites en ce moment par l'autorité judiciaire.

Nous constatons qu'aussitôt après ces démarches et opérations préliminaires, nous avons ordonné et fait opérer, aidé du concours de M. *Dumoulin*, inspecteur de la navigation, les sondages et recherches prescrits comme il a été dit. Ces travaux, qui ont eu lieu à l'aide de deux mariniers-plongeurs et de deux autres ouvriers employés sur les ports (ces derniers armés de crocs et de rateaux de fer), n'ont pas duré moins de trois heures. Le résultat de l'opération a été celui-ci : Les objets que nous recherchions ayant été jetés en amont de la passerelle et contre la porte à droite de l'écluse, nous avons dû appliquer là tous nos moyens d'action et bien vérifier l'état du fond du canal en cet endroit. Nous avons reconnu qu'il y avait sous ces eaux, explorées par nos plongeurs, une couche de vase que nous évaluons à 5 ou 6 centimètres; que nulle matière semblable au papier n'y a été trouvée et ne peut y séjourner sans y être immédiatement dénaturée ou emportée par la force des eaux, lorsque les écluses s'ouvrent pour le service de la navigation, et qu'il existe à cette écluse et au-dessous des portes, un contrebas de la hauteur d'un double décimètre environ, qui pourrait très-facilement empêcher l'entraînement des objets d'un certain poids, dans les écluses inférieures conduisant à la Seine. Pourquoi nous avons conclu que s'il était impossible d'espérer de retrouver les cartouches et autres choses formées de papier, il était probable qu'à force de persévérance et de travail intelligent, les plongeurs réussiraient à trouver et repêcher le pistolet dont il est question ici. Nos prévisions n'ont pas été trompées; car, à quatre heures de relevée, l'un des plongeurs a reparu à la surface de l'eau en tenant un pistolet à la main, qu'il nous a dit avoir repêché précisément à l'endroit indiqué par *Linard*, c'est-à-dire au-dessous de la porte de l'écluse à droite de la passerelle du bassin d'aval de la Bastille. Sous la porte-écluse dont s'agit, une clef en fer avait été déjà trouvée par le premier de nos plongeurs; en conséquence nous avons saisi ces pistolets et clef, pour être adressés, sous scellé, avec étiquette indicative, à M. *Boulloche*, et servir, s'il y a lieu, comme choses à conviction. Nous constatons que le pistolet ainsi tombé en notre possession est de grande dimension, à baguette fixée; est garni en cuivre au pommeau; que le chien était abattu; qu'à l'intérieur il n'était garni que de résidus que nous ne croyons pas être de la poudre ni une balle, mais seulement de la vase, que nous avons cru devoir laisser en cette place pour être extraite et examinée ultérieurement par qui de droit; enfin que la pierre à fusil nécessaire pour le tir de ce pistolet manquait et était remplacée par un petit morceau de bois. Nous constatons que ce pistolet, représenté immédiatement par nous aux nommés *Hélas* et *Linard*, a été reconnu par eux pour être le même qu'ils avaient reçu de la femme *Mallet*, puis jeté dans le canal. Notre opération se trouvant ainsi terminée, nous avons rédigé le présent, et les nommés *Hélas* et *Linard,* auxquels nous en avons donné lecture, y ont reconnu vérité et l'ont signé avec nous, ajoutant pourtant que la clef repêchée non loin du pistolet, comme il a déjà été dit, leur est tout à fait étrangère et inconnue.

Signé Hélas, Linard.

Le Commissaire de police, signé P. Lapie de Lafage.

Barré (*Alexandre*), âgé de 37 ans, limonadier, demeurant à Paris, rue de Charonne, n° 25.

(Entendu, le 11 octobre 1841, par M. Boulloche, Juge d'instruction délégué.)

Je suis marchand de vin dans la maison rue de Charonne, n° 25, dont *Mallet* est le portier. Cet homme venait fréquemment chez moi. Je l'ai quelquefois entendu parler politique, mais jamais en mauvais termes. J'avais même remarqué qu'il était assez prudent. J'ignore s'il appartient à des sociétés secrètes, et s'il a pris une part quelconque à l'attentat du 13 septembre dernier. Ce même jour, vers six heures du matin, il est entré dans mon cabaret pour y prendre, comme de coutume, un verre de vin; il n'avait que son pantalon et son tablier. Je l'ai revu vers sept heures et demie : il était alors vêtu de sa blouse et coiffé de sa calotte. Il a bu un verre de vin blanc avec *Frémont* dit *Dufour,* et une troisième personne dont il m'est impossible de me rappeler le nom. Ces trois individus sont restés fort peu de temps. Je crois, sans cependant en être certain, que *Mallet* est revenu une troisième fois entre huit heures et demie et neuf heures. Si cela est, il serait entré seul; je ne sais pas même s'il a pris quelque chose : dans tous les cas, il n'aurait fait qu'entrer et sortir. A partir de ce moment, je ne l'ai plus revu de la journée.

Je ne sais point si des locataires de la maison ont vu *Mallet* dans sa loge dans la matinée, je ne l'ai point entendu dire; je ne sais pas non plus s'il est allé voir passer le cortége.

Je connais le marchand de vin *Colombier;* je sais que *Mallet* le connaissait aussi; j'ignore s'ils se rencontraient fréquemment. Le nom de *Just Brazier* ne m'est point inconnu : je ne sais pas si c'est par *Mallet* que j'ai entendu parler de ce jeune homme.

Je connais aussi le nommé *Boggio* dit *Martin,* serrurier : je l'ai vu quelquefois dans mon cabaret avec *Mallet;* ils paraissaient être fort bien ensemble; je ne me rappelle pas s'ils sont venus chez moi dans la première parler quinzaine de septembre.

Les nommés *Martin* et *Fougeray,* qui logeaient dans une chambre que leur louait *Mallet,* sont deux jeunes gens fort tranquilles, qui très-fréquemment étaient dans mon cabaret; je ne comprends pas qu'ils soient compromis dans une pareille affaire.

DESVARENNES (*Pierre-François-Léger*), âgé de 31 ans, mécanicien, demeurant à Paris, rue de Charonne, n° 25.

(Entendu, le 12 octobre 1841, par M. Boulloche, Juge d'instruction délégué.)

Le lundi 13 septembre dernier, j'ai travaillé toute la matinée, et je n'ai quitté mon atelier que vers deux heures et demie environ, lorsque j'ai appris qu'un coup de feu avait été tiré sur les Princes.

En sortant, je n'ai pas regardé dans la loge; je n'ai pas vu si le portier *Mallet* y était. J'ignore s'il est ou non sorti dans la matinée; je ne l'ai pas vu.

Femme **DESVARENNES** (*Fanny-Marie-Sophie* HOUSSARD), âgée de 32 ans, couturière, demeurant à Paris, rue de Charonne, n° 25.

(Entendue, le 12 octobre 1841, par M. Boulloche, Juge d'instruction délégué.)

Depuis trois ans que je suis dans la maison rue de Charonne, n° 25, je connais le nommé *Mallet*, portier, et je n'ai rien à dire sur son compte.

Le lundi 13 septembre, vers sept heures et demie du matin, je suis sortie comme de coutume pour aller chercher mon café : je ne sais pas si *Mallet* était dans sa loge, je n'y ai pas fait attention. Je ne crois pas être ressortie dans le cours de la matinée. Plus tard, lorsque le coup était fait, mais je ne sais pas depuis combien de temps, j'ai vu *Mallet* dans sa cour. Je crois, sans en être certaine, qu'il était en blouse, et qu'il avait sa casquette sur sa tête. Je n'ai pas entendu dire que d'autres habitants de la maison l'aient vu dans le cours de la matinée.

Femme **DÉROLAND** (*Julie-Claire-Alexandrine* MARTIN), âgée de 33 ans, fabricante de limes, demeurant à Paris, rue de Charonne, n° 25.

(Entendue, le 12 octobre 1841, par M. Boulloche, Juge d'instruction délégué.)

Depuis dix ans que j'habite la maison rue de Charonne, n° 25, je connais le nommé *Mallet* comme portier, mais sans avoir jamais avec lui aucune espèce de conversation. Je ne connais aucune de ses habitudes, je ne sais pas s'il s'occupe ou non de politique.

Le lundi 13 septembre dernier, mon mari étant à la campagne, je ne suis pas sortie du tout dans la matinée. Après le passage du cortége, dans l'après-midi, je ne sais pas à quelle heure, je suis sortie, et je me rappelle avoir vu *Mallet* qui sortait en même temps que moi.

Il est faux que je lui aie parlé vers dix ou onze heures, ou midi, dans cette même journée du lundi 13, et que je lui aie demandé s'il allait voir le cortége. Ainsi que je l'ai déclaré, jamais je ne lui parlais; en aucun cas, je ne lui aurais fait une pareille question, et, d'ailleurs, je n'ai pas quitté mon atelier avant deux ou trois heures de l'après-midi.

Lecture faite, etc., a signé.

Le témoin, après la lecture qui vient de lui être faite de sa déposition, dit : Je me rappelle maintenant que le portier *Mallet* est venu dans la matinée, vers dix heures, m'apporter une lettre; il n'a fait qu'entrer et sortir. Je ne lui ai pas parlé du cortége; j'ignore s'il est ou non allé garder sa loge, ou s'il est sorti.

VASSERAT (*François-Henri*), âgé de 48 ans, ouvrier en châles, demeurant à Paris, rue de Charonne, n° 25.

(Entendu, le 12 octobre 1841, par M. Boulloche, Juge d'instruction délégué.)

Depuis neuf ans que je suis locataire dans la maison rue de Charonne, n° 25, je connais le nommé *Mallet*, qui en est le concierge. Entièrement occupé de mon travail et de ma famille, je ne sais pas s'il appartient ou non à des sociétés secrètes. Il m'a semblé que lorsqu'il parlait politique, c'était plutôt en bien qu'en mal.

Le lundi 13 septembre dernier, je suis sorti de chez moi vers neuf heures du matin pour aller au faubourg Saint-Martin. Je suis resté assez longtemps dans ce quartier pour affaires de mon commerce. Je revenais chez moi vers midi, lorsqu'à la porte Antoine et sur le trottoir de Mme *Pépin*, j'ai vu passer le cortége. C'est là que j'ai appris qu'on venait de tirer un coup de pistolet sur les Princes. C'est une demi-heure après environ que je suis rentré à mon domicile; en montant l'escalier, j'ai aperçu M. *Mallet* qui était dans la cour; je ne sais pas ce qu'il y faisait. Je crois qu'il était vêtu d'une blouse bleue et coiffé d'une calotte. Ayant été absent presque toute la matinée, je ne sais pas si *Mallet* est resté dans sa loge, ou s'il est allé voir le cortége.

Lorsque je suis sorti, à neuf heures, je n'ai pas regardé dans sa loge; j'ignore s'il y était.

28.

Femme Vasserat (*Marie-Louise* Bertout), âgée de 31 ans, ouvrière en châles, demeurant à Paris, rue de Charonne, n° 25.

Entendue, le 12 octobre 1841, par M. Boulloche, Juge d'instruction délégué.)

Le lundi, 13 septembre dernier, je suis sortie de chez moi vers neuf
heures, neuf heures et demie du matin. Je ne sais pas si dans ce moment le
portier *Mallet* était ou non dans sa loge; je ne l'ai pas vu. Je ne suis rentrée
qu'à trois heures et demie; j'étais alors avec un monsieur qui me parlait affaires commerciales. J'ai monté rapidement mon escalier sans faire
aucune attention au portier.

FAITS PARTICULIERS À MARTIN et FOUGERAY.

PROCÈS-VERBAL d'arrestation de MARTIN et FOUGERAY, et de perquisition
à leur domicile.

L'an mil huit cent quarante et un, le quinze septembre, à quatre heures
du matin,

Nous, *Alphonse-Joseph-Martial Yver*, commissaire de police de la ville de
Paris, quartier Montorgueil;

Procédant en exécution d'un mandat de perquisition et d'amener ci-
annexé, de M. le conseiller d'État préfet de police;

Nous sommes transporté rue de Charonne, n° 25, au domicile des
nommés *Martin* (*Jean-Baptiste-Charles*), commun au nommé *Fougeray*
(*Alexis*);

Où étant, nous avons, en leur présence, opéré la plus sévère perquisition dans les meubles, les armoires et toutes les dépendances, sans nulle
exception, de la chambre qu'ils tiennent à loyer du nommé *Mallet.*

Nous avons par suite trouvé et saisi,

Savoir : (M. *Roussel*, officier de paix nous assistant):

1° Sept numéros du *Journal du Peuple*, et quatre numéros du journal
l'Atelier;

Premier scellé;

2° Trente et une lettres ou pièces manuscrites;

Deuxième scellé;

3° Une brochure ayant pour titre *Cancans flétrissants*, et deux livrets,
l'un au nom du nommé *Fougeray*, et l'autre à celui du nommé *Martin;*

Troisième scellé.

Nous avons fait des journaux un scellé avec étiquette indicative signée;
Des pièces manuscrites, un second scellé;
Et de la brochure avec les livrets, un troisième scellé.

Nul autre objet ne nous ayant paru devoir fixer notre attention, encore bien que, mieux informé, nous ayons peut-être autre opération à faire incessamment, nous sommes retiré;

Mais, attendu que les mandats d'amener impératifs sont décernés par M. le conseiller d'État préfet de police,

Nous avons chargé M. *Roussel,* officier de paix, qui nous assistait, de les mettre à exécution, en se conformant à la loi, contre les nommés *Martin* et *Fougeray.*

De quoi nous avons dressé le présent procès-verbal que nous transmettons à M. le conseiller d'Etat préfet de police, et que les inculpés ont signé avec nous, après lecture.

Signé FOUGERAY, MARTIN, MARTIN ROUSSEL; *le Commissaire de police,* YVER.

FAITS PARTICULIERS À BOUZER.

PROCÈS-VERBAL d'arrestation de BOUZER, et de perquisition à son domicile.

L'an mil huit cent quarante et un, le vingt-six septembre,

En exécution d'un mandat de M. *Casimir Boulloche*, Juge d'instruction délégué de M. le Chancelier de France, Président de la Cour des Pairs, en date du jour d'hier, nous commettant à l'effet de nous transporter au domicile du sieur *Charles*, ébéniste, rue Saint-Honoré, n° 278, pour y rechercher et saisir toutes armes, munitions de guerre, brochures, et généralement tous objets pouvant se rapporter à l'attentat,

Nous, *Alexandre Vassal*, commissaire de police de la ville de Paris,

Nous sommes transporté au domicile indiqué, rue Saint-Honoré, n° 278, du nommé *Charles*, que nous avons trouvé chez lui, et auquel lecture a été donnée du mandat susanalysé.

Cet individu s'est dénommé et qualifié,

Charles-Henri Bouzer, âgé de 34 ans, natif de Montbéliard (Doubs), ébéniste.

Le logement par lui occupé consiste en une pièce au rez-de-chaussée, éclairée par une fenêtre sur une petite cour. Cette pièce sert à la fois de chambre d'habitation et d'atelier.

Perquisition faite dans ce local et dans les meubles qui s'y trouvent, nous avons saisi :

1° Un exemplaire en livraisons détachées d'un ouvrage ayant pour titre : *Histoire des révolutions*, par *Laponneraye*;

2° Dix exemplaires d'une brochure avec ce titre : *Douze lettres d'un Communiste à un Réformiste*.

Nous avons remarqué que ces dix exemplaires sont de la même lettre; pour en expliquer la possession, le nommé *Bouzer* nous a dit avoir demandé les *Douze lettres d'un Communiste*, et que sans doute, par erreur, au lieu de douze lettres traitant un sujet séparé, on lui avait envoyé dix exemplaires de la même lettre.

3° Sept exemplaires du journal *le Populaire :* parmi ces exemplaires deux portent la même date, 5 septembre 1841.

Bouzer déclare qu'il a pris deux exemplaires du même numéro parce qu'une de ses connaissances lui avait dit qu'elle désirait s'y abonner.

Et 4° deux volumes d'une brochure in-32 : *Histoire de la Bastille,* par *Pierre Joigneaux.*

Sur ces brochures et papiers imprimés, nous avons posé une étiquette indicative de la saisie par nous opérée, signée de nous et revêtue de notre cachet.

Et lecture faite au nommé *Bouzer,* il a reconnu vérité au présent procès-verbal ; interpellé de signer, il a dit ne le savoir, et a ajouté qu'il savait à peine lire.

Nous avons seul signé.

Signé Vassal.

Et au mandat de perquisition susanalysé est joint un mandat d'amener devant être mis à exécution dans le cas où chez *Bouzer* seraient trouvés des objets suspects.

Attendu que les pièces saisies sont toutes rédigées dans un esprit démocratique ; que surtout le nombre d'exemplaires de la *Lettre d'un Communiste,* et les deux exemplaires d'un journal *le Populaire,* peuvent faire soupçonner que *Bouzer* serait colporteur, distributeur et propagateur de ces écrits, et que ce qui confirmerait ce soupçon c'est qu'il ne sait pas lire, ou au moins suffisamment lire pour faire la lecture desdits écrits ;

Mettons à exécution ledit mandat, et disons que ledit *Charles-Henri Bouzer* sera conduit au dépôt de la préfecture de police à la disposition de M. le Juge d'instruction ;

Et de tout ce que dessus avons dressé le présent procès-verbal,

Les jour, mois et an susdits,

Et avons signé.

Signé Vassal.

Golzard (*Jean-Nicolas*), âgé de 48 ans, ébéniste, demeurant à Paris, rue Saint-Honoré, n° 278.

(Entendu, le 23 octobre 1841, par M. Boulloche, Juge d'instruction délégué.)

Le nommé *Charles Bouzer* est mon plus proche voisin. Nos deux boutiques, situées dans la même cour, sont très-rapprochées l'une de l'autre.

Depuis neuf mois seulement qu'il habite cette maison, la petite jalousie de métier qui existe toujours entre les hommes de même profession nous a tenus assez éloignés l'un de l'autre. Nous nous bornions à nous dire bonjour quand nous nous trouvions en face, et quelquefois, mais très-rarement, à nous rendre le service de nous prêter quelques outils. Quoi qu'il en soit, je dois déclarer que je n'ai entendu dire que du bien de cet homme, et que je n'avais jamais soupçonné qu'il s'occupât d'affaires politiques. Aussi ai-je été, comme tous ses voisins, fort étonné lorsque j'ai appris son arrestation.

Le lundi 13 septembre, je suis allé, en ma qualité d'ancien attaché au garde-meuble du château, sur les combles, pour voir arriver les Princes à la tête du 17ᵉ léger. Rentré chez moi à quatre heures, j'en suis sorti presque immédiatement après avec un ami, et je ne suis revenu qu'à neuf heures. Je n'ai donc ni vu, ni pu voir les deux jeunes gens qui, à cinq heures, seraient venus chez *Charles Bouzer.*

Le nommé *Jules,* mon ouvrier, est resté seul à la boutique; je ne sais pas s'il a vu les jeunes gens dont vous me parlez et s'il aurait entendu leur conversation. Je suis tenté de croire qu'il n'a rien entendu; car, s'il en était autrement, il est tellement bavard, qu'il n'aurait pas manqué de me le dire. Je ne sais pas son adresse, mais on peut l'assigner chez moi.

Je ne connais que de vue le nommé *Fougeray,* ouvrier de *Charles Bouzer;* je ne lui parle jamais. Je ne crois pas qu'il existe entre lui et mon apprenti la moindre relation.

Si le jeune *Jules,* mon apprenti, sait quelque chose, c'est un très-honnête garçon, qui, j'en suis certain, dira toute la vérité.

DUBAU (*Auguste-Jules*), âgé de 18 ans, ouvrier ébéniste, demeurant à Paris, rue de Grenelle-Saint-Germain, nᵒ 97.

(Entendu, le 27 octobre 1841, par M. Boulloche, Juge d'instruction délégué.)

Je suis ouvrier ébéniste chez le sieur *Golzard,* et quoique mon atelier touche à celui du sieur *Charles Bouzer,* je n'ai jamais eu avec lui, ni avec son ouvrier, aucune relation, parce que mon maître me l'avait défendu. Nous nous bornions à nous dire bonjour, et voilà tout. Je ne connais même pas le nom de l'ouvrier qui travaille à côté de moi.

Le lundi 13 septembre, je ne suis point allé à l'atelier. J'ai passé toute la journée chez ma mère, rue de Grenelle, nᵒ 97. Je ne sais donc rien, absolument rien de ce qu'on a pu dire chez le sieur *Bouzer* dans l'après-midi de ce jour, et j'ignore quelles personnes sont venues chez lui.

Le lendemain matin, lorsque je suis venu travailler, j'ai appris que le sieur *Golzard,* mon patron, avait été la veille absent une partie de la journée.

FAITS PARTICULIERS à BAZIN dit NAPOLÉON.

PROCÈS-VERBAL d'arrestation de BAZIN dit NAPOLÉON.

L'an mil huit cent quarante et un, le treize septembre, à neuf heures et demie de la soirée,

Nous, soussigné, commissaire de police de la ville de Paris, spécialement pour les délégations, officier de police judiciaire, auxiliaire de M. le procureur du Roi;

Vu les renseignements qui nous sont parvenus;

Vu en outre notre procès-verbal du 12 septembre courant,

Avons fait comparaître dans notre cabinet et devant nous le nommé *Bazin*, arrêté avec plusieurs autres individus en état de réunion séditieuse, dans la soirée d'hier, et dans un cabaret, rue Saint-Denis, n° 21. Puis, immédiatement, nous avons procédé à son interrogatoire de la manière suivante :

D. Quels sont vos noms, prénoms, âge, lieu de naissance, profession et demeure?

R. Je me nomme *Bazin* (*Napoléon*). Je suis âgé de 29 ans, né à Gumery (Aube), cuisinier, et je demeure rue Saint-Denis, n° 21.

D. Vous avez été arrêté, non dans un logement particulier, rue Saint-Denis, n° 21, mais dans le cabaret du nommé *Rousseau*, et au milieu d'une réunion séditieuse d'individus qui étaient signalés et bien connus pour être des artisans de troubles, et occupés, au moment même de votre arrestation, à se concerter sur la résistance à opposer aux agents de la force publique, qui, à deux pas (place du Châtelet), essayaient de disperser, et dispersaient en effet, les fauteurs de désordres : qu'avez-vous à dire pour votre défense?

R. Il est vrai que j'étais dans une salle du cabaret *Rousseau*, mais non en réunion. Je me trouvais seulement en la compagnie du sieur *Fernard*, peintre en bâtiments.

D. Représentez-nous vos papiers de sûreté.

R. Je n'en ai pas.

D. Où travaillez-vous?

R. Chez le sieur *Chapard*, rue d'Angoulême, n° 26.

D. Avez-vous déjà été arrêté, repris de justice?

R. Une seule fois, pour cause politique.

D. Ne faites-vous pas partie d'une fraction de la Société des Communistes, qui est en dissidence avec les Travailleurs?

R. Je n'appartiens à aucune société secrète.

D. N'avez-vous pas des rapports politiques et de société avec un individu nommé *Auguste?*

R. Non; je ne connais pas cet individu.

D. Persistez-vous à dire que vous n'êtes pas le chef de la société composée de cuisiniers?

R. Non.

Et après lecture faite, a reconnu vérité et signé.

Signé Bazin, Lapie de la Fage.

Procès-verbal de perquisition au domicile de Bazin dit Napoléon.

L'an mil huit cent quarante et un, le seize septembre, huit heures du matin,

Nous, *Barthélemy Devoud*, commissaire de police de la ville de Paris et spécialement du quartier du Louvre, officier de police judiciaire, auxiliaire de M. le procureur du Roi,

En vertu et pour l'exécution de l'ordonnance de M. *Cadet de Gassicourt*, juge d'instruction, en date du quinze de ce mois, qui, vu la procédure commencée contre le nommé *Bazin (Napoléon)*, cuisinier, laquelle ordonnance nous a été transmise par le sieur *Sandoz*, inspecteur du service de sûreté, et nous commet à l'effet de procéder à une perquisition chez le susdit inculpé, demeurant rue Saint-Denis, n° 21, et partout où besoin sera, pour y rechercher et saisir tous papiers, écrits, imprimés, correspondances d'une nature suspecte, armes, munitions et généralement tous

objets susceptibles d'examen; lesquels seront déposés au greffe du tribunal,

Nous sommes transporté, avec ledit inculpé, l'ayant fait extraire du
dépôt de la préfecture, au moyen de l'ordre qui était joint à ladite ordonnance, et accompagné du susdit inspecteur et de deux autres du même
service, au domicile de l'inculpé, rue Saint-Denis, n° 21, où, dans un
cabinet situé au quatrième étage, porte à gauche d'un petit corridor, qui
a été ouverte au moyen de la clef, qui en a été apportée du greffe du dépôt
de la préfecture, nous avons reconnu et constatons que ce cabinet, éclairé
par une croisée sur une petite cour intérieure, et qui nous a été assuré
composer toute localité occupée dans ladite maison par le nommé *David*,
ne renferme qu'un mauvais pliant pour coucher, garni d'une pitoyable li-
terie; qu'il n'y existe ni table, ni chaise, ni commode, ni vêtement; qu'une
seule chemise blanche se trouve sur l'appui d'une petite cheminée, et un
morceau de papier déchiré à l'un de ses angles, et portant les mots et
chiffres ci-après transcrits :

Pour la souscription de Mme *Quinot :*

Parisi.................	1^f	//
Plus............	1	10
Selnet (*Charles*)........	1	//
Armand.............	1	//
Bazin................	1	//
Une *angnon dame*.......	2	45

Sur nos interpellations à l'inculpé au sujet de cet écrit, il a dit que c'é-
tait une souscription ancienne, faite en faveur de la dame *Quinot*, dont le
mari a été arrêté dans les affaires de mai; et quant aux deux mots une *angnon
dame*, qu'on a voulu dire, une *inconnue dame*. Nous avons retenu cet écrit
pour rester joint au présent, comme renseignements sur les opinions politiques de l'inculpé.

Notre perquisition, faite avec la plus grande exactitude et recherche,
ne nous a procuré la découverte d'aucun autre objet suspect; mais, ne
pouvant nous persuader que l'inculpé n'eût pas d'autres effets, nous lui
avons demandé où il travaillait, et nous ayant déclaré que c'était chez le
sieur *Chapart*, restaurateur, place d'Angoulême, n° 26, au Marais, nous
nous y sommes fait immédiatement transporter avec l'inculpé, toujours
accompagné des trois inspecteurs susdits; et y étant, le sieur *Hannequin*,
chef de cuisine et maître d'hôtel dans cet établissement, nous a dit, sur
nos interpellations, qu'il reconnaît l'individu que nous lui représentons pour

être employé par lui, depuis près d'un an, dans la maison, comme garçon de cuisine; qu'il n'a pas eu à s'en plaindre pour le service ni autrement; qu'il ne loge pas dans la maison et qu'il n'y a aucun effet, si ce n'est sa veste de travail. Il nous a introduit dans une pièce de décharge, où il n'a été reconnu d'autre effet appartenant à l'inculpé qu'une mauvaise veste de travail. Le sieur *Hannequin* a ajouté que *David* n'a quitté sa maison, comme les autres garçons, dimanche dernier, que vers neuf heures du soir.

N'ayant pu nous procurer des renseignements qui nous missent dans le cas de porter ailleurs notre perquisition, nous nous sommes retiré.

Nous avons fait réintégrer l'inculpé *David* au dépôt de la préfecture, ainsi qu'il conste du reçu au bas de l'ordre d'extraction précité, et que nous joignons au présent, avec l'ordonnance en vertu de laquelle nous avons opéré, et l'écrit susmentionné.

Nous avons aussi fait remettre au dépôt de la préfecture la clef de l'inculpé.

Et de ce qui précède nous avons dressé le présent procès-verbal, que nous adressons à la préfecture de police, avec les pièces susénoncées, pour, le tout, être à la disposition de M. le juge d'instruction susdit, aux fins de droit, et avons signé.

Le Commissaire de police,

Signé Devoud.

FAITS PARTICULIERS à CONSIDÈRE.

PROCÈS-VERBAL d'arrestation de CONSIDÈRE, et de perquisition à son domicile.

L'an mil huit cent quarante et un, le jeudi quatorze octobre, à six heures et un quart du matin,

Nous, *Pierre Picard*, maire de la commune de Montmartre ;

Vu le mandat d'amener et le mandat de perquisition décernés, le treize de ce mois, par M. le Chancelier de France, Président de la Cour des Pairs,

Contre le nommé *Considère* (*Claude-François-Xavier*), garçon de caisse chez M. *Laffitte*, demeurant rue du Vieux-Chemin, n° 8, en notre commune,

Nous sommes transporté, assisté de M. *Marie-Désiré Élouin*, commissaire de police de la ville de Paris, et de M. *Vassal*, officier de paix, dans la maison occupée par le nommé *Considère*, à l'adresse précitée, où il tient un débit de vin.

Nous l'y avons trouvé encore couché, et nous lui avons donné lecture des mandats en vertu desquels nous agissions.

Nous avons de suite, assisté comme il est dit ci-dessus et en la présence du nommé *Considère*, procédé à une exacte perquisition dans les lieux, qui se composent d'une cour avec tonnelles sur la rue du Vieux-Chemin, d'un cabinet situé à droite de cette cour, d'une pièce au rez-de-chaussée où se trouve le comptoir, ayant vue sur la cour par une porte et une croisée ; d'une cuisine ayant vue sur une petite cour par une baie de croisée ; d'une salle ayant vue sur la première cour par deux baies de croisées ; d'une pièce servant de chambre à coucher, garnie de trois lits et d'un berceau, et ayant vue sur un corridor ; d'une chambre à coucher servant aussi de salle à boire, située au premier étage et ayant vue sur la première cour par une baie de croisée ; d'une cave et d'une arrière-cour dans laquelle se trouvent des cases occupées par des chèvres, des pigeons et des lapins.

Nous avons examiné également tous les vêtements du nommé *Considère*.

Nous n'avons rien trouvé qui fût susceptible d'examen.

Le nommé *Considère* (*Claude-François-Xavier*) nous a déclaré être âgé de 34 ans, être né à Montbazon, département de la Haute-Saône, exercer la profession de marchand de vin, et être garçon de caisse chez M. *Laffitte*.

Lecture faite du présent procès-verbal au nommé *Considère*, à MM. *Élouin* et *Vassal*, ils y ont reconnu vérité, et ils ont signé avec nous.

    Signé VASSAL, CONSIDÈRE.

Le Maire,   *Le Commissaire de police*,

Signé PICARD.   Signé ÉLOUIN.

Et attendu que le nommé *Considère* se trouve sous le coup d'un mandat d'amener, nous, maire susdit et soussigné, avons chargé M. *Vassal*, officier de paix ci-dessus qualifié, d'en faire la notification conformément à la loi, d'en assurer l'exécution, et de déposer le nommé *Considère* à la maison de justice, à la disposition de M. le Chancelier de France, Président de la Cour des Pairs.

Le Maire de Montmartre,

Signé PICARD.

MARTIN (*Jacques-Armand*), âgé de 39 ans, cordonnier pour femmes, demeurant à Paris, galerie Colbert, n° 11.

(Entendu, le 27 octobre 1841, par M. Boulloche, Juge d'instruction délégué.)

Depuis environ cinq mois, j'ai un enfant en nourrice à Montmartre. C'est en allant le voir avec ma femme que nous avons eu, quelquefois, l'occasion d'entrer chez *Considère* pour y prendre un verre de vin. Il ne me connaît pas; je ne le connais pas non plus. Il n'a jamais été rien dit en ma présence qui m'ait fait impression et que je doive rapporter à la justice. J'y ai vu peu de monde, et je ne connais pas de nom les personnes que j'y ai trouvées.

D. Vous ne dites pas la vérité : vous êtes allé chez *Considère* plus souvent que vous ne le prétendez, et pour tout autre motif que celui que vous alléguez : vous y avez vu notamment les nommés *Charles Bouzer*, ébéniste, rue Saint-Honoré; *Fougeray* et *Martin*, ouvrier ébéniste; *Napoléon Bazin*, cuisinier; *Blanc*, tailleur dans le quartier Montorgueil. Il a été question entre vous de politique, des moyens à employer pour tenter le renversement du Gouvernement. Vous connaissez sur ce point des détails importants qu'il est de votre très-grand intérêt de ne pas dissimuler plus longtemps à la justice.

R. Je vous jure que je n'ai aucune connaissance de tout cela. Je ne connais point les individus dont vous me parlez; je n'ai aucun ménagement à garder à leur égard. Je vous assure que si je savais quelque chose, je vous le dirais.

D. Vos serments et vos protestations sont inutiles. Il est établi par l'instruction que les conversations dont je vous parle ont eu lieu en votre présence, et que vous y avez pris part. On pourra vous confronter avec les personnes qui vous y ont vu, et si elles persistent, comme cela est très-probable, dans leurs déclarations, vous serez constitué en état de mensonge.

R. Je ne connais pas ces messieurs-là du tout. Je ne crains rien contre moi.

D. Vous saviez bien que *Considère* avait été récemment acquitté par la Cour des Pairs de l'accusation de complicité dans l'attentat Darmès? Vous saviez bien aussi qu'il s'occupait encore de manœuvres criminelles? Votre réputation et vos antécédents politiques ont dû vous mériter sa confiance et celle de ses amis?

R. Je savais bien que *Considère* avait été traduit devant la Cour des Pairs. En supposant qu'il me connût, il ne m'aurait pas entretenu de pareilles choses, qu'on ne peut confier qu'à des amis. Déjà détenu pendant quarante jours, je savais par expérience qu'il est dangereux de s'occuper de pareilles choses. Aussi aurais-je repoussé avec force toute proposition de cette nature, si aucune m'avait été faite.

D. Prétendez-vous n'avoir jamais entendu parler politique dans les diverses visites que vous avez faites chez *Considère*?

R. Je ne peux pas préciser cela. Il serait possible qu'on en eût parlé pendant que j'étais à une table avec ma femme; mais je n'y ai fait aucune attention. Je n'allais pas chez *Considère pour conspirer,* mais pour m'y reposer et y prendre une bouteille; voilà tout.

D. Ne savez-vous pas, du moins, si d'autres personnes n'y allaient pas dans un tout autre but?

R. Je n'en sais rien; seulement j'avais appris qu'il recevait de *mauvaises pratiques,* c'est-à-dire *des gens qui ne travaillent pas, et qui peuvent compro-*

mettre ceux qui vont dans leur société. Lorsque j'ai eu connaissance de cela, j'ai tout à fait renoncé à mettre le pied dans cette maison.

D. Connaissez-vous quelques-uns des individus dont on vous a parlé, et que vous appelez de *mauvaises pratiques?*

R. J'y ai vu quelquefois des hommes en blouse qui m'effrayaient plus qu'ils ne m'inspiraient de confiance, et je n'aurais certainement pas aimé à me trouver avec eux.

D. Maintenant que vous avez pu rappeler vos souvenirs, dites avec franchise si vous n'avez pas quelquefois rencontré dans cette maison les nommés *Bouzer, Martin, Fougeray, Napoléon Bazin* et *Blanc*, dont je vous ai déjà parlé?

R. Je ne sais pas s'ils y étaient; je vous jure que je ne les connais pas et que j'entends aujourd'hui pour la première fois prononcer leurs noms.

D. En admettant avec vous que vous ne connaissiez pas leurs noms, cela ne vous empêcherait pas de vous rappeler et de dire quels étaient leurs projets et le sujet habituel des conversations auxquelles ils se livraient en votre présence.

R. Je proteste que je n'ai jamais entendu parler de pareilles choses; si j'en avais été le témoin, moi, chef de maison, et à la tête d'un établissement, je me serais immédiatement retiré.

FAITS PARTICULIERS à CHAMBELLAN.

GARAULT (*Louis-Barnabé*), âgé de 38 ans, fabricant de papiers peints, demeurant à Paris, rue de Charonne, n° 78.

(Entendu, le 11 octobre 1841, par M. Perrin, Juge d'instruction délégué.)

Je ne puis fournir aucun renseignement sur l'attentat du 13 septembre dernier; je n'ai pas même été voir entrer le 17° régiment.

D. Avez-vous connaissance que des sociétés secrètes soient organisées dans le faubourg Saint-Antoine?

R. Non, Monsieur; je n'en connais aucune.

D. N'avez-vous pas réuni chez vous une société ayant pour but la fondation d'un journal?

R. Il y a environ six mois, un ouvrier ébéniste, nommé *Decoster*, que je ne connais que très-imparfaitement pour lui avoir vendu du papier de verre, vint me demander si je voulais prêter mon atelier pour y réunir quelques amis à l'effet de s'entendre sur la rédaction du journal *l'Atelier*. Comme j'avais confiance dans cet homme, qui me paraissait être un bon ouvrier, je ne vis rien de suspect dans sa demande, et je lui permis de faire, dans mon atelier, la réunion dont il me parlait, et qui fut fixée au dimanche suivant : ce jour-là, il vint me dire le matin que la réunion ne pourrait point avoir lieu, parce qu'une dame, qui était rédacteur en chef du journal, était ou indisposée ou à la campagne.

Le dimanche suivant, la réunion eut lieu; elle était composée d'une vingtaine de personnes que j'ai à peine vues, et dont je ne connais pas une seule. Je ne pourrais pas même dire si *Decoster* en faisait partie; car, ayant des affaires chez moi, je ne suis pas même entré dans l'atelier pour voir ce qui s'y passait : on n'y est pas resté plus d'un quart d'heure ou vingt minutes. J'ignore si la dame dont m'avait parlé *Decoster* s'est rendue à cette réunion : c'est la seule fois que ces personnes soient venues chez moi, et j'ignore ce qu'elles ont fait relativement au journal; car, depuis cette époque, et il y a bien au moins cinq mois, je n'ai pas revu *Decoster*, dont je ne connais même pas la demeure.

D. Savez-vous si un nommé *Auguste Petit* a fait partie de la réunion dont vous venez de parler?

R. Je l'ignore; je ne connais même pas cet individu par son nom; il faudrait que je le visse pour savoir si je le connais de vue.

D. Il paraît étonnant que vous ayez autorisé chez vous la réunion d'une vingtaine de personnes, sans vous assurer bien positivement du but de cette réunion, et sans chercher à connaître les individus qui la composaient?

R. *Decoster* m'avait dit qu'il ne s'agissait que de réunir les rédacteurs du journal *l'Atelier*, et qu'il n'y avait dans cette réunion rien de politique. J'avoue que je fus fort étonné lorsque, étant sur mon balcon, je vis sortir vingt ou vingt-cinq personnes : je pensai qu'un journal n'avait pas besoin d'un si grand nombre de rédacteurs; et cependant, comme j'étais occupé de mon commerce, et que je voyais tout le monde s'en aller, comme d'ailleurs on ne m'a pas redemandé mon atelier pour d'autres réunions, je n'ai plus pensé à cela.

D. Êtes-vous abonné au journal *l'Atelier*?

R. Non, Monsieur; je n'en ai même jamais vu aucun numéro.

D. Connaissez-vous les nommés *Just Brazier*, *Launois* dit *Chasseur*, *Boggio* dit *Martin*, *Mallet*, *Prioul*, *Couturat*, *Boucheron*, *Bazin* et *Colombier?*

R. De tous ces individus, je ne connais que *Colombier* et *Mallet;* si je connais les autres, cela ne peut être que de vue. J'ai employé, depuis quatre ou cinq mois, le nommé *Mallet*, à vendre du papier de verre; je lui en confiais à la fois pour 15 ou 18 francs, et il me redoit encore la dernière livraison. J'ai bu quelquefois avec lui chez *Colombier*, et voilà comment je les connais tous deux.

D. Savez-vous quelles personnes fréquentaient habituellement le cabaret de *Colombier?*

R. Non; je ne suis jamais entré chez lui que deux ou trois fois pour boire au comptoir, et ne m'y suis jamais assis.

Autre DÉPOSITION du même témoin.

(Reçue, le 15 octobre 1841, par M. Perrin, Juge d'instruction délégué);
Et confrontation du sieur *Garault* avec le nommé *Decoster*.

Dans votre déposition du 11 de ce mois, vous avez parlé d'un nommé *Decoster* à qui vous avez prêté votre atelier pour y réunir de prétendus rédacteurs du journal *l'Atelier*. Pouvez-vous indiquer aujourd'hui la demeure de cet individu ?

R. Je le verrais que je le reconnaîtrais, car je l'ai vu plusieurs fois, mais je ne connais pas sa demeure ; seulement j'ai su qu'il demeurait rue Traversière-Saint-Antoine.

A l'instant nous avons fait entrer le nommé *Decoster* (*Antoine*), témoin précédemment entendu, et, l'ayant placé en présence du sieur *Garault*, nous lui avons demandé s'il le reconnaissait.

Il a répondu : Monsieur n'est pas, bien certainement, le *Decoster* auquel j'ai prêté mon atelier; mais il lui ressemble beaucoup, et ce doit être son frère.

(*A Decoster.*) *D.* Avez-vous un frère à Paris?

R. Non; j'ai des frères, mais ils habitent la Belgique et ne sont jamais venus à Paris.

Garault dit : Le nommé *Coster* ou *Decoster* auquel j'ai prêté mon atelier est plus grand, beaucoup plus fort et plus âgé que monsieur; il doit être Lorrain, car il a l'accent de cette contrée. C'est un homme de 25 à 30 ans, il cligne des yeux en parlant; il demeurait à cette époque dans la rue Traversière, en face, je crois, le n° 15.

Decoster dit : Il n'y a pas plus de quinze jours que je demeure dans la rue Traversière ; je demeurais auparavant rue de Charenton, n° 62, chez M. *Humsler*.

(*A. Decoster:*) *D.* N'avez-vous pas, à une époque quelconque, fait des distributions du journal le Peuple ?

R. Je n'ai jamais eu de journal; je ne sais pas lire le français, mais seulement un peu en flamand.

Decoster (*Antoine*), âgé de 20 ans, ouvrier ébéniste, demeurant à
Paris, rue Traversière-Saint-Antoine, n° 45.

Entendu, le 6 octobre 1841, par M. Perrin, Juge d'instruction délégué.)

Lorsque le 17° régiment léger est passé dans la rue du Faubourg-Saint-
Antoine, je suis venu sur la porte de la cour de Bourgogne où je travaille,
chez M. *Delécole*, pour voir défiler la troupe; il n'y avait plus qu'une compagnie à passer, lorsque j'ai entendu un coup de pistolet tiré très-loin de
moi. Je ne savais pas ce que c'était; mais bientôt j'ai vu tout le monde se
sauver, et je me suis sauvé moi-même à mon ouvrage.

Je ne connais pas l'individu qui a tiré ce coup de pistolet; on m'a bien
dit son nom, mais je l'ai oublié.

D. Ne faites-vous pas partie d'une société secrète?

R. Non, Monsieur; je ne connais rien du tout; je ne sais pas encore
assez bien parler français pour qu'on me mette dans une société, et d'ailleurs je suis toujours tout seul et je ne connais rien du tout.

D. Depuis combien de temps êtes-vous à Paris?

R. Depuis un peu plus de sept mois, et j'en suis à mon troisième
maître.

D. Avez-vous quelquefois été boire chez le cabaretier *Colombier*, rue
Traversière?

R. Non, je ne le connais pas; je ne connais personne.

D. Il n'est pas possible que vous ne connaissiez pas beaucoup d'ouvriers
de votre état : connaissez-vous *Just Brazier* et *Auguste Petit*?

R. Je ne les connais pas.

D. Connaissez-vous *Launois* dit *Chasseur, Martin*, serrurier; *Mallet,
Prioul, Couturat, Boucheron, Bazin* et *Jean-Marie Jarrasse*?

R. Non, je ne connais personne.

D. Ne connaissez-vous pas au moins le nommé *Chambellan*, marchand
de fleurs et de légumes, demeurant au marché Lenoir, n° 9?

R. Non, Monsieur, je ne connais pas.

D. Cet individu a déclaré qu'un nommé *Decoster,* ébéniste, rue Traver-sière, lui aurait fait signer une pétition contre les fortifications, et l'avait conduit chez le cabaretier *Colombier;* il a ajouté que ce même *Decoster* lui avait parlé d'une société dont faisait partie *Colombier,* et lui avait proposé de l'y faire admettre : il y a lieu de croire que ce *Decoster* n'est autre que vous ?

R. Ce n'est pas moi, car il y a bien trois semaines que j'ai toujours tra-vaillé même les dimanches, et même auparavant j'ai toujours travaillé, et je ne connaissais pas de *Chambellan,* et, pour vous dire, je ne connais personne.

D. Connaissez-vous un ouvrier ébéniste du nom de *Coster?*

R. Je ne sais pas, je ne connais pas; quand on m'a apporté le papier, je ne suis pas là, et il l'a laissé dans mon garni, et puis j'ai travaillé jusqu'à une heure du matin, et mon camarade, une Flamand, qui travaille avec moi, il a apporté cette lettre-là, et le logeur il a dit : Il faut aller à la justice, et je suis venu.

DEBUIRE (*Pierre-Joseph*), âgé de 4o ans, marchand de vin, demeu-rant à Paris, rue de Cotte, n° 11.

(Entendu, le 6 octobre 1841, par M. Perrin, Juge d'instruction délégué.)

De tous les individus que vous venez de me nommer, je ne connais que *Colombier, Martin* et *Chambellan.* J'ai fait la connaissance de *Colombier* il y a environ cinq ans, mais je n'ai jamais eu que très-peu de rapports avec lui; il me serait impossible de dire quelles personnes fréquentaient sa mai-son, ni ce qui s'y passait.

Je connais *Chambellan* parce qu'il demeure dans mon quartier et qu'en passant avec sa voiture de légumes il vient tous les jours boire chez moi. Comme il a été militaire, il s'amuse à démontrer à quelques jeunes gens l'exercice du bâton.

Le dimanche 5 septembre dernier, il a donné chez moi un assaut d'armes au bâton et à l'espadon. On donnait dix sous pour entrée, et la recette s'est élevée à 12 ou 13 francs qui ont été dépensés chez moi entre les amateurs. Les armes dont on s'était servi. pour cet assaut avaient été prêtées à *Chambellan* par *Martin,* qui les a apportées lui-même chez moi.

Chambellan a remporté le faisceau d'armes le jeudi ou vendredi suivant (9, 10 septembre); il ne m'a pas dit en partant où il le portait, mais j'ai entendu dire qu'il l'avait porté chez *Colombier.*

Je ne connais *Martin* que pour l'avoir vu venir souvent boire chez moi avec *Chambellan,* qui lui vendait des légumes. Avant l'assaut dont je viens de parler, il en avait été donné plusieurs autres, mais anciennement, et *Martin* s'y était toujours trouvé, parce qu'il se livre à l'exercice du bâton.

Je n'ai aucune connaissance que *Martin* ni *Chambellan* fassent partie d'une société secrète; ils n'en ont jamais parlé chez moi, et leur arrestation m'a beaucoup étonné. Je ne puis, du reste, fournir aucun renseignement sur l'attentat du 13 septembre; je ne suis pas même allé voir passer le 17ᵉ régiment.

Boucher (*Léandre-Conrad*), âgé de 31 ans, ouvrier serrurier, demeurant à Paris, rue de Charenton, n° 122.

(Entendu, le 13 octobre 1841, par M. Perrin, Juge d'instruction délégué.)

Le 13 septembre dernier, jour de l'entrée du 17ᵉ régiment, j'ai travaillé chez moi jusqu'à dix heures du matin; et, comme la veille j'avais perdu mon mouchoir et ma pipe chez M. *Sintard,* marchand de vin à la barrière Charenton, je suis allé réclamer ces objets. Chemin faisant, j'ai rencontré les nommés *Chambellan* et *Martin,* qui étaient allés avec un autre individu, que je ne connais pas, auprès d'une porte cochère proche de la barrière. *Martin* me demanda si je payais quelque chose. Comme j'avais sur moi une dizaine de sous, je lui ai dit de venir, et il m'a accompagné avec ses deux camarades chez le marchand de vin où j'allais. Je leur payai une chopine, et ensuite, comme ils allaient au-devant du régiment, je les ai accompagnés; mais nous avions à peine fait une quarantaine de pas que nous avons rencontré le régiment: alors, ils se sont pris par le bras tous les trois, et ils se sont mis à marcher à côté de la musique. Dans ce moment, je les quittai et je m'en allai à la barrière de Saint-Mandé pour voir une de mes cousines. Je ne suis pas resté avec eux plus de vingt minutes, et nous n'avons pas bu plus que la chopine dont j'ai parlé. J'ai même été étonné de voir qu'ils ne voulaient pas boire davantage, et qu'ils mettaient de l'eau dans leur vin.

Je ne leur ai entendu tenir aucun mauvais propos ni annoncer aucun mauvais projet.

Je connais très-peu *Martin,* et j'ignore s'il fait partie de sociétés secrètes; je ne sais pas s'il se nomme *Boggio.* Il y avait bien deux ans que j'avais bu avec lui quand je l'ai rencontré, comme je viens de le dire. Quant à *Chambellan,* je le connais beaucoup, car nous avons longtemps été voisins. Je ne sais pas s'il s'occupe de sociétés secrètes, mais je ne le pense pas; car c'est un homme tranquille, qui s'occupe de ses affaires.

Je ne sais pas si, lorsque j'ai rencontré *Chambellan, Martin* et le camarade qui était avec eux, ils étaient ensemble depuis longtemps, ou s'ils s'étaient rencontrés à la barrière par hasard; il était environ onze heures lorsque je les ai vus assis près de la porte cochère. Je n'ai appris que le lendemain qu'un coup de pistolet avait été tiré sur un Prince, et, comme je n'étais pas là, je ne puis fournir aucun renseignement sur cet événement.

FAITS PARTICULIERS à DUGAS.

PROCÈS-VERBAL d'arrestation de DUGAS et de perquisition à son domicile.

L'an mil huit cent quarante et un, le vingt-six septembre, à cinq heures du matin,

Nous, *Louis-Philippe Lapie de Lafage*, commissaire de police de la ville de Paris, spécialement pour les délégations, officier de police judiciaire, auxiliaire de M. le Procureur du Roi;

Vu la commission rogatoire de M. *Casimir Boulloche*, juge d'instruction délégué par M. le Chancelier de France, Président de la Cour des Pairs, pour instruire au sujet de l'attentat du 13 de ce mois (cette pièce est annexée); attendu que cette commission rogatoire, qui est en date du 23 septembre 1841, prescrit perquisition au domicile du nommé *Dugas*, ouvrier menuisier, rue de Charonne, n° 96,

Nous sommes transporté, assisté de M. *Vassal*, officier de paix et de trois inspecteurs de police, au domicile du nommé *Dugas*, ouvrier menuisier, rue de Charonne, n° 96, au deuxième étage, où étant, nous avons trouvé un individu qui nous a déclaré ce qui suit, en réponse à nos interpellations :

Je suis bien le nommé *Dugas*, pour lequel vous me déclarez avoir un mandat de perquisition. Seulement je ferai remarquer que l'on a mal orthographié mon nom; il s'écrit avec un *s* et non avec un *z* et un *e* à la fin; mon prénom unique est celui de *Florent;* j'exerce la profession d'ouvrier menuisier-mécanicien, et je demeure avec ma femme et ma fille au lieu où vous me trouvez. Je déclare, en outre, ne point connaître le motif de la perquisition que vous m'annoncez, et j'affirme que, non-seulement je n'appartiens à aucune association illicite ou société secrète, mais encore que je ne m'occupe en aucune façon de politique. Je ne puis m'expliquer votre présence chez moi que par des antécédents dont l'autorité se sera souvenue dans ces dernières circonstances. Je veux dire par-là, qu'ayant déjà été arrêté deux fois, d'abord pour la sédition des 12 et 13 mai 1839, ensuite pour fait d'association illicite, en octobre 1840, on aura pensé sans doute que j'avais pu prendre part aux désordres récents, arrivés dans le faubourg Saint-Antoine. Eh bien! si ces soupçons existent, je dis qu'ils sont mal fondés et que je n'ai aucun reproche à me faire à ce sujet.

Aussitôt après avoir recueilli ces dires, nous, commissaire de police précité, avons procédé, en présence du nommé *Dugas,* à une exacte perquisition dans les meubles, armoire, cabinet, effets et papiers existant dans le logement du dénommé. Nous constatons que cette perquisition n'a fait découvrir aucune arme, poudre, munitions de guerre ou papiers pouvant se rapporter à l'attentat du 13 septembre. Le seul objet que nous ayons trouvé ayant rapport à la politique est un *Almanach démocratique de la France, année 1841;* nous l'avons saisi, placé sous scellé et annexé au présent procès-verbal, pour servir à éclairer la justice sur les opinions dudit *Dugas.*

Rien n'étant plus à constater, nous avons clos le présent procès-verbal, qui, après lecture, a été signé de nous et du nommé *Dugas.*

Signé : Dugas, Lapie de Lafage.

En conséquence de ce qui précède, nous avons remis à M. *Vassal,* qualifié d'autre part, un mandat d'amener décerné par M. *Boulloche,* pour être, ledit mandat, exécuté et notifié auprès du nommé *Dugas.*

Nous nous réservons de poursuivre le remboursement d'une somme de cinq francs par nous payée de nos deniers au cocher du cabriolet n° 564, pour deux heures de travail avec sa voiture, avant six heures du matin. Ce cocher se nomme *Roulland.*

Le Commissaire de police,
Signé : LAPIE DE LAFAGE.

FAITS PARTICULIERS À CELLARD.

PROCÈS-VERBAL d'arrestation de CELLARD, et de perquisition à son domicile.

L'an mil huit cent quarante et un, le jeudi vingt-trois septembre, à cinq heures et demie du matin,

Nous, *Marie-Désiré Élouin*, commissaire de police de la ville de Paris, spécialement pour les délégations judiciaires, officier de police judiciaire, auxiliaire de M. le procureur du Roi,

Pour l'exécution d'un mandat de M. *Boulloche*, juge d'instruction délégué par M. le Chancelier, Président de la Cour des Pairs, en date du 22 septembre 1841, portant ordre d'amener le nommé *Jean*, apprenti du sieur *Mouton*, et militaire libéré, demeurant à Paris, rue Moreau, n°   , et d'un second mandat du même magistrat, prescrivant une perquisition au domicile dudit individu.

Nous nous sommes transporté, accompagné de M. *Figat*, officier de paix, rue Moreau, n° 58, ancien n° 10, maison habitée par le sieur *Mouton*, où nous avons trouvé un individu qui nous a déclaré être le nommé *Jean Cellard*, âgé de 29 ans, né à Charanay, département de la Loire, ancien tuilier, aujourd'hui apprenti ébéniste, chez son cousin, le sieur *Mouton*.

Nous lui avons donné lecture des deux mandats en vertu desquels nous agissons,

Et nous avons, en sa présence, procédé à une exacte perquisition : 1° dans un atelier situé au fond de la première cour, au premier étage ; 2° dans un magasin de meubles au rez-de-chaussée, au fond de la seconde cour ; 3° dans un magasin de bois situé au-dessus, espèce de grenier dans lequel couche le nommé *Cellard ;* 4° dans un atelier situé à gauche de la seconde cour, au rez-de-chaussée ; 5° dans une petite écurie occupée par un âne ; 6° dans les quatre pièces occupées par le sieur *Mouton*, au fond de la première cour, ayant une sortie sur la cour du fond, et ayant vue sur les deux cours.

31.

Nous avons trouvé dans la malle de *Cellard*, qui était placée dans l'une des pièces de l'appartement du sieur *Mouton*, 1° un petit pistolet à piston, que *Cellard* dit avoir acheté, il y a onze ans, à Saint-Étienne; 2° trois lettres à lui adressées à Besançon, par le sieur *Mouton*; 3° un passeport délivré le 4 septembre 1840, à Charanay (Loire), pour Besançon; 4° un congé définitif du 15ᵉ de ligne, du 31 décembre 1839; 5° un livret militaire du 15ᵉ de ligne.

Nous avons fait un groupe du pistolet, et un second groupe des papiers, que nous avons signés *ne varientur*, et que nous avons ficelés, scellés et étiquetés.

Et attendu que le nommé *Cellard* est sous le coup d'un mandat d'amener, nous avons chargé M. l'officier de paix *Figat*, de le notifier conformément à la loi, et nous avons envoyé le nommé *Cellard* à la maison de justice, pour être placé au secret.

Lecture faite au nommé *Cellard* du présent procès-verbal, il y a reconnu vérité, et il a signé avec nous.

Signé : Cellard et Figat.

Le commissaire de police,
Signé : Élouin.

FAITS PARTICULIERS À PICHARD.

PROCÈS-VERBAL d'arrestation de PICHARD et de perquisition
à son domicile.

L'an mil huit cent quarante et un, le jeudi vingt-trois septembre, à
cinq heures et demie du matin,

Nous, *Marie-Désiré Élouin*, commissaire de police de la ville de Paris,
spécialement pour les délégations judiciaires, officier de police, etc.

Pour l'exécution d'un mandat de M. *Boulloche*, juge d'instruction délégué
par M. le Chancelier, Président de la Cour des Pairs, en date du 22 septembre 1841, portant ordre d'amener le nommé
jeune homme ayant de fréquents rapports politiques avec le sieur *Mouton*,
maître ébéniste, demeurant même maison, rue Moreau, n°

Et d'un second mandat du même magistrat, ordonnant une perquisition
au domicile de ce jeune homme.

Nous sommes transporté, accompagné de M. *Figat*, officier de paix,
rue Moreau, n° 58, ancien n° 10, maison habitée par le sieur *Mouton*, où
nous nous sommes livré à des investigations qui nous ont appris qu'il
n'existait dans toute la maison aucun jeune homme connaissant ledit sieur
Mouton, autre que le nommé *Pichard, Alexandre-Joseph*, âgé de 23 ans,
né à Paris, ouvrier tourneur en cuivre, fils du sieur *Pichard*, maître tourneur en cuivre.

Nous nous sommes présenté dans un atelier situé au rez-de-chaussée de
la cour à gauche, et conduisant à deux pièces par bas ayant vue sur cour,
ainsi qu'à deux pièces et un petit cabinet situés au premier étage, dans
les combles de la maison, et ayant vue également sur cour.

Dans la seconde pièce du rez-de-chaussée, nous avons trouvé couché
un jeune homme qui nous a dit être *Alexandre-Joseph Pichard*, et connaître
le sieur *Mouton* comme voisin, avoir causé avec lui assez souvent sur la
porte, et bu deux ou trois fois avec lui chez le marchand de vin, et enfin
avoir été quelquefois dans son domicile, et l'avoir vu très-rarement dans
celui de son père, mais sans qu'il y eût d'intimité entre eux.

Nous lui avons donné lecture des mandats en vertu desquels nous agissons, et nous avons procédé, en sa présence, à une exacte perquisition dans tous les lieux dépendants de son domicile et de celui de sa famille. Il nous a remis spontanément, 1° un petit canon de cuivre attaché, par des liens de même métal, à une espèce de crosse courbe en bois; 2° un petit canon de fer avec une baguette pour le bourrer, adaptés à une espèce de crosse droite en bois; 3° un petit sac de papier contenant de la poudre de chasse, et un porte-cigarre en peau contenant également de la poudre de chasse : cette matière réunie est du poids d'un hectogramme.

Il nous a déclaré en même temps que les deux petits canons sont : 1° le plus gros à crosse courbe, en sa possession depuis environ dix ans, époque à laquelle il l'avait arrangé pour son amusement; 2° le plus petit en la possession de *François Pichard*, son frère, âgé de 16 ans et demi, depuis le 20 septembre courant, veille de la fête de leur père; 3° que la poudre a été achetée, le même jour 20 septembre, par *François Pichard*, qui avait l'intention de tirer les petits canons pour la fête de leur père; mais que, *Eugène Pichard*, autre frère, ayant été chez le commissaire de police du quartier des Quinze-Vingts, qui demeure dans la même rue qu'eux, pour demander la permission d'user de cette poudre, en ayant éprouvé un refus, on ne l'a point employée.

La perquisition n'a, d'ailleurs, rien fait découvrir qui pût être susceptible d'examen.

Nous avons saisi les deux petits canons et la poudre que nous avons scellés et étiquetés en trois groupes.

Et attendu que le nommé *Alexandre-Joseph Pichard* nous paraît être le jeune homme placé sous le coup du mandat d'amener de M. *Boulloche*, juge d'instruction, nous avons chargé M. *Figat* de le lui notifier conformément à la loi, et nous l'avons envoyé à la maison de justice, au secret.

Lecture faite du présent procès-verbal au nommé *Pichard*, il y a reconnu vérité, et il a signé avec nous.

Signé : Pichard fils, Figat.

Le Commissaire de police, signé : Élouin.

Procès-verbal de perquisition au domicile de Charpentier.

L'an mil huit cent quarante et un, le jeudi vingt-trois septembre, à trois heures et demie de relevée,

Nous, *Marie-Désiré Élouin*, commissaire de police de la ville de Paris, aux délégations judiciaires,

Vu notre procès-verbal, en date de ce jour, constatant l'arrestation du nommé *Alexandre-Joseph Pichard*, ouvrier ébéniste, demeurant rue Moreau, n° 58, et la saisie opérée à son domicile de poudre de chasse et de deux petits canons, en vertu de deux mandats de M. *Boulloche*, juge d'instruction près la Cour des Pairs;

Vu la déclaration à nous faite cejourd'hui par le nommé *François-Réné Pichard*, frère de l'inculpé ci-dessus désigné, et ouvrier ébéniste, âgé de 16 ans et demi, demeurant avec lui chez leur père commun, de laquelle il résulte que les deux hectogrammes de poudre de chasse saisis ont été achetés par lui, le lundi 20 septembre courant, veille de la Saint-Matthieu, fête du sieur *Pichard* père, au sieur *Charpentier,* marchand épicier, rue du Faubourg-Saint-Antoine, n° 169,

Nous sommes présenté au magasin de ce dernier, qui a reconnu avoir vendu illégalement au nommé *François-Réné Pichard* la quantité de poudre de chasse, et pour le prix par lui déclaré le lundi 20 septembre courant.

Nous avons, en vertu d'un mandat spécial de M. le préfet de police, saisi au domicile du sieur *Charpentier* trois hectogrammes de poudre de chasse et une grande quantité de chandelles romaines, de fusées, de pétards, de soleils et de marrons, pesant ensemble neuf kilogrammes, et déclaré procès-verbal à cet individu pour infraction à la loi et aux règlements de police, puisqu'il n'est autorisé à vendre ni de la poudre ni des préparations pyrotechniques.

Nous avons rédigé le présent procès-verbal pour être adressé à M. le juge d'instruction *Boulloche*, indépendamment de celui qui implique le sieur *Charpentier*, et qui sera adressé à justice, pour motiver contre lui des poursuites correctionnelles. Il a été laissé en liberté provisoire.

Lecture faite au sieur *Charpentier* du présent procès-verbal, il y a reconnu vérité, et il a signé avec nous.

Signé : CHARPENTIER.

Le Commisaire de police ,
Signé : ÉLOUIN.

FAITS PARTICULIERS A COUTURAT.

Procès-verbal d'arrestation de Couturat et de perquisition
à son domicile.

Cejourd'hui, seize septembre mil huit cent quarante et un, heure de
cinq du matin,

Nous, *Pierre-Georges-François Monnier,* commissaire de police de la ville
de Paris, pour le quartier Popincourt,

En vertu d'un mandat décerné le jour d'hier, quinze du présent mois,
par M. *Perrin,* l'un des juges d'instruction du tribunal civil de la Seine,
contre le nommé *Couturat,* demeurant ci-devant rue de Roquette, n° 39,
et présentement rue Saint-Sabin, n° 4, nous sommes transporté en son dit
domicile, où étant, au troisième étage de ladite maison, au fond du corridor,
porte portant le n° 10, après avoir frappé et avoir déclaré nos nom et qualité, une femme nous ayant ouvert, nous lui avons annoncé les motifs de
notre transport, et nous ayant dit que son mari était encore couché, elle
nous a introduit dans la chambre à coucher où nous avons trouvé un individu qui nous a dit être bien *Couturat (Louis-Eugène),* bottier; nous lui
avons donné lecture dudit mandat, et même laissé copie, aux termes de la
loi, en l'invitant à être présent à la perquisition que nous nous proposions
de faire dans son dit domicile, ce à quoi il a obtempéré; les recherches
faites d'abord dans les tiroirs d'une commode, placée dans ladite chambre,
nous y avons trouvé : 1° une lettre lithographiée à lui adressée, le 14 avril
dernier par *Dupoty,* rédacteur en chef du *Journal du Peuple;* 2° une autre
lettre à lui adressée le 9 septembre présent mois par un sieur *Lenoir,*
militaire dans le premier régiment d'infanterie de marine à Brest; 3° une
brochure ayant pour titre : *le Dictionnaire historique des Peuples;* 4° une
autre brochure ayant pour titre : *Procès de la Bible de la liberté;* 5° *Essai de
Dictionnaire progressif des Droits de l'homme et du citoyen;* 6° une autre brochure ayant pour titre : *Les déjeûners de Pierre;* 7° une livraison des Œuvres
de Robespierre, par Laponneraye. Toutes lesquelles lettres et brochures ont
été saisies par nous et paraphées, *ne varientur,* par nous seulement, ledit *Couturat,* interpellé par nous, ayant refusé de les parapher, en observant qu'il

les reconnaîtrait parfaitement, mais qu'il croyait inutile de les signer ; et, après nous être assuré, par les recherches que nous avons continué de faire dans les autres lieux occupés par ledit *Couturat*, qu'il n'y avait rien qui soit susceptible d'être saisi et mis sous la main de la justice, nous avons fait et rédigé le présent procès-verbal en présence dudit *Couturat*, dont nous lui avons donné lecture, et qu'il a refusé de signer, de ce interpellé aux termes de la loi, disant que cela était inutile; et, en vertu du mandat susénoncé et daté, et qui restera annexé au présent procès-verbal, nous l'avons fait conduire de suite à la chambre de dépôt de la préfecture de police pour y être mis à la disposition de M. le juge d'instruction.

Et avons signé.

Signé : MONNIER.

SAVELLE dit MARIN (*Marin*), âgé de 26 ans, scieur de long, demeurant à Paris, rue Jean-de-l'Épine, n° 4 (1).

(Déposition reçue, le 11 octobre 1841, par M. Perrin, Juge d'instruction délégué.)
Et confrontation avec l'inculpé *Couturat*.

D. Lorsque vous avez été chez *Colombier* dans la matinée du 13 septembre dernier, ainsi que vous l'avez déclaré dans vos précédentes dépo-
sitions, avez-vous remarqué devant la porte un homme qui donnait son avis avec beaucoup de feu sur l'événement qui se préparait ?

R. J'ai vu un homme qui avait un habit bleu et qui portait quelque chose sous le bras : je ne puis pas dire au juste ce que c'était; il parlait avec l'un et avec l'autre; il paraissait entrer dans des explications; mais je n'ai pas entendu ce qu'il disait; je ne puis pas dire si je reconnaîtrais ou non cet individu.

Nous avons fait amener devant nous le nommé *Couturat*, et avons demandé au témoin s'il le connaissait.

Le témoin a répondu :

Je pense que c'est Monsieur qui était à la porte; je le reconnais par son habit bleu et à sa physionomie.

D. A *Couturat*.

Connaissez-vous la personne qui est devant vous ?

R. Je crois n'avoir jamais vu Monsieur.

____

(1) Voir deux autres dépositions de ce témoin, ci-devant, pages 105 et 182.

D. Vous avez nié dans vos précédents interrogatoires vous être trouvé le 13 septembre dernier, dans la matinée, devant la porte de *Colombier*, où vous auriez donné votre avis sur l'événement qui se préparait, et pour lequel on venait de faire une distribution de cartouches. Persistez-vous dans cette dénégation ?

R. J'y persiste.

D. Vous voyez cependant que ce témoin vous reconnaît positivement pour vous avoir vu devant la porte; et ce qui doit faire penser qu'il ne se trompe pas, c'est qu'il déclare que vous aviez quelque chose sous le bras, lorsqu'il est établi, d'ailleurs, par la procédure, que vous aviez sous le bras une toilette renfermant des marchandises de votre état.

R. Je ne pense pas que Monsieur ait intérêt à dire ce qu'il dit là; mais il se trompe : il a pu me voir ailleurs; mais il est positif que le 13 septembre je ne suis pas passé dans la rue Traversière.

D. Il est d'autant plus étonnant que vous contestiez un fait évident, que vous paraissez avoir été d'avis de ne point attaquer, ainsi qu'on en avait le projet?

R. Il est un fait constant, c'est que je n'avais pas connaissance de tout cela; et, comme je l'ai dit dans un autre interrogatoire, je dormais au moment de l'attentat. Si j'avais été complice de ce qui s'est passé, je conçois que ce que vous me dites pourrait alléger ma position; mais je ne puis pas vous dire que j'étais devant la porte de M. *Colombier,* puisque je n'y étais pas.

BENZENBERG (*Jean-Henri*), âgé de 28 ans, ébéniste, demeurant à Paris,
rue de Popincourt, n° 2.

(Entendu, le 10 novembre 1841, par M. Jourdain, Juge d'instruction délégué.)

Je connais le nommé *Couturat,* qui est mon cordonnier depuis environ dix-huit mois; je connais aussi son frère, qui est ébéniste, et son père, qui tient, en face de la maison où je demeure, un petit estaminet qui ne lui appartient pas. Il y a environ six semaines qu'il m'a apporté la dernière paire de bottes qu'il m'a faite : c'est un dimanche qu'il nous les a apportées, et je ne lui ai pas donné d'argent ce jour-là. Une huitaine de jours après, je crois un lundi, je lui donnai une pièce de 5 francs chez lui, mais je ne me rappelle pas à quelle heure. Il y a environ quinze jours, j'allai

chez *Couturat* pour lui porter un à-compte de 5 francs, et je ne trouvai personne. Lundi dernier, j'ai été porter 5 francs à *Couturat* père, pour qu'il
les remît à sa belle-fille. Un jour avant que j'aie donné le premier à-compte,
ou peut-être le jour même au matin, *Couturat* est venu chez moi pour me
demander un peu d'argent; au moins je pense que c'est ce jour-là, car il
n'avait pas d'autre motif de venir.

D. Pourriez-vous vous rappeler si, dans la matinée du jour où un coup
de pistolet a été tiré sur Monseigneur le duc d'Aumale, le nommé *Couturat*
est venu chez vous, à quelle heure, et ce qu'il vous aurait dit?

R. Je ne pourrais pas me rappeler si c'est ce matin-là ou la veille qu'il
est venu chez moi. Il ne m'a pas précisément demandé de l'argent; mais,
comme il m'en avait demandé huit jours avant, j'ai pensé que c'était pour
cela qu'il venait, et, sans attendre qu'il m'en demandât, je lui ai dit que
je lui en donnerais dans la soirée. Je lui en ai en effet porté dans l'après-
midi; mais j'ai beau chercher à rappeler mes souvenirs, je ne pourrais
pas dire avec certitude si c'est le dimanche ou le lundi que cela a eu lieu;
je crois cependant bien que c'est le lundi. Au moment de l'attentat, j'étais
au coin de la rue Traversière avec mes camarades, Allemands comme moi;
nous étions allés pour dîner à notre pension, chez le sieur *Knaudel*, rue
Traversière. J'ai entendu le coup de pistolet, mais je n'étais pas assez près
pour voir, et d'ailleurs il y avait du monde devant moi. Je suis resté avec
mes camarades après dîner; nous nous étions amusés le matin; nous nous
étions mis en fête pour voir arriver le régiment, et il m'est impossible de
me rappeler bien au juste si c'est ce jour-là que j'ai été porter l'argent à
Couturat, et par conséquent si c'est le matin de ce même jour qu'il est
venu chez moi; et, si c'est ce jour-là, il a dû venir de bien bonne heure,
car je suis sorti à sept heures.

Locquet (*Augustin-Romain-Joseph*), âgé de 33 ans, corroyeur, demeurant à Paris, faubourg Saint-Antoine, n° 172.

(Entendu, le 10 novembre 1841, par M. Jourdain, Juge d'instruction délégué.)

Je connais le nommé *Couturat*, cordonnier, rue Saint-Sabin, parce que,
depuis deux ans, il venait chercher de temps en temps des tiges de bottes
et d'autres cuirs propres à la chaussure. Du 9 au 12 septembre dernier,
sa femme est venue chez moi pour chercher deux paires de tiges de bottes.
Je ne l'ai pas vu du tout venir chez moi dans le mois de septembre; je ne

suis pas toujours à ma boutique ; mais, sa femme étant venue chercher deux paires de tiges de bottes du 9 au 15 à peu près, il n'est pas probable que *Couturat* soit venu en chercher quelques jours avant ou quelques jours après, parce que je ne lui en vendais que de loin en loin. Je ne me rappelle pas qu'il soit venu chez nous le jour de l'attentat, le 13 septembre, et je puis même dire que je suis certain qu'il n'est pas venu chez moi ce jour-là, parce que je suis resté à la maison toute la journée.

BONTE (*Joseph-Benjamin*), âgé de 32 ans, tailleur, demeurant à Paris, rue de la Chanvrerie, n° 4.

(Entendu, le 11 novembre 1841, par M. Jourdain, Juge d'instruction délégué.)

Je suis le beau-frère de *Couturat*, comme frère de sa femme. Le 13 septembre dernier, je l'ai vu chez lui, vers midi et demi : il venait de faire un somme, comme cela lui arrive souvent dans la journée ; j'avais été du côté de la Bastille, pour voir passer le régiment (le 17° léger). Comme j'arrivais dans le faubourg, on se sauvait, on disait qu'on venait de tirer un coup de pistolet. Je me suis en allé et j'allai chez *Couturat* que je trouvai, comme je viens de vous le dire. Je lui dis que je me sauvais, comme beaucoup d'autres le faisaient, et qu'il y avait sans doute du bruit dans le faubourg. Je m'en suis ensuite allé chez nous, craignant qu'il n'y eût du bruit.

D. Pourquoi alliez-vous chez *Couturat?*

R. Parce qu'il est mon beau-frère et que je craignais qu'il n'arrivât du bruit, et je me sauvais chez lui.

D. Mais avez-vous dit à *Couturat* ce qui venait de se passer ?

R. Je lui ai dit seulement qu'il y avait eu une poussée, qu'il y avait eu du bruit dans le faubourg, mais je ne lui ai pas dit autre chose. Comme j'étais à la Bastille, attendant le passage du régiment, j'étais trop éloigné pour savoir ce qui se passait sur le lieu de l'événement.

D. Vous n'aviez donc pas entendu tirer le coup de pistolet?

R. Non, Monsieur ; j'ai vu tout le monde qui courait, et j'ai couru aussi.

D. Saviez-vous qu'il avait été tiré un coup de pistolet à ce moment-là?

R. Non, Monsieur.

Huger (*Christophe-Eugène*), âgé de 33 ans, ébéniste, demeurant à
Paris, rue Moreau, n° 17.

(Entendu, le 11 novembre 1841, par M. Jourdain, Juge d'instruction délégué.)

Je connais le nommé *Couturat,* qui est mon cordonnier. Le lundi 13 septembre, jour de l'attentat, il vint chez moi de sept à huit heures du matin; je ne pourrais pas vous préciser juste l'heure, mais c'est avant huit
heures. Je lui ai donné 5 francs, et nous sommes ensuite descendus ensemble chez le sieur *Armand*, marchand de vin, au coin de la rue Moreau
et la rue des Terres-Fortes; puis il me quitta quelques instants après, en
me disant qu'il allait chez lui, et je le vis suivre la rue Moreau en se dirigeant vers la rue Charenton : je l'ai perdu de vue avant qu'il eût atteint la
rue de Charenton, et je ne pourrais pas vous dire s'il a tourné à droite ou à
gauche en entrant dans cette rue.

SUPPLÉMENT

AUX

DÉPOSITIONS DE TÉMOINS.

Coster (Henri-Louis), *âgé de 36 ans, menuisier en fauteuils, demeurant à Paris, rue Lenoir, n° 16.*

(Entendu le 11 novembre 1841, par M. Perrin, Juge d'instruction délégué.)

D. Ne faites-vous pas partie d'une société secrète?

R. Je n'ai jamais fait partie d'aucune société secrète, mais j'ai fait partie d'un comité réformiste. Un comité de ce genre n'est point une société secrète; il agit au contraire légalement parce que l'objet qu'il se propose est la signature des pétitions en faveur de la réforme électorale.

D. Le comité dont vous parlez existe-t-il encore?

R. Je l'ignore, car depuis le mois de juin dernier je me suis entièrement retiré de la politique. A cette époque, on a élevé des soupçons sur moi, on a voulu me faire passer comme étant attaché à la police, ce qui n'était pas vrai, et je n'ai plus voulu me mêler de rien.

D. De quelles personnes était composé le comité dont vous faisiez partie, et dans quels lieux se réunissait-il?

R. Les comités se sont établis quelque temps après les coalitions d'ouvriers; il y a de cela environ seize à dix-huit mois. Il y avait un comité central, un comité de département, un comité d'arrondissement, et enfin un comité de quartier.

J'ai d'abord présidé le comité de mon arrondissement, et ensuite j'ai fait partie du comité de mon quartier.

Le comité d'arrondissement se composait de quatre présidents de quartiers, qui étaient *Boulay*, courtier de commerce, rue Jarante, pour le Marais;

Joquin, pour le quartier Popincourt;

Colombier, marchand de vin, pour celui des Quinze-Vingts;

Et *Auguste Petit*, pour celui du faubourg Saint-Antoine.

A ces quatre présidents se trouvaient adjoints cinq membres qui étaient, moi, d'abord, en ma qualité de président du comité; *Jouy*, ébéniste, dont je ne sais pas la demeure, et qui était délégué pour le comité départemental, composé de douze membres; *Desjardins*, ouvrier en limes, dont je ne sais pas la demeure; *Dutois*, sculpteur en plâtre, rue Ménilmontant, j'ignore le numéro; et enfin *Beaurin*, ébéniste, qui a demeuré dans la rue Traversière-Saint-Antoine, et qui demeure, je crois, maintenant dans la rue de Charenton.

Je fais observer que la composition de ce comité d'arrondissement changeait tous les trois mois, ou que du moins on procédait à de nouvelles élections, qui étaient rendues publiques par *le Peuple* et *le National*.

Le comité de quartier dont j'ai fait partie était composé de *Colombier*, président, et faisant aussi en cette qualité partie du comité d'arrondissement; quatre commissaires lui étaient adjoints, lesquels étaient *Deschamps*, serrurier, rue Traversière; *Le Kerm*, ébéniste, rue de Charenton; *Horry*, ébéniste, rue Moreau, et moi.

Le but de ces comités était, comme je l'ai dit, de faire signer des pétitions pour la réforme électorale; mais on en a fait signer d'autres contre les fortifications, et on a aussi fait signer une adresse de félicitations à la garde nationale d'Auxerre, sur son licenciement.

Je n'ai jamais fait partie d'aucune autre société, et les actes auxquels j'ai participé, ont toujours été faits au grand jour, et rendus publics par les journaux.

D. Connaissez-vous le nommé *Chambellan?*

R. Je le connais parce qu'il m'a vendu des légumes comme à tout le quartier. Je me rappelle lui avoir fait signer la pétition en faveur de la réforme, et celle qui a été faite contre les fortifications.

J'ignore quel était le rédacteur de ces pétitions qui, comme toutes les autres, arrivaient à mon comité imprimées; elles devaient venir ou du *National* ou du comité central.

D. N'avez-vous pas proposé à *Chambellan* de le faire entrer dans une société, en lui disant que *Colombier* en était?

R. Je ne me le rappelle pas, mais il est possible que je lui aie proposé de faire partie d'un comité réformiste. Je l'ai conduit une fois aux élections qui avaient lieu pour le comité d'arrondissement, et c'est cette fois là que j'ai été nommé; il a pris part comme les autres à l'élection, et on lui a fait son bulletin, car il ne sait pas écrire. C'est, du reste, la seule réunion à laquelle, à ma connaissance, il se soit trouvé.

D. Dans quels lieux se réunissaient les divers comités dont vous venez de parler?

R. Il n'y avait pas de lieu fixe; on se réunissait tantôt chez l'un, tantôt chez l'autre, mais toujours chez un des membres du comité.

D. Ne se réunissait-on pas souvent chez *Colombier*?

R. Pas plus souvent chez lui que chez les autres; c'était chacun son tour.

D. N'est-il pas à votre connaissance qu'une autre société se réunissait chez *Colombier*?

R. Je n'en ai aucune connaissance.

D. Il est constant, cependant, que des communistes ou des ouvriers égalitaires se réunissaient chez *Colombier*; et comme vous étiez lié avec ce dernier, membre comme vous des comités réformistes, il est étonnant que vous n'en ayez pas eu connaissance?

R. Comme je vous l'ai déjà dit, je n'ai fait partie d'aucune réunion depuis le mois de juin dernier, et à cette époque *Colombier* ne recevait que les membres des comités. J'ignore si depuis il a reçu, soit la société des Communistes, soit celle des Ouvriers égalitaires, car je n'ai jamais eu aucun rapport avec les membres de ces sociétés. J'ajouterai même que les comités ne voulaient souffrir dans leur sein ni communistes, ni égalitaires, et que, s'il s'en est introduit quelques-uns, c'est à l'insu des membres des comités.

D. Il est peu vraisemblable que vos comités réformistes n'aient eu pour but que la réforme électorale; ils étaient en effet composés en grande partie d'ouvriers peu familiers avec les matières politiques, et incapables d'avoir une opinion sur le meilleur système d'élections?

R. Il est très-certain que les comités réformistes n'ont jamais eu d'autre but que la réforme électorale. Je dois vous faire observer que les ouvriers qui en faisaient partie n'étaient pas pris parmi les moins intelligents, et que tous ceux qui en faisaient partie n'avaient pas, il est vrai, reçu une grande instruction, mais n'étaient cependant pas des ignorants. Je citerai pour exemple les fondateurs du journal l'*Atelier*, qui sont tous réformistes et non communistes.

D. N'êtes-vous pas l'un des fondateurs de ce journal?

R. Oui; je ne sais pas qui le premier a eu l'idée de fonder ce journal, mais je crois qu'il a été établi par des souscripteurs qui se sont détachés du journal *la Ruche*.

J'ai connu ce journal, l'*Atelier*, par le prospectus qu'en donnait *le National*; plus tard, et il y a de cela environ seize mois, j'ai été mis en rapport avec *Lambert*, cordonnier, qui était l'un des fondateurs, et qui m'a fait admettre par le comité de rédaction.

Le rédacteur était un nommé *Leneveu*, qui soumettait tous les articles au comité de rédaction.

D. N'avez-vous pas réuni dans l'atelier de *Garrault* les actionnaires ou souscripteurs du journal l'*Atelier* ?

R. Oui; les membres du comité de rédaction m'avaient chargé de leur procurer un local pour y réunir les souscripteurs du journal, et je leur ai procuré l'atelier de M. *Garault*. Deux réunions ont eu lieu dans cet atelier : la première a eu pour objet de s'entendre sur une souscription en faveur des associations ouvrières et industrielles ; la seconde a eu pour but de procéder à une élection pour le renouvellement des membres du comité de rédaction; à la première réunion se trouvaient, environ, quarante personnes, et à la seconde une centaine.

Il me serait impossible d'indiquer les noms de toutes ces personnes, car le nombre des fondateurs du journal s'élevait à plus de 200.

On se réunissait tous les trois mois pour renouveler le comité de rédaction, et tantôt dans un endroit, tantôt dans un autre, et non en secret; l'autorité ne pouvait pas manquer d'avoir connaissance d'une réunion aussi nombreuse.

D. Auguste Petit n'était-il pas l'un des fondateurs du journal dont il s'agit?

R. Oui; il faisait partie des fondateurs, comme réformiste, et je crois bien qu'il n'était pas *communiste;* on conçoit que le journal *l'Atelier* s'élevant journellement contre les *communistes, Auguste Petit,* s'il eût été communiste, n'aurait pas pu continuer à maintenir ce journal.

D. Nous, juge d'instruction, avons fait connaître au témoin les noms de tous les inculpés et lui avons demandé s'il connaissait ces individus?

R. De toutes les personnes que vous venez de me nommer, je ne connais, indépendamment de celles sur lesquelles je me suis déjà expliqué, que :

1° *Boulay,* serrurier en roulettes; je l'ai simplement rencontré chez *Colombier,* où il venait boire son petit verre le matin. Jamais il n'a fait partie des comités réformistes, et je ne pense pas, d'après sa manière d'être et d'agir, qu'il ait jamais pu faire partie d'aucune société politique.

2° *Brazier,* que je ne connais que sous le nom de *Just;* il faisait, je crois, partie du comité réformiste du faubourg Saint-Antoine. Je n'ai jamais eu avec lui aucun rapport et ne l'ai connu qu'indirectement, pour l'avoir de temps en temps rencontré; cependant, je sais qu'il est un de ceux qui m'ont le plus calomnié de toutes manières, en attaquant ma conduite et celle de ma femme. J'ai su positivement qu'il m'avait dénoncé au comité de rédaction du journal *l'Atelier,* comme étant un employé de la police. Je voulus me justifier auprès du comité, mais on ne voulut pas m'entendre; je donnai ma démission, qu'on n'accepta pas; cependant, quelques jours après, le comité me remercia par une lettre qui me fit connaître que je ne faisais plus partie de ses membres, et c'est ainsi que je me retirai.

3° *Cornu,* ébéniste : je le connais pour avoir fait partie du comité réformiste du quartier des Quinze-Vingts. Je l'ai souvent rencontré chez *Colombier,* dont il était ami, et qui lui rendait des services. Nous avons fait ensemble quelques parties de cartes. Je l'ai souvent entendu s'élever contre les communistes, et je ne pense pas qu'il ait jamais fait partie d'aucune société.

4° *Coutarat.* Je ne le connais que pour l'avoir rencontré assez souvent chez *Colombier;* il y venait parce que *Colombier* étant réformiste, il aimait mieux venir boire chez une personne qui partageait son opinion, que d'aller chez une autre. Il s'occupait de politique, et je crois qu'il était plus communiste que ceux qui se trouvaient là. Du reste, je n'ai pas connaissance qu'il appartienne à aucune société secrète.

5° *Dugas.* J'ai eu avec lui d'assez fréquentes relations, parce qu'il était l'un des fondateurs du journal *l'Atelier,* et que j'étais chargé de lui remettre tous les mois les quatre numéros que recevait chaque fondateur. Je l'ai rarement vu chez *Colombier.* Il a fait partie du comité réformiste du quartier du faubourg Saint-Antoine.

6° *Jarrasse.* Il était membre du comité réformiste, d'abord des Quinze-Vingts et ensuite du faubourg; mais il était sans influence, en raison d'une condamnation qu'il avait subie pour vol. Il est un de ceux qui se sont le plus acharnés après moi. Je l'ai très-souvent vu chez *Colombier;* il paraissait assez exalté ; il n'inspirait aucune confiance, et même dans les derniers temps on le considérait comme un agent provocateur. S'il n'a pas changé dans sa manière de voir, il ne doit pas être communiste, car je l'ai souvent entendu parler contre les communistes. Il est vrai qu'il y a longtemps que je ne me suis trouvé avec lui, car je n'ai plus fréquenté la maison *Colombier*, du moment où j'ai cessé de m'occuper de politique, c'est-à-dire depuis le mois de juin dernier.

7° *Launois*. Lorsque j'ai quitté les comités réformistes, il était président du quartier du faubourg Saint-Antoine; il était aussi l'un des fondateurs du journal *l'Atelier*. Je n'ai pas eu avec lui de fréquentes relations; j'ai su indirectement qu'il avait été évincé des comités parce qu'il était susceptible de s'enivrer. Je l'ai souvent vu chez *Colombier*, ce qui était tout simple, puisqu'il demeurait dans la maison. Je ne sais pas s'il faisait partie de quelque société secrète; on ne faisait pas beaucoup d'attention à ce qu'il disait, parce que souvent il n'avait pas sa raison.

8° *Mallet*. Je le connais pour l'avoir quelquefois vu chez *Colombier*, et aussi pour lui avoir acheté des râpes de menuisier; il était colporteur pour des marchandises de divers états. Il a fait partie du comité réformiste du faubourg, mais il n'a eu, en cette qualité, que peu de relations avec moi.

9° Enfin, *Martin*, ébéniste, rue Traversière. Il a été l'un des fondateurs du journal *l'Atelier*, ce qui m'a mis en rapport avec lui. Je crois, sans en être certain, qu'il a fait partie du comité réformiste du faubourg.

D. Ne comptiez vous pas une femme au nombre des fondateurs du journal *l'Atelier* ?

R. Non; peut-être a-t-on voulu parler de madame *Georges Sand*, qui partageait les opinions du journal; mais je ne l'ai jamais vue venir au comité de rédaction, dont elle n'a jamais fait partie.

SOMMAIRE

DES

DIVISIONS DE CE VOLUME.

TABLE ALPHABÉTIQUE

DES TÉMOINS

DONT LES DÉPOSITIONS

SE TROUVENT RAPPORTÉES DANS CE VOLUME,

AVEC L'INDICATION

DES CONFRONTATIONS QUI ONT EU LIEU ENTRE PLUSIEURS DE CES TÉMOINS
ET DIVERS INCULPÉS.

A

B

C

Pages.

E

Pages.

M

Q

S

www.ingramcontent.com/pod-product-compliance
Lightning Source LLC
Chambersburg PA
CBHW061300030726
47595CB00001B/136